Unlocking the Bible:
Old Testament

旧约纵览

通往真理的金钥

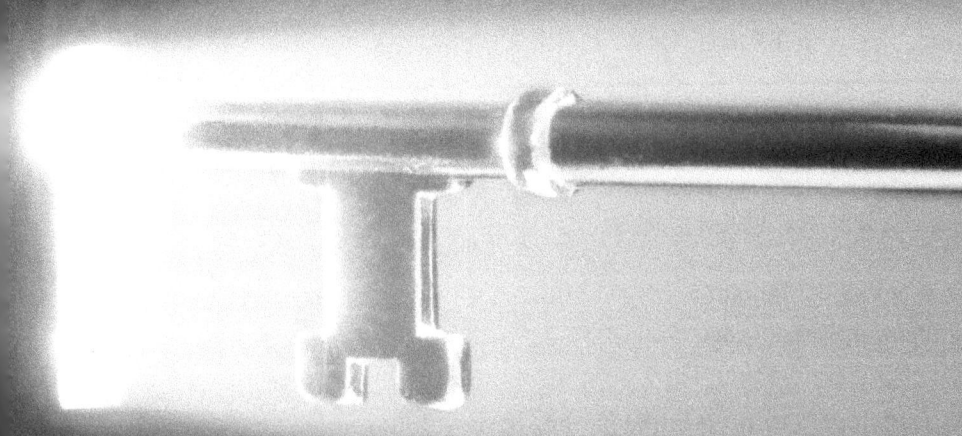

DAVID PAWSON

大卫·鲍森 著

刘如菁、许惠珺 译

旧约纵览

作　　者 / 大卫·鲍森（David Pawson）
译　　者 / 刘如菁（第一至七章）、许惠珺（第八至三十五章）
责任编辑 / 杨璿、梁耿硕
美术设计 / 林凤英

旧约纵览

大卫·鲍森（David Pawson）著
版权所有 ©2021 大卫鲍森事工（David Pawson Ministry CIO）

本书作者已按《版权、设计与专利法案 1988》（Copyright, Designs and Patents Act, 1988）取得著作权并据以保护。

英文版于 1999 至 2001 年经由哈珀·柯林斯出版集团（HarperCollins Publishers Ltd）分成多册在英国首次出版。

简体中文版于 2021 年经由 Anchor Recordings 有限公司首次出版：
Anchor Recordings Ltd
Synegis House, 21 Crockhamwell Road,
Woodley, Reading RG5 3LE, United Kingdom

如欲查询更多有关资讯，请电邮至
books@davidpawsonministry.com

ISBN 978-1-913472-30-6　旧约纵览（简体中文版）

未经出版社事先书面同意，任何人不得以任何形式或方式通过电子或机械方式（包括影印、录制或任何信息储存和检索系统）复制或传播本书的任何部分。

由 Ingram Spark 承印
版权所有，翻印必究

目 录

前言 001

Part I 造物主的指示

1. 旧约概论 013

2. 创世记 025

3. 出埃及记 085

4. 利未记 109

5. 民数记 125

6. 申命记 145

Part II 土地与王国

7. 约书亚记 167

8. 士师记和路得记 191

9. 撒母耳记上下 211

10. 列王纪上下 233

Part III 敬拜与智慧之诗

11. 希伯来诗概论 257

12. 诗篇 273

13. 雅歌 299

14. 箴言 307

15. 传道书 325

16. 约伯记 335

Part IV 帝国的衰败与殒落

17. 先知书概论 353

18. 约拿书 359

19. 约珥书 369

20. 阿摩司书和何西阿书 381

21. 以赛亚书 401

22. 弥迦书 421

23. 那鸿书 431

24. 西番雅书 437

25. 哈巴谷书 447

26. 耶利米书和耶利米哀歌 459

27. 俄巴底亚书 483

Part V 奋斗求生存

28. 以西结书 493

29. 但以理书 515

30. 以斯帖记 539

31. 以斯拉记和尼希米记 549

32. 历代志上下 567

33. 哈该书 579

34. 撒迦利亚书 589

35. 玛拉基书 609

作者介绍 / 621

前 言

　　一切应该是从1957年开始的，我在阿拉伯半岛担任英国皇家空军的军牧，牧养所有不属英国国教、天主教，而是隶属其他宗派或宗教（从循道会到救世军，从佛教徒到无神论）之人的灵性福祉。从红海到波斯湾沿线的空军驻扎地皆由我负责巡回牧养，这些基地大多连个可称为"教会"的聚会都没有，更不用说建筑物了。

　　入伍前，我原是循理会的传道人，服事谢得兰岛（Shetland Islands）到泰晤士河谷（Thames Valley）区域。该宗派的传道人每季仅需准备几篇证道，在各地教堂巡回使用。我的讲章多半是经文类（讲解一段经文）或主题类（引用新旧约经文讲一个主题），我在这两类讲章上都曾犯过断章取义的过失，未掌握整章的意思就截取其中经文加以解释，并且选用的经节也并非来自神的感动，或是神要我讲的；我的讲解不但曾损害经文原意，甚至改了某卷书里某节经文的意思，只讲字面意义。圣经成了找"支持"证据的经文汇编，仅供传道人随己意取用。

　　投入军伍时，我的行囊中装满了依据这类技巧所建构的讲章。从前我面对的会众多为妇孺，如今我面对完全不一样的会众——全是男性，我那贫乏的讲章存货很快就用完了。尤其在我被派驻海外前，在英格兰的义务役礼拜中传讲的那几篇，在台下激不起一点涟漪。

后来我被派到也门的亚丁（Aden），等于从零开始建立教会，服事对象从职业军人到皇家武装部队的年轻短期国民兵。我如何使这些男士对基督教信仰感兴趣，进而矢志跟随呢？

有件事（如今我会说是"有一位"）促使我下定决心：在几个月内以一系列的证道，把圣经从创世记到启示录讲完一遍！

结果证明那对我们大家都是一趟发现之旅。当我们把圣经当作整体来看，它就成了一本新书，套句俗话，从前我们只见树不见林。如今神的计划和目的以全新方式向我们开启，我们有了可以大快朵颐的灵粮，想到我们是宇宙救赎计划的一部分，就大得激励。圣经的故事读来既真实又亲切。

当然，那时候我所作的"纵览"相当简单，甚至可说天真，像是美国观光客用二十分钟的时间"逛"大英博物馆—而且如果穿着跑步鞋的话，可以缩短到十分钟！我们匆匆走过几世纪，好几卷书只能惊鸿一瞥。

令我意想不到的是，这也为我后半生的生命与事奉定下道路。自那以后，我成了"圣经教师"，虽还只是个雏型而已，与人分享认识全本圣经的兴奋感，从一个抱负变成一股热情。

当我退役回到"正常"的教会生活，我决心带领会友以十年的时间读完整本圣经（如果他们能忍受我那么久的话），这表示我要在每次崇拜证道中讲"一章"。于是我得花很多时间准备（以讲章而言，每十分钟的证道背后需要研读一小时），然后传讲（四十五至五十分钟）。两者比例类似烹调一餐和享用它的时间。

如此系统解经的效应印证了它的正确性，人心对神话语的真正饥渴被显明出来。许多人远从四面八方而来，如同其中一些人所说的：他们来"充电"。不久，这流动又从"涌入"变成"流出"。起初，为了生病或必须待在家里而无法前来聆听的人，我们准备了讲道录音带，后来这些录音带却成了各方索要的，最后，这些录音带寄到一百二十个国家，数量高达数十万卷。对此结果没有人比我更惊讶。

之后，我离开白金汉郡的金山（Gold Hill）到萨里的乔福市（Guildford）服事，并参与了米尔米德中心（Millmead Centre）的建造，此中心包含一座非常适合我延续此教导事奉的理想讲堂。落成时，我们决定以不间断的方式朗读全本圣经来祝贺。我们一共花了八十四小时，从主日傍晚直到周四早上，每个人朗读十五分钟，然后交由下一位读。我们使用的是《当代圣经》（*The Living Bible*），那是最容易用头脑和心灵朗读和聆听的版本。

筹划时，我们并不知道会发生什么状况，但这活动似乎激起大家的兴趣，连市长都想加入，恰巧（或是天意）他读的经文中有一句是："她丈夫在城门口与本地的长老同坐，为众人所认识。"他非要我们把那一页影印下来给他，因为他要拿给太太看。有一位女士则是刚好路过，她原本要去找律师办离婚手续，也临时加入，结果读到："神说，我恨恶休妻"，因而改变了离婚的打算。

总计有两千人参加这项活动，卖了半吨重的圣经，有些人抽出半小时来参加，但几个小时后还舍不得离开，自言自语地说："再多听一卷书吧，然后我一定得走了。"

那是许多人（包括最忠心出席聚会的会友）有生以来第一次从头到尾不间断地聆听每卷书的内容。绝大多数的教会里仅每周读几句，而且几乎不曾连贯地读。有任何其他的书被这样零碎地读，而还能引起兴趣的吗？更别提令人兴奋了。

于是，我们在主日开始逐卷查考全本圣经，因圣经不是只是一本书，而是许多本，事实上它是一套丛书（"圣经"一字的拉丁文和希腊文都是复数），而且不只是许多本书，更是许多种类的书——历史、法律、书信、诗歌等。因此，当我们研读完一卷书，要开始另一卷时，有必要先浏览介绍该卷书的引言，其中应涵盖最基本的问题：这卷书是什么类型？何时写的？谁写的？为谁而写？最重要的，为什么要写这卷书？这些问题的答案就是解开其信息的"钥匙"。我们必须将每卷书视为整套丛书的其中一部分，才能够完全了解其中信息，而每"一节"的上下文并不只是那一段文字而已，基本上整卷书都是那"一节"的上下文。

现在，有更多人把我当作圣经教师，我应邀到大学、大会和基督徒特会上演讲——起先仅在英国国内，但因着讲道录音带开路的缘故，到海外的次数愈来愈多。我很喜欢交朋友、到没去过的地方看看；不过，坐巨无霸喷射客机的新奇感则不到十分钟就消失殆尽！

无论到何处，我发现有许多人十分渴慕认识神的话语，我为录音带的发明感谢神，因为和录像带不同的是，录音带的规格全世界统一，在各个地方都能使用，饥渴于神话语的心灵因此能获得满足。成功的布道事奉有很多，但是使归信者坚固、成长而成熟的教导事奉却太少。

我本来有可能一直持续这样的服事形态，直到结束牧职。但是，主又再一次地出乎我意料之外，促成了本书的出版。

20世纪90年代初期，一位在牛津附近瓦林福德市牧会的朋友汤普森（Bernard Thompson），问我愿不愿意在联合聚会中作一个短系列的证道，目标是提高对圣经的兴趣和知识——一个保证让我上钩的主题！

我说我愿意一个月去一次，一次用三个小时讲一卷书（中间当然有一段茶点时间）。我也要求他们，在听道前后必须将那卷书从头到尾读完，之后那几周，传道人的证道和家庭聚会的讨论，也都要从那卷书中找主题。希望以这种方式让大家对那卷书更加熟悉。

我有双重目的，一方面要引起兴趣，让大家迫不及待去读它。另一方面，我提供给大家足够的知识和信息，好让他们读的时候，可以因为了解它在讲什么而感到兴奋。为达到这个双重目的，我使用各项辅助教具，包括照片、图表、地图和模型。

这套方法真的管用，才讲了四次，亦即四个月之后，人们就要求我接下来五年把全部六十六卷书讲完！我大笑后婉拒了，说我那时可能回天家了（说实在的，我几乎不曾在六个月之前就把事情定下来，我不想抵押未来，也不想假定到时我一定还健在）。但主的计划和我不同，靠着他，我终于跑完这场马拉松。

过去二十年来，我的录音带都是由定锚录音（Anchor Recordings, http://anchor-recordings.com）发行，当哈里斯（Jim Harris）主任听到这些聚会的录音带之后，便催促我制作录像带。他马不停蹄地安排摄影人员和制作团队，把主堂变成摄影棚，找一批人当听众，每一趟以三天的时间录制十八段节目，一共花了五年才完成"新旧约纵览"的全套录像带。

如今这些录像带流传世界各地,被用在家庭聚会、教会、大学、军中、吉普赛营区、监狱和有线电视网。有次我到马来西亚作短暂停留,这套录像带以一星期一千套的速度被买走,至今已渗透到全球六大洲,包括南极洲!人们多次说,这是我"留给教会的遗产",它是多年工作的果实,这点自不在话下。今年我已年过七十岁,当然我不认为主在我身上已经完工,但我一度真以为这件事已大功告成,但我错了。

哈珀·柯林斯(HarperCollins)出版社找上我,有意出版这份材料。虽然过去十年来,我为其他出版社写过书,确信书籍是传播神话语的好方法;不过,我对出版套书的提议却有两大疑虑,第一是关于这些材料的来源,第二是关于它口语传播的方式,令我非常犹豫。让我先来说明第二点。

首先,我的证道、授课或演讲从来没有逐字稿,都是依据笔记而讲的。我不仅在乎内容,也很在乎沟通方式。我的直觉告诉我,完整的手稿会打断演讲者和听众之间的亲密感,尤其会令演讲者不看听众而看讲稿。即兴成分较多的演讲,不但表达较多的情感,也能对台下的反应更有回应。

所以,我的演说风格和写作风格大不相同,必须依照功能调整。我喜欢听自己的录音带,有时还被自己深深感动。阅读自己的新作也饶有兴味,我常对妻子说:"这本书写得真好!"但是当我读我的证道逐字稿,却觉得很丢脸,甚至惊骇莫名,重复的字句多成这样!不着边际的冗长句子,还有不完整的句子!动词时态混杂,甚至过去式和现在式混着用!我真的把正统英语滥用成这样吗?但证据叫我无可推诿。

于是我明白地表示,我不可能考虑把这材料全部完整地写出来,光是把它们一篇篇讲出来已花去我大半辈子,我没有时间再写了。没错,为了制作其他语言的录像带,如中文和西班牙文,所以已经有了现成的字幕脚本。但是想到直接拿字幕印制成册,我简直惊惶万分。或许是和骄傲的最后搏斗吧,想到我在其他著作中所耗费的时间和心力,要我修润脚本令我感到力不能胜。

出版社要我放心，表示文字编辑会修正绝大部分的文法错误，但是真正解决问题的，还是他们建议聘请一个与我和我的事奉相合的人来"操刀"，将这份材料改写至合适出版。他们挑中安迪·派刻（Andy Peck），我确信他足以胜任，尽管结果可能既不会像是我写，也不会像是他写的那样。

我把所有的讲义、录音带、录像带和字幕脚本都交给他，他的付出不下于我，他下了很大的工夫，使我得以传达真理，使更多人得自由，所以我对他万分感佩。如果给先知一杯水就能得到奖赏，那我要为安迪这么有爱心的劳苦工作而获得的奖赏，大大感谢神。

第二，我从来不曾仔细保存使用的材料，部分原因得感谢神赐给我不错的记性，不用翻查就可以引述嘉言和实例，或许另一部分原因是我从未有秘书协助整理。

在我的事奉中，书籍一直扮演重要角色，我有三吨重的书——依据上次搬家公司告诉我的。我有两个房间和一个花园小屋摆满了书，共分三大类：读过的、想读的、不可能读的！书籍带给我很大的祝福，带给妻子很大的不便。

目前为止，占据书架最多的是圣经注释书，每次预备查经，我都先尽己所能地查阅所有相关著作，参考学者观点和灵修著作，来增添或修正我的笔记。

要把所有想感谢的人名都列出来是不可能的。我和许多人一样，从20世纪50年代开始，每期《每日读经》（*Daily Bible Readings*）一出刊就赶紧取来，如饥似渴地读着，所以我要感谢包恪廉（William Barclay），他对新约背景和语汇的知识是无价之宝，他简明的写作风格是我效法的目标——尽管后来我开始质疑他解释经文的"自由"作风。我要感谢为我开启新约圣经的斯托得（John Stott）、滕慕理（Merill Tenney）、费依（Gordon Fee）和韩卓森（William Hendrickson），以及开启旧约圣经的莫特雅（Alec Motyer）、温瀚（G. T. Wenham）和柯德纳（Derek Kidner）；还有 Denney, Lightfoot, Nygren, Robinson, Adam Smith, Howard, Ellison, Mullen, Ladd, Atkinson, Green, Beasley-Murray, Snaith, Marshall, Morris, Pink 等许多人，可惜无法在此一一铭谢。两本出于女性笔下的小书：米尔斯（Henrietta Mears）写的《圣经综览》（*What the Bible is All about*），和霍哲根（A. M. Hodgkin）写的《圣经中的基督》（*Christ in All the Scriptures*），也令我永志不忘。聆听这些人的训诲是我莫大的荣幸，我向来把乐意学习视为教师的基本要求。

我像海绵一样吸收这一切资源，很多读过的东西都记得牢牢的，只是无法记得是在哪一本书上读到的。若是为讲道而整理这些资料就不大要紧，因为绝大多数作者的目标也是为了帮助传道人，并不期待被时常引述。事实上，假如讲道中一再提到某句话是出于哪一位作者，会令听者无法专心，也会误会传道人爱提及名人以引起注意，或间接地显示自己博览群书。我在前段的致谢也可能这样引人误会！

但是印制成书和口语传道不同，书籍涉及版权，我就是因为害怕触犯别人的版权，而不敢让我的讲道被重制成书，怎么可能回溯四十年间的信手拈来？就算可能，必要的注解也会使书籍的厚度和价格都多出一倍。

我的拒绝，等于也是不准最需要这些材料的读者受益，出版社说服了我，使我承认这个做法不对。起码我可以为收集和整理这些材料负责，而我也有十足的信心，这套书里的原创部分足以作为出版的充分理由。

在此，我只能提出道歉和感谢，为着多年来从阅读中掠夺的或少量、或大量的资料，只盼那些被掠夺的作者将此视为真诚的恭维和仿效。套用我从某处读到的一句话："某些作者论到他们的著作时，常说：'我的书'……不如说'我们的书'更佳，……因为在那些著作里出自别人的东西，通常比他们自己的还多。"（原出自帕斯卡〔Pascal〕）

所以，这是一本"我们的书"！我自忖，自己大概是法国人所不讳言的"通俗作家"吧，意思是把学术的教导变简单，让"一般人"也能了解。虽是"通俗作家"，余愿足矣。曾有位老妇人在我讲解完一段相当艰深的经文之后，上前来对我说："你把它切成好几个让我们能吸收的小块。"其实，我向来的目标就是希望能使十二岁的孩子听得明白，并且了解其中的信息。

有些读者会对书中缺乏经节提示而感到失望,甚至挫折,尤其是想查证我所说的是否正确的读者!但我是故意不给参考经文的。神是一卷一卷地赐下他的道,不是分章节给我们的,那是好几个世纪以后两位主教(一位法国人和一位爱尔兰人)的杰作,使得我们比较容易找到"某章某节",却因此容易忽略上下文。有多少引述约翰福音3章16节的基督徒,也能流利地背出第15节和17节?许多基督徒不再"研读经文",而是只凭章节"查圣经"。所以我依照使徒们的习惯,只提作者名字——如以赛亚或大卫或撒母耳所说。举个例子,圣经说:"神吹哨",哪里这样说?在以赛亚书;是在讲什么?请你自己去查吧。你就会发现神何时说过,又为什么这么说。因为是你自己找到的,你也会获得一种满足感。(译注:《现代中文译本》译为"吹哨",和合本译为"发嘶声"。)

最后,我希望这些圣经书卷的纵览能帮助你更加认识神的话、爱慕神的话,但在这期待的背后还有更大更深的渴望,就是你也能更认识、更深爱所有书卷的主旨——神自己。有个人在短短几天内看完全套录像带,他说了一句令我大为感动的话:"现在我对圣经有更多的认识,但最重要的,是我深深感受到神的心意,那是我以前从来没有过的。"

当圣经教师听到如此反应,夫复何求?愿你也有相同的经历。当你展读这套书时,愿你能和我一同说:"赞美归与圣父、圣子和圣灵!"

大卫·鲍森
写于谢伯恩圣约翰,2008年
J. David Pawson
Sherborne St. John, 2008

读一点约翰或马太福音
再读一点创世记
零碎地恣意而读
我真以为我知道圣经在讲什么

以赛亚书的某几章
诗篇的某几篇、诗篇二十三篇
箴言第一章、罗马书第十二章
我真以为我认识神的道

直到我发现从头到尾地读
却是另一回事
从头到尾连贯地读圣经
于我是陌生的。

喜欢把玩圣经的人啊
你在结束疲惫的一天时跪下
打着呵欠匆匆作个祷告之前
这里沾一下、那里尝一点。

你们用这样的方式对待这书中之冠
对其他的书却不会这样
单取一段来读
只投以不耐烦的一眼。
请试试更配得上这书的程序
试试用更宽广而深远的观点看；
当你从头到尾地读完圣经时
你会在惊奇与叹服中屈膝。

作者：佚名

造物主的指示

Part I

1. 旧约概论

神把一套六十六卷的丛书赐给了我们。"圣经"一字是从拉丁文 *biblia* 翻译过来的，字面意思是"丛书"，旧约三十九卷书涵盖两千多年，由不同的作者所写，包含许多种文体。难怪许多读圣经的人都因其前后一致、相互吻合而深感奇妙。

神并没有为了让我们依个别主题研读，而照主题安排圣经内容；他的安排是要我们一卷一卷地读。圣经是神的真理，关乎神自己，以及我们应该如何与他建立关系。这些真理都有其历史脉络，讲到人类（主要是以色列民）如何亲身经历神并回应神的道。圣经绝不是一本枯燥的神学教科书，而是生动的故事，诉说神在他子民的生命中施行救赎大工。

许多人因为对圣经的背景了解不足而未能掌握完整信息，本章旨在提供旧约概论，俾使读者能在正确的脉络中了解任何一段经文。

† 地理

要了解旧约，首先要看懂两张地图：应许之地和中东地图。

中东的关键区域是地理学者称为"肥沃月弯"的地方——这片沃土地带起自西边埃及的尼罗河，朝东北经过以色列地，然后往南和东南到底格里斯河和幼发拉底河流域，亦即古代所称的美索不达米亚（意思是"河的中间"，"美索"——中间，"不达米亚"——河）。这块肥沃区域是古代的权力中心，西有埃及，东有亚述和后来兴起的巴比伦，以色列就夹在两大强权中间，世界强权争夺战遂成为旧约许多卷书的写作背景，我们也常在旧约里读到这些强权的威胁或直接侵犯以色列的活动，使以色列面临危急存亡之秋。

以色列因地理位置而成为贸易要道，由于以色列东邻叙利亚旷野，意味着从东方来的商人和军队如欲往返亚洲、非洲、欧洲，需要越过以色列边境。加利利海西南有一道玄武岩山地，所以旅人得穿越耶斯列，然后到达米吉多。有一条贯穿大马士革的干道从叙利亚门进入巴勒斯坦，过"雅各诸女桥"后再跨越玄武岩大坝，来到加利利湖。接着转西南穿越米吉多，通到沿岸平原，再经过吕大和迦萨，往埃及去。以色列是一道狭长的走廊——西毗地中海，东邻一条纵贯南北、延伸至死海的大断层谷。

因此，以色列位居世界的十字路口，四面八方的商道汇聚于米吉多，而俯瞰这"十字路口"的，就是山丘上的小村庄拿撒勒。想必耶稣曾经坐在山丘上，看着南来北往的各国人士。

这个位置具有属灵的意义，神把一个民族置于十字路口，使他们成为天国在地上的一个模型，让全世界都能看到活在神掌权下的百姓是多么有福——也看到他们悖逆时所受的咒诅何其惨痛。以色列的独特位置实非偶然。

再来看应许之地的内部地理：世界十字路口的北部称为加利利，也因国际人士往来此地而称为"万国的加利利"。南部的犹大地嶙峋多山，有遗世独立的味道，因此得以首都耶路撒冷为中心，发展出颇具特色的犹太文化。应许之地的面积和英国的威尔士差不多，却包含了各种各样的气候与景观。不管你是英国哪里人，都可以在以色列找到和家乡相似的地方。和英格兰最像的地方就在特拉维夫南边，而北边的迦密山素有"小瑞士"之称。从迦密山下来仅十分钟路程，你就可以坐在棕榈树下。此地有一条大河，就是约旦河，发源于黑门山，往南经过前述的

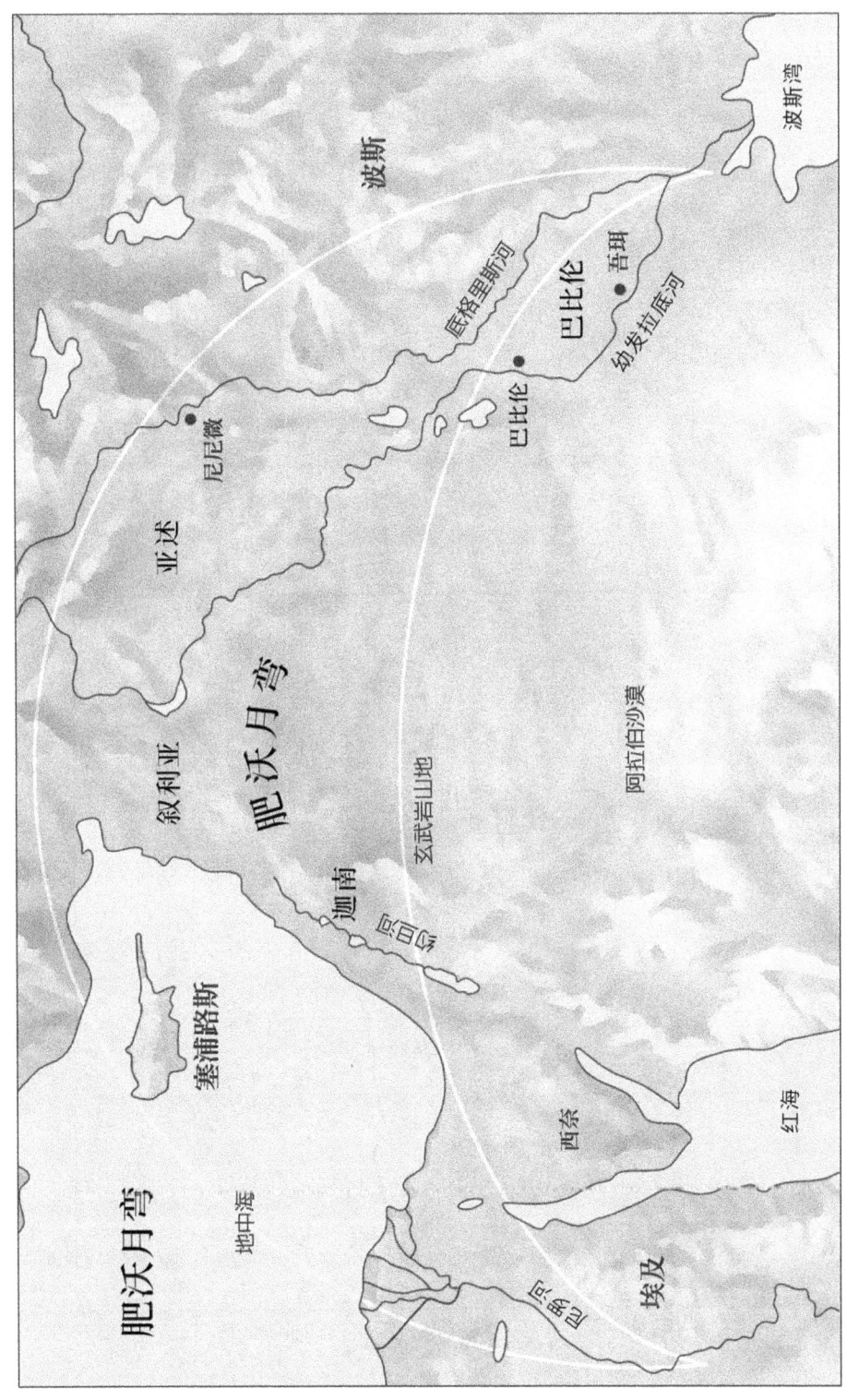

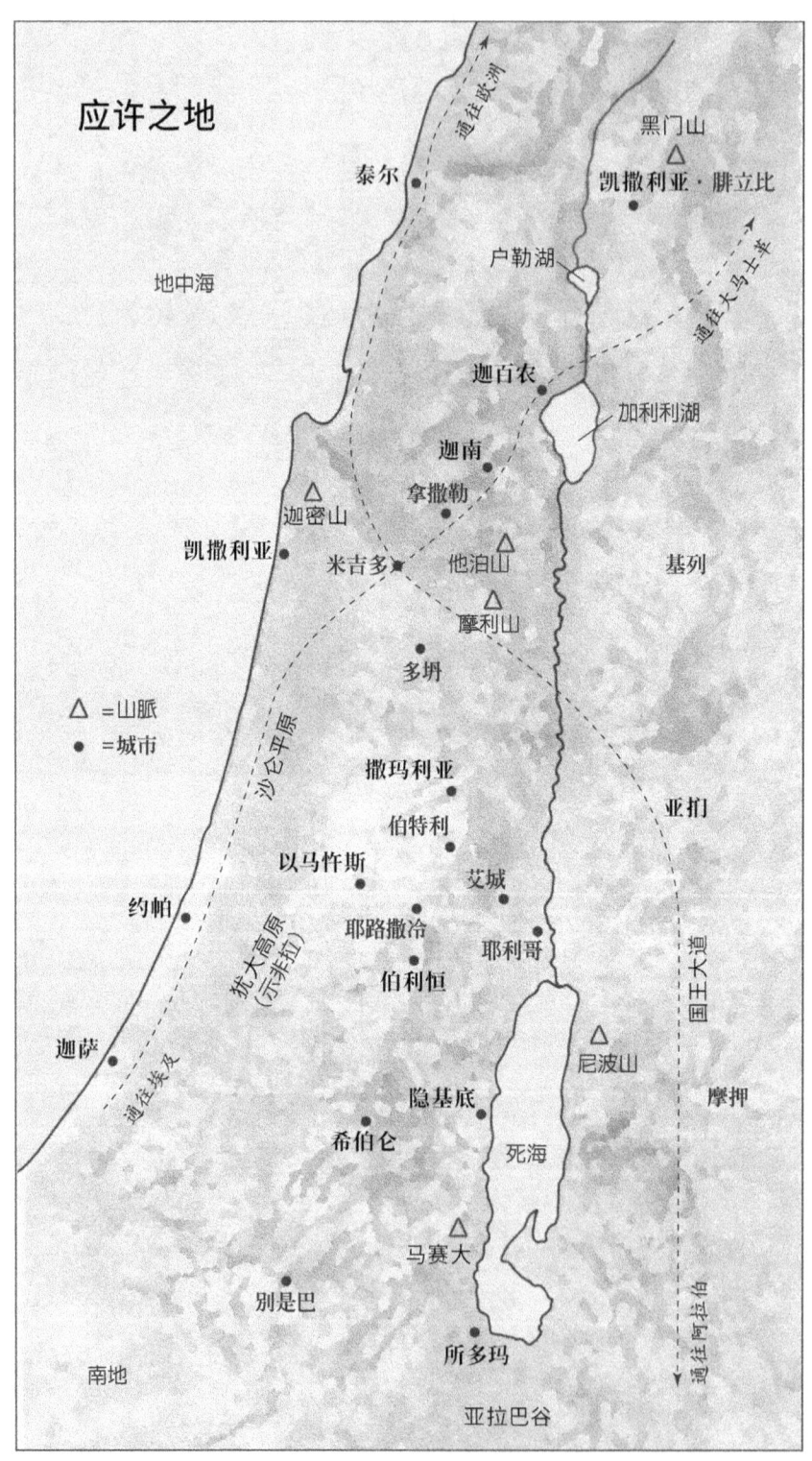

大断层谷，流经加利利海，南到死海，沿途流域尽是肥沃的平原。

欧、亚、非洲的所有动植物都可以在以色列找到，在苏格兰可见的松树，傍着撒哈拉的棕榈树生长。在圣经时代，这片区域的野生动物包括狮子、熊、鳄鱼、骆驼。这小小的国家，可说是全世界的缩影。

✝ 历史

熟悉旧约世界的地理概况后，接着要来看旧约的历史大纲。两千多年的历史看似庞杂，其实只要一张简单的图表就能帮助我们掌握基本概念（参见18页）。

旧约圣经涵盖基督时代之前两千多年的历史，创世记第1到11章包含"史前"部分——宇宙的创造、人类在伊甸园的堕落、大洪水、巴别塔。这部分聚焦于人类普遍的情况，不过也包含一支"敬虔"的谱系。但我们可以把公元前2000年作为以色列历史的起算年，那一年，神呼召亚伯拉罕出来（虽然还要再过几百年才会形成一个民族）。

2000	1500	1000	500
拣选 亚伯拉罕 族长	出埃及 摩西 先知	王国 大卫 君王	被掳 以赛亚 祭司

旧约可粗略分为四等份，以五百年为一个时期，每一时期都有一关键大事、一位主要人物，以及一种领导形态。

第一阶段带领以色列的是族长（列祖）：亚伯拉罕、以撒、雅各、约瑟。第二阶段领导以色列的是先知，从摩西到撒母耳。第三阶段由君王（国王）领导，从扫罗到西底家。第四阶段则出现祭司领导，从约书亚（在所罗巴伯率领下返回犹大故土的祭司）到基督时代的该亚法。

这些领袖类型都不尽理想，并且每一个人都把自己的弱点带到领导任务上。这个民族需要的是一位集先知、祭司、君王于一身的领导人

(旧约) 希伯来历史

```
主前 2000年         主前 1500年              主前 1000年                          主前 500年
  拣选               出埃及                     王国                                被掳
 亚伯拉罕              摩西                      大卫                               以赛亚
  族长                 先知                     君王                                祭司
(亚伯拉罕到约瑟)   (摩西到撒母耳)           (扫罗到西底家)                      (约书亚到玛拉基)
```

亚伯拉罕   出埃及记   扫罗   北国以色列 (10支派)   被掳前   400年间
以撒   利未记   大卫   南国犹大 (2支派)   约珥
雅各   民数记   所罗门   以利亚   阿摩司   约拿
                  申命记   以利沙   何西阿   那鸿
约瑟   约书亚记   诗篇   弥迦   俄巴底亚
创世纪   士师记   雅歌   以赛亚   哈巴谷   上帝
12至50章   路得记   箴言   西番雅   沉默无行动
                                传道书   被掳期间
创世纪   耶利米   苏格拉底
1至11章   400年间   (耶利米哀歌)   柏拉图
                                                                       以西结   亚里士多德
人类   上帝   被掳后
 创造   沉默无行动   哈该
  堕落   (约伯记?) 埃及   撒迦利亚   佛陀
   洪水   印度   玛拉基   孔子
    巴别塔   中国   亚历山大大帝
                                                                       但以理   凯撒大帝
                                                                       以斯帖记
                                                                       以斯拉记
                                                                       尼希米记

撒母耳记上下
列王纪上下
历代志上下
```

马太福音／马可福音／路加福音／约翰福音
耶稣
— 降生
— 受死
— 复活
— 升天
```

物，最后在耶稣身上找到了。因此，以上四阶段分别预示那一位将要来的理想领袖。

这条时间轴有两次中断，各约四百年之久。第一次是在公元前1500年左右，于族长和先知之间；第二次在公元前400年，出现于祭司阶段之后。这两个中断时期，神完全沉默，而且没有任何行动，所以在这两段各四百年的期间，圣经没有任何记载。在第二个四百年，有一些犹太人的著述后来被收录成为所谓的次经，但并未正式纳入圣经，因其所涵盖期间，神既无言语也无作为。因此在标准英文圣经的最后一卷是玛拉基书，之后直到马太福音，有长达四百年的间隔。

看看这两段时期的世界历史，是很有意思的。埃及、印度、和中华文明都在第一个四百年间隔里发展起来，而第二个间隔期发展出希腊哲学，有苏格拉底、柏拉图、和亚里士多德，其他于此时期出现的伟人有佛陀、孔子、亚历山大大帝、凯撒大帝。历史学家眼中的许多重大事件，在神眼中却无关紧要，真正要紧的是他的历史和他百姓的历史。

✝ 各书卷简明纵览

创世记第12至50章涵盖以色列由族长领导的第一段历史时期（参见18页图表），约伯记可能写于此时期，因为书中所描述的生活形态与族长时期相似。

接下来五百年间写成的书卷，相对较少：出埃及记、利未记、民数记、申命记都是摩西写的，接续的历史记载则见于约书亚记、士师记、路得记。

与第三个五百年有关的书就比较多了：撒母耳记、列王纪、历代志，加上诗歌书：诗篇、箴言、传道书、雅歌。在第三阶段，所罗门去世后，以色列爆发内战，十二支派分裂成两国，北方的十支派自称以色列，南方的两支派自称犹大，统一的王国至此告终。期间虽然也有先知——以利亚和以利沙——但他们并未自成书卷。

最后一段的被掳时期（北国以色列亡于亚述，之后南国犹大也被巴比伦人所掳），相关的先知书不少。有些先知预言发自被掳之前，有的在被掳期间，有些则在归回之时，还有一些综括前述分期，因为发预言的先知横跨不止一个阶段。这告诉我们被掳事件之于以色列历史何其重要，被掳代表以色列人失去神赐予的应许之地，民族身份的核心也深受打击。

有的先知警告以色列人即将失去土地；有的先知在果真失去土地后安慰他们（有时是同一位先知，先警告、后安慰）；有的先知敦促他们重建圣殿——那是在被掳七十年之后，以色列人重返犹大地。但以理书和以斯帖记的写作地点在巴比伦。当百姓重返故土，先知以斯拉和尼希米率众重建耶路撒冷，也协助百姓重新振作。

从以上简短大纲可看出，旧约的书卷顺序不完全按年代排列。历史书的安排相当准确，但先知书的排序却不是依据年代，而是依书卷厚度，因此容易令人分不清是谁在何时说话。

† 民族兴衰

18页的图表还有一个重点，表中虚线代表民族的兴衰起落。从起点逐步上升，到大卫和所罗门统治时达到鼎盛，之后陡降。每一个犹太人都巴望重返那个光荣时期，期盼有一位大卫的子孙来复兴国家。

门徒在耶稣升天前问他的最后一个问题，就是他何时会复兴以色列国？两千年后的以色列人仍然在问同一个问题。

代表国势的虚线一路下降，直到以色列于公元前721年被亚述所掳，而犹大于公元前587年被巴比伦掳去。四百年的间隔之后，施洗约翰来到，他是长久以来的第一位先知。接着是耶稣的生平与事奉。相较于旧约涵盖了两千多年，新约涵盖约一百年。

† 书卷顺序

我们已看到旧约书卷排列非依年代顺序。此外，英文旧约圣经的书卷排序和希伯来文圣经也不同。英文圣经的排序是先**历史书**（从创世记到以斯帖记），接着**诗歌书**（从约伯记到雅歌），再接着是**先知书**（从

1. 旧约概论

旧约圣经

希伯来版		英文版	
律法书（妥拉，摩西五经） * 起初（创） * 名字（出） * 他呼叫（利） * 在旷野（民） * 所说的话（申）		**历史书（过去）** * 创世记 * 出埃及记 * 利未记 * 民数记 * 申命记 * 约书亚记 * 士师记 * 路得记 * 撒母耳记上下 * 列王纪上下 * 历代志上下 * 以斯拉记 * 尼希米记 * 以斯帖记	
先知书 前先知书： * 约书亚记 * 士师记 * 撒母耳记 * 列王纪 后先知书： * 以赛亚书 * 耶利米书 * 以西结书 * 何西阿书 * 约珥书 * 阿摩司书 * 俄巴底亚书 * 约拿书 * 弥迦书 * 那鸿书 * 哈巴谷书 * 西番雅书 * 哈该书 * 撒迦利亚书 * 玛拉基书	**圣卷（著述）** * 赞美（诗篇） * 约伯记 * 箴言 * 路得记 * 雅歌 * 怎么会？（传道书） * 以斯帖记 * 但以理书 * 以斯拉记 * 尼希米记 * 历代记事上下（历代志） "上去"（最后一字） （路加福音 24 章 27、44 节）	**先知书（未来）** 大先知（4）： * 以赛亚书 * 耶利米书 * 耶利米哀歌 * 以西结书 * 但以理书	**诗歌书（现在）** * 约伯记 * 诗篇 * 箴言 * 传道书 * 雅歌 小先知（12）： 何西阿书 约珥书 阿摩司书 俄巴底亚书 约拿书 弥迦书 那鸿书 哈巴谷书 西番雅书 哈该书 撒迦利亚书 玛拉基书 "咒诅"（最后一字）

* 表示该书卷在希伯来文和英文圣经的分类不同。

以赛亚书到玛拉基书）。先知书又分成**大先知书**（以赛亚书、耶利米书、以西结书、但以理书）以及**小先知书**（从何西阿书到玛拉基书）。不过，这"大"和"小"的区别是依据书卷厚度，没有其他意思。以上分类通常仅见于目录页，所以绝大多数的读者翻阅旧约时并不会察觉到类别的转变。

希伯来文圣经则清楚地分成三大类。第一大类有五卷书，但不叫历史书，而是**律法书**。每一卷书分别依照展开书卷时首先映入眼帘的字词来命名。第二大类叫**先知书**，这分类倒叫人意外，因为有一些在我们的圣经里被归类为历史书的，在希伯来文圣经却属于先知书。约书亚记、士师记、撒母耳记和列王纪，统称为**前先知书**。而在英文圣经里被称为大小先知书的，在希伯来文圣经里则被称为**后先知书**。这是因为犹太人视历史书为先知的历史——历史乃依据神如何看待所发生的事，神视为重要的才是大事。所有的历史都是本于"挑选"和"关联"的原则而写——要记载什么事、为什么要将那些事纳入史卷。圣经的历史也不例外，只除了它是由在神默示下的先知来挑选。

在英文圣经里，路得记和历代志被归为历史书，但在希伯来文圣经里却不列为先知历史。其实，路得记从头到尾都没有直接提到神的作为，尽管故事里的人视他为赐福的源头。希伯来文圣经将路得记和历代志归入**圣卷**，这第三大类还有更多叫人意外的地方，因为诗歌书算在此类，还有但以理书，而我们可能预期但以理书应归入先知书。

这个分类看似奇怪，但耶稣复活后，在以马忤斯的路上向两位门徒讲解圣经，以及之后向十位门徒讲解，都是这么分类的，经文告诉我们，"他从摩西和众先知起，把经上所指着自己的话，都给他们讲解明白了"。所以这是耶稣知道且接受的旧约分类，我相信我们也会发现这样的分类大有益处。

还有其他犹太历史书，不属于圣经。次经绝大多数是"历史"，还有一些其他文体。次经包含一些引人入胜的故事，使我们一窥马加比家族的传记，这个家族在基督降生之前几百年，率领犹太人反抗希腊的统治。但这些次经的内容并未被判定为神所默示，所以在旧约正典最终确认时并未纳入。但罗马天主教将之纳入圣经。本套丛书将各卷书重新按照年代排列，好让读者依照神说出这些道的先后顺序来聆听，也盼望读者能因此而更理解其中的渐进式启示。

✝ 结论

旧约乍看之下似乎令人困惑，但我希望以上概论能帮助你顺利浏览每一篇章。当然了，经文本身只有靠你自己一读再读，别人无法代替你。你不必有学术背景才能了解圣经，旧约每一卷书的写作都是神所默示的，只要你开口向他祈求，神必在这些篇章中与你相遇。

2. 创世记

†引言

圣经不是一本书，而是许多本书。"圣经"（Bible）一字源自拉丁文 *biblia* 这个复数词，意思是"丛书"。圣经包含六十六卷书，比史上任何书籍开始得更早，结束得更晚。第一卷书创世记始于宇宙的起点，最后一卷书启示录则描写世界的终局和来世。圣经之所以独一无二，还有一个原因：这是从神的观点写成的历史。政治史或宇宙史的焦点取决于人类的意向，但是神挑选出他认为重要的事，放在圣经中。

主题

圣经有两大基本主题：我们的世界出了什么岔子、如何才能导回正轨。绝大多数人都同意，这世界并不是一个美好的居所，想必哪里出了大差错。创世记就是告诉我们问题何在，而圣经的其余书卷则告诉我们神要如何拯救有罪的人脱离罪恶，将一切导回正轨。圣经六十六卷书形成一幕大戏，可称为救赎的戏剧。创世记之所以重要，是因为这卷书引导我们认识这出大戏的舞台、演员阵容、情节。不仅如此，若少了创世记的头几章，圣经的其他部分就显不出意义了。

起源

创世记的希伯来文名称是"起初",由于希伯来文圣经是卷轴形式,为了方便辨认,一展开卷轴就看见卷名,遂以每一卷书开头的第一个字词作为卷名。

约在公元前250年,希伯来文旧约被翻译成希腊文,译者将第一卷书的名称改为Genesis,意思其实也是"起源"或"起初",这名称相当适合,因为这卷书的确包含许多事情的起源。书中有宇宙、日月星辰、地球的起源,植物、鸟类、鱼类、动物、人类的起源,也有性别、婚姻、家庭的开端,文明、政府、文化(艺术和科学)、罪恶、死亡、谋杀、战争的肇始。此外,还有最早的献祭,以动物为祭、也以人为祭。简言之,我们看到的是一部人类简史。创世记的头11章可称为"圣经的序幕"。

需要启示

创世记不但论及起源,也处理生命的终极问题。宇宙始自何方?我们为何来到世上?为何人必有一死?

一看便知,谁也无法回答这些问题。史家记载人类过去的见闻经历,科学家观察当下可见的事物,然后提出看法,解释可能的成因,但两者都无法告诉我们为何有这些起源,也不能告诉我们现在的宇宙究竟有什么意义。哲学家只能靠揣想,推测恶从何来、人间为何多灾多难,但实际上也不确知答案。惟一能够真正为我们解答这些问题的,就是神自己。

创世记是谁写的?

因此,我们一打开创世记,立刻面临一个问题:这卷书究竟是人类想象力的产物,还是出于神的默示?

要回答这个问题,可采用类似科学探索的方式。科学的基础乃是一个个出于信心的步骤:先提出假设,然后测试是否合于事实。因此,科学先假设某些理论为真,再根据这些理论采取行动,在一连串的信心跳跃中不断进步。同样的道理，为了确切明白创世记，在尚未展读之前，我们就必须凭信心跨出一步，先假设这是出于神所默示的一卷书，然后再来看这卷书提出的答案是否符合我们所见的生命和宇宙事实。

有两项显而易见的事实，特别能从创世记提供的答案中找到完美的说明。第一个事实是，人所居住的世界极其荣美，无比繁复，多彩多姿。第二个事实是，人破坏了这世界。科学家告诉我们，每天有一百个物种灭绝，我们也愈来愈意识到，现代的制造生产对环境造成损害。创世记完美地解释了这两项事实为何千真万确。稍后会再谈到。

创世记的地位

创世记不只是圣经的第一卷书，也是整本圣经的根基。圣经的真理都包含在这卷书里了——就算不是全部，至少也有雏形。这卷书是解开其他书卷的钥匙。创世记让我们知道只有一位神，他是宇宙的创造主，而以色列是从万民中由神拣选出来的，是蒙神赐福的民族，学者称之为"独钟之恶"（scandal of particularity）：在所有的民族中，竟然是以色列人蒙神特别拣选。这个主题贯串了整部圣经。

倘若圣经始于出埃及记，又会如何？这一问，立刻显出创世记的重要。若少了创世记，我们难免纳闷，埃及的一群犹太奴隶与我们何干？除非有人要做这个题目的学术研究，才会继续往下读。惟有读了创世记之后，才能了解这群奴隶为何重要——他们是亚伯拉罕的后裔，而神与亚伯拉罕立了约，万国将因他的后裔得福。知道了这一点，才能领会神为何要保存这群奴隶的性命，看见神逐步揭开的旨意如何达成。

创世记是哪一种文学？

许多读过创世记的人都晓得，这卷书是不是出自神的启示，向来饱受争议。有人说创世记根本是一部神话，罕有历史基础。对此我要先提出三点说明：

1. 整部旧约都以创世记为基础，从头到尾有许多经节提到亚当、挪亚、亚伯拉罕，以及后来改名为以色列的雅各。新约也建立在创世记提供的基础上，而且新约最常引用的旧约经文就是创世记。新约详细引述了创世记前六章的内容，新约主要的八位作者都以某种方式提到创世记。

2. 耶稣自己平息了所有关于创世记是否为史实的疑问，他经常提到创世记中的人物真有其人，创世记中的事件确有其事。耶稣视挪亚和洪水为历史事件，也曾声明自己认识亚伯拉罕。约翰福音记载他对犹太人说："你们的祖宗亚伯拉罕欢欢喜喜地仰望我的日子，既看见了，就快乐。"接着又说："还没有亚伯拉罕，就有了我。"约翰福音也提醒我们，太初已有耶稣。有人问耶稣离婚与再婚的问题，他提醒发问的人，去看看创世记怎么说，在那卷书里可以找到答案。如果耶稣相信创世记是真理，那么我们没有理由不相信。

3. 使徒保罗从神学上理解创世记确为史实。在罗马书第五章，他以亚当的不顺服对比基督的顺服，说明顺服在信徒生命中的结果。若非亚当确实是历史人物，这样的对比就毫无意义。

创世记若不可信，圣经其他部分也就不可信

单单思考创世记真实与否，是不够的，如果我们不接受创世记是真理，紧跟而来的就是圣经其余各卷也不可靠。如前所述，圣经有许多内容都以创世记的真理为基础，如果创世记不是真的，那么"偶然"才是我们的造物主，野兽就是我们的祖宗。也难怪整部圣经中这卷书最常受人抨击。

攻击兵分两路：一是科学的，一是属灵的。科学攻击的层面等我们细看创世记内容时再详谈。现在只先提一点：创世记头几章有许多细节与现代科学并不相符，比方地球的年龄、人的起源、大洪水的范围，以及人类寿命在洪水前后的变化等等。

不过，科学攻击的背后可能不乏撒但的攻击，魔鬼最痛恨圣经里描述它进入世界和羞愧离去的两卷书：创世记和启示录。所以它最喜欢叫

人不相信创世记的头几章和启示录的末几章。倘若它能说服我们相信创世记是神话而启示录是谜团，它就可以放手破坏许多人的信心了。

创世记是怎么写下来的？

犹太人把圣经的头五卷书称作五经（Pentateuch，penta即"五"）或妥拉（Torah，意思是"指示"）。犹太人相信这五卷书共同组成造物主给世人的指示，所以他们每周都要读一部分，用一年的时间把五经读完一遍。

传统上，无论犹太人或基督徒，甚至连异教徒的历史学者都认定这五卷书是摩西所写，因此似乎没有理由怀疑。到了摩西的时代，字母取代了盛行于埃及的图像式语言（至今中国和日本仍使用象形文字）。摩西受过大学教育，学识足堪编纂这五卷书的重任。究竟五经是否为摩西所作，有两个问题不妨思考：

摩西的作者身份问题

第一个问题比较小，申命记的结尾记录了摩西之死，因此那部分应该不是他写的！这一段可能是由约书亚补上，以总结这五卷书。

第二个问题比较大，就是创世记结束的时间比摩西出生还早了约三百年。以出埃及记、利未记、民数记、申命记而言，作者是摩西，毫无问题，因为这四卷书记载的都是他经历过的事件，但是他怎有可能取得创世记的资料？

不过这问题很容易解决。研究显示，没有书写文化的民族虽无文字纪录，却有惊人的记忆力。没有文字的部族要认识本族的历史，方法是围坐火堆旁，聆听长者述说部族故事，代代相传。原始社群的口述传统很强，希伯来人想必也是如此，尤其在埃及为奴期间，更希望子孙知道自己是谁、从哪里来。

用记忆形式传承的历史有两种，一种是族谱，因为家谱赋予个人身份。创世记里有很多家谱，有句话出现十次之多："……的后代记在下面"。另一种则是英雄事迹传说，讲述祖先的丰功伟业。创世记差不多就是由这两大方面的历史组成，在英雄故事当中穿插家谱。了解这一点，就很容易看出这卷书是摩西采集在埃及为奴的族人的记忆，编纂而成。

不过，这并没有完全解决摩西的作者身份问题，因为创世记里有一部分绝无可能从族人耆老的记忆收集而成，那就是第1章（或说从第1章1节至2章3节，此乃章节划分不佳之故）。摩西如何写出创造世界的细节？

这里就必须运用信心了。诗篇103篇说，神使摩西知道他的法则，包含创世的叙事。圣经的内容极少由神直接口述给人记录下来，摩西是一例，另一例则是神清楚告诉约翰如何在启示录里描述世界的末了。通常，神会给作者默示，由作者发挥自己的性情、记忆、观点，形塑神的道（正如神使用摩西写出创世记其余部分），并且神的灵完全掌管这过程，让作者写出来的结果就是神所要的。不过，创造天地的叙述，必然是神直接启示给摩西的。

在此可提供一个细节作为印证，就是在摩西的时代以前，并无守安息日的纪录。我们看不到任何记载说列祖的生活形态包括每逢安息日就休息一天。真的，连"一星期七天"的概念都无迹可寻，所有提到时间的经文都以月和年为单位。由于我们读的圣经始自创世记第1章，以致我们误以为亚当知道安息日这回事，也守安息日，为后人所效法。但是亚当似乎是天天看守伊甸园，然后在傍晚时分和神在一起。同样也没有任何一处经文暗示亚伯拉罕、以撒、雅各守安息日；他们是牧羊人，大概没什么休息时间。

倘若摩西如前所述，直接从神那里领受创世记第1章——包括安息日的概念，那么这一切就合情合理了。摩西得到安息日的知识，所以能够藉十诫将安息日的概念引进以色列人的生活。

因此，总结来说，创世记显然是从神而来的一卷书，读的时候应当以此为前提。创世记也是摩西所写，用他在埃及时受的教育和写作的恩赐，记录神的种种不凡作为：为了逆转人类堕落的效应，而呼召亚伯拉罕。

创世记的轮廓

这卷书的整体轮廓也大有深意，值得探究。前四分之一（第1至11章）自成一格，涵盖千百年间肥沃月弯（从埃及直到中东波斯湾）各民族增长扩散的经过。分水岭出现在第12章，神呼召亚伯拉罕。整卷书的后四分之三则进一步聚焦，依序记载亚伯拉罕及子孙以撒、雅各、约瑟如何经历神。

以上的整体轮廓还可以再细分，第1至2章形容万物——包括人类——都是好的。第3至11章，我们看到罪的起源和结果——人类的身体和灵性都远离了伊甸园；我们也看到神的性格，他行公义惩罚人类，但他也施怜悯，在惩罚中仍有供应。

第12至36章有六个人相互对照：亚伯拉罕对照罗得，以撒（应许之子）对照以实玛利（血气之子），雅各对照以扫。面对这两种人，我们选择作哪一种？神把他自己的名声系在三个人身上：亚伯拉罕、以撒、雅各，尽管三人各有缺点。创世记最后把焦点集中于约瑟，一个截然不同的人。稍后我们会来看约瑟和父祖辈如何又为何迥然有别。

✝ 起初神

以下就要进入创世记的内容，首先要看奇妙的第1章，起首的几个字是"起初神"。

创世记中有许多起源，但很显然神本身并非起源于此。圣经一启幕，神就在那里了，因为在宇宙形成之前，他已存在。关于神从哪里来的哲学问题，其实是一个"不是问题的问题"。宇宙存在以前，必然已有一永恒的某物或某位存在，而圣经清楚指出，那一位就是神。神的永恒存在是圣经的基本大前提。他一直在，永远都在，他是那永在的神。他的名字"雅威"（Yahweh）就是希伯来文动词"存在"（to be）的分词形式，若换作英文，可以是always（永远），这传达出神的本性：他一直都是他所是，并且永不改变。

我们无需解释神的存在，却需要解释万物何以存在。这跟现代人的思维恰恰相反，现代人看着周遭的一切，然后认为需要证明上帝存在。但圣经看问题的角度完全不同。圣经说，神一直都在，而现在需要说明的是其他万物为何存在。

摩西写创世记之时，每个希伯来人当然都知道神存在。他曾拯救他的百姓出埃及，分开红海，又使埃及军队没入海中，所以他们亲身经历过神的存在，根本不必多加"证明"。

需要信心

新约建议我们用一个好方法来思考有关神的事，这方法用来读创世记也很有帮助。我们在希伯来书第11章读到两件有关创造天地的事，第一，"由于信心，我们知道宇宙是藉着上帝的话造成的；这样，那看得见的是从那看不见的造出来的。"第二，同一章稍后又说："凡是到上帝面前来的人都必须信上帝的存在，而且信他要报赏寻求他的人。"（现代中文译本）

因此，就整本圣经——包括创世记——而言，我们在读的时候必须假设神存在，而且他希望我们寻求他、认识他、爱他、事奉他。我们要在这个信靠的基础上来看发生了什么事。我们无法证明神存在与否，但基本上我们可以相信神希望我们认识他、信服他。

造物主的画像

看过了创世记起首的几个字后，继续往下看，可能会发现一个始料未及的特色：创世记第1章的主旨并非**受造万物**，而是**造物之主**。这卷书主要不是在讲我们的世界**如何**形成，而是在讲**谁**使之形成。事实上，仅仅31节的经文里，"神"这字就出现了三十五次，仿佛强调这一切都是关乎他。第1章与其说是创造天地的故事，不如说是造物主的画像。那么，这幅图画告诉我们什么呢？

1.神有位格

创世记第1章描述一位有位格的神，他的心有感觉，他的脑子会思考，他会说出他的想法，他有意志作决定，并且坚定不移。这一切都形成我们所知的人"格"。神不是"它"，而是"他"。他有完整的位格，跟我们一样有感觉、有思想、有动机。

2.神大有能力

如果神能以他的话语，说有就有，命立就立，那么很明显地，他必定大有能力。在第1章他一共下了十道"命令"，无一不照他所愿的完全成就。

3.神不是被造的

前面提到，神一直在而且永远都在，他永远都是独一的造物主，绝非受造物。

4.神富有创意

他的想象力多么丰富！多么伟大的艺术家啊！光是甲虫就有六千种。没有两片草叶长得一模一样，没有两片雪花、两朵云、两粒沙、两颗星是一模一样的。令人惊叹的多样性，竟都共存于一个和谐的宇宙。

5.神是井然有序的

之后我们将看到，神的创造大工有对称的内涵。因为创造的作为富有数学逻辑，而使科学成为可能。

6.神是单数的

创世记第1章，从第一个动词"创造"以后，全都是单数动词。

7.神是复数的

"神"这个字用的希伯来文不是单数的 *El*，而是复数的 *Elohim*，意思是至少有三位"神"。所以圣经起首第一句用了一个复数名词配上一单数动词，在文法上有误，在神学上却正确无误，暗示神是三位一体的神。

8.神是良善的

所以他的作为都是"好的"，而且他宣布人类是他最好的杰作，"甚好"！不仅如此，他希望以良善对待他所造的万物，赐福予万物，他的良善是一切良善的标准。

9.神是活着的

他主动参与在时间与空间的世界中。

10.神是沟通者

他向受造万物和其中一切活物说话,尤其想要和人类建立关系。

11.神与我们相像

我们是照着他的形像所造的,所以我们必然在某些方面像他,而他必然也与我们有相似之处。

12.神与我们不相像

他能从无中"创造"出有来(*ex nihilo*),而我们只能从某样东西"造"出某样东西来。我们都是"制造者",惟独他是"创造主"。

13.神是独立的

神从不使自己与他的受造物同等。打从创世之初,造物主和受造万物就截然有别。新纪元运动混淆此一观念,说"神"就在我们里面。但是造物者有别于受造万物。他可以放自己一天假,离开他所造的一切。我们绝不可把他等同于他所造的。拜他所造的就是拜偶像;敬拜造物主才是真理。

挑战哲学

如果我们接受创世记第一章的真理,那么有好些关于神的不同看法就自动出局了。这些不同的看法也称为哲学("哲学"一字的原意是"爱智慧")。无论是否刻意思考过,每个人对世界都有自己一套看法。

如果你相信创世记,那么以下哲学就不成立:

1. **无神论(atheism)**。无神论者相信世上没有神,而创世记第1章肯定地说有神。
2. **不可知论(agnosticism)**。不可知论者说他们无法得知世上有没有神。创世记第1章说我们接受有神存在。

3. **泛灵论（animism）**。相信有许多灵在控制这世界——河有河的灵，山有山的灵，等等。创世记第1章明确地说，这世界是神所创造和掌管的。

4. **多神论（polytheism）**。多神论者相信有很多神，印度教即属此类。创世记第1章说只有一神。

5. **二元论（dualtheism）**。相信世上有两个神，一善一恶；善神管好事，恶神管坏事。创世记第1章明确地说只有一神，而且这神是良善的神。

6. **一神论（monotheism）**。犹太教和伊斯兰教皆属一神论，相信有一神，而且仅仅一位，所以拒绝相信三位一体的神。创世记第1章用复数名词*Elohim*来形容神，由此可知这神有三个位格。

7. **自然神论（deitheism）**。自然神论者视神为创造者，但主张如今他无法控制自己所创造的万物。他好比一位钟表师傅，把世界上了发条以后，就由世界依其法则运转。因为神从不介入他的世界，所以不可能有神迹。许多基督徒实际上是自然神论者。

8. **有神论（theism）**。有神论者不但相信神创造了世界，也相信他掌管他所造的万物和每一个人。有神论者只差一步就到符合圣经的哲学了，但他们就是不多走这一步。

9. **存在主义（existentialism）**。这是今日盛行的哲学，相信"经验"就是神，我们的选择和自我肯定就是我们的"宗教"。创世记第1章告诉我们，有一位创造主，我们必须向他交账。

10. **人文主义（humanism）**。人文主义者拒绝接受在受造世界之外有一位神。创世记第1章告诉我们，人是神所造的，但是人文主义者相信人就是神。

11. **唯理主义（rationalism）**。唯理主义者相信，我们自己的理性就是神。创世记指示我们，神照着他的形像造人时，也把理性的能力赐给人。但是唯理主义拒斥这个概念。

12. **唯物论（materialism）**。唯物论者相信只有物质才是真实的，除非亲眼看见,否则任何人、任何事他们都不接受。
13. **神秘论(mysticism)**。神秘论者与唯物论者相反,相信只有"灵"才是真实的。
14. **一元论(monism)**。这种哲学是新纪元运动的主要基础,主张物和灵的本质为一,是相同的。神是创造了世界、独立于世界之外的灵——这观念他们根本不屑一顾。
15. **泛神论(pantheism)**。和一元论类似,相信万物都是神,这种哲学有个现代版本,叫"万有在神论"(panentheism):每一样东西里面都有神。

圣经观点和以上这些哲学完全相反,不妨称之为**三而一神论**:神是三位一体,是全宇宙的创造者和掌管者。这是贯穿整本圣经的观点,从创世记第1章到启示录最后1章。

风格

接着来仔细看看创世记第1章的内容,请特别留意写作风格。有一点很明显,就是这一章不是用科学的语言写的。许多人读的时候似乎期待看到自然教科书那样的细节,但是相反地,第1章写得非常简单,简单到世世代代的人没有读不懂的,不论他们的科学知识程度是高是低。

第1章的记载仅使用非常简单的分类,植物分成三大类:青草、菜蔬、树木。动物也分成三大类:家畜、供猎食的动物、野兽。这么简单的分类,任何地方的任何人都能了解。

用语

简单的风格也反映在遣词用字上。整个创世记第1章使用的字只有七十六个不同的字根。不仅如此,所有的字根都可以在每一种语言里找到,这表示创世记第1章是全本圣经最容易翻译的一章。

每一位作者都得问一个问题:谁是潜在读者?神希望创造天地的故事传给每一世代、每个地方的每一个人,因此他把这一章写得非常简单,连小孩子也能读懂其中信息。其中一个结果就是这一章很容易翻译成各种语言。

创世记第1章用的动词也非常简单，有一个动词对我们了解这一章尤其重要。创世记第1章区别了"创造"和"造"。希伯来文的"创造"是 *bara*，意指从"无"中造出"有"来。这字在创世记第1章中共出现三次——用来描写物质、生命和人的创造，而其他地方则是用"造"，意指用某种材料做出东西来，也可称之为制造。

对于神在七日内创造天地的描述也很简单，每个句子都有一个主词、一个动词、一个受词，文法直接了当到任何人一看就能懂，而所有句子都用一个简单的字来连结，例如"于是"、"并"、"至于"。这一章实属上乘之作。

结构

创世记第1章的结构非常漂亮，井然有序地展开六日的叙述。这六日又分成两组，三日为一组。

创世记1章2节说："地是空虚混沌，渊面黑暗"；第3节开始出现发展。前三日和后三日有奇妙的关联，在前三日，神创造了对比鲜明的不同环境：光与暗对比，众水和穹苍对比，地与海对比。他创造鲜明的对比，带出多样化。第三日，他也开始以植物充满地面，现在大地"定形"了。

接下来，第四、五、六日，他开始把前三日创造的这些环境填满。所以第四日，他造了太阳、月亮、星星，与第一日创造的光和暗相应。第五日，他造了鸟和鱼，好充满第二日创造的天空和大海。第六日，他造了动物和亚当，来布满第三天所造的大地。所以，神创造万物不但按部就班，而且精准明确。他确实是从混乱中带出秩序的神。现在，全地都"充满"了生命。

精确的数学特性

奇妙的是，创世记第1章也具有数学特性，其中有三个一再出现的数字：三、七、十，在整本圣经里都有特殊意义。数字"三"代表神，"七"是圣经里的完美数字，而"十"代表完整。若仔细看这三个数字出现的地方，则会发现一些令人赞叹的连结。

只有三次，神实际上从无中创造出有来。他三次以名字称呼某物，三次造出某物，三次赐福某物。

"神看着是好的"共出现了七次。当然，第1章里共有七天。还有，创世记的第一个句子在希伯来文里共有七个字。不只如此，在这段创造天地的记载中，希伯来原文的最后三个句子也各由七个字组成。

而且神下了十道命令。

简单明白

创世记第1章的风格，与其他"开天辟地的故事"形成强烈对比，例如，巴比伦的创世史诗不但非常复杂，而且怪异，与现实几乎没有关联。不过，创世记的创世记载如此简单明白，也不是人人称道。有些人认为，以现代眼光来看，这种简单的记述手法恰好证明圣经称不上严谨之作，然而这种简单的记述手法其实大有道理。

想象一下，要如何在童书里描述盖房子的过程呢？你会希望用既精确又简单的方式描述，好让小孩子看得懂。你可以写泥水匠如何把砖头一块块砌上去，木匠如何制作窗框、门框、桁条。你可以提到水管工人怎么铺水管，电工怎么牵电线，粉刷工人如何油漆墙壁，装潢师傅如何贴壁纸。

如上所述，你可以分六个阶段来描写，但是实际上盖房子的过程当然复杂得多，不同类别的工作有好些时候需要协力合作，也互有重叠。没有人会因为实际状况复杂得多而说这本童书这样写是错的，或是有误导之嫌。同理，创世记无疑是简化的记述，而科学可以为我们填补大量细节进去。但是，神的目的并不在于提供精确的科学细节，而是要提供井然有序的解释，好让人人皆可了解、接受，而这也突显出神很清楚自己在做什么。

科学上的问题

创世的记载简单明白，有其必要，然而明白了这一点，也不见得能解决所有相关的问题。尤其是创造发生的速度和地球的年龄，这两方面截然不同却互有关联，需要好好思考。地质学家告诉我们，地球的形成起码得花上四十二亿五千万年，而创世记却说六天就造成了。到底哪个说法才是正确的？

就受造物出现的顺序而言，创世记的记载和科学的发现颇多吻合。关于创造天地的顺序，科学的看法与创世记第1章记载一致，只除了一点：日月星辰到第四天才出现，而植物在第三天就造好了，这一点看似矛盾，直到我们了解地球原本为厚厚的云雾所遮盖，才知道其实并无矛盾。科学的探索也证实了这是有可能的。所以，第一道光出现时，看上去就像比较亮的云，等到植物出现并开始行光合作用，将二氧化碳转换成氧气，云雾才消散，而日月星辰首度展现于穹苍。所以科学和创世记第1章的记载完全吻合。生物先现于海中，后现于陆地，人类最后才出现。

虽说科学家大致同意圣经记载的造物次序，但仍有一些重大的分歧，包括动物和人类的起源，以及许多相关问题，比如人类寿命在大洪水前后的变化，大洪水的范围，还有进化论和创造论之争。

深入这类问题之前，我们要先了解，有三种方式可以处理科学与圣经的问题。先决定采取何种方式，才能着手探讨问题。你必须选择要采用否认法、分离法，还是整合法。

否认法

第一种方式就是选择相信圣经正确，不然就是认为科学正确，反正非此即彼，不可能两者皆是。一般非信徒选择相信科学，信徒则相信圣经，无论哪一方，对于另一个领域都如鸵鸟埋首沙中一般，避而不见。

如果你是基督徒而否认科学，就会遇到一个问题：科学在许多方面一直都是正确的。举个例子，多亏科学进展，才有发达的现代通讯。有些基督徒视科学如仇敌，其实大可不必。

"皮尔当人"的发现正可说明这一点。1912年，在英国的萨塞克斯郡的皮尔当，发现了一块头盖骨，看似半人半猿，许多人视之为某种进化论的证据。但后来发现，这块头盖骨其实是伪造的，基督徒立即对科学报以冷嘲热讽。他们忘了，要不是有科学，哪能鉴定这块头盖骨是伪造的啊！

因此，在科学和圣经之间二选一，会带来不少问题。我们不应该毫不过问地接受科学事实，但也不应该愚昧到叫人为了相信圣经而抹煞理智。实在无此必要。

隔离法

第二种方式是让科学和圣经保持距离，互不相干。科学管一种真理，圣经管另一种真理。这种观点主张科学关乎物理界或物质界的真理，而圣经则关乎道德领域和超自然领域的真理，两者处理的是完全不同的问题。科学告诉我们这世界如何形成、何时形成；圣经告诉我们这世界是谁造的、为何而造。两者得要分开来看，因为根本没有重叠之处。科学讲的是事实，圣经讲的是价值观，无需将两者混为一谈。

这是十分常见的方法，甚至在教会里也有。这种心态源自希腊人的思考方式，将物质界和属灵界截然划分，井水不犯河水。希伯来人可从不这么想，他们看上帝既是造物主又是救赎主，物质界和属灵界相依相属。

如果我们用隔离法来看创世记，肯定会把创世记当成神话。创世记第3章就成了一则寓言，可以下一个标题"蛇怎样没了脚"，亚当则成了"每一个人"，这卷书里的故事都是虚构的，用意是要教导我们认识神和我们自己的价值，也让我们看到应当如何看待神、看待自己——但是万万不可视之为史实。

这种方法把创世记当成了安徒生童话，每个故事都有道德教训上的真理，但是毫无历史的真相。亚当和夏娃都是神话人物，挪亚和大洪水也是神话。这样的观点当然也可以延伸到创世记之后的每一卷书，一旦质疑圣经有哪卷书并非史实，就很容易进一步质疑其他书卷。因此，若采用隔离法，圣经里就没有历史了——有很多价值标准，但就是没多少事实。

将科学和圣经切开的隔离法，和否认法一样，有其问题。事实上，圣经和科学好比两个有所重叠的圆圈，有些问题是两者都谈到的，所以有些明显的矛盾也是我们必须去面对的。如果我们假装圣经虽有事实上的错误，但仍有价值，等于是在破坏整本圣经。所以，这个问题要如何化解？第三种方法能否帮助我们把科学和圣经放在一起看呢？

整合法

要了解如何整合科学和圣经，需要记得两个基本要点：科学调查的本质是变动的，而我们对圣经的解释也会改变，两者同等重要。

1.科学的看法一直在改变

过去科学家一直相信宇宙里最小的单位就是原子。现在我们知道每一个原子本身就是一整个宇宙。直到不久之前，大家还认为决定婴儿胚胎性别的是X染色体和Y染色体，如今这看法已被推翻，DNA的发现大大改革了我们对生命的想法，因为现在我们知道最早的生命形式已有最复杂的DNA。DNA是一套语言，将信息一代又一代传递下去——可见背后必有一位设计者。

上一代的人认为大自然依照不变的定律运作，而现代科学则声称大自然的随机性恐怕比我们想象的大得多。"量子"物理就很有弹性。

地质学也在不断发展变化。现在要测量地球的年龄，有很多种方式。据称有些新方法测出来的结果显示地球其实没那么老，少则九千年，多则十七万五千年——比从前计算的四十二亿五千万年少得多。

不仅如此，人类学研究也是众说纷纭。从前以为史前人类是我们的祖先，如今则认为那是曾经出现但后来绝种的生物，与人类并无关联。生物学也一直在变，如今，相信达尔文演化观的人比以前少多了。

这一切意味着我们不应当漠视科学发现和圣经记载的矛盾，由于科学知识不断在扩展，所以若将圣经的解释和某个科学年代绑在一起，那就是我们的愚昧了。

2.圣经的解释也在改变

科学理解的发展在变，传统的解经也在变。圣经是神所默示的，但我们对圣经的解释可不一定出于神。我们需要清楚区分圣经的文本和我们诠释文本的方式。例如，圣经讲到地有四角，但今天不会有人解读成地球是正方体或四方形。圣经使用的是*描述外观的语言*（language of appearance），说太阳东升西落，从天的这边出来，绕到天的那边，而我们都知道，这并不表示太阳绕着地球运转。

科学的解释是有弹性的，而且我们对圣经的解释也会改变，了解这两点以后，就可以寻求整合科学与圣经，在看似矛盾冲突之处做平衡的判断了。

创世记第1章中的"一日"

思考创世记第1章中的"一日"之争时——此乃科学与圣经之辩的传统战场——尤其需要这种"整合式"的判断。

创世记所叙述的一日和地球实际的年龄，之所以升高为激辩不休的问题，是因为从前有些版本的圣经给第1章添上日期，注明为主前4004年。这是爱尔兰的总主教乌设（James Ussher）计算出来的（某位学者甚至算出亚当是在10月24日早上九点出生的），尽管实际上原文直到第5章才开始出现日期。

乌设的算法是以创世记中记载的世代为本，殊不知犹太人的族谱不一定把一个世系的每一代都写进去。所以"某某的儿子"也可能指某某的孙子或曾孙。我们大可把乌设的计算撇到一边，却依然得面对一个矛盾，就是圣经明确地说天地的创造一共花了六天，而科学也明确地说绝对不只六天。

原文里的"一日"究竟何谓？希伯来文的"日"是Yom，有时确实意味着一天二十四小时，但也可以指白天的十二小时，或是指一个年代，就像我们说"驾马车的日子已经过去了"那样。

了解这个字有几种意义之后，接着就要来思考，关于创世记的"一日"，有哪些不同的看法：

地上的一日

有些人照字面意义看，认为这"一日"就是地上的一天二十四小时。这跟科学家依地质学估计的地球生成年龄有明显的冲突。

时间的间隔

有人提出，从第2节到第3节有一段时间上的间隔，主张在第2节"地是空虚混沌"之后隔了很长一段时间，神才开始用六日创造天地。所以说，神开始工作之前，地球已经存在很久了。这种理论十分常见，司可福圣经和其他圣经注释里都可看到。

为了找出更长的时间，第二种方法是用大洪水来解释。威肯和墨里斯（Whitcome and Morris）出版了不少这方面的书，说我们所获得的地质学资料全都来自洪水之后，岩石"显而易见"的年龄是大洪水淹没后的结果。

时间的幻觉

有人提出，神造万物时故意让那些东西看起来很古老，就好像亚当被造出来的时候已经是个男人，不是婴儿。因此有些人相信，神造地球时，让地球看起来比实际上古老。神创造真正的古董！他能使一棵树有两百年的年轮，又可以造一座看似已经屹立数千年的高山。理论上这是可能的——神能够这么做。

无论是"间隔"或"幻觉"，两种观点都照字面意义假定这"日"就是一天，因此需要争取时间，就怕在地质纪录上说不通。

地质的年代

将"日"视作"地质的年代"也是一种方式，因此创世记第1章的六日就不是六天，而是六个地质年代，亦即第一至三日并非"太阳日"（反正那时也还没有太阳！）。这理论吸引颇多人，但缺点是忽略了某个从第一日开始就重复出现的词组："有晚上有早晨"，也忽视了另一个事实：这六日与地质的年代并不相符。

神话的日子

前面提到，有些解经者根本把这章经文视为神话，所以这"一日"到底有多长，对他们而言根本就不是问题。他们认为这六日不过是整个故事的文学架构，是虚构的日子，所以完全可以忽略不计，重点在于这则故事的寓意，其他的就甭管了。

受教的日子

有一个最有趣的说法，由伦敦大学的魏斯曼教授（Professor Wiseman）提出，他相信那六日是"受教"的日子，神用七天的时间把他创造天地的经过分阶段启示给摩西，因此我们所看到的记载，其实是摩西在受教的一周内所学到的创世经过。有些人同意这说法，但也提出这些启示应该是用异象的形式显给摩西看的，如同约翰领受异象而写下启示录。

神的日子

最后一个可能的解释，这六日是"神的日子"。时间对神而言是相对的，神看千年如一日，一日如千年。从这个角度就可以了解，神是在说，创造天地的整个过程对他而言"不过是一周的事"。

这个说法适度以突显人在神整个创造计划中的重要性，因为如果单单用地质学的时间来看的话，人类生命显得微不足道，完全失去意义。举例来说，请想想位于伦敦泰晤士堤岸的克丽奥佩托拉方尖碑（Cleopatra's Needle），以这座纪念碑的高度代表地球的年龄，然后在碑的尖顶上放一枚硬币，再在硬币上放一张邮票，硬币的厚度即代表人类存在的时期，而邮票则代表人类有了文明之后的时期。从年代长短的角度来看，人类似乎微不足道。

或许神希望我们把创造天地想成是一周的事，因为他要我们抓住重点，就是我们人类活在这地球上，在所有的造物中，我们对他最重要，他只用创世记的一点点篇幅来讲创造天地的经过，却花那么多篇幅来讲人类的事。

这个理论还可以继续扩大。经文里的第七日并没有结束，因为这日延伸数千年之久，从圣经的起头直到神使他儿子从死里复活的那日。整部旧约没有其他新的创造了；神的创造已经完成。事实上，旧约很少出现"新"这个字，若有，也是负面的用法，好比传道书说："日光之下并无新事。"所以神歇工休息的第七日涵盖了整部旧约圣经。

因此，将创世记第1章的一日视为神的日子，理由颇为充分——神希望我们把他创造天地的工作想成是一周的事。

✝ 人位于中心

进入第2章，一眼就可看出大大不同于前一章，风格、内容、观点都转换了。第1章以神为中心，从神的角度记载创造天地的经过，第2章的主角则是人。第1章的统称到了第2章则为具体的名字所取代。第1章提到人类时仅称"男人"和"女人"，第2章称这男人和这女人为"亚当"和"夏娃"，是两个个体。

到了第2章，神也有了名字，第1章仅称他为"神"（*Elohim*），第2章则称他为"耶和华神"（中文圣经和合本）。英文圣经用的是大写的the Lord God（上主，神）。在英文圣经里看到the Lord的时候，就表示在希伯来文圣经里此处出现了神的名字。希伯来文是没有元音的，所以神的名字是由四个子音字母组成：J、H、V、H，"耶和华"（Jehovah）一词便是由此造出，但其实这是个错误，因为第一个子音J的发音就像Y，而V的发音则像W，因此以英文发音来说应是Y、H、W、H四个字母，"雅威"（Yahweh）即由此而来。《新耶路撒冷圣经》用的就是"雅威神"。前面也提到，用英文的always（永远）来传达希伯来文动词"存在"的分词形态，更有助于我们思想"永在的"神。

第2章进一步说明人跟神的关系。第1章提到男人和女人是照着神的形像造的，到了第2章，我们看到神跟人互动的方式，在所有受造物中独一无二。人与神之间有种亲密关系，是其他受造物所没有的，动物并不具有与神建立属灵关系的能力，由此看来，人就像创造他们的神，在受造物中独一无二。

但我们也看到人和神不一样，虽说人是照着神的形像造的，但人也不像神。如果我们要跟神建立关系的话，一定要了解以下的重要真理：我们像神的事实，意味着我们可以和他有亲密的关系，而我们不像神的事实，则意味着人神关系应保持敬畏之心，确保我们向神献上他当得的敬拜。一方面和神非常亲近，一方面又对他充满敬畏，是有可能的。

名字的重要性

神给男人取名"亚当"，意思是"属这地的"，我们不妨叫他"尘土"。同一章稍后可看到女人也被取了名，叫"夏娃"，意思是"有生命的"。

名字通常有描述意味，甚至是拟声词（好比"布谷鸟"），所以当亚当为动物取名时，他怎样描述那动物，就成了动物的名称。圣经里的名字不但具有描述性质，也带着权柄的意味。为某人或某物命名，就表示对那人或物握有权柄，因此亚当为所有动物命名，象征他握有权柄。他也为妻子命名，今天当女人婚后冠上夫姓时，就是在纪念此特点。

本章还包含地名，大地不再是"旱地"：我们读到有哈腓拉地、古实地、亚述地和伊甸园。水也有了名称，此处提到四条河，其中两条是今天我们仍熟悉的：底格里斯河、幼发拉底河。由此推断伊甸园可能靠近土耳其东北部，或是坐落着亚拉腊山的亚美尼亚，有些人相信挪亚的方舟还埋在那地底下。

人的各种关系

在创世记第2章，我们看到一个以人为中心的关系网络，生命的意义由这些关系界定。有三方面的关系：人和在人之下者的关系、人和在人之上者的关系，以及人和同等者的关系。换个说法，就是人和在我们之下的大自然、在我们之上的神有垂直的关系，和其他人则有水平的关系。让我们进一步来看这三个方面。

我们与大自然的关系。第一方面是人与神所造的其他万物的关系。这是一种从属的关系——动物是来服务人类的，这并不表示我们可任意虐待动物，更不意味着我们可以使动物绝种，而是代表动物的价值远在人类之下。

今天这时代尤其需要明白这一点。如今，比起维护人类胎儿之不可侵犯性，保护小海豹似乎还更重要些。耶稣宁愿牺牲两千头猪，拯救一个人，使他神智恢复正常，重回家人怀抱。在创世记第9章我们读到，大洪水过后，动物可供人类食用。因此，大自然在我们之下，我们和大自然的关系就是去治理、耕作、控制大自然。

这段上下文还有一点很有意思，就是人类所需要的环境不但要实用，还要有美感；既好用又美丽。神并未将人置于荒郊野外，而是为他栽植一园子，就像英格兰老农舍的园子，园里既种马铃薯也种紫罗兰——实用与美观兼顾。

我们跟神的关系。第二方面是我们跟在上的神的关系。这关系的本质可从神给人的命令略窥一二，而这命令是关于伊甸园里两棵树。一棵是延长寿命的生命树，一棵是缩短寿命的分别善恶的知识树。这两棵树本身并不是什么神奇的树，不妨称之为"圣礼之树"，在圣经里，神指定有形的管道，以之传达属灵的福气或咒诅。所以在圣餐时吃主的饼、喝主的杯，为我们带来祝福，但不按理吃饼喝杯则会导致生病，甚至死亡。神已指定恩典或审判的有形管道。生命树告诉我们，亚当和夏娃虽非天生就长生不老，却有可能不死。因着他们与生俱来的一些本质，他们并不能永远活着，但若吃了生命树上的果子，便能永远不死。

迄今科学家仍未发现为何人会死。他们已经发现许多种死因，但我们里面的时钟为何渐渐停摆，却没有人知道原因。毕竟，身体是一部神奇的机器，只要供以食物、空气、运动，理论上是能够持续自我更新的。但是身体做不到，而原由无人知晓。秘密就在生命树里：神把那棵树放在伊甸园，使人有可能永远活着。人并非天生不死，但神给人机会，人只要靠着神持续供应的生命，就可不死。

分别善恶的知识树跟这件事也有很重要的关联。看到"知识"二字时，不妨代之以"经验"。圣经里"知识"其实就是"个人经验"，旧版的圣经说："亚当认识妻子夏娃，夏娃就怀孕，生了一个儿子。"由此可见"知识"乃个人对某人或某事的经验。神命令他们不可碰这棵树，因为神不希望他们认识（经验）善和恶——他希望他们保持纯真。时至今日，道理依然：我们一旦做错了一件事，就不可能再回复到和从前一样，我们或许会获得饶恕，却失去了纯真。

既然如此，神为何要把这样一棵树放在他们可接近的地方？他以此方式表明他对他们仍有道德的权柄。他们不可自行决定是非对错，而是要相信神所告诉他们的。不仅如此，他还强调一个事实：在这地上，他们不是地主而是佃户，而地主保有制定规则的权利。

这段经文还强调水平关系的重要，以下就要来探讨。人不仅需要有对下和对上的关系，还要跟周围的人有关系。如果我们只跟神有关系，跟其他人却没有关系，就不是完整的人。我们需要一个关系网络，希伯来文的 *Shalom*（平安）即反映此一理解；*Shalom* 的意思是"和谐"——与你自己和谐、与神和谐、与他人和大自然和谐共处。

在创世记第2章，我们看到一幅和谐的画面，而神警告亚当，倘若破坏这和谐，他就得死。虽然不一定是立即死亡，但他个人的"时钟"将开始渐渐停摆。

有些人质疑这刑罚太重了，犯这一点小罪应该不至于死。但神的意思是，一旦人对恶有了经验，他在地上的寿命就须受限制，否则恶会永久存在。如果神让悖逆的人永远活着，他们就会永远在破坏他所造的宇宙，所以，对那些不接受他道德权柄的人，他必须限制他们的寿命。

我们彼此的关系。人需要一位合适的伴侣。宠物再怎么有价值、再怎么宝贝，也永远不能取代人与人之间的友谊。因此，神造了夏娃作亚当的伴侣。创世记第1章告诉我们，男人和女人一样尊贵——稍后我们也会看到，他们在堕落和最后命定上也是平等的。

在创世记第2章，我们得知男女各有职责。圣经说男人的责任是供应和保护，女人的功能则是协助和接纳。其中有三点特别值得注意，而这三点在新约圣经全部再现。

1. **女人是从男人造出来的**。因此她的存在出于他。前面提过，其实女人是由男人命名的，就像所有的动物都是由男人命名的一样。
2. **女人是在男人之后造的**。因此男人肩负长子的责任。这方面的意义在第3章清楚呈现，由于亚当要为夏娃负责，所以承担罪责的是亚当。

3. **女人是为男人而造的**。亚当还没有妻子之前就有一份工作，因此男人受造主要是为了工作，而女人受造主要是为了人际关系。这可不代表男人不该有人际关系，而女人不该出去工作，而是表示神造男造女的主要目的不同。从男人为女人命名一事，也可看出这份伙伴关系如何才能运作顺畅：不是民主制，而是领导责任落在男人肩上；重点在强调合作，而非竞争。

创世记也谈到人与人的关系还有其他基本重点。其中有一点很清楚：性是好的——性不是罪。性是美好的。的确，神说性"甚好"。神创造性是为了使人互为伴侣，而非成为父母（这一点很重要，关系到采用避孕法，在计划生育的同时又不致剥夺性事中的伙伴关系）。第1章和第2章各有一节经文是诗句，两节都谈到性。神想到照着他自己的形像造男人和女人时，就作起诗来。然后亚当从史上第一次麻醉手术中醒来，第一眼看到这位裸身的漂亮女孩时，也是出口成诗。英文翻译少了点希伯来文的冲击原味，亚当其实是惊叹道："哇！这就对了！"两首短诗传达出神和人对于性的喜悦。

还有一点也很清楚：享受"性"的模式，就是一夫一妻制。婚姻由两件事构成，离开与联合，所以是从肉体和社会两方面一起巩固这份成为一体的关系，单有一方面不叫作婚姻。只有性生活而无社会认可不叫婚姻，那是淫乱。有社会认可而没有同房，也不叫婚姻，因此应属无效。

圣经告诉我们，夫妻关系的重要性高过所有其他的关系，假如历世历代的人都遵守这一点的话，就不会有那么多关于岳父母（或公婆）的玩笑了！配偶的地位高于其他人，甚至比儿女重要。夫妻应将对方视为第一优先，创世记第2章描绘一对夫妻的理想关系：两人毫无隐瞒，彼此完全敞开，丝毫不觉尴尬。千百年后的耶稣也曾点出这幅奇妙的图画。

创世记第2章描述这三方面的关系——人与人、人与受造万物、人和在上的神——应该是和谐共存的。不过，关于人类的起源，还是有一些科学上的问题需要思考一下。

史前人类如何解释？

进化论发展出的主张是人乃猿的后代。地质学的发现则指出有史前人类存在，似乎与现代人（学名"智人"）有关联。迄今已有各种遗骸出土，其中最著名的是由李奇父子（the Leakeys）在肯亚的奥都万峡谷发现的骨骼化石。他们据此声称人类起源于非洲，而非圣经所说的中东。

这个证据要怎么解释？我们该怎么看现代人和史前人的关系？关于人类的起源，圣经和科学的说法有可能调和吗？

人的起源

先来看圣经怎么说。创世记告诉我们，人类和动物是由相同的材料造的，动物是由尘土所造，人类也是，土里所含的矿物，在人类体内也可找到。最近有一估计指出，人体内的矿物大约值八十五分钱，还不到一英镑！不过，创世记第2章也告诉我们，神向他用尘土做的人吹气，人就成了"有灵的活人"（living soul）。

灵魂

"灵魂"（soul）一词饱受误解。创世记第1章用同样的字来讲动物，动物也被称为"living souls"（中文圣经和合本译为"活物"），因为在希伯来文里"灵魂"的意思只是"有气息的身体"。既然圣经用同一个词来形容动物和人，可见两者是同一种生物。人若在大海遇难，送出的求救信号是SOS（Save Our Soul，可直译为"拯救我们的灵魂"），而不是SOB（Save Our Body，意为"拯救我们的身体"）——然而我们要的是这个有气息的身体获救没错。

有一天苏柏勋爵（Lord Soper）站在海德公园的"演说者角落"，有人问他："灵魂在身体的哪个部位？"他回答："音乐在风琴的哪个部位！"就算你把风琴或钢琴整个拆散，还是找不到音乐。琴里面会有音乐，是因有另一位在造琴时使琴可以充满生气。

特别的受造物

创世记第2章里的"灵魂"一字，使许多人误以为人类之所以特别，是因为我们有灵魂，其实不是这个原因。相信人和类人猿有共同的起源，似乎与圣经的记载相左。人是特别的受造物，这一点毫无疑问。人是照着神的形像所造，直接出自尘土，并非间接出于其他动物。希伯来文 *bara*（意思是创造全新的东西出来）在圣经中仅出现三次：物质的创造、生命的创造、人的创造，这意谓人有独特之处，和其他动物不一样。

创世记的记载也强调人类源自同一血脉。使徒保罗对雅典人说，神从一本（即血脉）造出万族的人。历史上的每一件事都指向目前的人类同有一血脉。我对农业考古学稍有涉猎，我发现一件很有意思的事，农业考古学考察种植玉米和豢养动物的起源，认为地点是在土耳其东北部或亚美尼亚南部，正是圣经中伊甸园的位置。

科学的推测

关于人类的起源，科学又怎么说呢？许多人要求我们选边站：要么科学对于史前人类的研究出了错，要么圣经给我们的信息有误。

科学家发现的遗骸确实和我们人类有惊人的相像之处，这点倒不必怀疑。学界给遗骸取了各种名字：尼安德塔人、北京人、爪哇人、澳洲人。李奇父子声称他们发现的人类遗骸可追溯到四百万年前。如今考古学家几乎都接受人类起源于非洲，而非中东。

据说"智人"可回溯到三万年前；尼安德塔人约在四万到十五万年前；斯旺司孔人约在二十万年前；中国的直立人和爪哇人可追溯到三十万年前；澳洲人在五十万年前；而现在又说非洲人可追溯到四百万年前。我们该怎么看这一切说法？

首先，应该要特别强调一点，迄今未有任何半猿半人的遗骸出土，有挖掘出一些史前人类遗骸，但还没找到任何半猿半人的遗骸。

第二点，以上各种人未必是我们的直系祖先。现在科学家也承认这一点：当今的人类学尚在不断变迁之中。

第三点也很重要，这些遗骸并无渐进的顺序。科学家确实制作了一些号称显示人类发展的图表，从最左边的猿开始，经过一些物种，逐渐演变成现代人，也就是最右边的"智人"。但是这类图表并不正确：有些早期人类遗骸的头盖骨比现代人大得多，也比后期的化石更显出直立行走的体态。如今科学界一致认为，以上各组发现无一与我们现代人有关联。

有三种可能的方式化解这个冲突，以下简要说明：

1. **史前人类就是圣经中的人**。这些出土的人类化石和亚当一样，都是照着神的形像所造的，有人甚至提出，创世记第1章描写的是"旧石器时代的猎人"，而第2章描写的则是"新石器时代的农人"。
2. **史前人类在某个时候变成圣经中的人**。在历史上的某个时候，这种像动物的人，或说像人的动物，有了神的形像——究竟是只有一个或几个突然改变，还是全部都一次改变，仍有待商榷。
3. **史前人类不是圣经中的人**。史前人类的外貌虽与我们类似，也会使用工具，但没有任何迹象显示他们有宗教或是会祈祷。所以他们是不同的受造物，不是照着神的形像造的，跟人不同。

现阶段我们还不需要选择其中一种解释而扬弃其他解释。人类学本身还处于变动和发展的阶段，这场论战未来很可能还会出现其他进路。现在我们只要知道有这些争论存在即可，要晓得，现阶段所下的任何结论都可能只是暂时的。

演化

接着我们要来看演化论常见的问题。很多人都以为演化论是达尔文提出来的，其实不然。第一个想出这理论的是亚里士多德（公元前384－322年）。到了近代，率先提出演化论的其实是达尔文的祖父，达尔文从信奉无神论的祖父那里接收了这个理论，发扬光大。

首先，我们需要认识几个用语，才能掌握这理论的基本观念。

变异。相信上一代会把微小的形式改变传给下一代，每一代都会把这微小的变化遗传给下一代。

因为这些变异,所以有所谓的"天择"(自然选择),简单来说,就是适者生存。以斑点蛾为例,英格兰东北部的煤堆非常适合黑蛾栖息其上,成为保护色,对白蛾却不利,因此鸟类捕捉白蛾为食很容易,黑蛾就生存了下来。如今,这地区的煤渣堆都清走了,于是白蛾又回来了,黑蛾则逐渐消失。这就是自然选择的过程:最适合环境的物种才能继续生存。而这选择是"自然的",因为是在自然界自动发生,并无外力相助。

突变。从前认为变异和天择的过程都是缓慢渐进的,但现在的看法不同了。有一位名叫拉马克(Lamarque)的法国人说,改变不是渐进式的,而是突然、大规模的改变,即所谓"突变"。如此一来,演化的进展更像是走楼梯而不是搭电扶梯了。

微演化。这概念是指在某特定物种内(例如马或狗)发生有限的变化。当然,科学已经证明确实有微演化。

广演化。这理论和微演化形成对比,说所有动物出自同源,彼此有亲缘关系。所有动物皆可追溯到同一个简单的生命形式。因此,这就不是单一物种内的改变了,而是相信所有的物种都是从彼此发展而来的。

竞争。在演化论里,竞争指"适者生存"。

我无意加入支持或反对演化论的争论,我只想指出,演化论仍只是个尚未证实的理论而已。事实上,有愈来愈多化石的证据显示,演化论实在不足以解释为何有这么多不同形式的生命出现。

1. 化石的证据显示,依据演化理论而分开归类的动物,实际上在寒武纪就同时出现了,这些生物不是在不同的年代逐个出现,而是几乎一起出现的。
2. 复杂的生命形式和简单的生命形式是一起出现的,并没有从简单演化到复杂的序列。
3. 从一个物种演化成另一物种的"过渡类型"化石,极、极、极少。

4. 所有的生命形式都非常复杂，DNA一直都在所有的生命里。
5. "突变"意在解释一个物种怎样因为突然改变而发展成别的物种。其实，突变通常导致畸形而使生物逐渐消失。
6. 混种的动物通常不能生育下一代。
7. 除了以上反对理由之外，最重要的一点是，从统计的或然率来分析，要发展出这么多不同形式的生命，时间根本不够。

演化的理论当然不只是学术界感兴趣。我们如何理解人类的起源，会影响我们对人类整体的看法。受演化论哲学影响的各国领袖，对世界造成的冲击可不小。

适者生存和生存竞争是演化理论的基本概念，而塑造人类文明社会的某些哲学就含有这些概念，结果带来难以估量的苦难。美国的资本家，例如洛克斐勒（John D.Rockefeller）就曾说："企业就是适者生存。"希特勒那本充满种族歧视的自传《我的奋斗》也有类似的观点，他相信适者生存，而"适者"就是德国的雅利安种族。殖民主义兴起之初也常出现这字眼，以生存竞争之名，消灭其他民族。

简言之，适者生存的观念用于人类所造成的苦难，较之现代其他观念尤甚。这也让我们面临两个重大的抉择，选择究竟要相信什么。

思想的抉择

首先，我们要面对思想上的抉择。相信创造论，就相信有一位父神；相信演化论，就倾向于相信大地之母（这位女士实际上并不存在）。如果相信创造论，就相信宇宙是一个位格作出选择的结果；如果相信演化论，就会主张宇宙是随机发生的、无位格介入的偶然。创造论认为一切都有一指定的目的，演化论却认为一切都是随机、无规则的。创造论认为宇宙是超自然的产物；演化论则认为宇宙是自然的过程。创造论认为全宇宙是开放的状态，因此神的位格和人的位格都能介入；而演化论认为自然是一个封闭系统，自行运转。创造论含有"神的护理"的概念，神关心、供应，并且照顾他所造的万物；而演化论却认为一切都是机缘巧合，任何好事发生不过是机率的结果。相信创造论是基于事实；相信演化论却是基于想象（因为只是理论而已）。如果我们接受创造论，就接受神想造什么就造什么，并且照着他的形像造人；如果我们接受演化论，那就只有一个观点：人可以随自己的想象造神，造成什么样子都行。可见，无论接受创造论或演化论，后续影响都相当重大。

道德的抉择

接受创造论或是演化论，还要面临一个道德的抉择。为何有人狂热地抓住演化的理论不放？答案是，如果你想要相信在我们之上并没有神存在，那么其实你就只剩下演化论这个选择了。在创造论里，**上帝是主**；在演化论里，人是主。创造论把我们放在神的权柄之下，然而，若没有神，我们就是自主的人，可以自己做决定。如果我们接受神是造物主，就接受世上有是与非的绝对标准，可是演化论说没有上帝，一切都是相对的。有神的世界谈的是责任和义务；演化论谈的却是要求和权利。在神之下，我们有无限的倚赖，变得像小孩，向天父说话；若相信演化论，我们就以独立为荣，夸口自己是成年人了，不再"需要"神。根据圣经，人已经堕落；根据演化论，人一直在进步和提升。在圣经里，软弱的可得拯救；在演化论里，只有强者可以生存。

影响了希特勒思想的尼采曾自称痛恨基督教，原因是基督教让软弱的人照样过日子，又照顾生病和垂危的人。圣经教导说，行公义的人满有能力，但是演化论的哲学使人相信"强权就是公理"。创造论带来和谐，演化论带来战争。演化论者说你应该随心所欲、追求第一。圣经说人生有三大美德，就是信、望、爱。最终，圣经将人带向天堂，而演化论什么许诺也没有——只有宿命、无助、碰运气——带人走向地狱。

堕落

神创造这世界，完成时，他看着一切说甚好。今天很少人会说这世界很美好了，有些事情出了差错，创世记第3章的描述就告诉我们问题出在哪里。

关于我们今天的存在，有三个不容否认的事实：

1. 生产是痛苦的。
2. 人生是艰难的。
3. 死亡是必然的。

为何如此？为何生产很痛苦？为什么人生路难行？为什么人必有一死？

哲学给我们许多种答案。有些哲学家说，必有一善神和一恶神，而且多半说善神做得不好，然后由此解释恶的起源。

关于这个问题，创世记第3章给了我们四个重要的洞见：

1. 恶并非一开始就存在世上。
2. 恶并非始于人类。
3. 恶并非有形有体，而是精神上的。有些哲学家说，恶的根源是宇宙的物质部分，或者换作个人的角度说，诱惑的根源就是你的身体。
4. 恶并非自行存在的一种东西，与其说是名词，不如说是形容词。并不是有恶这样东西存在，而是人能作恶或成为恶人。

那么创世记第3章对于"恶"这个主题有什么教导呢？这一章提醒我们，这是一桩在真实历史上发生过的真实事件，事件的地点与时间都告诉我们了——人类历史一揭幕，就发生了巨大的道德灾难。

问题起于一只会说人话的爬虫动物（比较像是蜥蜴而不是蛇，因为它有脚。虽然传统智慧认为是蛇，但其实是后来神使它变成用肚腹在地上滑行的）。总之，有一只蛇对夏娃说话。我们要怎么看这个不寻常的故事？有三种可能：

1. 那蛇是魔鬼伪装的；魔鬼可以假扮成天使出现，当然也可以装作动物的模样。
2. 神能使动物说人话，就像他使巴兰的驴子开口说话一样。

3. 这只动物被邪灵附身了。耶稣在加大拉也曾命令一群邪灵离开一个男子，那群邪灵就出来，进入猪里去，于是两千头猪闯下山崖，可见撒但要控制一只动物是完全有可能的。撒但把自己变成比人低等的动物，因而骗倒亚当和夏娃。事实上，撒但是堕落的天使，和人一样真实，但比人更聪明更强壮。

撒但找上夏娃，这一点意味深长。一般而论，女人比男人容易相信别人，男人的猜疑心是众所皆知的。撒但利用这点，把神所定的次序颠倒，故意把夏娃当作一家之主，跟她说话。尽管显然亚当就在夏娃旁边，他却不发一语。他应该出面保护夏娃，跟撒但辩论才是。毕竟，当初听到神的禁令的，是亚当。

把神的话断章取义有三种方式，第一是增添，第二是删减，第三是更改。如果你仔细读这段经文，就会发现撒但把这三种伎俩全用上了。撒但把圣经读得滚瓜烂熟，但它断章取义又任意曲解。而亚当明知神究竟是怎么说的，却在应该出言反驳时闭口不言。我们在新约清楚看到，让罪进入世界的罪责在于亚当。

撒但对夏娃采用的策略值得我们注意，引为前车之鉴。它首先挑起怀疑的念头，第二步激起心中的欲望，第三招则鼓动意志上的悖逆。这是它对人类的一贯伎俩。它先鼓励我们往错误方向思想，常用的方法是曲解神的话语；接着它挑起我们心里的贪欲；一旦环境成熟，我们就用意志悖逆神了。

罪带来什么结果？当神质问亚当，亚当竟想把责任推卸给夏娃和神，亚当说，是"你所赐给我、与我同居的女人"如何如何。他否认自己有照顾妻子的责任，他不再扮演一个男人应有的角色。

神的回应是审判。这是我们第一次看到神这方面的性格：神恨恶罪，他不能不处理罪恶的事。他若真是良善的神，就不能放任人犯罪逃逸，这就是创世记第3章的信息。神以诗的形式颁布惩罚。当神以散文体说话，是在传递他的思想，从他的意念传达到你的意念，但是当他以诗体说话，就是在传递他的感觉，从他的心传到你的心。

创世记第3章的短诗显示出神忿怒的情绪（神学用语是"神的震怒"）。伊甸园被破坏了，神的感受极其强烈——而且他深知这会导致什么后果。以下让我用意译的方式重述创世记第1至3章：

很久以前，一切都还不存在的时候，永在的神使全宇宙，整个外太空和这个地球诞生。

起初地球只是一大团液态物质，相当不适合居住，事实上也没有任何居民。黑暗覆盖、大水淹没着地球。但是，神的灵运行在水面上。

然后神下令："让光进来！"于是光进来了。神看着是好的，但他决定要让光和暗交替出现，并分别命名为"日"与"夜"。原本的黑暗和新造的光，是神工作第一天的晚上和早晨。

然后神又说："要有两个贮水库，以空间隔开。"

于是他分隔出地面的水和空中的湿气。神所称的"天空"就是这样造出来的。他第二天的工作至此结束。

接下来，神说的是："让地面的水集中在一个区域，让其余的地面变干。"当然事情就这样发生了！从那时起，神所称的"海"和"陆地"就分开了。他看着一切，十分喜悦，然后说："现在地要生出青草、结种子的菜蔬、结果子的树木，全部都要能够自行繁衍后代。"于是这些都出现了——各种植物和树木，每一种都能够自行繁衍。一切都照着神的计划进行，他第三天的工作结束。

神又宣布："天上要出现不同的光体，这些光体要区分白天和黑夜，作为划分年、特殊日子、季节的记号；不过这些光体的主要目的将是提供光照。"照着他的话，事就成了。有两个最亮的光体，大的是"太阳"，管白天；小的是"月亮"，管黑夜，月亮周围还有闪烁的星星。神将这些光体安置在天上，都为了地球的缘故——照亮大地、定节令年月，并保持光与暗交替的模式。神看着他第四天的工作都很好，很是喜悦。

神发出的下一道命令是:"海和天空都要充满活物,海里要有鱼群游来游去,天空要有鸟群四处飞翔。"于是神使各种有生命的动物栖息在海中,从深水里的巨兽到漂浮在波浪中的微小有机体,还有各种不同的鸟类、有翅膀的昆虫在风中飞翔。神看着这美好的景象,鼓励它们滋生繁多,如此一来,大海和天空处处生机盎然。他第五天的工作到此为止。

然后神宣布:"大地也要充满活物——哺乳动物、爬虫动物,还有各种野生动物。"和之前一样,他一说,事就成了!他造了各种各类的野生动物,包括哺乳动物和爬虫动物,这些动物都令他喜悦。

这时候,神做了一个重要的决定:"我们要造跟这些都不一样的活物,比较像我们的样式——要照我们的形像来造,使他们能够管理其他这一切——海里的鱼、空中的飞鸟、地上的动物。"

神造人像他自己,
反映他的情、意、智,
人要相交又相依,男人女人成一体。

然后神以鼓励的话语确认他们独特的地位:"要生养众多,使你们的后代遍满全地,因你们要控制全地。海里的鱼、空中的鸟、地上的动物,都由你们作主人来管理它们。我还要把一切结种子的植物和结果子的树木都赐给你们作食物。至于鸟类和走兽,我给它们青草和蔬菜吃。"事就这样成了。

神看看他一切所造的,非常满意……一切都非常好,非常美……六天的工作完美地完成了。

现在,外太空和地球都完成了,由于不需要再多加什么,第七天神就歇了工。为了这个缘故,他指定第七日和要其他六日不同,第七日要分别出来,单单给他—因为在那一天,他完成了创造,歇工休息。

　　这就是我们这个宇宙的来历，还有万物是怎么生成的。那名为"永在"的神创造外太空和地球时，有一段时间，地上还没有长出草木来，因为还没有降雨，也没有人耕种。不过有泉源从地里涌上来，润泽大地。"永在"神用尘土塑造了一个人体，给他生命之吻，那人就成了有生命的活人。"永在"神开辟了一片园地，位于东方，叫作"伊甸"，伊甸的意思就是"喜悦"。他把那第一个人放在那里生活，"永在"神使那里长出各种各样的树木，开美丽的花，结可口的果子。园子中央有两棵特别的树。一棵树上的果子能保持生命无限延长，另一棵树上的果子吃了就能经历善事与恶事。

　　有一条河灌溉整个园子，但流出园子后分成四条支流。第一条叫比逊河，环绕哈腓拉全地，后来有人在那里发现纯金，又有芬芳的树脂和玛瑙。第二条支流叫基训河，环绕古实全地。第三条支流就是现在的底格里斯河，从亚述城前方流过。第四条就是我们熟知的幼发拉底河。

　　就这样，神把那人安置在这"喜悦园地"里，耕种、看守。"永在"神下了非常清楚的命令："园中各样树上的果子，你可以随意吃；除了一棵以外——就是那棵使人经历善恶的树，如果你吃了那树上的果子，就一定得死。"

　　然后"永在"神对自己说："那人单独生活不好，我要给他一个匹配的伴侣。"

　　"永在"神将他用土所造的各种飞鸟和走兽，都带到那人面前，看那人会如何描述它们；那人怎样称呼各种活物，就是那活物的名字。那人就这样给所有其他的活物都起了名，但他在它们之中并没有找到一个适合自己的伴侣。

　　于是"永在"神使那人沉睡，在他无意识的时候，取下他肋旁某样组织，又把肉合起来。神就用那身体组织造成一个女人，把她带到那人面前，那人一看就惊呼道：

"终于你成全我心所欲,
这良伴出自我骨我肉,
我说她名叫'女人',
男人所爱的出自男人。"

这一切说明为何男人要离开父母,与妻子结合,两个人再次融合为一体。

第一个男人和他的新妻子徜徉在园子里,虽然都光着身子,却一点也不尴尬。

这附近有一只致命的爬虫,比"永在"神所造的任何野兽更狡猾。有一天它去找女人闲谈,它问:"你该不是说,神真的禁止你们吃所有树上的果子吧?"她回答:"不是,不是那样的。我们可以吃树上的果子,但神的确不准我们吃园中那棵树的果子。事实上,他警告过我们,那棵树连摸一下都不可以,否则我们会被处死。"

那爬虫对女人说:"他不会那样对你们吧,他不过是想吓吓你们,因为他很清楚,一旦你们吃了那果子,眼光就会完全改变。其实啊,那果子会让你们升到和神相同的等级,能够自己决定什么是善、什么是恶。"

于是她就仔细地看那棵树,发现那果子看起来好吃又滋养,而且,能够自己做道德判断,显然是件好事。所以她就伸手摘了一些果子,吃了几个,剩下的给丈夫,当时他就在旁边,一拿过去就吃了。一点不错,他们的眼光确实变得不一样了!因为这是他们第一次意识到自己赤身露体,羞赧不已,于是他们用无花果树的叶子编成粗糙的衣服,遮盖身体。

同一天傍晚,他们突然察觉"永在"神渐渐靠近,就跑到矮树丛中躲起来。但"永在"神呼唤那人,说:"你害自己惹了什么麻烦?"他回答:"我听见你来了就害怕,因为我衣不蔽体,所以就躲在那边的树丛里。"神质问他:"你是怎么发现什么叫作赤身露体的？是不是吃了我吩咐你别去碰的果子？"那人想为自己辩解，就说："都是因为你带来的那女人；她把果子给我吃，我自然毫不怀疑地吃了。"

然后"永在"神质问女人："你做了什么？"女人回答："都怪那只可怕的爬虫！它故意引诱我，我就上当了。"

于是"永在"神对那爬虫说："你在这事上有份，当受惩罚：

所有一切走兽，
你受最重诅咒！
你必屈伸以腹滑行，
垂头以嘴蹭土。
因你做出这事，女人必与你
互相冲突、彼此仇视，
常处惊恐，终身如此。
这必传至她的后裔和你的后裔；
你一发觉人踩到你头上，
便惊起咬在他脚上。"

接着，他对女人说：

"分娩之痛会加强
你的苦楚、产痛和紧张；
你渴望有个男人来管事，
发现自己受他辖治。"

至于那男人亚当，神对他说："因为你注意你的妻子多过于我，不听我为那棵树下的禁令，所以：

土地要受咒诅；

你要终生劳苦。
你所栽种的田地
必生荆棘和蒺藜。
你必汗如雨下,
才能讨口饭吃;
劳碌一生然后归回地土,
回到你最初所在。
因为我用土造了你,
所以你将躺回土里。"

亚当给他的妻子取名"夏娃"（意思是"给予生命"），因为现在他明白她将成为全人类的母亲。

"永在"神用动物的皮给亚当和他的妻子做成新衣，给他们穿上。然后"永在"神对自己说："这人已经像我们一样意识到善事和恶事了，假如他还能吃到另一棵特别树上的果子，和我们一样永远活着，那破坏岂是我们限制得了的？"为了避免这事发生，"永在"神就把那人从"喜悦园地"赶出去，叫他去耕种土地——他原是用土造的！

把人赶出去以后，神派天使驻守喜悦园地的东界，天使拿着发出火焰的锐利武器，把守通往长生树的路。

堕落的后果

第3章通常被称为"始祖堕落"，人从第2章所描述的美好状态中堕落了。事情的结果本来可以完全不同的。假如亚当没有怪罪夏娃，也不怪上帝给他这女人，而是以悔过来回应，神会当场原谅他的，历史就会完全改写。可惜我们看到的是亚当可悲地用无花果叶来遮掩，适度以反映他的愚昧。

神的惩罚的本质，也很值得注意。亚当的处罚和他的工作有关，夏娃的处罚则和家庭有关。那爬虫成了蛇（甚至到今天，蛇身上还有非常小的脚）。

他们从前与神的关系毁了。他们彼此的关系也大受影响：两人都向对方隐藏起来，而神宣布对他们的咒诅。到了第4章，这个家庭发生了史上第一桩谋杀案，人因着嫉妒而蔑视神的警告。

现在就让我们把焦点集中在三方面，来看后续的发展，尤其是神对这件事的反应。

1.该隐

有人说，第一个男人犯的罪导致第二个男人杀了第三个男人。我们看到亚当一家人，长子杀了次子，原因是嫉妒；许多世纪之后，耶稣也死于同样的原因。史上第一桩谋杀案和最惨痛的一桩谋杀案，原因都是嫉妒。

该隐的意思是"得到"，夏娃生他的时候，说：我从神那里"得到"这儿子。亚伯的意思是"气息"或"水汽"。较年幼的亚伯在神眼前蒙恩，因为神不希望任何人认为自己理所当然拥有恩赐和继承产业。我们在圣经中常看到神不选哥哥而选弟弟（比如不拣选以实玛利而拣选以撒，不选以扫而选雅各）。

该隐和亚伯兄弟阋墙的问题出在神悦纳了亚伯的献祭而拒绝了该隐的。亚伯从父母那里学到一个功课：惟有血祭——牺牲一个生命的结果——才配献给神。神曾杀了动物，用动物的皮做衣服，遮盖他父母的罪与羞耻。所以有一条原则确立了：要流血才能遮盖羞耻（从那时起，直到各各他）。所以亚伯来敬拜神时，带了一只动物献祭。该隐却只带了果子和菜蔬来。

神只悦纳亚伯的献祭，而未悦纳该隐的供物。该隐为此生气。尽管神警告他应该要制伏罪恶，但该隐却借故把弟弟引到离家很远的地方，杀了弟弟，把尸体埋起来，而且完全不认这弟弟（他反问："我岂是看守我兄弟的吗？"）。

这里浮现一个很清楚的模式：坏人痛恨好人，不敬畏神的人嫉妒敬虔的人。这样的分裂贯穿整个人类历史。

于是，神的完美世界不再，如今成了好人被恨恶、恶人为恶行找借口的地方。我们可以说，亚伯是第一位为义牺牲的殉道者。耶稣也曾说："从义人亚伯的血起，直到……撒迦利亚的血为止"。

第4章的叙述接着列出该隐的世系，其中有一些满有意思的因素。经文除了列出名字，也列出成就，其中最引人注目的发展是音乐和冶金术，包含史上首批武器的制作。都市化也始自该隐的后代，他们开始兴建城市，而城市把罪人集中到一处，因此也把犯罪集中到一处。由于集中的缘故，城市的罪恶可说大过于乡下。

因此，所谓"人类的进步"是败坏的，这些发展上都有——这样说吧——"该隐的记号"，而这正是圣经对于文明的解释：文明的核心必有犯罪的活动。一夫多妻的现象也始自该隐的后代，在那之前，人一直都是一夫一妻，从一而终，但该隐的后代开始娶很多个妻子，我们知道就连亚伯拉罕、雅各、大卫都是一夫多妻。

不过，该隐还有一个弟弟，就是亚当和夏娃生的第三个儿子，名叫塞特。敬虔的世系始自塞特，在塞特的后代中，"人开始求告耶和华的名"。

这两条世系在人类历史上绵延至今，而且会一直延续到末日，那时，两者将永远分开。这世上有该隐的后代也有塞特的后代，我们可以选择要归属哪一条路线，过哪一种生活。

2.挪亚

接下来的重大事件，就是洪水和挪亚建方舟。这个故事堪称家喻户晓，不只圣经里有，许多民族都有普世大洪水的传说。一直以来都有人质疑大洪水是不是真实事件、是不是真的淹没全地。经文并未指出大洪水究竟是漫过整个地球，还是仅淹没当时已知的世界。中东地区本是盆地，底格里斯河与幼发拉底河流经盆地内的广阔平原，就是后来称为"美索不达米亚"的区域，也是创世记早期所有故事的场景，这地区肯定受过大洪水影响。

圣经没有把焦点摆在大洪水故事的物质面，而是道德面。为何有这场大洪水？答案令人吃惊。之所以发生大洪水，是因为神后悔造人在地上,"他心中忧伤"——这真是圣经中最悲哀的一节经文了。这句话清楚传达出神的感受,神很忧伤,于是决心要把人类从地上除灭。

到底发生了什么事,让神产生这么大的情绪危机?为了回答这个问题,我们需要把创世记的叙述和新约的部分经文连在一起看,还要参考犹大书和彼得书信所引用的一些次经内容。

次经上说,约有两百至三百名天使奉差到黑门山区照顾神的百姓,但是这些天使爱上人间女子,引诱她们,使她们怀了孕,生下介于人和天使之间的可怕混种——这些生物不属于神的受造界。此即创世记第6章所说,神的儿子们和人的女子们交合生子,希伯来文称这些后代为"Nephilim",英文圣经译作"巨人",其实我们并不清楚这字的真正意思,只知是为了一个新物种所造的新词。这可怕的结合也是秘术的起源,因为这些天使教女人行巫术,在此之前,地上并无行巫术的迹象。

这种堕落的性关系立即产生一个结果:全地充满暴力。不把人当人,反而把人视为物件的时候,性和暴力就会互为因果,相伴相生。创世记第6章说:"耶和华见人在地上罪恶很大,终日所思想的尽都是恶。"神觉得够了!不能再这样下去了!

但神并未立即审判,他很有耐心,也给了警告。他呼召以诺出来作先知,要以诺去告诉人类,神要来施行审判,凡不敬虔的都要受罚。以诺六十五岁那年得了一子,神要他给儿子取名为"玛土撒拉",意思是:"等他一死就会成就"。因此以诺和玛土撒拉父子都知道,玛土撒拉离世之日,就是神审判世人之时。

玛土撒拉是史上最长寿的人,活了九百六十九岁,我们因此认识到神的耐性。玛土撒拉一死,天就下起大雨。玛土撒拉的孙子名叫挪亚,他带着三个儿子,花了十二个月的时间,按照神具体的指示,造了一艘有顶盖的巨大方舟。(编按:圣经并未明确指出建造方舟耗时多久,我们仅能从经文提供的线索来推测;一般认为是数十年至一百二十年不等。)这场大洪水中,获救的人只有这一家:一个传道人,加上他的妻子、三个儿子和三个儿媳。洪水过后,神应许只要大地还存留,这样的事绝不再发生。他立了约,给全人类一个神圣的应许:他不仅绝不再毁灭人类，还要供应足够的食物，支持人类生存。他必使地上定时有寒暑、有播种、有收割，循环不息。现在这时代，世界各地饥荒时有所闻，这个应许似乎早已为人遗忘。但玉米产量其实供过于求，问题在于分配不均。假如有政治决心的话，没有人会挨饿。

神将彩虹挂在天上，表明他与人立约。地球上要有生命，两件事不可少，就是阳光和水；当阳光和水碰在一起，就出现彩虹。

神给人这个应许的同时，也提出要求。他命令我们务必将人的生命视为神圣不可侵犯，因此凡蓄意杀人者必须处死。倘若一个国家废除死刑，便可知该国对于人类生命的看法。

3.巴别塔

接下来又发生了一桩令神忧伤的事：兴建巴别塔。人类想要盖一座通天巨塔，其实就是想"挑战天上"。经文说，他们为要显扬自己的名。这塔若盖成，外观大概是这样的：阶梯式的庙塔，有巨大的砖造阶梯向天延伸，最顶层通常有占星的记号。但宁录（巴比伦王，"巴比伦"或译为"巴别"）建塔，与其说是为了膜拜星辰，倒不如说是为了显扬自己有权力又伟大。

巴别塔一事惹动神的怒气，神说，如果任凭人类为所欲为，就没完没了了。于是神第一次赐下方言，为的是混乱他们的口音，使他们听不懂彼此在讲什么。从此，人类分开，散居各地，语言各不相同。

关于巴别塔的故事，有个挺有意思的补充说明。从巴别分散到各地的人类中，有一群人东行，翻山越岭，终于抵达海边，他们定居下来，成了大国，就是中国。中华文化可回溯到巴别塔的年代。他们离开巴别地区时，楔形字母尚未取代古埃及的象形文字。在巴别塔事件之前，所有语言都仍使用象形文字。这批人带到中国去的语言，书写下来即象形文字。最奇妙的是，我们竟然可以从几个中文字重建创世记第1至11章的故事。

比方表示"创造"的"造"这个字，是由土、口、行走所组成。"鬼"则是一个人、一田园，加上代表隐秘的厶字旁，所以魔鬼就是一个躲在园子里的人。意为迷惑的"魅"字，是由鬼加上两棵掩护的树所组成。还有"船",则有舟、八、口,所以"船"就是挪亚的方舟上有八口人。

从这些中文字可重建创世记第1至11章的故事。因此,这批人抵达中国时,原本相信有一位创造天地的神,后来儒家兴起、佛教传入,他们才开始拜偶像。中国文字是圣经以外的独立证据,印证这些事确实发生过,这批从巴别分散出去而在中国落脚的人,用文字纪念这些事。(编按:作者此处的补充说明在论据上略有争议,并未广为被人采用。)

公义和怜悯

有两个主题贯穿这几章:亚当堕落以后,我们看到人类的骄傲,也看到神的反应是既有公义又有怜悯。他把亚当和夏娃赶出园子,说他们有一天必定死亡,由此可见神的公义;但他也给他们衣服遮盖,由此又看见神的怜悯。

他虽然惩罚该隐流离飘荡于地上,却也在该隐额上做了记号,警告遇见他的人不可杀他。他虽然惩罚以诺那一代人(除了以诺本人之外),却保全挪亚一家人的性命,并且给玛土撒拉长寿,耐心等待,从中可见他的怜悯。创世记的其余各章,又告诉我们上帝哪些事?让我们再往下看,看他和他的子民建立了什么样的关系,往后的世代又发生了哪些事。

✝ 至高权能的神

旧约对神的一贯描述乃是由两股脉络扭绞而成,惟有研读创世记,方能清楚这两条并行的脉络。

全宇宙的神

一股脉络是,旧约宣告犹太人的神就是全宇宙的神。在旧约时代,每个民族都有自己的神,如巴力、伊西斯、摩洛神等,各民族各有宗教,泾渭分明。那时所有的战争都是宗教战争,不同民族为了不同的神明起争端。以色列人的神（雅威）在其他民族眼中不过是以色列人的神而已。但以色列人却声称他们的神"超乎诸神"，甚至是惟一真实存在的神，创造了全宇宙，而所有其他的神都是人类想象力虚构的。这些宣称听在其他民族耳里当然不是滋味。以赛亚书第40章、约伯记、许多诗篇中都可以看到有关神的宣告。

犹太人的神

另一股脉络是，旧约宣告全宇宙的神就是犹太人的神。犹太人宣称，创造天地万物的主和地上这支小小的民族有亲密的关系。事实上，他们宣称神用一个家庭的祖孙三代来表明自己的身份；根据犹太人的说法，这位全宇宙的主自称为"亚伯拉罕的神，以撒的神，雅各的神"，这主张简直不可思议。

神的计划

创世记为我们说明这惊人的双重真理——犹太人的神是宇宙的神，宇宙的神是犹太人的神——说真的，假如没有创世记这一卷书，就没有基础去相信这项真理了。

创世记所涵盖的时间，比圣经其余书卷加起来都长。从出埃及记开始，直到启示录结束，共约一千五百年，然而单单创世记就涵盖了整部人类历史，从万物初始直到约瑟的时代为止。所以我们读圣经时，千万别忘了经上的时间是压缩过的，创世记涵盖许多世纪，多过其他书卷。

以创世记本身而论，时间也大大压缩，第1至11章虽然只占全卷四分之一，却涵盖很长的时间、很多的民族与国家。第二部分，即第12至50章，占了整卷书四分之三的篇幅，却只涵盖了几年和几个人——不过是一个家庭的四代。假如创世记如其所言是全世界的历史，那么就篇幅安排来说似乎不成比例。

然而，这种安排显然是刻意的，刻意将焦点从全世界移到一个家族，仿佛这个家族是全世界最重要的一家人。从某个角度看，他们确实是最重要的，因为他们是塞特的后代，而塞特的后人最早开始求告神的名。神之所以特别看重求告他名的人，是因为他能够用这些人来成就他的计划和旨意。

这样的安排方式也提醒我们，圣经并非神给我们的难题提出答案，而是给他的难题提出答案。神的难题是："你怎么处理不想认识你、不想爱你、也不想听从你的人类？"一种解决方法是，把人类抹灭，重新开始。他用过这方法，但就连那位经历洪水而得救的义人之父（挪亚），后来也喝醉酒而赤身露体，显示人性并未改变。但神不放弃。他关心人类，人类是他所造的。他已有一个儿子，甚得他喜爱，所以他想要更多儿女，所以他绝不放弃解决人类的问题。

他的解决之道从亚伯拉罕开始，哲学家称此为"独钟之恶"（scandal of particularity），意思是神选择单单与犹太人打交道是不公平的。他为何不用中国来人救中国人，用美国人来救美国人，用英国人来救英国人呢？神的拯救计划引人反感，诗人尤尔（William Norman Ewer）总结道：

> 多奇怪的神
> 选了犹太人。

后来布朗（Cecil Brown）回应他，接着写下去：

> 说怪也不怪，
> 还有人更怪——
> 选了犹太神，
> 藐视犹太人。

我们不妨用一个简单的家庭问题来说明神为何这样做。有个父亲决定买糖给三个孩子吃，他可以买三条巧克力棒，每个孩子分一条，也可以买一袋糖果，交给其中一个孩子，叫他们分着吃。第一种做法虽然最和谐无争，却将每一个孩子视为互不相干的个体。如果父亲要营造一个家庭的话，那么采用第二种方法可让孩子们学到更多。

因此，神的方式就是开启一项计划，让他的爱子可以藉此计划降世成为犹太人。他告诉犹太人去把他的祝福跟世上其他人一起分享，他并没有分别处理每一民族。他拣选犹太人，用意是让其他人都能够透过犹太人而认识他的祝福。

因此在旧约里，神自称为亚伯拉罕的神，以撒的神，雅各的神，创世记第12至50章基本上就是四个人的故事。前面三位放在一起讲，第四位，也就是约瑟，则分开处理。稍后会说明原因，集中焦点看约瑟的故事。

前三个人的故事分别有他们与亲属的对照。亚伯拉罕与侄子罗得对照，以撒与同父异母的哥哥以实玛利对照，雅各则是与双胞胎哥哥以扫对照。这些对照关系愈来愈近，从侄子到同父异母兄弟，再到双胞兄弟。神让我们看到整个人类有两脉传承，形成鲜明对比。这些故事要我们选择，究竟是要作雅各还是以扫？作以撒还是以实玛利？作亚伯拉罕还是罗得？

是真实故事吗？

有些人主张圣经这几章是神话传说或英雄传奇，故事的核心也许有真理，是否合乎史实却无法印证。可是这些人忘了，所谓的"虚构故事"是近代才有的文学体裁，亚伯拉罕的时代可没人听说过什么小说，也没有理由虚构故事。事实上，如果你决心创作一则英雄故事，肯定会把奇迹加在你笔下的英雄身上。创世记的记载几乎看不到奇迹，出埃及记倒是有不少，但创世记里少之又少，而神话传说里通常有很多奇迹或神奇的事情发生。

不仅如此，从来没人在创世记的故事里找到时代错置的事物（亦即不可能在当时出现的东西竟出现了），一件都没有。考古学证明，这些故事里的文化细节全然真实。

惟一无法用常理解释的就是天使，但圣经从头到尾都有天使出现，如果你不相信天使存在，也会很难相信整部圣经。除了天使的部分之外，都是寻常的故事——寻常的男女出生、相爱、结婚、生子、老死。他们放牧牛羊，栽种少量作物。他们意见不合、吵架纷争；他们搭帐篷、筑坛敬拜神。这一切都在人类正常的经验范围内。

神为何拣选犹太人？

但这些故事有一点和其他故事不一样，就是神对故事中的一些人说话，而这些人也向神说话。于是我们看到，全宇宙的神竟然特别跟一个名叫亚伯拉罕的人结交，事实上，神说的是"我朋友亚伯拉罕"。这就是所谓独钟之恶（scandal of particularity），神竟与个人结为朋友，一般人接受不了这样的神，觉得有失体统，然而神真的这样做了。

有个大问题：神竟然选择自称为亚伯拉罕的神，以撒的神，雅各的神，为什么？这三人有何特别之处？历世历代许多国家民族都有此疑问，犹太人到底哪里特别？为何挑他们而不是我们作选民呢？

答案在于神全权的选择。不是这三人天生就该获得神特别对待，而是神随己意主动与他们建立关系，所以他们不能主张说这段神人关系要归功于他们。的确，这三代人的传统继承权都被推翻，这实在太特别了。通常继承家业的是长子，但从这三代来看，神都没有拣选长子，反而选择小儿子。他拣选以撒而非以实玛利，拣选雅各而非以扫。神藉此确立一件事：没有人可以主张自己天生就该得到神的爱；神要爱谁就爱谁，要拣选谁就拣选谁。因此这与长子继承的世袭制无关，以撒和雅各都不是长子，他们所继承的，是白白得来的礼物。

更令人惊讶的是，这三人也都不能凭道德要求神特别眷顾，因为说起来他们也不比别人高尚多少。事实上，圣经指出这三人都曾为了避免麻烦上身而撒谎。亚伯拉罕和以撒都为求自保而谎称妻子是妹妹，雅各更是三人中最坏的一个。这三人不但都说谎，而且都不只有一个妻子。我们看到的是他们就像我们一样平凡、一样有不少缺点。

他们惟一与众不同的是信心。三人都相信神，而神能藉着信他的人成就奇事。神宁可要一个信他的人，而不要一个好人——圣经甚至说："亚伯拉罕信神，这就算为他的义。"光有好行为而不信神，算不得什么。

以撒和雅各都有这样的信心，尽管两人个性气质大不相同。三人有一个共同点，就是都相信神。

列祖的信心

亚伯拉罕离开迦勒底的吾珥，这件事特别显出他的信心。吾珥是一个吸引人而且高度发展的地方，堪称当时世上最先进的城市，但是神对亚伯拉罕说，他要他余生都住帐篷。大概很少有人愿意离开舒适的城市，到山里住帐篷，忍受寒冬风雪，尤其是已经一把年纪，七十五岁了。神吩咐亚伯拉罕离开一个他再也不会见到的地方，前往一个他从未见过的地方。亚伯拉罕必须离开亲友（虽然他其实带着父亲和其他亲人走到了哈兰，但从那以后，只有侄子罗得继续跟着他）。亚伯拉罕顺从了。神说他会得到一个儿子的时候，尽管他的妻子撒拉已经九十岁了，但他信神。（后来他们果真得了一子，取名为"以撒"，在希伯来文就是"喜笑"的意思，因为当撒拉第一次听到年纪一大把的她即将怀孕，就忍不住笑了出来。）

亚伯拉罕的信心不是没有动摇过，自从神应许他会有一个儿子，十一年过去了，撒拉的肚皮一直没有动静。于是亚伯拉罕听从撒拉的建议，找撒拉的婢女夏甲生孩子。圣经明言，以实玛利并非"信心之子"，而是"血气之子"，神并未拣选他（尽管神仍然赐福与他，使他的后代繁衍昌盛，形成今天的阿拉伯各族）。

以撒终于出生了，但后来亚伯拉罕应神的要求，凭信心准备将以撒献在祭坛上。圣经告诉我们，亚伯拉罕之所以愿意杀以撒献为祭，是因为他相信神能使他的儿子死而复活。想想看，在此之前，神从未使死人复活过，这是何等的信心！亚伯拉罕推想，神既然能从他老迈的身子里制造出生命（以撒），也必能使以撒从死里复活，只要他肯。

描绘"献以撒为祭"的图画，大多把以撒画成一个十二岁的孩童。但若我们仔细查考相关经文，就会看到紧接在这事之后，撒拉去世。撒拉是一百二十七岁过世的，那么以撒当时就是三十七岁。所以献祭的时候，以撒应该三十出头。因此他大可抵抗老父亚伯拉罕，易如反掌，但他凭信心顺从了（献祭的地点也别具意义，那座山叫摩利亚山，就是后来的各各他，或称加略山）。以撒也在其他方面展现信心，但主要还是相信亚伯拉罕的仆人为他寻妻的这件事，显出他的信心。

雅各也有信心，但起初只是对他自己有信心而已。故事叙述他如何用计瞒过父亲，将要给长子的祝福给了他，而没给以扫。虽然是骗来的，但至少他想要神的祝福，相形之下，以扫对于长子的祝福满不在乎。到后来，神必须使雅各"破碎"。神整夜与他摔跤，使他瘸腿，以后他终生跛足，但这是他信心的转折点，从此他坚心信靠神的应许：他的十二个儿子将成为十二支派。

这三人虽然各有软弱和失败的地方，却因为信神而突出于众人之上。他们的信心和不信的亲友形成强烈对比，一边是信心之人，一边是血气之人。

罗得看重物质，选择约旦河谷的肥沃平原，不愿住在贫瘠的山地。他相信自己的眼光，而亚伯拉罕却用信心的眼睛看见，纵使住在山地也必有神同在。以扫执意要一碗"即食汤"，不要父亲的祝福。希伯来书告诉我们别像以扫一样，后来才后悔而嚎哭切求祝福，却不是真正的悔改。因此，这些有信心的人和他们凭血气的亲戚形成强烈对比——今天许多家庭里也可以看到这样的对比。

三人的妻子也形成对比。撒拉、利百加、拉结有一个共同点：都很美丽。三大先祖的妻子都有不随岁月消逝的内在美，都顺从丈夫。相形之下，其他人的妻子就不同了，例如罗得的妻子，因为舍不下舒适的生活而回顾神所审判的那地，因为不听从神的话而变成一根盐柱。

亚伯拉罕

现在来细看这三个人。神给亚伯拉罕一个应许，今天基督徒仍可倚靠这应许。神的创造从一个人开始，神的救赎也从一个人开始。神与亚伯拉罕立约，"亚伯拉罕之约"这个主题贯穿整部圣经，直到耶稣为止，如今我们以圣餐来记念耶稣所立的新约。

我们必须明白"约"的意义。有些人把"约"跟"契约"混为一谈，但约并非能力与权柄对等的双方所定的交易。这约完全是甲方为了祝福乙方而立的，而乙方只有两种选择：接受或拒绝，但不能更改约的内容。神立了约，就必守约，而且他指着约发誓。人可以说"我指着神保证",神则是说"我指着我自己起誓",因为没有比他更高的,所以他指着自己起誓,而他所说的是实话,全都是实话,而且只说实话。

在创世记第12章,神给亚伯拉罕的应许里说了六次"我必",颇像新郎娶新娘时说"我愿意"。诚然,全宇宙的神使自己与这个家族结合,而他给他们的第一个应许就是赐给他们一块地方居住(那是几大洲交会处的一小片土地——耶路撒冷是世界几大陆块的中心,从非洲到亚洲、从阿拉伯到欧洲的路线就在一座希伯来文叫作"哈米吉多顿"的小山附近交会,那是全世界的十字路口)。神其实是说:"我要把这地永远赐给你们。"不管别人说什么,他们握有那块地的所有权,因为神把所有权给了他们,永远赐给亚伯拉罕和他的后裔。

神的第二个应许是赐给他后裔。他说亚伯拉罕必有后裔绵延不绝,尽管说这话的时候,亚伯拉罕和撒拉都年事已高,尚未有子。

第三个应许是,他会使用他们来祝福或咒诅其他各民各族。神给犹太人的呼召是要他们向万民传扬神的名。这呼召有两面,因为神对亚伯拉罕说:"为你祝福的,我必赐福与他;那咒诅你的,我必咒诅他。"但神也有所要求。首先,他要每一位犹太男子以割礼作记号,象征他们生在此约之下。其次,他要亚伯拉罕顺服,照着他所吩咐的一切去做。

此约乃圣经的核心,神以此约为基础,说:"我要作你们的神,你们要作我的子民。"这句话在圣经中不断出现,直到启示录最后的一页。从这句话我们知道,神希望一直跟我们在一起,我们在圣经末了看到神亲自从天降下,在新天新地中永远与我们同住。

以撒

以撒的事迹,我们所知有限,不如他父亲亚伯拉罕或他儿子雅各的事迹那样多,不过以撒是上下两代之间重要的桥梁。他的信心表现于接受神为他选择的妻子,在迦南地遭逢大饥荒时仍坚持留守,然后将这地留给儿子,尽管事实上他并未拥有这地,只是在应许上拥有。可惜他晚年因为丧失视力而被自家人所骗。

雅各

雅各的经历大概是三人之中最多彩多姿的。他抓着双胞胎哥哥以扫的脚跟出生,打从出生起就开始抓东西了。以扫长大后去住在今天称作佩特拉(Petra)的地方,今日那里仍有从红砂岩雕凿出来的壮丽殿宇。以扫在那里建立的国家就叫以东。以实玛利和以撒之间的仇恨今日仍存在于中东地区的阿拉伯人和犹太人之间,但是以扫和雅各之间的仇恨则已泯灭。最后一个为人所知的以东人,名叫希律,是以扫的后代,在耶稣出生时分封作犹太人的王。他为了除掉这位生来要作王的雅各后代,屠杀了伯利恒所有的男婴。

产业

亚伯拉罕、以撒、雅各最后都以不寻常的方式显示出信心,他们都把实际上并未拥有的产业留给儿子。亚伯拉罕对以撒说,他把他们周围的整块地都留给以撒。以撒也对雅各说,他把一整块地都留给雅各。雅各对十二个儿子说,他把整个迦南地留给他们。但他们都不曾拥有传给儿子的土地,只有亚伯拉罕真的拥有一小片地,但那不过是希伯仑的一处洞穴,是他买来埋葬撒拉的。三人都相信神已经把那地赐给他们了,所以都在遗言中传给儿子,相信有一天这整块地终将归他们所有。

一直到了圣经相当后面的地方,也就是希伯来书第11章,这些人又出现了。希伯来书第11章说:"这些人都是存着信心死的",他们虽因信受到赞许,"却没有得着所应许的,因为神给我们预备了更美的事,叫他们若不与我们同得,就不能完全。"亚伯拉罕、以撒、雅各都没有死,虽然我们可以在希伯仑看到埋葬他们的坟墓,但他们不是死人。耶稣说,神现在是亚伯拉罕的神,以撒的神,雅各的神——并非曾经是。他不是死人的神,而是活人的神。

约瑟

创世记最后一部分是约瑟的故事,想必许多人耳熟能详,"好人赢、坏人输"的故事大人小孩都爱听,甚至改编成了一出音乐剧。不过，大家以为真有件彩衣，这大概与实情不符，那应该是一件长袖外套，而不是五颜六色的外衣。重点在于，约瑟成了哥哥们的监工，所以穿上这件外衣，代表他不必劳动。但约瑟本非长子，所以他受到这样的偏袒是很奇怪的，自然引来哥哥们的憎恶。

约瑟是第四代，是亚伯拉罕的曾孙，但不是长子。由此可看出一个清楚的模式：天生该继承家业的人并未领受祝福，神选择让恩典临到谁，谁就领受祝福。圣经的模式往往是较小的儿子得着祝福。

不过，这模式有一个重点并未延续下来，就是我之前提过的，约瑟有一点与前面三代大不相同：神不曾自称"约瑟的神"。从没有天使向约瑟显现，而且约瑟的兄弟也不像前面三代的兄弟那样被神拒绝。约瑟的兄弟都属于塞特的敬虔后代，所以并没有和约瑟形成明显对比。还有，神不曾直接对约瑟说话。约瑟从神那里领受异梦和梦的解释，但从来不曾像列祖那样，真正与神沟通。

所以约瑟似乎别树一格。为何他和别人不一样？圣经为何诉说他的故事？

有个原因很明显，因为约瑟的故事自然而然连结到圣经的下一卷书。我们在出埃及记中看到，这个家族沦为埃及人的奴隶，若没有约瑟的故事，我们就不知道他们为何来到埃及。约瑟的故事是很重要的连结，说明雅各一家人下埃及的原因与先前亚伯拉罕和以撒下埃及一样：食物短缺（埃及不靠雨水滋润，因为有自埃塞俄比亚高地流下的尼罗河，而以色列地的作物，则完全靠地中海吹来的西风所带来的雨水）。因此，约瑟的故事至少是为了连到下一卷书而存在。约瑟过世，戏幕就拉上了，这一阖就是四百年，中间发生了什么事，我们无从得知，只知当帷幕再次升起，这个家族的人口已高达数百万——却是在埃及为奴。

单这一个原因，还无法解释为什么创世记用那么多篇幅述说约瑟的故事。圣经中关于约瑟的细节几乎和亚伯拉罕一样多，比以撒或雅各还详尽。为何圣经要讲得这么仔细？为了让我们看到一个品德高尚的好人终究战胜一切？恐怕不只如此。

我们至少可从以下四个层面来看约瑟的故事：

1. 人的角度

第一是从人的层面看。这是一个扣人心弦的冒险故事，人物个个非常真实，情节比虚构故事更奇特。其中有一些很不寻常的巧合，可用两章概括约瑟的一生：第1章——急转直下，第2章——逆流而上。他从父亲最宠爱的儿子，沦为法老内臣的家奴，然后从被遗忘的囚徒高升为一国宰相。降卑与升高之间，我们看到约瑟的哥哥们因为嫉妒而害他沦为奴隶，而他最后成功的关键竟然是靠着解梦。因此，从人的角度看，这确实是制作音乐剧的好题材，难怪在伦敦西区上演时吸引无数观众前往欣赏。

2. 神的角度

第二是从神的角度看这个故事。虽然神未曾实际跟约瑟说话，但他在幕后控制一切，看不见的神藉着梦，将他的旨意和计划启示出来，并安排环境来成就。从圣经可以很清楚看到，有时神需要藉着梦向他的百姓说话，但他也必给予解释。所以约瑟说这些梦出于神，解梦也出于神。后来有一个人也具有解梦的恩赐，就是但以理。约瑟相信他的遭遇都是神在支配，是神在幕后安排一切。

约瑟故事的关键经文是第45章7节，约瑟试验兄长，逼得他们低声下气又难堪不已，最后才与他们相认。约瑟表示原谅兄长当年卖他为奴的事，然后说："神差我在你们以先来，为要给你们存留余种在世上，又要大施拯救，保全你们的生命。"

约瑟的兄长以为把他当作奴隶卖给骆驼商队，就可以眼不见为净。他们把他那件特别的外衣染上山羊的血，然后骗父亲说他最宝贝的儿子死了。约瑟却看出是神的手在支配这一切，他回顾他在埃及的工作：为法老解梦（七个丰年之后将紧接着七个荒年），建议丰年要妥善储存食物，因此升作宰相，不但救了埃及全国，连他自己家人的性命也因此保全了；他救了他们。

我们还可以从约瑟全家下埃及这件事，看到神的护理。虽然神把应许之地赐给他们，但许多许多年前，神也告诉亚伯拉罕，他必把亚伯拉罕全家移到埃及去，在那里住上四百年，直到"亚摩利人罪孽满盈"

为止。神暂且不让亚伯拉罕家族据有应许之地，是因为那地居民的罪孽还未深重到丧失对土地和生命的权利程度。神是有道德的神，不会平白无故把人赶出去，让他自己的百姓进去。今天考古学已经指出当时那地的居民堕落到多么可怕的地步，由于性行为泛滥，性病蔓延迦南全地，到了积重难返的地步，神才让他的百姓取得他们的地。有些人抱不平地说，神把那地赐给犹太人，实在不公平；这种说法实在大错特错。

但是还有别的原因：神想要他的选民成为奴隶，那也在他的计划之中。他要把他们从为奴之地拯救出来，好让他们感谢他而遵行他的道，成为榜样，让世人看到在天国治理下的人民多么有福。所以神让他们经历奴役之恶，每星期工作七天却无半文酬劳，没有自己的土地，没有自己的金钱，没有一样属于自己的东西。然后他们向他呼求，他就伸出大能的手拯救他们。神让这一切发生，有他的美意，他希望他们知道救他们出来、让他们拥有自己土地的，乃是神。

3. 约瑟的品格

我们也可以把约瑟的故事当成约瑟的品格报告。最引人注意的是，找不到任何一句坏话。前面已经指出，圣经叙述亚伯拉罕、以撒、雅各的生平，都是全盘托出，这三人各有各的软弱和过犯。但圣经对于约瑟却无半点批评。他做过最糟糕的事，不过是有点不智地把自己的梦境告诉兄长，说自己未来会高升。但约瑟的性格没有一丝丝错误的心态或反应。他沦落到社会最底层，而他的反应却是第一流的：毫无愤恨、毫无抱怨、对神没有半点质疑，即便沦为阶下囚，可能在法老的监狱里被关到死，他也没有大呼不公平。不仅如此，尽管身在异乡，没有人认识他，但是波提乏的妻子引诱他时，他依然正直不移。就连关在大牢中受苦的时候，他一样热心助人，从他主动安慰法老的酒政和膳长，可看出他的好心肠。约瑟应该是个关心别人、自己的事却不大在乎的人吧。

即使当他晋升到一人之下、万人之上的高位，他的性格仍不见缺点。请注意他对当年卖他为奴的兄长作何反应——他给他们食物，不收他们的钱，把银子放回他们的口袋；他流着泪原谅他们，在法老面前替他们说情；买下尼罗河三角洲最肥沃的土地，作他们安居之地。他们曾抛弃他、把他给卖了，还对父亲说他已经死了，但如今他仍供应他们一切需要。

约瑟可说是富贵不能淫、贫贱不能移的人，整部旧约中完全正直、表里如一的，只有他一人。旧约呈现的人物都是优缺点兼具，但约瑟只有优点，没有缺点。整部圣经只有另一人如此。

约瑟的故事讲到一半，突然插入一章，是他哥哥犹大的事，跟约瑟的良善形成对比，读来令人震惊。犹大跟一个他以为是妓女的人共度春宵，谁知这位自始至终蒙着面纱的女人竟是他儿媳。犹大乱伦的龌龊故事穿插在约瑟的故事中间，为何这样安排？因为这正好突显出约瑟的表里如一。正如亚伯拉罕对比罗得，以撒对比以实玛利，雅各对比以扫，同样地，约瑟与犹大也形成对比。

4. 反映耶稣

至此我们已从三个层面看约瑟的故事：人从谷底翻身，爬到顶端，拯救了他的百姓，成为埃及的主；神掌管一个人的生命，使用这人来拯救神的百姓；最后，我们看到一个完全正直的人，无论身处低谷或高峰，都保持真诚良善的本色。

以上每一个层面都令我们想到另一个人：耶稣。约瑟成了耶稣的一个预表，这词有"预示"的意思。仿佛神用约瑟的生平让我们看见他将如何对待他自己的儿子。就像约瑟一样，神的儿子也将被自己的同胞拒绝，遭受世间最大的羞辱，然后高升，成为他百姓的"救主"和"主"。

认出是"预表"以后，两相对照更有深义。我们愈看约瑟的生平，就愈看出耶稣的画像。神早就知道他要成就什么，所以给他的百姓暗示。耶稣自己也鼓励犹太人查考圣经，"给我作见证的就是这经"，这经指的就是旧约。我们读旧约的时候，一定要记得寻找耶稣，寻找像他的人，寻找他的影子。耶稣自己是本体，而他的影子洒落在旧约的篇篇页页，尤其是创世记。

从创世记看耶稣

既然看出约瑟是耶稣的画像,那么在创世记其他地方也可以看见耶稣。约瑟是一个典范,从他身上,我们看到神怎么回应信靠他的人。约瑟的故事显示神如何使用一个人的一生,拯救百姓脱离苦难,又使这人升高成为救主和主宰。

家谱

创世记里的家谱其实就是我们的主耶稣基督的家谱,如果读马太福音第1章和路加福音第3章,就会看到创世记家谱出现过的名字。这条世系从塞特一路下来,直到为马利亚所生的耶稣为止。因此凡是属基督的人,读这些家谱就像在读自己的家谱。我们有最显赫的祖先,原因是,我们因着信靠基督,就成为亚伯拉罕的后裔了。

以撒

仔细看创世记的人物,可以看到与耶稣相似之处。前文谈过了约瑟,现在再回头去看亚伯拉罕献以撒为祭的那一刻。亚伯拉罕听见神吩咐他登上摩利亚山,许多年后,这座山被称作各各他,就是神献他的独生子为祭的地点。创世记第22章告诉我们,以撒是亚伯拉罕钟爱的独子。前文也提过,那时以撒应该已经三十出头,够强壮了,足以抵抗父亲的行动,但他顺服地任父亲捆绑、甘愿被放在祭坛上。

在千钧一发的时刻,神阻止了亚伯拉罕,提供别的祭物——旁边有一只公羊,角被荆棘勾住而动弹不得。千百年后,施洗约翰如此论到耶稣:"看哪,神的'公羊',除去世人罪孽的。"我们往往用"羔羊"来形容耶稣,但用于献祭的从来都不是温驯的小羊——而是用一岁大、已长角的公羊献祭。启示录描绘耶稣是头上有七角(代表力大强壮)的公羊——这是"神的公羊"。神提供了两角缠在树丛里的公羊,取代亚伯拉罕的儿子,作为祭物献给他。同时神也宣布自己的新名字"耶和华以勒",意思是"我永是你的供应者"。就在同一地点,另一个三十出头的年轻人,荆棘绕头,也被献上为祭。你是否看到耶稣的画像?

麦基洗德

另一处经文也颇值得细看。亚伯拉罕与一位身兼王和祭司的男人有一次奇特的会晤。此人是撒冷城（即后来的耶路撒冷）的王，当时亚伯拉罕把被绑架的家人抢救回来，带着夺来的战利品折返，途经撒冷城。当时撒冷城还是异教城市，与亚伯拉罕的敬虔谱系毫无关系。亚伯拉罕凯旋荣归途中，麦基洗德从城里出来迎接他。麦基洗德身兼祭司和君王，在以色列人中可从来没有这样奇特的组合。这位"君王祭司"带着饼和酒，给亚伯拉罕和他的壮丁家兵洗尘，亚伯拉罕则从战利品中拿出十分之一，送给麦基洗德。新约告诉我们，耶稣是照着麦基洗德的等次永远为祭司。

雅各的天梯

还有雅各的天梯，又是怎么回事呢？雅各离家的第一晚，宿在野外，以石为枕，他梦见一道梯子（其实比较像电扶梯）。希伯来文暗示，这梯子会动，一边向上移动，另一边则向下移动，有天使在梯子上，上去下来。雅各知道梯子的顶端就是天堂，神的居所。

他醒来之后，保证会把他所有的十分之一献给神。那时并没有十一奉献的律法，要等到摩西的时代才有。（雅各献上十分之一，本质上比较像是跟神交易：你若带我平安返家，我就献十分之一给你。不过，人哪能跟神谈交易呢。是神与你立约，而不是你与神立约——雅各后来吃了苦头才学会这功课。）

千百年后，耶稣遇见一个人，名叫拿但业，耶稣对他说："你在无花果树下时，我就看见你了。我看到你是一个真以色列人，心里毫无诡诈。"拿但业问耶稣从哪里知道他的？耶稣回答说："因为我知道你生活的细节，你就认为很奇妙吗，如果你看见天使在人子身上，上去下来，你会怎么想呢？"耶稣是在说："我就是雅各的梯子，我是天与地的连结，我是新的天梯。"

亚当和夏娃

再继续回溯到创世记第3章。神在惩罚亚当夏娃时，也给了一个应许。神对蛇说，女人的后裔（或谓后代，希伯来文里"后裔"这词是阳性的）将要伤蛇的头，而蛇只能伤他的脚跟。伤脚跟并不致命，伤头却是致命的，这是神的第一个应许：有一天，他必给撒但致命的一击。现在我们知道了，这后裔指的就是捆绑壮士又掳掠了仇敌、将各样恩赐赏给人的那一位。

保罗在罗马书第5章告诉我们：因一人的悖逆，众人成为罪人；照样，因一人的顺从，众人也成为义了。这话暗示耶稣就是第二个亚当。昔日在伊甸园里，亚当说"我不要"，如今在客西马尼园里，耶稣说："不要照我的意思，只要照你的意思。"多么强烈的对比！两人都开始新的一族：亚当是"智人"族的第一位；耶稣则是"新造之人"的第一位。

我们生来都是"智人"，靠着神才可以成为"新造的人"。新约讲到新人，新造的人。今天在地上有两种人类：要么属亚当一类，要么属基督一族。有一种全新的人类将住在全新的地球上——那才真正是全新的宇宙。

创造天地

新约论到耶稣的事，最叫人惊叹的，就是他也参与宇宙的创造。最早的一批门徒领悟到耶稣也曾参与创世记第1章的事件，所以约翰福音的第一段就说："万物是藉着他造的；凡被造的，没有一样不是藉着他造的。"

因此，我们读创世记第1章的时候，会发现耶稣也在其中。神说："我们要照着我们的形像、按着我们的样式造人。"耶稣就是三位一体神中的一位。

这几十年来，我们都知道地壳是由板块构成，这些板块浮在岩浆上，仍在移动中，而且会互相挤压，造成地震。当初，科学家发现今天的各大洲是由板块移动而形成，这时需要造一个新词来形容板块，于是用了tectonic plates，而希腊文*tectone*的意思就是"木匠"。今天我们居住的整个地球，都是出自这位拿撒勒木匠之手——他名叫主耶稣基督！

创世记的查考从创造天地开始，至此告一段落。人类悖逆，神该如何回应呢？这个问题真的解决了，解决之道就是耶稣基督。世界是藉着他所造，也是为他而造，并且靠着他，我们将找到所有问题的答案。

3. 出埃及记

† 引言

出埃及记讲的是史上最大的一次逃脱行动。两百多万名奴隶逃离当时全世界最强盛的国家。从人的角度来说，这是不可能办到的，所以这故事非比寻常，而且包含一连串神迹，其中有些神迹成了整本圣经最为人所熟知的故事。当时率领以色列人的领袖名叫摩西，他亲眼目睹的神迹，比亚伯拉罕、以撒、雅各加起来还多。在某些地方，神迹接二连三发生，都是神为了他百姓的缘故而亲自介入。有些神迹听起来像变魔术，例如摩西的杖变成蛇，但绝大多数的神迹显然是神在支配大自然，证明他的能力高过一切，也证明他眷顾他的子民。

出埃及记在希伯来文圣经的卷名是"他们的名字"，因为当祭司展开这卷书朗读时，首先映入眼帘的就是几个字。英文圣经的卷名是Exodus，源自希腊文*ex-hodos*，字面意义就是"出口"（类似拉丁文exit），出去的道路。整个出埃及事件在两方面具有重大意义。

1. 民族的意义

首先是对以色列民族的意义。出埃及记标示了民族历史的起点，以色列人从此获得政治上的自由，成为一个主权独立的国家，尽管他们还未拥有国土，但已经有了国名：以色列。出埃及事件绝对是以色列民族的核心，因为从此以后以色列人每年都要庆祝此事，就像美国人在七月四日庆祝美国独立一样。每年三、四月间，犹太人都要庆祝出埃及事件，吃逾越节晚餐，述说神的大能作为。

2. 属灵的意义

第二，出埃及记有属灵的意义。以色列人发现他们的神是创造宇宙的神，能够为了他们的缘故而控制他所造的万物，于是他们相信他们的神比埃及一切的神更有能力。后来他们渐渐了解，他们的神是宇宙间惟一存在的神（尤其从以赛亚的预言可看出）。

神比所有其他神明更有能力，此一真理显示在神给自己取的名字。他的"正式"头衔是全能神（El - Shaddai），但在出埃及记里，以色列民获知他的名。人与人之间若知道名字，关系就更亲近，同样，当以色列人获悉神的名字，他们与神的关系就更近了。

英文把这个名字译成Yahweh，雅威——其实这名字在希伯来文是没有元音的，严格来讲只能写成"YHWH"，是动词"存在"（to be）的分词。前面查考创世记时说过，英文的"永远"（always）颇能传达犹太人对"雅威"这个字的了解。神是永在的，无始也无终——永远。这是他的第一个名字，但他还有很多别名："永是我的供应者"、"永是我的帮助者"、"永是我的保护者"、"永是我的医治者"。

出埃及记也呈现另一项不凡的真理：创造万物的神竟然救赎少数的人。"救赎"有个含义：赎价付清后，被掳者获得释放。以色列民族需要从这方面去了解他们的神，这神不但是宇宙的创造者，也是他百姓的救赎者，这两方面一样重要，若要认识圣经所启示的神，就不可不知他既创造也救赎。

这卷书

摩西写了五卷书，出埃及记是其中之一。创世记谈他出生以前的事件，而出埃及记、利未记、民数记、申命记则讲述他的时代发生的事。这几卷书因为记录了立国基础，所以对于以色列民族十分重要。同时，这五卷书也是整个旧约的根基。这群奴隶需要知道他们的身份，也需要知道他们怎样成为一个国家。

前面查考创世记时已说过，摩西从口述记忆中收集两样东西：*家谱和祖先的故事*。创世记完全根据这类记忆写成。出埃及记、利未记、民数记、申命记则不同，这四卷书混合了叙事和法律规条。叙事部分描述以色列人离开埃及，经过旷野，来到迦南地。至于法律规条，则反映出神给他们指示，教他们如何待人处事。叙事和法律的独特组合，是这四卷书的特色。

出埃及记本身是一半叙事一半法律。前半部详述神如何为以色列人施展大能，救他们脱离奴役。后半部则说明他们获得自由以后，神指教他们如何生活。前半部显示神施恩引领他们脱离困难，后半部显示神期待他们遵行他的道，以示感恩。这一点非常重要，一定要强调。有太多人读了摩西律法之后认为可以藉着遵行律法而蒙神悦纳，殊不知应该反过来才对。以色列民先蒙神救赎，*然后神才颁布律法给他们*，要他们遵行以示感恩。这个原则到了新约依然不变，基督徒先蒙神救赎，*然后才领受神的吩咐*，过圣洁的生活。若用神学术语来讲，就是*称义在成圣之前*。我们并不是先活出公义然后才成为基督徒，而是先蒙救赎、获得释放，然后活出公义。*得自由在行律法之前*。

出埃及记里，以色列人在埃及获得自由，前往迦南地，途中在西奈山获得律法，在山下回应神与他们立的盟约。立约的形式有如婚约，神说"我愿意"（作你们的神，如果你们听从我的话），然后百姓也必须说"我们愿意"（作你的子民并且听从你）。

结构

出埃及记除了分成前后两部分，还可以再细分成十个段落：第1至18章分成六段，19至40章分成四段。请见第89页的表格：

第一部分（1—18章）详述他们逃离埃及前后发生的事件，包括许多神迹,其中最有名的就是以色列人得蒙保守,而埃及人所有头生的都丧命,以及他们如何渡过红海。他们从埃及走到西奈山的这一路上,也有好些比较不出名但一样惊人的神迹。1973年的"赎罪日战争"(Yom Kippur War),埃及军队才进旷野三天就不行了,而在出埃及记里,两百五十万人却在旷野度过了四十年。

第二部分的焦点是律法。首先出现的是十诫,其他律法则关乎神想要住在他百姓中间。百姓住帐篷,神也要住在百姓营中,但他有自己的帐幕,与其他人的帐棚迥然有别。在此之前,这些百姓除了做砖头,没有制造过别的东西。但神教导他们用金、银、木材制作物件的技术。

第二部分也包含一些叙事。在这部分我们读到整卷书最令人遗憾的故事,就是百姓放纵自己,制作金牛犊来膜拜。这卷书结束时,会幕完工,神以会幕为居所,荣耀降临神的帐幕。

✝ 1 – 18 章

许多人都觉得出埃及记的第一部分问题重重,因为太不合乎自然了,有太多超乎寻常的事件,所以许多人认为这是一连串传说而不是真相。那么,这些事件到底是神话还是神迹?

神话或神迹?

1. 没有世俗的记载

难解的不单是事件本身,也包括这些事件没有任何世俗的历史记载作为佐证,仅找到一份文献提到在歌珊地有"哈伯来人"(habiru)——可能就是"希伯来人",以色列子民的俗称。不过,缺乏文献也是意料中事。犹太人出埃及,堪称埃及史上最丢脸的一件事,埃及人遭受一连串严重的灾害,包括所有头生的丧命,全国最精良的武装部队沉没在红海中,真是不堪回首,遑论笔诸史书。

2. 人数

许多人觉得这故事不大可信,是因涉及的人数之多。圣经说有两

1－18章

（百姓移动）

关键主题

神的作为

恩典

获得自由

出埃及

（人）为奴

救赎

分段

1. 1章：繁衍与杀害（以色列人）
2. 2－4章：蒲草与燃烧的荆棘（摩西）
3. 5－11章：灾祸与瘟疫（法老）
4. 12章－13章16节：节日与长子（逾越节）
5. 13章17节－15章21节：拯救与淹没（红海）
6. 15章22节－18章27节：供应与保护（旷野）

19－40章

（百姓扎营）

关键主题

神的话语

感谢

获颁律法

到西奈山

服事（神）

公义

分段

7. 19章－24章：诫命与盟约（西奈山）
8. 25章－31章：规格与巧匠（会幕）
9. 32章－34章：放纵与代求（金牛犊）
10. 35章－40章：兴建与分别为圣（会幕）

百五十万名奴隶离开埃及,确实是庞大的数字。假设他们五人为一排前进,队伍将绵延约110英里长,加上牛羊等牲口,更是浩浩荡荡。不论往哪里去,都得花上好几个月,光是在旷野里供给食物和饮水给这么多人,而且长达四十年之久,就够可观的了。

3. 日期

还有一个问题是事件发生的时间,由于在圣经以外并无其他记载可供确认日期,所以我们无法确定出埃及事件发生在哪一位法老在位时,大致只能从两位法老中选一个。一位是军容壮盛的兰塞二世(Rameses II),他为自己立了好几座巨像,而他众子的陵墓最近才出土。另一位,依据罗尔(David M. Rohl)的"新年代表",是图特摩(Dudimore)。[1]

4. 路线

以色列人离开埃及的路线也有争议,有三种可能:往北、往南,或往中部直行。第95页再来详谈路线问题。

5. 神的名字

有些学者认为,出埃及记6章3节神对摩西说的话有问题。神说:"我是耶和华。我从前向亚伯拉罕、以撒、雅各显现为全能的神;至于我名耶和华,他们未曾知道。"

最后这句话可以是直述句:"……我未曾使他们知道我的名字。"如此一来,亚伯拉罕仅知他是"神",却不知道他不同于其他神明的名字;但这句也可以是问句:"……我岂未曾使他们知道我的名字吗?"如此一来,亚伯拉罕就和摩西一样知道神的名字。后者的可能性较大。

事实

以上问题令学者怀疑出埃及事件究竟是史实还是虚构。不相信的

---

[1] 参见 *A Test of Time*(BCA, 1996)和 *Legend*(BCA, 1988),书中有这位埃及古物学家令人注目的主张,他声称已发现约瑟在埃及时期的证据,摩西获得自由的证据,甚至上溯至伊甸园地点的证据!

人，需要自问为什么不信，是因为成见还是所谓科学观点？同时，我们也可以试着为这些有争议的事实找出最合情合理的解释。

(1) 毋庸置疑，今天世上确实有以色列这个国家，他们来自何方？起源为何？如果他们原是一群奴隶，那他们如何形成一个民族国家？根据世俗的历史记载，可确知他们曾经为奴。以色列国之所以存在，必有峰回路转的来由。

(2) 每个犹太家庭每年都要庆祝逾越节，为什么？这个节期仪式已流传好几千年，定有道理。

至少有上述两项众所周知的事实需要解释，而出埃及记给了答案。以下就来看这十个分段，思考与经文相关的一些问题。

1. 繁衍与杀害

我们在第一大段发现，出埃及的故事开始之际，为奴的希伯来人起码有250万。乍看之下，从雅各的十二个儿子及其家庭繁衍成如此庞大的人数，似乎不可思议，但仔细算一算，假设每个家庭有四个孩子（就当时来说并不算多），经过三十代确实可以达到这数字。

但是他们为何在埃及住了四百年？当初在约瑟的时代，随雅各下埃及的仅七十人，为的是躲避迦南的饥荒（那时埃及是中东地区的粮仓，多亏约瑟明智，贮存了七个丰年的粮食）。他们自愿来到埃及，受到当政者欢迎，还获赐尼罗河三角洲一块叫作歌珊的肥沃土地，因此那七个荒年他们一直集居在歌珊地。但是，荒年过去后，他们为何不迁回故乡居住呢？尤其后来埃及人逼希伯来人作奴隶，更显出这问题问得中肯。

从人的角度看，是因为他们过得太舒服了。比起犹太山地，尼罗河三角洲的生活毕竟容易得多。这里土壤肥沃、气候宜人，冬天也不下雪。这里的饮食不错，有尼罗河的鱼可作佳肴，不愁饿肚子。他们不走，是因为在这里很舒服。直到后来他们被迫作奴隶，才想到神，才开始向神呼求。

从神的角度看，也有一个原因。四百年间，神没有做任何事鼓励他们返乡。假如饥荒一过他们就回去，那时人数还不多，不足以成就神想要成就的。因为神的用意是把迦南人从那地上除去。他曾对亚伯拉罕说，他的后代将住在埃及，直到迦南人恶贯满盈为止。神必须等待，等到迦南人罪大恶极才施行公义的审判，把他们赶出去，让这群为奴的希伯来人进入应许之地。我们在申命记读到，不是因为以色列人比别的民族高尚，所以神拣选他们。事实上，如果他们像那些被赶出去的民族一样行恶，也必有离开的一天。身为公义的器皿，他们自己也必须行义。

不过这些都是后来的事了。以色列人在埃及作奴隶的时候，受到三方面的压迫：

1. 劳力的压迫：法老决定用希伯来人作为各项建筑工程的人力。
2. 愈来愈严苛的条件：法老命令他们做砖头，却不给他们稻草（因为这样做出来的砖头，搬运起来会重得多）。从埃及出土的古建物发现，砖头有三种：打根基的砖头含有稻草；中间的砖头杂有垃圾（因为希伯来人在没稻草的情况下仍想制作较轻的砖）；最上层就是完全用土做成的砖头。这道严苛命令的用意在于让希伯来人白天搬这些格外沉重的砖，累得半死，晚上就没力气行房生子，也没力气闹事，这样他们的人口就会减少。结果，这种粗陋的人口控制方法证明无效，于是埃及人又想出第三个办法。
3. 屠杀：希伯来奴隶所生的男婴，一律丢到尼罗河喂鳄鱼。

2. 蒲草与荆棘

这是个家喻户晓的故事。尼罗河里有很多鳄鱼，埃及人认为，若要有效降低以色列人的数量，就必须采取这种集体屠杀的手段。婴儿摩西本应命丧鳄鱼腹，但我们看到摩西蒙神眷佑，像约瑟一样，被带到王宫里，接受最好的教育，上埃及的大学。因此，摩西的教育程度自然超出所有希伯来奴隶，所以日后能够写出圣经的头五卷书。在犹太人心目中，摩西是旧约中第二伟大的人物，仅次于亚伯拉罕。然而，摩西当埃及王子的日子戛然终止，因为他在盛怒之下打死了一名埃及工头，不得不亡命天涯。

来看摩西生平的数字，相当有意思。四十岁，他逃到旷野，在那里牧羊四十年，然后又重返旷野，和以色列民同住了四十年！这显然是神的手在引领。

还有一件事也引人入胜，就是摩西在燃烧的荆棘丛旁遇见神，不过更耐人寻味的是摩西的种种借口。神首先要摩西把鞋脱下来，因他所站的是圣地。接着他要摩西去把神的百姓从埃及领出来。摩西找了五个理由推辞不就。

首先，摩西说自己人微言轻；神说他会与摩西同在，因为重要的是神。第二，摩西说自己无知无识，不懂怎么说话；神说他会告诉摩西该说什么。第三个理由是他能力不足，无法说服人民相信他曾经遇见神，而且神还要他来带领他们；神说他的能力会与摩西同在，他会使摩西行许多神迹。接着，摩西说自己拙口笨舌，结结巴巴，连一句话都讲不好；神说会让他哥哥亚伦替他传话，而神会先告诉摩西该说什么，摩西再重述给亚伦听。最后摩西说，这事跟我无关——求你差别人去好吗？但是神已经让亚伦与摩西一起同工了。每一次摩西找理由都把焦点放在自己的弱点上，而每一次神都有解决的办法。

3. 灾祸与瘟疫

这一段的十灾包括：尼罗河变成血、蛙灾、虱灾、蝇灾、畜疫之灾、疮灾、雹灾、蝗灾、黑暗之灾，最后是所有头胎的都死。

有几点应当注意。第一，昆虫世界完全受神支配，神可以吩咐青蛙，也可以吩咐蚊蝇蝗虫做什么、往哪儿去。这些灾害让我们深刻体认到，神完全掌控他所造万物。

第二，十灾的强度逐次递增，人先是不适，然后生病，接着垂危，最后死亡；先是自然界受灾，然后人身上患病。由于法老和埃及人不肯回应这些警告，灾祸的痛苦程度也愈来愈高。有些人觉得最后一项惩罚不公平——所有头胎都得死，是不是太过分、太严苛了？但是埃及人对以色列人做过更残忍的事——把以色列男婴通通杀死，所以，这完全是以其人之道，还治其人之身。

还有一点很容易忽略的，就是十灾的过程其实是一场宗教竞赛。每一灾都针对埃及人所膜拜的一个神：

赫农：尼罗河的守护神。
哈皮：尼罗河的精灵。
阿西利斯：埃及人相信尼罗河就是阿西利斯的血脉。
赫克：象征复活的蛙形神。
哈妥尔：母牛神。
亚皮斯：卜塔神的公牛，象征生殖力。
米纳维斯：也是公牛，是希利欧帕利斯城的圣牛。
印和阗：药神。
努特：天空女神。
塞特：农作物的保护者。
雷、亚腾、亚通、何洛斯：都是太阳神。
法老据说也是神。

十灾冲着这些埃及神明而来，所传达的信息很简单：你们的神全部加起来也比不上希伯来奴隶的神强。

有些人对于这段叙事里提到法老心硬，颇有疑问。经上说，神使法老的心刚硬。甚至有人依据这段经文和罗马书第9章的相关经文，建立预定论教义。他们认为这段经文教我们知道，神可以选择让人的心柔软或者刚硬。支持这观点的人主张，我们并不知道神为什么如此选择，就法老的例子来说，无论原因是什么，总而言之，神决定使法老的心刚硬。这观点等于说神用抽签的方式随机决定救谁上天堂、送谁下地狱，使这些人心硬、那些人柔软。

圣经不是这么教的。只要仔细查考经文，就会发现法老的心刚硬了十次，前面七次是他自己硬着心，后面三次才是神使法老的心刚硬。所以神是在法老故意一再硬着心之后，才使法老的心刚硬。法老已经做出选择，神不过是巩固他已有的念头。你既已决定走上这条路，我就助你一臂之力——这就是神施行惩罚的方式。启示录中，神说："污秽的，叫他仍旧污秽。"所以法老的硬心并非神独断的选择，是法老先硬起自己的心，然后神才帮他刚硬他的心。神回应我们的选择。如果我们一直选择错误的路，执迷不悟，神会任凭我们继续走下去。如果我们不肯让他显明他的怜悯，他就会显明他的审判。

4. 节日与长子

第十灾是每个埃及家庭的长子都丧命。经过这灾，情势急转直下。但这灾也可能发生在犹太人家庭，除非他们遵守神的指示，用羔羊血涂在门楣和门框上。那一夜，降临埃及的灭命天使见此记号，就越过那一家的家门而不入。其他无此记号的家庭，悲剧就在夜半时分发生了。有意思的是，血是红色的，而在黑暗中最不容易辨识的就是红色。

这血还有其他意义：犹太人要宰杀一头一岁的成年公羊，用羊血涂在门框上，然后把羊拿到屋里烤来吃。所以这羊既作他们的遮盖，又作他们的食物。我们称耶稣为"神的羔羊"，羔羊有比较柔软而温驯的意味，但这不是圣经的原意，因耶稣其实是"神的公羊"，比羔羊强壮雄健。神吩咐犹太人要穿戴整齐，站着吃这羊肉，以备随时启程。神又吩咐他们要带上无酵饼，当作紧急口粮。当晚他们就要离开埃及了。

直到今天，犹太人仍然过逾越节，在这个特别的晚上，家中最年幼的成员要问："这是什么意思？"家中最年长的就要回答说："这是献给耶和华逾越节的祭。当以色列人在埃及的时候，他击杀埃及人，越过以色列人的房屋，救了我们各家。"他们就是这样一代提醒一代，凡头生的都要赎出来。

5. 拯救与淹没

请看第96页的地图，以色列人离开埃及后有三条路线可选择：

第一条称为北行路线，表示他们必须行经地中海浅水区的一排沙洲。埃及地图上有沙洲标示的是一个叫作苏巴尼斯湖的地方。过了这排沙洲之后，就抵达加底斯巴尼亚了。但是追赶以色列人的埃及战车不可

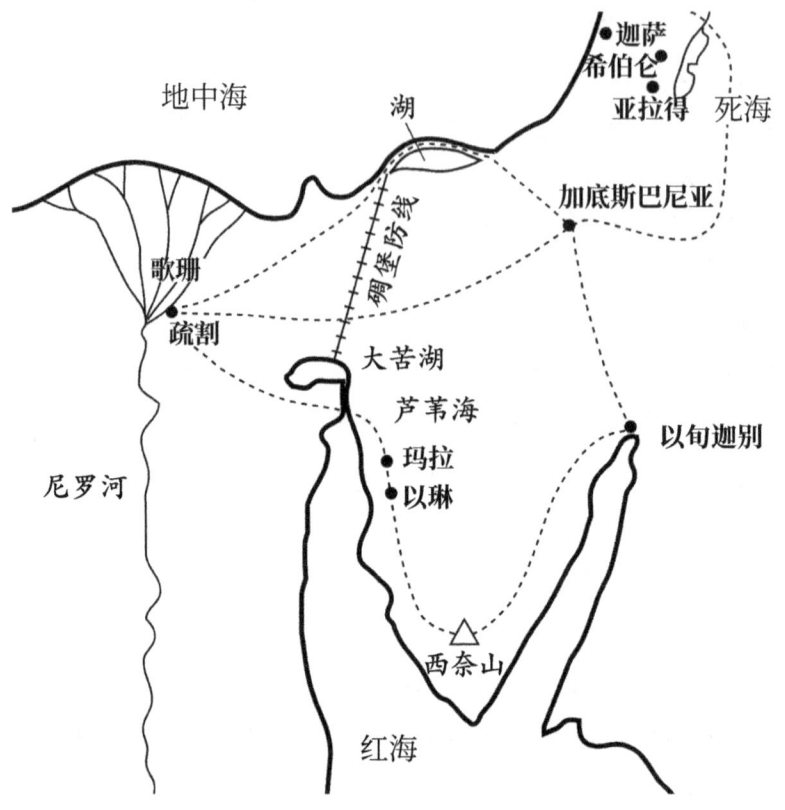

能通过沙洲，所以不可能是这条路线。

第二个理论是他们穿过米特勒隘口，直达加底斯巴尼亚。但那里有一排碉堡（即今苏伊士运河所在地），防备敌人自东方入侵。这表示以色列人必须通过这道防线，可是他们既无武装又无战力，所以也不可能走这条路线。

第三种可能就是往南走到西奈山，亦即摩西曾经牧羊四十年的地方。这条路线最有可能，因为摩西很熟悉这一带。虽然今天我们不确定西奈山的地点，但中东所有的传统都指出西奈山位于南边。以色列人离开歌珊地后，一路向南，进入旷野。法老大概也只肯放他们走这方向，盘算着随时可把他们从旷野追回来。以色列人在旷野扎营，神降下云彩遮蔽他们，不给埃及追兵看见。

至于过红海的实际情形，圣经并未说神把红海分开，而是说他差遣

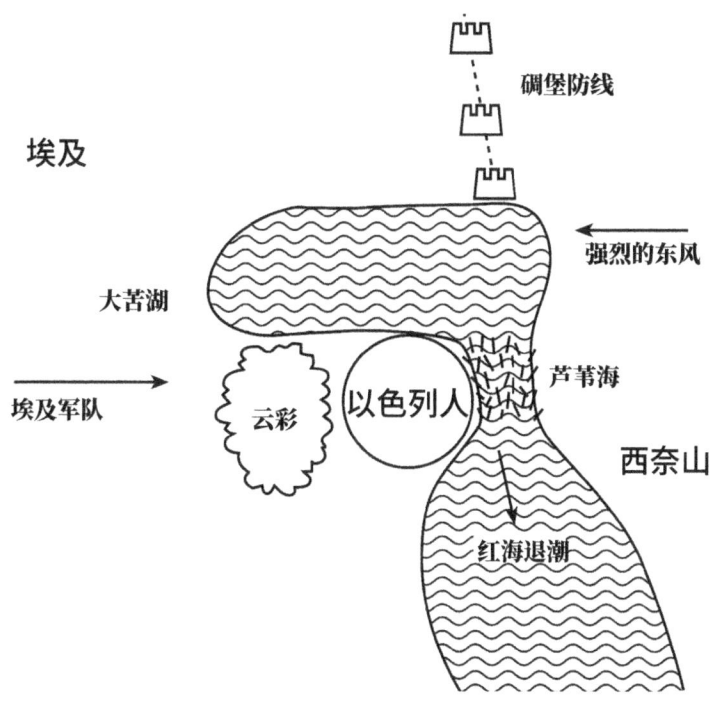

一阵东风把水吹开。但是东风如何把水吹开呢?

仔细察看该区,就会看到我们所说的红海在古代是和大苦湖相连的(见上面的地图)。两片水域由一片叫"芦苇海"的浅水沼泽连起来。其实,这片沼泽的希伯来文比较像是芦苇海(Reed Sea),而不是红海(Red Sea)。

如果这就是希伯来人横越之处,那么有两种自然力量可以分开这海。强烈的东风可将水吹往大苦湖的西端,退潮也可使水往南退。

然而这也不足以解释神迹。东风怎么刚好就在那时把水吹开呢?用如此实事求是的态度检视神迹,不是为了努力找出一个令人满意的解释,反而是要让人看出那是一个"巧合"的神迹。事实上,圣经告诉我们,没有"巧合",只有神的"照管"。

无论以色列人渡过的是红海还是芦苇海,最令人惊叹的一点,是这发生在逾越节羔羊被杀之后的第三天。以色列人是在逾越节羔羊被杀后的第三天获得自由。不仅如此，出埃及记还告诉我们，宰杀逾越节羔羊的时间必须是在下午三点。三天之后，以色列人终于脱离奴役，永远摆脱法老。稍后我们再来看新约里与此平行对照的事件。

6. 供应与保护

以色列人行经的旷野无法供应人类生存所需，实在不适合带着250万人再加上牲畜进入。

对摩西而言，情势内外交迫。最基本的生存需求就是食物和水。神每天早上供应以色列人食物，他们一醒来就可以到帐篷外面的地上捡拾吗哪。"吗哪"的希伯来文意指"这是什么？"。每天神都供应他们九百吨的吗哪，这确实是从天降下来的粮食——这个主题后来在圣经中还会一再出现。

有了吗哪，不愁饿肚子，以色列人却抱怨没肉可吃，因为从前在埃及他们习惯吃高蛋白饮食。于是，神送来一大群鹌鹑，数量之多，堆在地上甚至高达一米半。他们连续大吃特吃，吃到甚至吐出来！

饮水也是一大问题。他们走到的第一个绿洲是玛拉，那里虽然有水，却不能喝，后来是神迹把苦水变成干净的饮水。第二个绿洲叫以琳，这里倒是一开始就有干净的饮用水。要供应数量这么庞大的人和牲畜，所需要的水量也相当惊人，每天起码要200万加仑。后来，他们也饮用从磐石流出的水。而最大的一个神迹，是他们这一路上蒙神眷佑，竟然连鞋子也没穿破！如今，就连汽车驶过那地，橡胶轮胎都会被石块磨坏，但是当年以色列人的便鞋竟然撑了四十年！

摩西也面对内部的难题。百姓人数如此庞大，难怪排解纠纷成为摩西的一大问题。圣经告诉我们，摩西常花一整天时间做这件事，筋疲力竭。还好他后来采纳岳父叶忒罗的建议，指派七十位长老协助审判，分担责任。

✝ 19 — 40 章

第二部分接在逃离埃及的叙事之后,内容转向律法。神颁布诫命给百姓,告诉他们应当如何行,并与他们立约。

7. 诫命与盟约

出埃及记第二部分的"律法"内容可分成三段,最有名的就是十诫(或称"十言"(decalogue)),由神亲手写在两块石版上(现代人描绘摩西带着十诫从西奈山下来,几乎都画成两块石版上各写五诫,其实是每块石版上都刻有十诫)。这是一种法律契约,比方说,征服敌人的国王与被征服的国家订立条约,一式两份,由立约双方分别保管。十诫也是这样一式两份,一份是神的,一份是百姓的。不过这合约很特别,圣经称为"约",但不是双方讨价还价后订定的契约,而是由神所写的合同,百姓要么接受,要么拒绝。

十诫形成第一组律法。第二组律法称为"约书",内容见于出埃及记20章23节至23章33节,是关乎社群生活的法律。第三组则是第25至31章的律法书,这组律法的核心是以色列人的敬拜生活,论及敬拜地点和执行敬拜的人。申命记与这三组律法有所重叠,也从这三组律法衍生扩充。因此,关于人如何在神面前行义的律法,总共有613条规定与条例,并非只有十诫。

出埃及记的律法有十分重要的脉络。十诫和约书正好位于过去和未来之间:

(1) 第20章2节,神说:"我是耶和华你的神,曾将你从埃及地为奴之家领出来。"
(2) 第23章20—33节,神确切地告诉百姓,只要他们遵行他的道,从现在到将来他都必与他们同在,也必将那地赐给他们。

第一处的经文回顾埃及,第二处的经文则聚焦于未来进入迦南地。由此脉络可知,神颁布这些律法的对象是曾经经历他的过去、期待他的将来，因此能够活在他的现在的人。

亚弗列德国王（King Alfred）制定英国的法律制度时，以十诫为基础，但是人民若未经历救赎，很难理解这些法律背后的源由。这些法律必须放在适当的脉络下方能了解。

十诫

细看十诫和随之而来的律法内容，可看出内含三大基本原则。第一是**尊重**。十诫完全根据这条原则——尊重神、尊重神的名、尊重他的日子，尊重人，尊重家庭生活，尊重生命本身，尊重婚姻，尊重别人的财产，尊重别人的名誉。

这里的信息很清楚：一个健全而圣洁的社会乃建立在尊重的基础上。今日的社会有太多地方，尤其是大众媒体，根本是在破坏尊重。电视喜剧往往助长缺少尊敬的人生观，以致没有任何东西是神圣不可侵犯的，每一件事、每一个人都可以拿来调侃取笑。但是我们清楚看到，失去对神的尊重导致拜偶像，失去对人的尊重则导致道德沦丧和不公不义。

十诫大部分的内容都是关于言行，但最后一诫则是关于感受——只有这一诫谈到内心。或许这就是为什么保罗在罗马书第七章说，他守了九诫，只有关于贪心的第十诫难以谨守。因为我们渴望自己所没有的东西时，所牵涉到的是内在生命的问题。违背一条诫命，就是违背全部的诫命。所有的诫命都互属互连，就像一条珠链，扯断了一处，所有珠子就洒落一地。实际上，十诫并非十条诫命，而是一条律法。

第二个原则是**责任**。我们愈来愈常被灌输一个观念：不必为自己的行为负责，甚至把恶行说成是基因所致！我们知道原罪是透过基因传递的，但是，说有些人比较邪恶都是因为基因不好，则导致大家认为不必为自己的行为负责。出埃及记的观念恰恰相反。耶和华神说，我们是否依循他的律法而活，是我们要在他面前负起的责任。

第三个原则是**惩罚**。律法下的惩罚有三个原因，第一是**改过自新**：惩罚的用意是使犯错的人改过向善。第二是**惩一儆百**：看到别人受罚可使其他可能犯罪的人心生警惕。第三是**惩罚**：不一定是为了警惕其他人，也不一定是为了让有罪的一方学到教训，而是单单因为这人的所作所为当受惩罚。

从杀人到违反安息日，共有十八项罪行应当处以死刑。应当处死的罪行还有：绑架掳人、咒诅父母或对父母施暴，没把自家养的动物看好而害死人的情况也包括在内。

神的律法很仔细地区分蓄意致死和意外致死。杀人分为两种：蓄意谋杀和过失杀人。一种处以死刑，另一种不至于处死。但我们也看到，任何一种持续的、故意的、有所图谋的犯罪，按摩西的律法，是无法献祭赎罪的。你若去读希伯来书，就会发现新约也如此说。

还有一点值得注意，摩西律法下的刑罚不包括把人关起来，限制个人自由。圣经从头到尾看不到这种惩罚形式。不过，圣经倒是有一套清楚的补偿制度，弥补受伤或受损者，亦即"报复律"，简单用一句话来说，就是"以眼还眼，以牙还牙"。例如，伤害孕妇以致孕妇生下畸形儿，婴儿哪里畸形，有罪的一方就要在相同的身体部位以伤还伤。若是财物受损或遭窃，则有一套以实物或折成现金补偿的方式。

8. 规格与巧匠

规格

接下来，我们看到一个颇不寻常的事实：神要与以色列人同住。他让以色列人清楚知道他是圣洁的神。他在西奈山颁布律法时，为了让以色列人确知神的圣洁是什么意思，说："凡摸这山的，必要治死他。"摩西在山脚下划定界限，律法颁布时伴随着雷轰、闪电和火，显示神的大能，也表示神与人有别。

然而，神强调他有别于人之后，接着又对摩西说，他要下来，住在百姓的营中。他们在何处扎营，他也要住在他们中间。营地正中央必须有一座足以传达他圣洁的帐幕，好让百姓能心存敬畏敬拜他。

这帐幕要称作"会幕"，出埃及记里有神所指示的建造会幕细节，属于以色列人的宗教生活律法（25—31）。会幕的每一样东西都在诉说神的事，诉说如何亲近神才是正确的。会幕位于营地正中央，十二支派依序围绕着会幕扎营。

巧匠

(1) 使用

最重要的是，会幕虽位于营地正中央，却不可随便进入。最外围有帷幕，南北两面各长一百肘、东西面各长五十肘，其高五肘足以挡住外人的视线。围栏仅有一处入口，正对着犹大支派。内有一院，院内放置燔祭坛和洗濯盆。

见第103页的图示。亲近神的第一步是献祭：宰杀祭牲，烧在燔祭坛上，作为献给神的供物。接着敬拜的人要在铜制的洗濯盆内清洗双手，这时他是背对祭坛，面对圣所。献祭与洗涤后他才可以靠近神的帐幕。帐幕分前后两进，神的居所是里面较小的部分，有幔子遮住，除了大祭司每年一次得以进入之外，其他人连看一眼都不能。

较大的部分有十肘宽、二十肘长，称为圣所。只有祭司准许进入，而祭司进入圣所前必须先宰杀祭牲献在坛上，接着在洗濯盆净手。圣所里有三样物件：一张桌子，上置十二个陈设饼，代表以色列十二支派；七杈的金灯台，以橄榄制成的圣油为燃料，必须经常点着；幔子前还有一座香坛。

这幔子遮住的就是长宽各十肘的至圣所：神居住的所在。至圣所里有一约柜，上有两个基路伯。在圣经里，基路伯永远是审判的天使，经文描述，这两个基路伯脸对脸，目光向下，对着包裹精金的施恩座。大祭司每年一次献上一只无瑕疵的一岁公羊，象征为人民赎罪，然后可以进入至圣所。至圣所的约柜里面放着一些吗哪和律法书。自然光线无法透进来，但至圣所里面永远是光亮的，因为神住在里面，他的荣耀照亮至圣所。

会幕之华美，想必令人赞叹不已，但绝大部分都遮起来了。幔子和罩子上都有精美刺绣，但全为一层海狗皮遮住，外面的人看不见会幕的美丽。会幕里的物件都用精金包裹，幔子则由蓝线（天堂的颜色）、红线（血的颜色）、金线和银线织成。

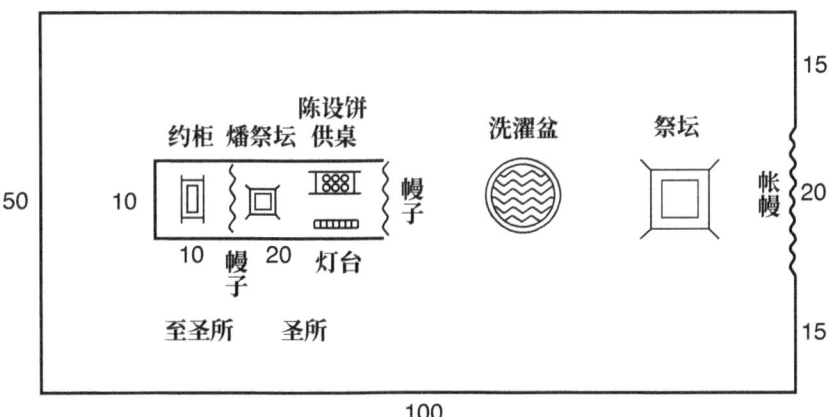

会幕的整体结构表明一件事：到神面前来的人，必须先献祭，洁净自己。神说，这会幕乃是仿造他在天上的居所。

帐幕即使拆卸下来、搬运途中，所有物件仍须全部盖住。这帐幕必须由特定的人扛抬，"普通"人必须保持一千步的距离，直到帐幕再次架设起来为止。

祭司的服装同样强调神的圣洁。神对于大祭司的服装有非常具体的指示，大祭司胸前须佩戴十二块宝石，象征以色列十二支派。圣经最后一卷书描述新耶路撒冷时，再度提到这些宝石。大祭司还要佩戴特制的腰带、冠冕、内袍、以弗得、外袍。

其他祭司也要穿圣服，但是仅要求他们穿戴特制的外袍、腰带、头巾、裤子。从圣服的差异，可看出大祭司永远代表他的百姓。

(2) 建造

到目前为止，百姓的技能仅止于造砖和搬砖，因此普遍来讲并没有能力建造如此繁复的帐幕。圣经说，比撒列、亚何利亚伯等人，蒙神赐下兴建会幕所需的特殊能力。这是圣经第一次提到"属灵恩赐"，竟是与手工艺结合，实堪玩味。

9. 放纵与代求

放纵

摩西在西奈山上领受律法，很久都不见他下山，没有人知道他发生什么事，百姓就问亚伦可否膜拜一位他们看得见的"神"。于是，在亚伦的协助下，众人收集金子熔铸成一头金牛犊，然后拜它。选择拜牛，有其涵义。前文提过，公牛和牛犊是埃及人拜的许多偶像之一，象征繁殖力，历史上拜牛神以求丰产的例子很多。圣经有一条很清楚的原则：拜偶像会导致淫乱；不敬重神的结果就是不尊重人。他们拜着拜着，就开始狂欢纵欲。摩西下山目睹这景象，气得把两块法版摔在地上。这举动象征百姓已经用行为把法版摔碎了。

代求

摩西回到山上，向神说这些百姓实在让他忍无可忍，结果发现上帝的感受和他一样。这是以色列历史上的关键时刻，也是摩西领导力的关键时刻。神打算将以色列人从他的册上抹去，可是摩西说，那么把我也抹去吧，我不要只剩我一人得救。这等于是说："以我的性命为他们赎罪吧。"神说得明白，只有那些得罪他的人，名字才会从他的册上涂去。这也是全本圣经不时出现的主题。人生最重要的事，就是让你的名字记在生命册上。神对摩西说："谁得罪我，我就从我的册上涂抹谁的名。"

摩西坚持百姓当受惩罚，神吩咐他去处理带头放纵的人。那天死了三千人。这个数字对我们或许没有特殊意义，但是出埃及记的一些细节与新约的事件有关联。神在西奈山颁布律法，是逾越节羔羊被杀之后的第五十天，羔羊在下午三点被宰杀，三天后奴隶获得自由。逾越节之后第五十天，神颁布律法，此后，犹太人称这天为五旬节。那天，有三千人因违背律法而死。千百年后，同样在五旬节，在犹太人庆祝律法颁布的那日，神赐下圣灵——那天，有三千人得救（参使徒行传第2章）。

10. 兴建与成圣

以色列人哪来那么多的材料兴建会幕呢？他们需要起码一吨的金子，更别提还要有布料、细麻布、珠宝、铜、木料了。在此同时，每个男人都要奉献五分之一盎斯的金子。

早在几百年前，神就告诉亚伯拉罕，他的后裔将变成别人的奴隶，但是他们离开为奴之地时，必定带着许多财物出来。会幕和祭司袍所需的材料，其实都来自埃及人，他们巴不得以色列人赶快走，就拿出金银财宝来送以色列人上路。材料就是这样来的，而且全都用在会幕上，因为百姓是为了这个用途才将财物奉献出来。我们可用四个词来形容百姓奉献的本质：甘心乐意、考虑周到、持续固定、牺牲奉献。这可不是强迫集资，谁不奉献就要受罚，而是完全出于百姓的自由抉择（"凡乐意奉献的可以来……"）。

出埃及记的结尾让我们看到，神分别会幕为圣，作他的居所。百姓看到神的荣光降下来，云柱或烟云笼罩至圣所，至圣所充满荣光，因为神的荣光降临。神在他的百姓当中支搭帐幕，因此当他们看见云柱和荣光移动，就知道他们也该拔营往前走。

† 基督徒如何应用出埃及记

出埃及记的故事激励人心，以色列人敬拜神的相关细节也引人入胜，但我们必须问：当代的基督徒该怎么看出埃及记？

首先，神不曾改变，他从前如何对待以色列子民，今天也如何对待基督徒。正因如此，出埃及记有许多语词，新约仍再度使用，比如律法、约、血、羔羊、逾越节、出埃及、酵。新约这些用语的意义得自于出埃及记。

同时，今昔对比，也有一些重大差别。如今我们不在摩西律法之下，而在基督的律法之下，有些事情变得比较难，有些则比较简单，以下会说明。

会幕不再是必要的了，因我们知道基督已开启一条通往至圣所的路。我们也不用再倚靠神从天上降下粮食或从磐石出水了。

当代基督徒要应用出埃及记的话，需从两大基本方向入手。

基督

基督徒应当在出埃及记中寻找基督，耶稣说过："你们要查考圣经，为我作见证的就是这经。"出埃及记是旧约圣经的核心，之后的每一卷书都要回溯至出埃及记，因为之后的每一件事都以救赎为基础，就像十字架是新约圣经的中心一样。

这样的关联并非凭空想象。耶稣死在十字架上前六个月，登上以色列北部四英尺高的黑门山，同摩西和以利亚交谈。路加福音告诉我们，他们谈的正是耶稣即将在耶路撒冷完成的"出埃及"任务。

此外，耶稣于下午三点断气，那正是数千只逾越节羊羔被宰杀的时候。因此基督被称为"我们的逾越节羔羊"，他为我们牺牲，好让灭命的天使越过凡信靠他的人而去。第三天他从死里复活，因他复活，我们脱离死亡，就像当年希伯来人在逾越节后第三天脱离奴役，获得自由。

不止如此。我们在约翰福音读到，耶稣是天上的粮。保罗说耶稣就是当年摩西为以色列民引水出来的磐石。约翰在他的福音书中说"道成了肉身住在我们当中"，意思就是"在我们当中的会幕"，神确实支搭他的帐幕，在基督里住在他百姓中间。

想到这些，我们就能了解马太福音里基督说的话："我来不是要废掉律法，乃是要成全。"简言之，若无旧约，就读不懂新约。

基督徒

出埃及记也能应用在基督徒身上。保罗反思出埃及记的一些事件，写信给哥林多教会说道："这些事都是我们的鉴戒，叫我们不要贪恋恶事，像他们那样贪恋的。"

过红海预表洗礼。保罗说以色列百姓在云里、海里受洗归了摩西，而收信的信徒则已受洗归了基督。

基督徒也定期举行逾越节餐，主的最后晚餐就是逾越节晚餐，今天我们领圣餐乃是记念基督拯救我们，使我们得自由。

保罗说，我们守这节不可用旧酵，应当把旧酵除净，因为逾越节的羔羊基督已经被杀献祭了。这劝勉听起来有点怪，但是了解来龙去脉以后，就不觉得奇怪了。原来哥林多教会里有人跟自己的继母同居，保罗乃是针对这淫乱的事而写下这句话。在这背景脉络里，旧酵就是邪恶，需要除掉，才能真正"守这节"。出埃及记从物质角度记载，而新约则从道德背景去看。

许多人特别关切基督徒要如何面对摩西律法。虽说我们的确毋需再守摩西律法，但其实守"基督的律法"在许多方面都比守"摩西的律法"难。摩西的洁净说"不可杀人"、"不可奸淫"，许多人按这标准算是清洁的。但基督的律法说，连动杀人、奸淫的念头都不可。所以，守基督的律法确实比守摩西律法难多了。

反之，也有些方面变得比较容易，因为现在我们不需要一大堆的祭司、仪式、特殊建物。使徒约翰写道："律法本是藉着摩西传的；恩典和真理都是由耶稣基督来的。"每次我们奉耶稣的名祷告，就能毫无阻碍地进入至圣所。

新约和旧约也有很大的区别。在旧约律法之下，有三千人在五旬节丧命，但藉着神所赐下的圣灵，五旬节那天有三千人信主得生命。相较于旧的律法，我宁可要圣灵写在心版上的律法。

对于基督徒而言，"荣耀"的主题也有新的意义。新约里，保罗以摩西脸上渐渐退去的荣光和圣灵的工作相较。基督徒可以和当年下山的摩西一样认识神的荣光，不过，基督徒所认识的荣光，与祭坛、燃香、圣袍无关，而是与住在信徒里面的圣灵有关，故此，这荣光不会渐渐退去，而会日日增强。

最后必须留意的一点是，会幕以生动有力的方式告诉今天的我们当如何进到神面前。首先要献上自己（燔祭坛），藉着基督称义，然后需要由圣灵来洁净（洗濯盆）。会幕的颜色也有意义：紫色代表尊贵，蓝色代表天堂，白色代表洁净。今天我们有一位至高的大祭司在神面前为我们代求，但是，这位大祭司是无罪的，所以无需为自己的罪献祭，他只一次将自己献上，成全了旧约之下所有的赎罪祭。

将来，基督徒终将获救得释放，如同出埃及的时候。我们在启示录里看见法老的十灾再度发生。历史终局将发生的灾难和临到法老的十灾相似得惊人。凡忠心跟随耶稣的，必历经末日的灾难而得胜。启示录第15章说，殉道者将和那些胜过一切外在逼迫和内在试探压力的人，一起高唱摩西之歌。出埃及记第15章有圣经记载的第一首歌，由米利暗谱曲，为庆贺埃及军兵被红海淹没而唱。当世界的患难都过去，我们安然进入荣耀之中，必将再次唱起这首摩西之歌。那时，我们将庆贺两次出埃及——先前脱离埃及奴役，后来靠着十字架脱离罪恶。

4. 利未记

†引言

许多决心把圣经从头到尾读完的人，都卡在利未记，原因不难明白。利未记真的不容易读，有三个主要原因：

第一是这卷书挺乏味的，读的时候好比努力看完整本电话簿。利未记的内容跟圣经其他书卷截然不同，尤其和前面两卷大异其趣，前两卷有很多故事，高潮迭起，而且有情节进展。可是来到利未记，几乎没有什么叙事，而且许多人早把圣经看作故事集，所以读到利未记，一个故事也没有，难免非常失望。

第二个原因是利未记读起来非常陌生，除了内容不同之外，背景文化也不同。读的时候形同离开现在的环境，去到三千年前、二千英里外，那是一个完全不同的世界，所以我们看到的每一件事都很奇怪。就以处理传染病的方法为例吧，染病的可怜人得把衣服撕破，披头散发，遮住脸的下半部，边走边喊叫："不洁净了！不洁净了！"这跟我们的社会处理传染病的做法截然不同！利未记还提到其他古怪活动——今天我们上教会不会带一只小羊或鸽子去，让牧师当着全会众的面割开它的喉咙。

第三个原因是这卷书似乎跟我们无关。利未记跟今时此刻的我有何关联？对于我的生活和工作有何意义？我们都很清楚自己已经不在摩西律法之下，而利未记是摩西律法的一部分，所以我们也不大确定这卷书跟我们有什么关联。

时空背景

因此，我们且来思想这卷书，看看是否能推翻一些原有的疑虑。利未记是摩西五经之一，这五卷书构成摩西律法，犹太人称为"妥拉"，意思是"律法书"。他们每年都会把这五卷书从头到尾读一遍，以住棚节第八日（落在九、十月之间）为起始日，从创世记第1章开始，读到隔年秋天的住棚节，刚好全部读完一遍。

有意思的是，摩西五经有一个容易记忆的鲜明轮廓，仔细观察这轮廓，有助于我们认识利未记的背景脉络。请见图表：

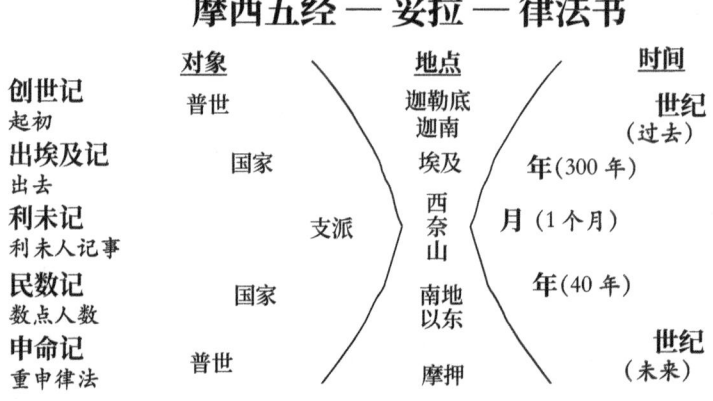

利未记在摩西五经中的位置

创世记谈起初，从卷名可知讲的是万物的起源，从宇宙的创造说到以色列人成为神百姓的由来；出埃及记把焦点放在以色列人从埃及出来的经过；利未记的名称来自利未支派，是以色列十二支派之一；民数记的内容正如其名，有许多统计数字（60万男丁离开埃及，加上妇孺，总共约250万人）。第五卷是申命记（由"第二"和"律法"二字组成卷名），焦点在于重申律法。神颁布律法两次，第一次在西奈山，另一次在以色列人即将渡过约旦河、进入应许之地的时候。所以十诫出现两次，一次在出埃及记，另一次在申命记，用意是在以色列人进入应许之地的前夕，再次提醒他们神的律法。

若追问这五卷书的主旨，五经的整体轮廓就开始浮现。创世记讲的是全宇宙，关乎每一个人，全人类，全宇宙；出埃及记讲的是单一民族，镜头拉近看以色列人；利未记把焦点缩得更小，缩到这民族的一个支派上；过了利未记之后，焦点又放宽，民数记谈的又是整个民族；申命记则再次以全世界为背景来看以色列，回到寰宇视角。

这个轮廓有助于说明为什么很多人都卡在利未记，读不下去，因为他们对全宇宙的事颇有兴趣，也想知道一个民族的故事，但说到跟自己无关的某个支派，就意兴阑珊了。

利未记在地理上的位置

创世记从整个地球讲起，然后把焦点集中在一个地区，就是亚伯拉罕居住的迦勒底，接着焦点移到迦南地，然后又移到亚伯拉罕后人移居的埃及。以色列人在埃及住了四百年，沦为埃及人的奴隶。利未记完全聚焦在一个地方——西奈山，就是神颁布律法和典章的所在。之后，焦点再度放大，一路从南地、以东，到摩押地，然后再次回到迦南地。

利未记在时间中的位置

创世记涵盖许多世纪，包括地球过去的历史。出埃及记涵盖三百年上下，利未记仅涵盖一个月，而民数记涵盖四十年，最后的申命记则展望未来的世纪，也就是以色列人的将来。摩西五经的轮廓又出现了，而利未记正好位于时间轮廓的枢纽，聚焦在最重要的一个月、最重要的一个地点、最重要的一个支派。整部摩西律法系于此卷。

犹太人用十二个月读完摩西五经，用在利未记上的时间大约为两到三星期。

与出埃及记的关系

以上是从摩西五经的时空背景来看利未记,接下来,应该看看利未记跟出埃及记的关系。要充分了解每一卷书,就一定要看出这一卷书如何承续前一卷书。出埃及记的后半部讲到建造会幕,神的帐幕在他的百姓中间。想象一下整个营地的样子:神的帐幕位于中央,周围搭起千百个帐棚——神的帐幕和人的帐棚同在一地。利未记讲的就是神的帐幕里应有的规矩,以及人的帐棚里应有的规矩。所以这卷书分为两部分:神的帐幕、人的帐棚,各有各的规矩条例。

不仅如此,说到会幕,出埃及记讲的是神进到人中间,而利未记讲的是人进到神面前;出埃及记讲神救赎他的百姓,而利未记讲神的百姓献祭给神;出埃及记讲神施恩释放百姓自由,而利未记从献感谢祭讲起,说明百姓应当如何感谢神释放他们得自由。

两卷书内容互补,缺一不可。利未记或许不如出埃及记高潮迭起,却仍展现出神的期待,他既为我们成就了一切,我们也当向他有所表示。利未记再次提醒我们,得救是为了服事。出埃及记让我们看到神如何拯救他的百姓,而利未记则说明神的百姓应当如何事奉他。

"你们要圣洁"

读旧约时,不妨把自己想象成犹太人。犹太人认为,读利未记的理由再清楚不过:事关生死。对犹太人来说,神只有一位,就是以色列

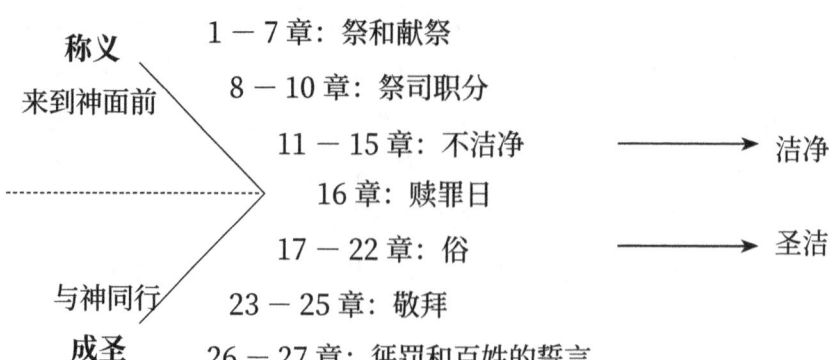

人的神，其他所谓的神都是人想象出来的。出埃及记和利未记都提出同样的观念。既然只有一位神，以色列人又是神在地上惟一的子民，他们跟神的关系自然很特别。神这一方应许要为以色列人做许多许多事：他要作他们的内阁；他也要作他们的国防部长，保护他们；他要作他们的财政部长，好让他们中间不再有穷人；他要作他们的卫生部长，好让他们免于埃及的一切疾病。神会供应他们一切所需，神就是他们的王。但神也要求百姓要行得正，圣经用的字是"义"，所以这民要按着公义而行。利未记的关键经文在新约中也经常出现，就是："你们要圣洁，因为我耶和华——你们的神是圣洁的。"

神期待百姓得自由以后不可步上周围民族的后尘。利未记有许多地方看似难解，但只要用这一点去解释，就都说得通了，堪称解开全书之钥。神告诉百姓不可做的事，必是因为他们周围的民族都那么做，但他们不可效法。因为神是圣洁的，所以他们也要圣洁。如果神拯救了你，他期待你也能像他；他期待你遵行他的道，成为圣洁，因为他是圣洁的。

利未记的轮廓

前文提过这卷书可分成两半，先逐渐攀升到一高峰，然后从顶点流泄而下。利未记又像是多层三明治，从上表可见，第一段呼应最后一段，第二段呼应倒数第二段，第三段呼应倒数第三段，剩下的就是最中间的一段。内容前后呼应，结构安排妥贴。

别忘了，这是神的安排，不是出于摩西。事实上，圣经里记录神话语最多的一卷书，正是利未记！约有九成的内容都是神亲口说的话——"耶和华对摩西说……"。其他书卷都没有记录这么多直接出自神的话，所以，如果你想读神的话，这卷书是一个很好的起点，因为你所读的真的都是神亲口说的话。

头七章的供物和献祭，有全书最后一段的祝福与惩罚和许愿条例来补充。祭司职分的细节，则与祭司带领敬拜的细节相呼应。

这卷书的高峰是赎罪日，这日须献两只牲畜，用来象征百姓的罪。首先要在营内献一只公绵羊为燔祭，至于另一只公山羊，则由大祭司用两手按在羊头上，承认以色列人的一切罪愆，把罪都归在羊的头上，然后把羊推出营外，送到旷野去。这羊要担当他们一切的罪孽，死在旷野。这就是"代罪羊"，这词今天依然常用。

利未记的上下两半以赎罪日为枢纽，上半部描述人如何进到神面前，亦即**称义**；下半部则描写人如何与神同行，亦即**成圣**。

✝ 献祭与敬拜

来看前面七章的献祭条例，共计有五种祭，可分为两大类。

感谢祭

前三种祭是以正确的方式向神表达感谢，感谢他赐恩福。祭物不是为赎罪而献，是为感谢而献。如果我们觉得对神充满感恩之情，神希望我们向他说谢谢。

第一种感谢祭是**燔祭**，带一只牲畜到会幕门口，宰杀后全部烧在祭坛上，让神闻那香气，献给神作馨香的火祭。

燔祭需要把一切全烧在坛上，但是**素祭**则留下一部分，让敬拜的人与神一起享用。供物一部分献给神，一部分则留给献祭的人食用。

第三种感谢祭是**平安祭**，要将所有的脂油都烧在坛上，献给神。

赎罪祭

另外两种祭不是为了表达感谢，而是为了处理罪疚，就是**赎罪祭**和**赎愆祭**。

第一，这两种祭都是为了赎罪、为补偿过犯而献。赎罪的用意不是要与神"合而为一"，那是现代人的想法，赎罪的意思其实是"赔偿"。所以，若要"赎"某个罪过，就要献上某样祭物，作为赔偿。赎罪祭和赎愆祭都是给神的赔偿，都要流血，献祭者的生命因为犯罪而变坏，所以赔给神一个无罪的好生命。

第二，这两种祭只对非故意的犯罪有效，对故意犯的罪则无效。换言之，没有人是十全十美的，人人都会犯错，都会有无心之过。虽然不是故意的，但终究做了，所以神为这种非故意的犯罪设立赎罪祭和赎愆祭。但若故意犯罪，就没有任何祭可献了。

新约再次强调此一重点，清楚区分基督徒的无心之过和故意、任性犯的罪。新约像旧约一样，也说如果我们被赦罪后又故意犯罪，就没有赎罪祭可献了。罪已蒙赦的人又故意犯罪，是非常严重的事，所以耶稣对行淫被捉的妇人说："去吧，从此不要再犯罪了。"然而，无心之过是可以弥补的，因为神知道我们软弱，知道我们常跌倒，也知道我们想行善却不一定做得到，正如保罗在罗马书中说的："我所不愿意的恶，我倒去做。"不论旧约或新约，都把神百姓故意犯的罪，和不是故意犯的罪，作了清楚的区分。

敬拜的历法

除了带供物献给神以外，犹太人还需要遵行敬拜的历法。新约并没有相应的历法给基督徒遵守，也未曾指示我们要过圣诞节或复活节。但是，历法是犹太人与神同行的重要依据。神把他们当小孩看，因为成人不需要月历，但儿童需要月历提醒他们，免得忘记事情。利未记提到好几种类型的节日，全都要谨守遵行。

一年一度的节日

历法上的正月（在公历的三、四月间）第一个节日是**逾越节**，也就是除酵节，始自正月的第十五天，纪念神带领以色列人脱离埃及为奴之地。前一天，也就是正月十四，要在下午三点宰杀一只羊羔。

三天之后（指宰杀羊羔三天后），要将**初熟**的庄稼献给神。不难看出，耶稣的死与复活与此节期模式雷同。

五十天之后就要过**五旬节**。这天，神在西奈山上颁布律法，所以他们要纪念这日，向神献上感谢。第一个五旬节，也就是律法赐下的当日，有三千人因为犯罪被杀。数百年后，赐下圣灵的那个五旬节当天，有三千人得救。

靠近年底（犹太历的七月落在公历的九、十月间）的节日是**吹角节**，要吹羊角做的号角，作为纪念，象征新年开始。

接着就到了重要的**赎罪日**，要把担当众人罪过的代罪羊推到营外。

再来是为期八天的**住棚节**，过节的时候，人人都要离开自己的家，住进帐棚，晚上在棚里仰望夜空点点繁星，回想他们当年怎样愚昧地在旷野漂流，其实只要十一天就能走到应许之地，他们却花了四十年。

对基督徒来说，这些节期全都实现了。前面三个节日已在耶稣第一次来到地上的期间逐一应验。其余的则将在基督再来时完全实现。虽然我们不知道耶稣再来的日子是哪一年，却可以知道必在九月、十月之间，因为他从不耽延。其实那也是他降生的时节，路加福音有证据指出是在第七个月，相当于住棚节的时候。这是犹太人期待弥赛亚降临的时候，每次新约提到吹号，都在宣告他要降临。当他降临，号角声响，后面三个节日就要实现，赎罪日的救赎将完全应验，以色列全家都要得救。

每周的圣日

除了一年一度的节期，还有每周的**安息日**，这是神给曾在埃及为奴的百姓一份特别的福气。在摩西之前，圣经里找不到安息日，例如亚当和亚伯拉罕都不曾守安息日，都是一星期工作七天。摩西把安息日引进以色列人的生活。这天不是假日，也不是给全家出门玩才设立的，而是为神休息的一天，是犹太人历法上的圣日。

禧年

除了每年和每周要守的节日以外，还有一个节期是每五十年才过一次，就是**禧年**。每五十年，每个人的户头余额都要打平，债务取消，产业回归原来的家庭。所以，愈靠近第五十年，地租就愈便宜。奴隶也在禧年重获自由。因此大家无不引颈期盼禧年来到，称之为"神悦纳人的禧年"。禧年对贫穷人来说是好消息，因为有希望逐渐转贫为富。到了禧年，被掳的也要获得释放。

耶稣曾在拿撒勒宣告："主的灵在我身上……叫我传福音给贫穷的人；差遣我报告：被掳的得释放……报告神悦纳人的禧年。"换言之，耶稣开启了众所期盼的、真正的禧年。这也让我们再次看到，需要认识旧约，才能了解新约。

† 生活的规矩

洁净与不洁净

要了解利未记，就必须掌握一个重点：区分圣的（holy）与俗的（common），洁净的（clean）与不洁净的（unclean）。我们大多从好与坏的角度看事情，但圣经将事物区分为三类，请见下图：

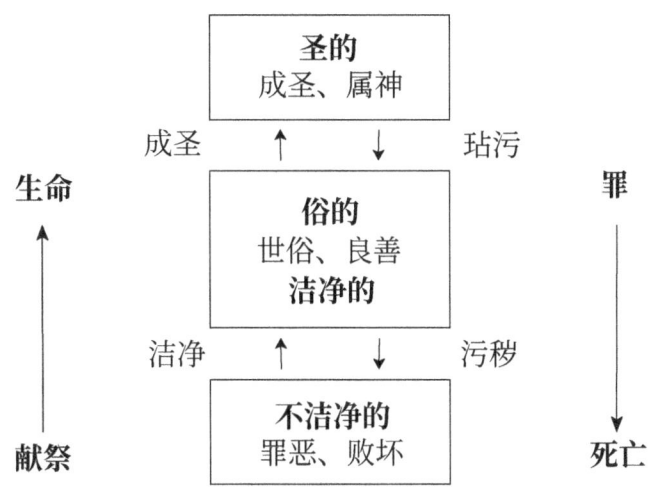

这里牵涉到两种过程。第一是神圣的、属神的圣洁事物一旦被玷污，就变成俗物。把圣的东西当俗物使用，就把圣物糟蹋了。第二个过程则是把俗的、洁净的变成不洁净和罪恶的[1]。

神圣的、世俗的、罪恶的，大致可对应到圣的、洁净的俗物、不洁净的。既然有亵渎圣物、使之变成俗物，玷污洁净的俗物、使之变成不洁净的过程，同样也有反方向的过程亦即赎回。你可以把不洁净的洗净，使之变成洁净，然后将之分别出来归给神，使之变成圣的。

圣的和不洁净的绝不能相提并论，必须严格区分开来。圣的与不洁净的绝无交集。若将洁净的和不洁净的混合，就都变成不洁净了。同

---

[1] 关于圣与俗、洁净与不洁的区别，我要感谢温翰（G·J·Wenham）允许我引用他的著作 *New International Commentary on Leviticus*（Wm·B Eerdmans, Grand Rapids, Michigan, 1979）。

理，若在圣物中搀杂俗物，就都变成俗物了，而不是都变成圣的。

请看117页图表，向下的过程通向死亡，确实是丧命。而向上的过程则通往生命——但需通过献祭。惟有献祭才能使不洁净的变洁净，起死回生。

这会使我们的人生观产生不同的结果。依据圣经，我们的工作也是可以分别为圣归给神的。工作可能是圣的、洁净的，或不洁净的。有些工作违法又不道德，因此是不洁净的，基督徒不应该从事这样的工作。还有一些工作虽然洁净，却是平庸俗务，但你可以将你的工作分别为圣，为神而做，这份工作就不再是俗的了，而是在主里变成神圣的呼召。因此，一个印刷工所做的可能是神圣的工作，而一个宣教士所做的有可能是俗务。你的钱若用在坏事上，就是不洁净的，用在好事上，就是洁净的，分别出来给神使用，就变成圣的。同理，性事也可能是圣的、俗的，或者不洁净的。

有许多人过着体面、清洁的世俗生活，但并非圣洁之民。神可不只希望我们过正当生活就好，他希望我们过圣洁的生活。利未记特别强调这点。

教会外的人纵然可以声称自己待人处世并不比教会里的人差，但是神所寻找的是圣洁之民。

圣洁的生活

圣洁的生活牵涉的都是非常实际的事情。

要成为圣洁，**身体健康**和灵性健康一样重要。我们若要归神为圣，不可不留意身体方面的事。利未记不但对于理发、刺青、男人戴耳环都有指示，对于男子遗精、女子月经和生产，也都有条例规定。

- 利未记有许多关于**饮食**的规定，尤其讲到哪些食物洁净，哪些不洁净。
- 利未记说不可行**巫术**或交鬼。
- 房子长**壁癌**该如何处理，利未记说，为了爱邻舍的缘故，你得把房子烧了。

- 还有关于**服装**的指示，不可混合材料制作衣物。
- 利未记也涵盖**社会生活**：圣洁意味着关心贫穷人、听障、视障、老人。如果你是圣洁的人，那么有长者走进来的时候，你就会起立以示尊敬。
- **性**的方面也有规定，利未记规定不可乱伦、不可人兽交、不可和同性交合。

如果你问如何才能过圣洁的生活，利未记告诉你的是从星期一到星期六怎么过，而非只告诉你星期天该做什么。神所寻找的不只是洁净的人，而是圣洁的人，两者区别甚大。在信主以前，你根本不会想到成为圣洁，只会想到作个好人而已——但那样是不够的。

规定与条例

对于摩西律法，有个观念需要澄清。律法是一个整体，不是许多独立条文。圣洁意谓"完全"，所有这些规定与条例都紧密搭配，形成一完全的整体，违反其中一条，就是违反全部（讲出埃及记时，我举了一个例子：打破一条诫命，就像扯断一条项链，所有珠子洒落一地）。这事实打破了大多数人对于十诫的观念，因为一般都以为只要能遵守半数以上的诫命就很不错了！那是不够的。

理由

神定下规矩，但并没有说明每一条规定的理由。例如，他没有说明为何不可用两样搀杂的料做衣服穿在身上，也没有解释为何不可使异种牲畜交配、田里不可撒两样搀杂的种子。不过，我们或许可以看出一个理由，就是神是纯一的神，因此他不喜欢用混合的材料制成的衣服，也不喜欢搀杂的种子和混种的牲畜。他所禁止的事虽然不一定说明理由，但某些情况我们可以合情合理地推测。某些事被禁止，无疑基于卫生上的理由，比方如厕的规定，原因就很明显：神吩咐他们那样做是为了卫生。某些食物不可吃，被归类为"不洁净"，应该也是健康上的顾虑。以猪肉为例，当地的气候容易使猪肉腐败，人吃了就容易生病。

神没有说明理由时，百姓依旧遵从，因为相信赐予律法的神知道他为何禁止这些事。在家庭里也是同样的道理，有时我们需要告诉孩子什么得做、什么不可做，不为什么，只因"爸爸这么说"，所以必须遵从。有时说明理由反而不适当，或是根本不可能解释。

神藉着许多条律法问我们：你信任我吗？你相不相信如果我说不可做某事，我必定有充分的理由？

我们往往必须先相信这样是为了我们好，才愿意遵守。我们都像亚当和夏娃一样，想要像神，结果就摘了分别善恶的知识树的果子来吃，因为我们想要自己作决定，想要自己去经历、自己安排。但是，神并没有义务向我们解释他的一切意念作为。

奖惩

神不一定给理由，却赏罚分明。神要我们听从他，也把不听从的代价说得一清二楚。而神的惩罚颇为严厉，因此利未记第26章一方面讲遵行诫命的正面理由，另一方面也讲悖逆者会遭受的咒诅。犹太人读利未记，就会发现违背了神的律法有什么后果。他可能会失去家庭，失去公民身份，还可能丧命。利未记提到十五项应处以死刑的重罪。看到这里，你该明白为何非了解这卷书不可——这确实是一卷事关生死的书啊。

此外，利未记也明说整个国家可能会失去两样东西：他们可能受外敌入侵，失去自由（在士师记可看到）。他们也可能被掳被逐，失去土地。后来这两件事都发生了。所以神的话并不是空洞的应许和威吓。信靠顺服神必蒙福，不信而悖逆神的必遭祸。

快乐与圣洁

神将蒙福和遭祸明摆在我们面前，用意是指出惟有真正的圣洁才有真正的快乐。快乐与圣洁相依互属，不圣洁的人不会快乐。绝大多数人都反其道而行，想在今生快乐，来生再作圣人。神为我们所定的旨意却是今生圣洁，永生快乐。

神容许一些事发生，或许令我们痛苦，但这些事最后使我们变得更圣洁。逆境比顺境更能造就品格。

† 基督徒如何看利未记

利未记告诉我们什么呢？身为现代基督徒，我们真得把混纺的衣服通通扔掉吗？房子若有壁癌，真得放火烧了吗？

有一条原则可以引导我们，就是保罗在提摩太后书所说："你是从小明白圣经，这圣经能使你因信基督耶稣，有得救的智慧。圣经都是神所默示的，于教训、督责、使人归正、教导人学义都是有益的，叫属神的人得以完全，预备行各样的善事。"

保罗这里所说的圣经，自然是指旧约，当时还没有新约圣经。耶稣说："你们要查考圣经，为我作见证的就是这经"，指的也是旧约。我们可以从旧约学到两件事：救恩与公义。这道理同样适用于利未记，这卷书能帮助我们了解如何得救，并打开我们的眼睛，使我们看见如何行义，这两个目的再明显不过。

新约中的利未记

看看新约如何应用旧约经文，总会给我们很大的启发。有人说："旧约显明在新约中，新约隐藏在旧约里。"新旧约密不可分，相辅相成。

新约有好几处直接引述利未记，最常引用的两节经文是："你们要圣洁，因为我是圣洁的"和"要爱邻舍如同自己"。新约还有很多段经文明显以利未记为背景，尤其是希伯来书，没读过利未记的人是看不懂的。这两卷书也是密不可分，若非有利未记写在前头，就不可能有后来的希伯来书。

新约提到利未记的地方约有九十多处，所以基督徒不能不了解这卷书。

律法的实现

想想，摩西律法不只是十诫，而是总共有613条，我们要怎么遵守呢？或许我们隐约知道不必全都遵守，但是究竟该遵守多少呢？例如，有些教会教导会友奉献十分之一，有些教会对于安息日有严格的规定，尽管他们所谓的安息日是星期天，而不是像犹太人一样守星期六为安息日。每个基督徒都会碰到这些难题，而使情况更形复杂的，是耶稣说过："我来不是要废掉律法，乃是要成全。"

因此我们必须要问的是，耶稣如何成全了每一条律法？有一些显然在基督里成全了，也结束了，所以从此以后你不必再带一只鸽子或一只羊上教会作礼拜，有关流血的祭都成全了。

同理，耶稣也为我们成全了安息日的律法，当我们每一天停止作自己的工，转而为神作工之时，就是进入为神子民存留的安息。我们仍可自由选择一日守为主日，但也有自由看日日都一样。因为我们在基督里都是自由的人，所以不能将守主日强加在别的基督徒身上，更不用说是非基督徒了。

重点是要弄清楚每一条律法要如何成全。十诫之中有九诫重现于新约，一模一样，例如不可偷窃，不可奸淫。未曾重覆的则是守安息日的诫命，现在我们有不同的遵守方式。

其他的摩西律法有不同方式遵守，比方申命记里有一条例，牛在场上踹谷的时候，不可笼住它的嘴，因为它有充分的权利吃它为别人预备的谷物。新约也守这条律法，但方式很不一样，保罗引述这条例，解释说，照样，福音的工人有充分的权利期待信徒在财务上支持他，"叫传福音的靠着福音养生"。所以我们必须细察每一条律法在新约中如何实践，看新约如何赋予律法更深的意义。

因此，我们可从利未记学到四件至为重要且到新约依然不变的事：

1. 神的圣洁

圣经中最强调神的圣洁的，莫过于利未记。我们若忘记神是圣洁的，就危险了，尤其现代人爱问："神若是慈爱的，怎会把人打入地狱？"因着耶稣，我们知道神是慈爱的，但耶稣也常公开谈论地狱。我们不能挑自己想听的听；如果耶稣说过神是慈爱的，说这是真理，那么我们也必须接受耶稣说有地狱，这也是真理。

其实，神对于爱的理解和我们有一点不同。我们所理解的爱是情意上的，但神的爱是圣洁之爱。他的爱，之高之深，以致他对恶极其恨恶。很少有人爱到恨恶邪恶的地步。利未记教导我们什么是神的圣洁，使我们学习以敬畏的心爱神，对神存着圣洁的畏惧。希伯来书说，我们当"用虔诚、敬畏的心事奉神，因为我们的神乃是烈火"。作者这个感想正是得自利未记。当代的基督徒一定要读利未记，将神的圣洁谨记在心。

2. 人的罪恶

除了神的圣洁，利未记也强调人的罪恶，这是真实的，再也实际不过。利未记让我们看到，人性竟可以卑劣到与兽交合、乱伦、迷信，还有其他许多惹神憎恶的行为。"憎恶"的意思是某件事令你厌恶到恶心想吐。这个字的希伯来文所表达的情绪非常强烈，厌恶、讨厌、龌龊、恶心，都不足以表达那种憎恶的强度。

圣经也讲到神的情绪，神对罪有情绪反应，是因为他是圣洁的。人的罪性不只玷污了洁净之物，也亵渎了圣物。骂人的脏话就亵渎了神圣的话语。人生在世只有两种神圣的关系——人与神的关系，男与女的关系，而骂人的脏话有九成都出自这两种关系。人类亵渎了神圣的事物，也玷污了洁净的东西。我们就活在这样的世界里。人的罪恶不仅使洁净的变为不洁净的，也因为随意把圣物当作俗物，而使圣的变为俗的。

3. 基督的丰盛

利未记指向基督的丰盛，指向他所献上的一次即永远的赎罪祭。为了洁净人的罪恶，神提供了一条路，问题是，如何兼顾公义与怜悯？他应该凭公义处理我们的罪而惩罚我们呢？还是应该以怜悯来处理我们的罪而赦免我们？神是既有公义又有怜悯的神，他必须找出两者兼顾的办法。我们是不可能找到出路的，但在神凡事都能——他以无罪的生命代替有罪的生命。惟有这个做法能够同时满足公义和怜悯。利未记的献祭条例让我们得以一窥这事将如何发生。

关于这个过程，有几个字眼尤其经常出现："赎罪"和"血"，因为生命在血里面。让一个人流血，等于让他的生命流掉。此外也经常提到"祭"。燔祭是指我们需要完全**降服**，素祭是指我们的**服事**，平安祭则是指我们可以在神里面得着**平安**。蒙恩得救而满怀感恩的人，应具备这三项特质。

不过，我们也注意到，神这一边有他所献的祭。现在我们来到神的面前，仅须献上赞美和感恩为祭，这两样祭应该要恭敬地预备，然后献上给神。但利未记也讲到耶稣所献的祭。赎罪祭是用一个无罪的生命代替有罪的生命而死，赎愆祭则让我们清楚看到这祭满足神的公义，同时也符合律法。所有的祭都指向新约。

4. 敬虔的人生

利未记告诉我们生活各方面都要圣洁，甚至如厕的安排亦然！圣洁就是完全，因此利未记才会如此详细地介绍神如何将他的圣洁应用到他百姓的生活各层面。由此可见，敬虔的人生是彻头彻尾地敬虔，只在某些层面敬虔并不叫敬虔。

不过，还有一个重点，从旧约的圣洁到新约的圣洁，出现两个重大的转变。利未记区别圣的、洁净的、不洁净的三种。这在新约虽仍适用，却有两大变动。

第一，圣洁从物质层面转到了道德层面。当时，以色列子民就像小孩子，神必须把他们当成小孩子来教。比方说，他们必须学习分辨洁净和不洁净的食物。然而，基督徒没有这类规定了。神还用了异象来教导使徒彼得分辨何为洁净、何为不洁净。耶稣说，现在"入口的不能污秽人，出口的乃能污秽人"。洁净和不洁净不再是关乎衣服和食物，而是道德上的洁净和污秽，这是从物质层面转变成道德层面。现在，我们虽然没有服装和饮食的条例，但确实有很多教导告诉我们，要如何在道德问题上成为圣洁。

第二，蒙福和遭祸从今生转变到永生。在这世上，圣洁的人很可能受苦，不会得到奖励，但是转变已经发生了，因为新约赋予我们更长远的眼光：我们不只有今生而已——今生是为了预备在他处更长久的存在。所以在新约当中，我们读到"你们在天上的赏赐是大的"，而不是在地上得赏赐。

由此可见，读利未记对基督徒大有益处。最重要的是，这卷书使我们洞悉四大重点：神的圣洁、人的罪恶、基督的丰盛、敬虔的人生。

5. 民数记

✝ 前言

民数记不太有名，也不常被引用，可能只有两节经文大家比较熟悉。1844年5月24日史上第一份电报传送到美国首府华盛顿的那一刻，摩斯（Samuel Morse）引用民数记表达对通讯发展的惊喜之情："看哪，上帝成就了伟大的事！"（民23：23，现代中文译本）他把电子通讯的新发现归功于神的大能。

另一节为人熟知的经文是："要知道你们的罪必追上你们。"（民32：23，和合本）原出自摩西的口，是他告诉百姓必须过约旦河去击败仇敌时所给的警告。

但一般人并不知道这两句话出自民数记。能够引述民数记经文的人很少。我发现，知道民数记内容的人也很少。这种情况需要补救，因为民数记也是圣经非常重要的一部分。

英文圣经给了民数记一个不大像卷名的卷名"Numbers"。原来的希伯来文圣经是取书卷开头的几个字"耶和华说"作为卷名。希伯来文圣经翻译成希腊文时，译者取了新的书名"*Arithmoi*"（即英文"arithmetic"（计算）的字源）。拉丁文版圣经（武加大译本）译作"*numeri*"，即英文版卷名"Numbers"的由来，中文版圣经则译作"民数记"。

这卷书以人口普查作开始，以第二次普查作结束。第一次普查是在以色列人离开西奈山后一个月，会幕竖立起来的时候，计算出男丁总数为603,550人。第二次普查是在抵达摩押地，即将进入迦南地之时，距离上一次普查约四十年，男丁总数为601,730人，少了1,820人——差距不算大。两次普查都仅计算适合作战的男丁。

民数记告诉我们，计算人数并没有什么不对。大卫王曾因计算男丁而遭到神的惩罚，但原因是他的动机出于骄傲。圣经里也有别的计算人数的例子，例如，五旬节那天，教会约增加了三千人。耶稣曾鼓励门徒计算跟随他的代价，就像军队统帅应当计算敌我军力多寡，衡酌胜算大小一样。

有关民数记里的数字，可以看出三件事：

1. 人数真庞大！

许多圣经注释者质疑人口数目太大。这些数字实际上代表的是可征用的兵丁，亦即二十岁以上能出去打仗的男丁。我们查考出埃及记时已经看到，以色列总人口超过二百万，因此看似"庞大"的603,550人不过是全国人口的一小部分而已。以下几点分析显示这些人口数是可能而且合理的。

- 在撒母耳记下，我们看到大卫的军队有130万人，因此60万人左右的兵丁，相较之下并不算多。
- 若跟迦南人的数量相较，也不算多，以色列人需要强大到某个程度，才足以出兵打仗（不过也别忘了，神与他们同在）。
- 有些人质疑说，当初下埃及的不过七十个人，怎么可能繁衍出这么多人口。提出这种问题的人都忘了，他们可是在埃及住了四百年。假如每一代都生四名子女（以当时而言算少了），是有可能达到这个人数的。
- 有人说，这么多人，如何进西奈旷野？然而，确实有可能，因为空间是足够的。如果他们五人为一排前进，队伍将绵延110英里长，花十天即可全部通过！

■ 有人说，如此庞大的人数在旷野也要吃也要喝，怎么养活呢？这话倒是没错，但神以超自然的方法供应他们。

2. 人数差不多！

以人数规模来看，第二次普查比第一次短少了1,820人，比例很小。西缅支派短少了37,000人，玛拿西支派增加了20,500人，而其他支派人数大致持平。由于人口增长表示蒙神赐福，因此从总人数可看出，这段时期神并不喜悦他的百姓。不过，旷野环境如此严酷，他们又待了那么长的时间，还能维持这样的人数，相当了不起。

3. 人口大不同！

两次人口普查相隔至少三十八年，所以有一整代的人已经倒毙在旷野（当时人能活到六十岁即属罕见，摩西活到一百二十岁是个例外）。所以虽然人数差不多，但人已大不同。当年离开埃及而能活到现在，进入应许之地的，只有约书亚和迦勒（两百万人中仅两人）。（编注：作者此一说法稍微引人误解，应指第一代被数点的六十余万男丁中仅两人进入应许之地。）从某个角度看，这堪称整本圣经最大的悲剧。民数记是很悲哀的一卷书，全卷书有三分之二的内容原本不必发生，更无须记载。从埃及走到应许之地，本来只要花十一天，但实际上他们花了13,780天才走到！在出发的同一批人中，只有两人走到目的地，其他人都在旷野兜圈子，浑浑噩噩地"杀时间"，直到神的审判成就。这些人都死在旷野，由新一代继续旅程。

我们从民数记学到的多半是负面的教训，神的百姓真的不该这样！保罗告诉我们该怎么看这卷书："这些事都是我们的鉴戒，叫我们不要贪恋恶事，像他们那样贪恋的……他们遭遇这些事都要作为鉴戒，并且写在经上，正是警戒我们这末世的人。"（林前10：6-11）民数记处处都是"前车之鉴"。

背景脉络

那么，这卷书的背景脉络是什么呢？从西奈山走到加底斯巴尼亚（南地沙漠的最后一个绿洲），抵达迦南地界，这段路只要十一天的脚程。以色列人走的路线却是背对加底斯往前行，越过大裂谷，直抵以东山地，最后来到摩押地的约旦河边，对岸才是迦南地，花了三十八年又几个月的光阴，终于来到这里，不是因为路途崎岖，而是因为神一次仅移动一小段路程，而且在每一处都停留很久。他告诉以色列人，他要等到他们每一个人都在旷野倒毙，只有约书亚和迦勒除外。

到底发生什么事，让神的审判临到百姓呢？在加底斯，神吩咐百姓进去迦南地，他们不肯。今天有许多基督徒虽已蒙神引领脱离罪恶，却未进到神已摆在他们面前的蒙福之地，也陷入某种悲惨的旷野出不来。

民数记有三分之二的内容在谈这段延宕的旅程。圣经总是忠实地呈现伟大的胜利和高尚的品德，也记载失败与罪行。保罗对哥林多信徒说，民数记所记载的事情是为了作为鉴戒，警戒我们，他这番话点明这卷书的写作目的。这卷书也许不受欢迎，但你若不读历史，注定要重蹈覆辙。

就连摩西也不准进入应许之地，尽管好几百年之后他进去了，而且和耶稣交谈。但是就连他，也不幸在一个重要时刻做错了事，稍后再来看。

内容与结构

民数记和前面两卷书一样有律法也有叙事。律法的作者不是摩西，而是神。有句话在这卷书里出现八十次之多："耶和华晓谕摩西说……"。神给摩西一般律法和条例，也规定治理的仪式和宗教的典礼。

先来看叙事部分，摩西每日记录百姓遵照神的吩咐所走的路程，他还写了一卷书叫《耶和华的战记》（编注：参民21：14），是他们打仗的纪录。摩西就根据这些纪录，写下民数记，只是提到他自己时用第三人称。

混合叙事与律法的写法，似乎和出埃及记雷同，但出埃及记是前半叙事，后半律法，民数记则是全部混合交错，因此也比较难找出贯穿全书的主线。

依循背景脉络去思考叙事和律法，比较容易看出民数记的模式。这卷书的结构是按照时间顺序，而不是按主题来组织。最能呈现这个结构的方式，就是将民数记与出埃及记、利未记、申命记并列来看。

年代背景	内容	持续时间
出埃及记 1－18 章，埃及到西奈	叙事	五十天
出埃及记 19－40 章，在西奈	律法	?
利未记 1－27 章，在西奈	律法	三十天
民数记 1 章 1 节－10 章 10 节，在西奈	律法	十九天
民数记 10 章 11 节－12 章 16 节，西奈到加底斯	叙事	十一天
民数记 13 章 1 节－20 章 21 节，加底斯	律法	?
民数记 20 章 22 节－21 章 35 节，加底斯到摩押地	叙事	三十八年
民数记 22 章 1 节－36 章 13 节，摩押地	律法	三个月十天
申命记 1－34 章，摩押地	律法	五个月

很有意思的是，律法都是在以色列人安营期间颁布，而他们上路的叙事都是讲他们如何违背这些律法。他们安营时，神吩咐他们应该做的事，但是接着我们就看到他们起行后实际做的事。他们经由两种途径学教训，一是摩西的教导，另一则是旅途经历（很像耶稣教导门徒的方式，一方面传讲"信息"，比方说登山宝训，另一方面他们也"在路上"经历事情）。

上表的结构不妨视同多层三明治。出埃及记第1至11章，以色列人还困在埃及，到了第12至18章，他们就朝西奈移动了，这两大段都是叙事。然后到了出埃及记第19至40章，利未记第1至27章和民数记第1至10章，他们仍然待在西奈旷野，这三大段都是律法。

民数记第10至12章，他们又开始移动，从西奈走到加底斯，这是一段十一天的路程。神在加底斯对他们说话，记载在第13至20章，内容都是律法。停留加底斯期间，发生悖逆神的危机。

民数记第20至21章，记载从加底斯到摩押的这段路，篇幅只有两章，时间却长达三十八年。民数记第22至36章，则记载神向以色列人所说的话，此时他们正在等候进入应许之地。接下来的申命记从第一章到最后一章，同样属于这段扎营期间。

民数记里有很多次移动，申命记则无，而出埃及记仅半卷记载百姓移动。

✝ 律法

如前所述，民数记共记载八十次神"面对面"跟摩西说话。这是独一无二的，其他人领受神的道，都是藉着醒时见异象，或睡时做异梦。以色列人若想求问神该如何行，就会去求教于祭司的乌陵（相当于"抽签"）。

摩西初次遇见神是在西奈山，以色列人必须与西奈山保持一段距离，但如今会幕既已完工，神就住在百姓中间。现在神"与他们同在"，最大的危险反而是他们觉得跟神太亲近，因而失去对神的敬畏和尊重之心，忘了他是圣洁的神。民数记的律法既非道德法，亦非社会法，神颁布这些律法，是为了避免百姓失去对神的敬畏。我们可将这些律法分成三大类：要小心、要洁净、要付代价。

1. 要小心

安营时

以色列人必须小心安营在正确的位置，民数记第2章记载每一支派被分配到的位置，会幕在中央，各支派在相关位置安营。营地位置的鸟瞰图

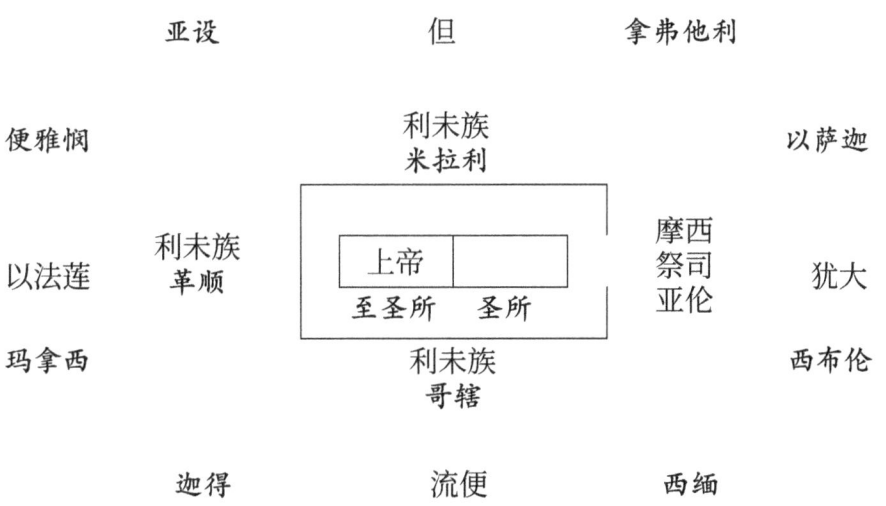

就像一个空心矩形（见上表）。据悉埃及也依此法扎营，兰塞二世（可能就是以色列人出埃及时在位的法老王）就偏好这种军队扎营配置法。

中央的会幕由帷幕围住，仅留一个出口。有两人在出口外面扎营，就是摩西和亚伦，另外三面则给利未支派扎营，利未支派的三个宗族——革顺、哥辖、米拉利，各有负责办理的事务。其他人则连碰帷幕一下都不可。神吩咐任何人不得接近，否则必死。神是圣洁的，人不能随意靠近。

其他支派则围着会幕扎营，按照神的分配各就其位。其中最重要的位置是会幕入口的正前方，由犹大支派驻扎。耶稣即出自犹大支派。

起行时

拔营起行的时候，同样井然有序，人人皆须遵守次序。会幕的拆卸和搬运也有具体而详细的规定。先由祭司将圣器具覆盖妥当，然后由利未人扛抬。每个人都知道谁该抬会幕的哪些器具、谁该抬幔子，还有扛抬的顺序。有些支派必须先起行，接着是扛抬会幕物件的人起行，其他支派再依序起行，有点像橘子一瓣瓣剥开。每次拔营起行，都要按照同样的次序，如此，抵达下一个扎营地点的时候，每个支派都可以轻易找到自己的位置，支搭帐棚。整件事从头到尾，细节都一清二楚。吹银号就是宣布拔营起行，首先往前行的是犹大支派，他们一边赞美，一边领着大队前进。

什么时候要拔营，大家都知道，因为云柱（晚上则是火柱）从会幕一收上去的时候，他们就要起行。我们清楚看到一幅景象：当神前行，他的百姓就跟着前行。

为什么费这么大工夫规定这些细节？因为如此庞大的人口，无论是移动或扎营，都必须用最有效率的方式。神的用意是："要小心！"在神的营地不容随便，漫不经心是很危险的。套用现代话来说，那就是一种"反正是给神的，什么都行"的随便态度。

神赐下如此详细的指示，意在告诉他的百姓要小心，因为他就在他们的营中。他也指示其他需要小心之处，民数记提到一些罪，属于"粗心大意"罪，例如，不把安息日放心上而违反安息日者，必须处死。他们得在衣裳边上做䍁子，提醒自己要祈祷。许愿必须慎重，向神许愿，务必还愿，不可延迟。（士师记里有一个人向神许愿，说要把回家时第一个看到的活物献给神作燔祭，结果第一个出来迎接他的是其爱女！）作妻子的若是向神许什么愿，她的丈夫有二十四小时的时间可决定同意或反对。

2. 要洁净

除了仔细的扎营配置之外，营地也必须干干净净，因为他们都是"神的百姓"。神吩咐他们要把厕所设在营外，便溺后就拿自备的锹铲土，转身把粪便掩盖，如此可以为着神的缘故保持营地整洁。神可不只是担心细菌问题而已，而是注重营地的"清洁"，因为他是洁净的。这条原则今日仍然适用。教会若肮脏凌乱、疏于维修，就使神的名蒙羞。

不但营地要整洁，我们还看到百姓离开西奈山以前，神吩咐他们要先洁净自己。

第19章有洁净仪式的细节。死亡是一件不洁的事。神是生命的神，所以营中不可有任何一处被死尸沾染而污秽。甚至还有疑妻不贞的试验方法与条例。就算没有人证，但实情如何神都看见，他必惩罚行恶之人，因为这营是他的。

有句话说："洁净与敬虔为邻。"从民数记能找到不少经文支持！

3. 要付代价

献祭与供物

有罪的人与圣洁的神同住一营地，代价可不小。每一天、每一周、每个月都要固定献祭，代替百姓赎罪。算起来有上百次之多。每一种祭的代价都不低——只有无残疾的牲畜方可献为祭。

每天献的祭、每周献的祭、每月特别献的祭，让我们清楚看到，领受从神而来的赦罪，是一件代价高昂的事，必须流血。

祭司职分

不仅如此，祭司职分也靠献祭来支持。以色列人离开西奈山之前，利未人就被分别出来，承担献祭的服事，约有8,580人（从整个支派22,000人中）出来服事，而这些祭司和利未人都得靠其他支派在财务上支持他们。

因此，维持祭司职分，加上固定献祭，对百姓是一笔不小的"花费"。

这教导我们一件事：今天我们进到神面前，也要非常小心。虽然我不需要带一只羊或一只鸽子来献祭，才能亲近神，但这不表示我到神面前的时候，什么祭都不用献。例如，圣经告诉我们，要以**赞美**和**感谢**为祭献给他。我们必须扪心自问，来敬拜前，是否已**预备好献给神的祭**？

民数记也记录拿细耳人的愿，这是一种自愿离俗归耶和华的愿，但并不属于祭司的职分。许了拿细耳人的愿，就不可剪发，一点酒都不能碰（皆与当时社会风俗相反），也不可沾染死尸。有些人是暂时为拿细耳人，有些则是许愿终身作拿细耳人。圣经里最有名的两个拿细耳人，就是撒母耳和参孙。

到了阿摩司的时代，拿细耳人竟成了被揶揄的对象。

我们可以从民数记学到什么？

当代对于敬拜神有一种反对仪式、轻松随意的倾向，可能使我们忘了神是昨日、今日永不改变的神，从前以色列人来到神面前的时候，要带着敬畏的心和尊重的态度，今天我们也一样。希伯来书提醒我们，神是烈火。

我们在新约读到，聚会敬拜的时候，或有诗歌、或有教导，或有预言，或有说方言和翻方言的，这就是新约告诉我们要献的祭，来到神面前的时候，心态要正确。

民数记也提醒我们，敬拜神必须照他所喜悦的方式，而不是依我们的喜好。现代的敬拜倾向以个人喜好为焦点，例如，有人喜欢唱圣诗、有人喜欢听现代诗歌。我们可能忘了，我们偏好什么方式一点都不重要，最重要的是要确定我们的敬拜符合神想要的方式。

新约也提到我们所献上的赞美祭和奉献："……你们的馈送，当作极美的香气，为神所收纳、所喜悦的祭物。"利未记和民数记都说，神喜悦闻羊烧在坛上的馨香之气，照样，今天我们献上的赞美之祭也能讨神喜悦。

✝ 叙事

再来看民数记叙事的部分。先前看神的话语，现在看人的行为，从看人本应该做什么，转而看他们实际上做了什么。这是一个令人遗憾的悲惨故事。旷野成了考验以色列人的场地。他们虽出了埃及，却进不了应许地，处于两者之间的这块地方，对他们来说是非常难熬的。

别忘了，现在百姓跟神已经是立约的关系了，他对他们有承诺的束缚，如果他们听命就蒙福，悖逆就受惩。虽然出埃及记第16至19章和民数记第10至14章，百姓犯的罪行相同，但只有在民数记的这一次违反律法，所以只有在民数记的这一次必须受罚。

神的律法虽能帮助你看出对错，却不能帮助你做正确的事。律法没有改变行为的能力，而是带来罪咎、定罪、惩罚。这就是为什么在史上第一个五旬节赐下的律法是不够的，需要千百年后同样于五旬节赐下圣灵。若无超自然的帮助，我们绝对没有能力遵守律法。

领袖

先来看全民的领袖如何力图符合律法要求却不幸失败。这几位领袖是一家人，两兄弟和一个姐姐——摩西、亚伦、米利暗（这名字是希伯来文版的马利亚）。我们看到三人的优点美德，也看到三人的弱点。

优点

摩西

整卷民数记的灵魂人物是摩西，从许多方面看，他既是先知，又是祭司和君王。

圣经其他先知都是藉着神所赐的异象和异梦，得知神的心意，但摩西不同，神在会幕里与他面对面说话。神甚至曾容许摩西看见他的一部分——让摩西窥见他的"背"。

摩西也扮演祭司的角色，五次在神面前为百姓代求。有几次他还大胆为人民祈求，敦促神信守他自己说过的话。

从没有人尊称摩西为"王"，当然，还要再过好几个世纪，以色列才建立君主政体，但是摩西领军作战又治理百姓，作用如同一国之君，即使他从未用过君王的头衔。

摩西一生有许多事迹值得一提，其中最难能可贵的，是他就算遭人批评、恶待、背叛，也从不为自己申辩。他写到自己的时候，说"摩西为人极其谦和，胜过世上众人"——这样讲自己可不容易啊，如果他要一直保持下去的话！当然，摩西能够这样讲，就像耶稣也能够要求我们效法他柔和谦卑的样式。摩西从不替自己辩护，他让神为他辩护。谦和不是懦弱，谦和是不为自己辩护。

亚伦

亚伦是摩西的哥哥，神指派他作摩西的"发言人"，一起去见埃及的法老王。亚伦也是先知，并且奉派作祭司——大祭司。亚伦的祭司职分成为古时神的百姓敬拜与仪式的中心。

米利暗

米利暗是摩西和亚伦的姐姐,她是女先知,当埃及军队沉入海中,她充满喜乐地又唱诗又跳舞。

所以我们看到,摩西是先知、祭司、君王,亚伦是先知和祭司,米利暗是女先知。请注意,他们分担不同的恩赐,而且,先知职分是男女皆可担任的。米利暗的先知恩赐特别表现在诗歌上。预言与音乐有非常直接的关联。大卫王晚年拣选的诗班长都是先知;以利沙经常要求找弹琴的来,弹琴的时候他就准备发预言。看来,适合的音乐似乎能释放先知的恩赐。

这三位领袖各有优点与恩赐,然而,三人各在某方面犯下大错。让我们仔细来看他们的过错,引为前车之鉴。

弱点

米利暗

米利暗的问题是嫉妒:她渴望受人尊崇,想要像摩西一样与神谈话。此外,她还批评摩西选的妻子。米利暗受到的惩罚是长大麻风,直到七天后她悔改了才痊愈。她也是在加底斯旷野倒毙的人之一。

亚伦

接下来在领袖群像中消失的是亚伦,他的问题和米利暗一样,也是嫉妒、渴想受人尊崇。他和米利暗联合起来批评摩西,理由是摩西娶妻没有经过他们同意(摩西娶了一名和大家一起离开埃及的古实女子,不是希伯来人)。神并没有为这事批评摩西,怎么会轮到亚伦和米利暗来批评呢!

后来亚伦活到一百多岁,死在离加底斯不远的何珥山。米利暗和亚伦表达嫉妒又想获得尊崇之后不久,就陆续离世。

摩西

就连摩西也有犯错的时候。他对百姓变得非常没有耐性。新约告诉我们,他在旷野忍受百姓四十年之久。带领两百多万个不停抱怨、发牢骚的人，永远有处理不完的纷争，摩西实在是个了不起的领袖。

他犯下的大错是违背神有关供水的指示。摩西曾经用杖击打磐石，磐石就出水，供应百姓。西奈旷野的石灰岩有贮水的特性。虽然西奈旷野有好些巨大的贮水库，但通常藏在岩堆间或岩石里。摩西曾经用杖一碰磐石，就将磐石里贮存的水释放出来。

百姓第二次缺水时，神告诉摩西不要击打磐石，只要吩咐磐石，一句话即足以释出磐石里的水。但摩西对百姓实在不耐烦了，以致他没有仔细听神的吩咐，就用杖击打磐石两次。神对摩西说，因为他没有听从神，所以他不能踏足应许之地。这个惨痛的教训提醒我们，身为领袖，务必仔细聆听神的吩咐。摩西死于可眺望应许地的尼波山，只可遥望，却不能进入。

民数记告诉我们，带领神的百姓是重责大任，必须用正确的方式带领，也就是要照着神的方式。

个人

民数记里也记载了其他违背神旨意的人，其中最突显的一个就是可拉。我们看到可拉率众叛乱，因为他不满只有亚伦一家有权作祭司。其他人加入可拉，人数很快就达到两百五十名，一起挑战摩西的权柄和亚伦的祭司职分。叛党说他们不信神拣选了摩西和亚伦，也抨击摩西无能，无法将百姓领进应许之地。

接下来发生一件非常戏剧化的事。摩西叫会众远离这些叛党的帐棚，接着有火从天降下，击中他们的帐棚，付之一炬，可拉见状，带着几名跟随者逃跑，但跑没多远就陷入淤泥滩，转眼就被吞没（西奈旷野有这种表面坚硬、底下却非常软的淤泥滩，好比水池上覆盖一层薄冰。很像流沙或沼泽）。

纵然发生这种事，但可拉的后裔所写的一些诗篇收入了圣经。可拉的家人并没有全部跟他一起叛变，他的后裔成为圣殿唱诗班的成员。当父母辈行恶，我们不需要跟随。

新约的犹大书提到可拉，警告基督徒不要质疑神的选召而满心嫉妒。

事后，摩西宣布他们要测试神是否拣选他和哥哥亚伦担任这些职位。他叫十二支派的领袖各自到旷野折一根树枝，然后把这十二根杖一起放在圣所里。第二天早上，亚伦的杖已经发芽、长花苞、开了花、结了熟杏，而其他领袖的杖都枯干了。从那以后，亚伦的杖就收入约柜，作为神拣选亚伦的证据，证明亚伦作大祭司不是他自派自任的。

百姓

出问题的不光是一些人，还有全体百姓。使徒行传告诉我们，四十年之久，神在旷野对百姓的行为忍耐又忍耐。民数记说，除了两个人以外，所有百姓全都犯下大错——两百多万人之中只有两位，这比例实在不高。百姓有一个普遍的问题，另有三次铸下大错。

发怨言

百姓普遍的问题就是"抱怨"。你不需要天分，不需要用脑筋，不需要有品格，不需要舍己，就可以建立起抱怨的事业。那是天底下最容易做的事。

百姓以为神在会幕里面，所以他们躲在自己的帐棚内说什么，神都听不见。真是大错特错！他们抱怨没水喝，抱怨千篇一律的食物。民数记说，他们抱怨没有葱蒜、鱼、黄瓜、西瓜、韭菜，不像在埃及这些都吃得到。他们的怨言神听见了，而且有回应。不久，他就差遣风把鹌鹑由海面刮过来，作为吗哪以外的补充食物——鹌鹑之多，散布12平方英里，堆起来约有1.5米高！百姓全部出动捕捉鹌鹑，但他们还在大啖鹌鹑肉的时候，神就用极重的灾祸击打他们，因为他们悖逆抗拒他。

发怨言所造成的损害，可能大过其他任何的罪。

加底斯绿洲

他们第一次铸下大错，是在走到最后一个绿洲的时候，这绿洲（今天仍在，名叫Ain Qudeist）位于死海西南方六十六英里处的南地旷野。以色列人按吩咐，每支派推出一个人来，去窥探迦南地，看看那地如何，然后回报给会众。十二名探子花了四十天的时间，从南边的希伯仑，一直走到北边，发现那里土地肥沃。但是，他们最后的结论是负面的。他们回报恶信，散布谣言，说那地的人会把以色列人给吞吃了。他们宁愿回去埃及，也不要进迦南。

只有两位探子——约书亚和迦勒，对以色列全体会众说，神必与他们同在，没什么好怕的。他们同样认为那地非常肥沃，那地居民身材高大。今天我们从考古学得知，这群希伯来奴隶的平均身高，相较于迦南人，算是矮小的。约书亚和迦勒也同意，那里的城墙高大，会是进攻的阻碍。但他们相信神一路带领他们走到这里，不是为了把他们扔在旷野不管。他们对百姓说，神会把他们放在他的肩上（就像小孩子坐在父亲的肩膀上，也会觉得自己像巨人一般）。

但百姓把那十个探子报的恶信听进去了，听不进约书亚和迦勒的报告。事实上，全体会众都说要用石头打死摩西和亚伦，因为他们不该把百姓带到这里来。他们离开埃及奴役之地才三个月而已，就想把领他们出来的摩西亚伦给打死！他们竟然宁可相信十个探子的所见所言。他们采用多数决，但就这个例子而言，多数决的结果与神的心意相背。

另外两个人的回报形成强烈对比，那十人说他们不能攻取那地，约书亚和迦勒却说："我们不能，但神能。"这不是正面思考法，而是愿意把问题看作神动工的机会。

多数人缺乏信心的眼光，因此，神誓言这一代的人没有一个可以进入应许之地——除了约书亚和迦勒以外。我们看到神说："我指着我的永生起誓"，因为没有比他更高的，使他可以指着起誓。

因为他们窥探那地花了四十天，却得出错误的结论，所以神说，一年顶一日，他们要在旷野漂流四十年，担当他们的罪孽。这件事成了民数记的转折点，倘若他们听从神，这卷书后面三分之二的篇幅所记载的事件就不必发生了。

蛇蝎谷

百姓第二次试探神而铸下大错，是在击败迦南人亚拉得王之后发生的。

他们一路走下很深的亚拉法山谷。这谷又名"蛇蝎谷",位于何珥山下,以蛇蝎众多而得名。以色列人又开始抱怨神,又提起食物的事,还说他们宁愿回去埃及。

这次,神的惩罚是打发蛇进入百姓中间,很多人被毒蛇咬死。他们明白是自己犯罪的缘故,于是求摩西为他们向神祷告。神没有叫蛇离开,却赐下解毒的办法。他叫摩西制造一条铜蛇,挂在旗杆上,把旗杆竖立在俯瞰山谷的山顶上。凡是被蛇咬的,一望这铜蛇就不会死。只要有信心抬眼一望,就可以活。

摩押平原

第三次也是最后一次的危机,是在抵达摩押平原时发生的。他们打算走大路,从以东境内通过。回溯历史,以色列人和以东人算是一家人(以东人是以扫的后代,而以扫是雅各的哥哥),但是以东王驳回以色列人的要求。接着以色列人打了几场胜仗,神使他们击败了亚摩利王和巴珊王,所以这时他们颇有自信,于是起行,在摩押平原安营,就在约旦河边,对面就是应许之地。

但是有人反对他们进入迦南,就是住在应许之地边缘的亚扪人和摩押人。他们决定阻止以色列人的计划,于是雇用一位从叙利亚来的预言家,想藉此人达成目的。

这位来自大马士革的预言家名叫巴兰,素有名声,他咒诅谁的军队,谁的军队就打败仗。他却没有咒诅以色列人,反而向雇用他的人解释说,神要他说什么,他只能照着说!按当时人的习惯,打仗之前会先请预言家来咒诅敌人,所以请巴兰来对以色列人宣告咒诅。巴兰的动机纯粹是拿人钱财替人办事,然而他根本无法对以色列人说出咒诅的话,一开口只有祝福,他也控制不住自己呀!

巴兰宣告说,神必赐福以色列人,以色列国必要振兴——这是关于大卫王和大卫子孙的预言。所以我们看到,一个非信徒竟然发预言祝福以色列人,真是太奇妙了。

这段记载还讲到一件不寻常的事,就是驴子竟也开口说话。巴兰骑的驴子不肯往前走，巴兰就打驴，打了几次之后，驴子开口说话，告诉巴兰前方有天使挡路，所以它不往前走！（有人质疑怎可能有这种事，别忘了，动物能被邪灵附身，也能被良善的灵附身。伊甸园的那蛇，耶稣把魔鬼赶入猪群，就是圣经里的两个例子。）总之，这故事的信息很清楚：驴子还比巴兰聪明！

不过，这是个悲哀的故事，因为后续的发展很可悲。巴兰终于想到一个好办法，可以赚到亚扪王和摩押王的赏金。他告诉二王，咒诅不管用，得改用别的手段，就是把漂亮的女孩子送进以色列营中去引诱男人。由于这是律法所禁止的，因此绝大多数不正当的性行为都在营外，但是有一个男人，叫心利，竟厚颜无耻地把一个女子带到会幕门口来。

一个名叫非尼哈的人，目睹这可恶的行为，拿起刺枪，将那一男一女刺死。他因此蒙神立约，赐他和子孙永远担当祭司的职分。只有他站出来保卫神的家，对抗在神眼前发生的恶事。这审判看似严厉，但是别忘了，以色列人正朝应许之地前进，那地最可怕的特色就是淫乱，到处都是各种象征丰产的女神、巫术、象征生殖器的雕像，还有各种放荡的行为。以色列人需要明白，这些事都是神所憎恶的。

† 我们可以从民数记学到什么？

民数记是写给犹太人的，为的是叫他们的后代懂得敬畏神。因此，民数记也是为基督徒写的，好教我们能从以色列人的失败中学到教训。前面提过，保罗对哥林多信徒说，这些事都要作为"鉴戒"，警戒我们不要像当年的以色列人那样，否则也可能像他们一样到不了应许之地。套用雅各的说法，圣经就像一面镜子，让我们照见自己。我们可能在旷野徘徊，直到死去；我们可能回顾"罪中之乐"，而无法前瞻"神的安息"所在的应许之地。

我们可以从民数记学到神的性格，恩慈与严厉的双重主题到了新约又重现多次，包括罗马书、希伯来书、犹大书、彼得后书。

犹人书提及可拉和巴兰，初代教会的一大问题也是抱怨，就像当年的以色列人一样。发牢骚和抱怨被称作"毒根"，会从团契内部长出来，导致很多麻烦。

新约提醒我们，我们不是数字，是有名字的人，就连我们的头发也都被数过了。我们的名字记在"生命册"上，不过也有经文显示，神也可能从生命册上涂抹我们的名。

民数记教导我们认识神

民数记很清楚地告诉我们，神的性格有两方面。使徒保罗说："可见，神的恩慈和严厉……"就是以民数记为背景。

1. 一方面，我们看到神供应食物、饮水、衣服鞋子，看到以色列人遭遇比他们更壮更多的敌人时，神保护他们。我们看到神保守这个民族，尽管他们屡屡犯罪而得罪神。
2. 另一方面，我们看到神的公义。他信守他立约的应许，罪恶必招致惩罚，惩罚是为了管教，但若一再犯罪，不肯听从神，至终必失去继承权。我们面对的是同样的神，他是圣洁的，我们必须敬畏他。

民数记教导我们认识耶稣

1. 以色列人曾走过旷野，耶稣也进入旷野四十天受试探。
2. 约翰福音3章16节大家耳熟能详，但未必同样熟悉前面的第14节："摩西在旷野怎样举蛇，人子也必照样被举起来。"
3. 约翰也明确地说耶稣就是"吗哪"，是"从天上降下来的粮"。
4. 使徒保罗讲到旷野出水的磐石，语出惊人，明指那磐石就是基督。
5. 希伯来书说，母牛犊的灰，洒在不洁的人身上，尚且带来赦罪，何况基督的宝血，岂不更能达成相同的目标吗？
6. 最叫人惊呼奇妙的，大概就是巴兰这个假先知竟道出有关耶稣的真正预言！"我看他却不在现时；我望他却不在近日。有星要出于雅各，有杖要兴于以色列。"从此，每一个敬虔的犹太人莫不期盼王的星降临。后来，就是那星引领东方智者来到伯利恒。

给信徒团契的祝祷

民数记最为信徒熟知的经文可能是第6章24节："愿耶和华赐福给你，保护你。愿耶和华使他的脸光照你，赐恩给你。愿耶和华向你仰脸，赐你平安。"

当时，以色列人正要拔营起行，继续下一段路程，神叫亚伦这样为以色列人祝福。这必是直接出自神的默示，因为里面有数学的精准特性，神每次说话，所用的语言无不具有此特征。希伯来原文里，这段祝福分成三行：

愿耶和华赐福给你，保护你。
愿耶和华使他的脸光照你，赐恩给你。
愿耶和华向你仰脸，赐你平安。

希伯来文的第一句共有三个字，第二句有五个字，第三句有七个字。第一句有十五个字母，第二句有二十个字母，第三句有二十五个字母。第一句有十二个音节，第二句有十四个音节，第三句有十六个音节。如果耶和华不算在内，总共用了十二个希伯来字，也就是说耶和华加上以色列十二支派！完美的数字模式。即便翻译作英文，也有层层堆高的效果，句句增强，每一句都有两个动词，后一个动词是前一个动词的扩充。

这祝福也适用今天的基督徒，因为祝福的内容是**恩惠**与**平安**。请看新约给基督徒的祝祷："愿恩惠、平安从神我们的父和主耶稣基督归与你们！"我们与以色列人一样，也能领受属神团契的祝福——只要我们留意民数记的教训。

6. 申命记

† 引言

每座犹太会堂必然有一大型壁柜，通常用布幔遮住，柜内放置数匣经卷，每一经卷都用布包着，布上有精美的刺绣。这些经卷都是摩西的律法，称作"妥拉"，意为"律法书"。律法书被视为旧约的根基，每一年都要从头到尾朗诵一遍。

经卷从柜内取出以后，先展开看头几个字，就知道是哪一卷经书了。申命记开头的几个字是"这些话语"，这就是申命记的希伯来文卷名。希伯来文圣经译成希腊文时，译者得想一个合适的名称，而"申命记"（Deuteronomy）的希腊文由两个字组成，分别是"第二"（*deutero*）和"律法"（*nomos*）。

这名称给我们一条线索去了解申命记的内容，因为展读申命记，我们会看到出埃及记里的十诫又出现了。

重申——再次宣读

为何需要再提一次十诫呢？此外，摩西律法总共613条，其中有很多条都在申命记中重现。为什么？

线索就藏在民数记。申命记的写作日期比出埃及记晚了四十年。四十年间，一整代人都去世了，包括当年出埃及、过红海、在西奈山下扎营，第一次聆听十诫的所有成年人。摩西宣读申命记的时候，这些人都死了（仅摩西、约书亚、迦勒仍然健在）。因为那一整代人迫不及待地违背律法，以致神说他们永不得进入应许之地，要在旷野飘流四十年，直到一整代人都在旷野倒毙为止，以为惩罚。

新的一代在过红海、驻扎西奈山下时，年纪尚小，可能绝大多数都不记得父祖辈出埃及时发生过什么事情，也想不起来在西奈山听过律法。所以摩西再次宣读律法，并且解释给他们听。每一代的人都必须重新与神立约。

重申律法的第二个原因与时机有关。以色列人即将进入应许之地，之前他们在旷野的时候不曾与他族为邻，如今他们要进入的这地有强敌环伺。所以当他们站在约旦河东岸，准备过河之前，摩西再次宣读律法，并且解释给他们听，好叫他们知道神对他们有何要求。

此外，摩西是他们的领袖，却不会跟他们同去。摩西进入那地的权利已被废除，因为在磐石出水的事上，他没有听从神的吩咐。神已经指示他，七天之内他就要离世。因此摩西想要确保新的一代熟知上一代的历史，准备好面对未来。是的，大水分开的神迹即将在他们眼前重现，而这次是约旦河的水。神要他们跟上一代的人一样知道他有行神迹的大能。

我们一定要了解再度颁布律法的背景。神带领以色列人过红海，在西奈山与他们立约。神先拯救他们，然后再告诉他们如何过圣洁公义的生活。整部圣经的模式都是这样：神先显出恩典，拯救我们，然后再说明我们应该如何生活。

新的一代即将目睹神拯救他们，带他们渡过约旦河。本来每年到了这时节，约旦河都水漫两岸，无法横渡。而他们目睹神迹之后，也将走到属于他们的西奈山（以巴路山和基利心山），重新聆听律法上一切祝福和咒诅的话。四十年过去，一切皆为全新的一代人重演。

因此，申命记是摩西写的最后一卷书，写作地点在约旦河东岸的以色列营，而且是在摩西依然健在、依然领导百姓的时候，宣读给他们听。

土地

申命记有几个钥节。有句话出现将近四十次，就是**"耶和华—你的神所赐你的地"**。这是要提醒以色列人：这地乃是礼物，是他们不配得的恩赐。诗篇第24篇说："地和其中所充满的，世界和住在其间的，都属耶和华。"每当我们争论土地所有权是谁的，可别忘了，全地的终极所有权在神手中。神要把地给谁就给谁。使徒行传第17章记载保罗在亚略巴古向雅典人发表演说，保罗解释道，神从一本造出万族的人，住在全地上，并且预先定准他们的年限和居住的疆界。

还有一个出现次数一样多的语词是**"要进去得为业的那地"**。我们从神领受的一切都是礼物，但我们必须去"得"。救恩是神白白赐下的礼物，但我们必须"进去得其为业"，去拿，礼物才会是我们的，神不会强迫我们接受。对以色列人来说，去占领那地可能得付出高昂的代价：他们必须作战，必须奋力夺取那地。纵然神已将一切福分赐给我们，我们仍然必须起来去得才成。

申命记引发一个重要的问题，就是土地的所有权。那地是否永远归以色列人所有，抑或他们虽能持有也会失去？我们可以得到两个结论：

1. 无条件的所有权

神说他要把那地永远赐给他们为业，然而，这并不表示他们必永远占有它。

2. 有条件的居住权

居住在这地上是有条件的。他们<u>是否</u>能住在其中并且享有它，端赖他们是<u>如何</u>住在其中的。

申命记的信息很简单：你们遵守我的律法多久，就可以保有那地多久。尽管你们拥有那地，而且我也已经把那地赐给你们了，但你们若是不守我的律法，就无法自由地在那块土地上安居乐业。

"无条件的所有权"和"有条件的居住权"，区别就在这里。旧约众先知常常提醒百姓这个区别。众先知都看出来了，百姓的恶行将使他们保有这地的权利被废。

直到今天，神的诸般应许仍是有条件的。神虽赐下应许，但我们的生命态度如何，将决定我们能否享受应许的好处。

约的框架

申命记所描述的"约"的框架，通行于古代近东地区。每逢帝国扩张版图，征服其他国家，君王就会与被征服者签订所谓的"宗主盟约"，这种盟约的基本条款是，附庸国只要遵守协定，宗主国就会保护他们、供应他们，但附庸国若是违反协定，就会遭受惩罚。考古学家发现古代世界有不少宗主盟约的实例，尤其埃及出土的条约，大纲模式跟申命记一模一样。

摩西在埃及受教育，想必看过也研究过这类条约。既然神是以色列人的王，而以色列人是神的子民，摩西自然采用条约的形式向百姓呈现神的圣约。宗主盟约的模式如下：

- **序文**："以下是法老与赫人订定的条约……"
- **历史引言**：概述君王和新臣民订定条约的历史渊源。
- **一般条文**：列出整部条约的基础。
- **详细条文**：详列臣民的行为规范。
- **祝福与咒诅**：说明如果臣民遵守规范，君王会做什么，如果臣民不遵守的话，君王又会做什么。
- **见证人签名**：通常会请"众神"作条约的见证人。
- **续约条款**：万一宗主国的君王驾崩，臣民仍须效忠其指定之继位者。

签约仪式上，君王和新臣民在书写下来的条约上签名，表示同意，一切遂告底定。

申命记中的律法，形式内容显然与宗主盟约相仿：

- **序文** 1章1-5节
- **历史引言** 1章6节-4章49节
- **一般条文** 5-11章
- **详细条文** 12-26章
- **祝福与咒诅** 27-28章
- **见证人签名背书** 30章19节，31章19节，32章
- **续约条款** 31-34章

"祝福与咒诅"是这卷书的关键部分，关系到我们对于之后圣经历史事件的理解。如果以色列人没有遵守神的律法，神会依据"祝福与咒诅"的条款行两件事：

天灾

神所降的天灾就是不下雨。以色列人要进入的那地介于地中海和阿拉伯沙漠之间，从西边吹来的风夹带地中海的湿气，降雨在应许之地。但是从东边吹来的风则是干燥的焚风，所过之处草木凋萎，大地枯黄。因此，以利亚的时代，百姓拜偶像而得罪神，神的惩罚就是三年半不下雨。降雨与否，是神奖善惩恶的一个简单方式。

人祸

若天灾仍不能使百姓回心转意，神就会采取更严厉的手段，藉着人的手来攻击他们。从这一点来看，阿摩司书第9章意味深长。该章说，当年以色列人过约旦河的时候，神也领另一个民族——非利士人，从西边进入同一片土地。也就是说，神同时把后来成为以色列边境大患的民族领进这地。以色列人定居在山区，而非利士人住在沿海平原（今迦萨走廊一带）。如果以色列人忠心遵守律法，必能享受安宁和平的生活；如果他们不守律法，神就会派非利士人来对付他们。就是这么简单。

败坏

迦南地是亚摩利人和迦南人混居之地，神吩咐以色列人把这些民族

赶出去，占领全地。一般人因此对圣经起反感。在现代人的想法里，这样明显的灭族屠杀，也太野蛮。神若是慈爱的，怎可吩咐犹太人去消灭应许之地的其他居民？这样做，岂非既不道德，又不公义？

回溯创世记，即可找到答案。神曾对亚伯拉罕说，他的后代将羁留异乡四百年，直到亚摩利人罪恶满盈，亚伯拉罕的子孙才能回到这地。而神也真的等待了四百年，等到亚摩利人罪大恶极，不配住在迦南地，才把他们赶出去，因为他们已经不配住在神的地上了。神不会坐视百姓任意妄为却继续占据他的土地。虽然他非常有耐心，但是审判终究会临到。考古出土的证据显示，这些亚摩利人作恶多端，例证之一就是当时性病到处蔓延。如果以色列人和这些人杂居，无异于住在人人皆艾滋病的地方，而亚摩利人败坏的生活方式所造的各种不良影响，更不待言。

申命记中，神直言："其实，耶和华将他们从你面前赶出去是因他们的恶。你进去得他们的地，并不是因你的义，也不是因你心里正直，乃是因这些国民的恶，耶和华—你的神将他们从你面前赶出去，又因耶和华要坚定他向你列祖亚伯拉罕、以撒、雅各起誓所应许的话。"

有些人问，为什么神非要以色列人屠杀亚摩利人不可？神难道不能亲自除灭亚摩利人吗？答案很清楚。他要教导以色列人明白，遵行他的命令是非常重要的，如果以色列人的行为也像亚摩利人一样，必会落入同样的下场。

我们读申命记的时候，务必了解一件事，申命记的内容是一面镜子，反映迦南人生活。神吩咐以色列人不可做的每一件事，迦南人都做了。因此我们得以见识应许之地在以色列人进入前是何等光景，可用三句话道尽：

1. 淫乱

前文说过，那地性病蔓延，因为通奸、奸淫、乱伦、同性交合、变装癖、人兽交，都是那地居民习以为常的事。离婚和再婚更是普遍。这类行为都是申命记明令禁止的。

2. 不公

申命记也提到当地社会不公不义，"富者愈富，贫者愈贫"，而人类自古以来的罪：骄傲、贪婪、自私，也无处不见，导致穷人不断被剥削。身有残疾的人、盲人、聋人都无人照顾。因为高利贷的缘故，许多人摆脱不掉贫穷的枷锁。神吩咐以色列人不可自私，要照顾聋人、盲人、寡妇孤儿。人，是最重要的。

3. 拜偶像

迦南人嗜拜偶像、巫术、各种迷信、占星术、招魂术、通灵、膜拜多产之神，无所不至。他们膜拜"大地之母"，相信性行为与丰收有关，所以在庙里有男妓、女妓，膜拜仪式包含性交。全境处处可见的亚舍拉像（生殖器的象征）足以反映这些习俗。这些神像竖立在各地的高岗上，见证异教风俗深入民间。

神怎么看这种行为呢？申命记说得很清楚，他的这片土地已被彻底败坏、玷污、贬低，所以他不能任凭迦南人再这样下去。今日情况可有改变？

摩西的最后一件工作

摩西写了五卷书——摩西五经，申命记是最后一卷。前文已提过，申命记的写作时间正值以色列民的关键时刻：他们即将进入应许之地，摩西却不能领他们上去。摩西这时已是120岁的老人，只剩七天可活（随着他去世，申命记也划上句点）。这一代人的父母辈如何软弱，他都看在眼里，担心新的一代步上前人后尘。他看到这一代人未来有一连串的仗要打，有身体上的争战，也有灵性上的争战。

摩西在生命的最后一周，向百姓讲了三次话。整个申命记就是由三段很长的演说组成，每段演说显然都得花上人半天时间才讲得完。申命记呈现演说风格，全书文体十分亲切动人，充满个人情感。摩西苦口婆心劝诫百姓，就像临终的父亲交代儿女遗言一样。

摩西在世的最后这六天里，很可能是一天演说、一天写作。第一、

三、五日，他向百姓讲论，然后在第二、四、六日，把前一天所讲的内容形诸文字。律法书写好后就交给祭司，置于约柜旁，好叫百姓永志不忘。这是摩西"最后的遗言与见证"，这位旧约里最伟大的先知，把神的话语交给了神的百姓。

这卷书可以切分成三大段：

1. 过去：回首从前（1∶1－4∶43）
   a. 责备先民小信（1∶6－3∶29）
   b. 劝勉百姓信靠神（4∶1－43）

2. 现在：宣示律法（4∶44－26∶19）
   a. 呼吁百姓专心爱主（4∶44－11∶32）
   b. 详述律法内容（12∶1－26∶19）

3. 未来：赏善惩恶（27∶1－34∶12）
   a. 重申盟约（27∶1－30∶20）
   b. 指定接班人（31∶1－34∶12）

✝ 第一段演说（1∶1－4∶43）：过去

第一段演说中，摩西回顾神在西奈山与上一代人立约之后的日子。摩西提醒眼前这批听众，从西奈山到应许之地其实只有十一天的路程，但是他们的父母竟走了一万三千七百八十天。他们抵达迦南地边界的加底斯巴尼亚时，先安营，并且照着神的指示，每个支派推出一人去窥探那地。这些探子返回后，对于那地的食物质量多所肯定，却认为征服那地的胜算很小，因为那地的居民又高又大，城墙坚不可摧，他们如是说。只有约书亚和迦勒敦促百姓信靠神，上去得那地。

以色列的美好未来就在前方，他们的士气却整个消沉下去。这一路以来，神一直以信实待他们，然而他们对神还是没有信心。第4章的信息很简单："不要像你们的父母那样，他们丧失了信心，因而丧失了土地。如果你们保守信心，便能保有那地。"

✝ 第二段演说（4：44 － 26：19）：现在

第二段的律法不容易读。这一段的内容最长，很可能是摩西在世最后一周的第三天发表的。以色列人若想在神所赐的这片土地上长住久安，就一定要遵照这段演说所描述的方式生活。

摘要

第5章： 摩西首先谈若要过着符合神公义的生活，基本原则是什么？就是十诫。十诫讲的全都是一件事：尊重——尊重神、尊重他的名、尊重他的日子、尊重你的父母、尊重生命、尊重婚姻、尊重别人的财产和名誉。破坏一个社会最快的方式，就是破坏尊重。

拿摩西律法和异教社会的律法对比，会很有意思。若用摩西律法的标准对照异教社会的恶习（前文谈过亚摩利人如何败坏迦南地，即是一例），就会清楚看出十诫的律法多么纯净而且神圣。

第6章： 这一章将圣约的律法加以扩充延伸。在这一章我们看到律法的目的：把神的爱一代一代传下去。

第7章： 神命令以色列人要拆毁所有的偶像（亦即遵守十诫的第一诫），也要把迦南人全部消灭，免得受其引诱而偏离了神。

第8章： 神勉励以色列人要常存感恩的心，记念神怎样恩待他的百姓。神警告他们不可忘记，尤其是日后富裕了，更不可忘记神。

9章1节－10章11节： 摩西回顾百姓犯罪和悖逆之事，警告他们不可自以为义。

10章12节－11章33节： 本段的主题为顺服。百姓顺服，就必蒙福；百姓悖逆，必遭咒诅——选择全在他们。整卷书都强调这个重点。"听"一共出现五十次，而"行"、"遵行"、"遵守"一共出现177次。

此外，在摩西的阐述中，另一个常见的字就是"爱"，共享了31次。如果你爱耶和华你的神，就必遵守他的律法。新约中，保罗说："爱人的就完全了律法。"因此最关键的不是律法，而是爱。人若爱神，就必听从他，因为在神的眼中，忠心就是爱，爱某人，意味着对某人忠实。爱与律法并不是对立的，而是并肩同行。

第12-26章：这几章涵盖范围甚广，有些地方讲到非常深入的细节。摩西从普遍状况讲到特殊情况，从垂直关系（我们与神的关系）讲到水平关系（我们与他人的关系），可谓包含生活各层面，巨细靡遗。

截然不同的标准

我们不妨把摩西律法放在当时的背景下，和当地其他社会对照，会更清楚看出摩西律法特别与众不同。

1. 应许之地的标准

前面提过，申命记的律法是一种镜像，反映当时那地的实际情况。有些比较令人困惑的律法，其实是为了因应占据那地的居民的习俗。

2. 临近之地的标准

还有一种有趣的比较，就是用摩西律法对照古代的另一套律法，亦即考古发现的汉摩拉比法典。汉摩拉比是古巴比伦（或谓巴别）的一位亚摩利王，汉摩拉比法典写成的时间比摩西还早了三百年，包含不可杀人、不可奸淫、不可偷窃、不可作假见证等律法。此外，著名的"同态报复法"（lex talionis，亦即"以眼还眼，以牙还牙"）也出现在这部法典里。我们看到这些雷同，无须讶异。保罗在罗马书里就说过，神已将律法的功用刻在外邦人心里。他不单用指头把律法写在石版上而已——他把律法刻在人的心版上，好叫人人都知道某些事情不对。例如，全世界每个社会都认为乱伦是错的。

不过，汉摩拉比法典与摩西律法还是有重大差异。对于做错事的人，前者规定只有一种惩罚，就是处死。而在摩西律法里，必须处死刑的罪行并不多，只有十五种罪行。所以相较于汉摩拉比法典，摩西律法并不那么严苛。

另一个重大差异是，摩西律法把奴隶和女人当作人对待，而汉摩拉比法典则视奴隶和女人为财产。摩西律法赋予女性权利、尊重女性，汉摩拉比法典则不然。

汉摩拉比法典有阶级之分，贵族和平民是不同的阶级，适用不同的法律。摩西律法没有阶级这回事，人人适用同一套法律。

最后要提的一点是，汉摩拉比法典是**决疑**法律，以条件的形式呈现，"*如果你这样做，那么你就得死*"。摩西律法的呈现方式则是所谓的明文法律——不是谈条件，而是下命令，"*你必须这样做*"。摩西律法反映出身为君王的神有权告诉人民应该怎么做。因为标准是他所订，所以命令也由他下达。

这些命令和律法可分成几类，请看以下说明。[1]

1. 宗教／仪式

拜偶像／信奉异教

- 以色列人不准随从其他神，也不准立什么雕刻的偶像。圣经告诉我们，神是忌邪的神。忌邪即嫉妒，神有这样的情绪是合宜的，尽管我们一开始可能并不这么认为。当我们想要某样属于我们的东西时，会感到忌恨。当我们想要的东西不是我们的，那叫羡慕。因此，如果别的男人把自己的妻子给勾引走了，这男人感到忌恨是合宜的；同理，当神的百姓随从别的神，他当然不会容忍，他是忌邪的神。
- 第一诫之故，特别禁止亚舍拉像，必须全部打碎。
- 有宰牲吃肉的条例，有守丧剃头发的条例。
- 若有人勾引亲人离开神，去拜别的神，就要将那人治死——不可怜悯他。
- 当以色列人上去攻打那些拜偶像的城市，务要灭掉所有的人，还要用火将城和其内一切财物都烧尽，使那城永为荒堆，不可再建造。
- 若有两三个人作见证说某人拜偶像，就要用石头把那人打死，

---

[1] 以下的摩西律法分类，要感谢吾友 F. LaGard Smith，他曾是加州马里布（Malibu）的佩柏戴恩大学（Pepperdine University）的法律教授。他以 NIV 版圣经为本，拿掉章节标号，重新将各卷书按照年代顺序排列，并将律法用比较方便阅读的分类法呈现。此处的分类即采用他的编排法。他的这本着作，精装版书名为 *The Narrated Bible*，平装版书名为 *The Daily Bible*，皆由 Harvest House 于 1978 年出版。

- 并且其中一名见证人有责任第一个扔石头。
- 只能有一处敬拜神的地方。迦南人膜拜神明的"邱坛"全都要拆毁。
- 以色列人不可问起其他宗教的神，更不可对其他宗教感兴趣，绝对不可把自己的儿女献作火祭，那是神所憎恶的。

不是出于神的灵

- 所有"随从别神"的、假先知、做梦的人，都要治死。
- 所有形式的招魂都要处以死刑，包括求问已逝者、求问女巫、卜卦算命、施咒、灵媒。
- 申命记说，必有一位像摩西一样的先知兴起（指耶稣）。
- 当假先知奉别神的名号说话，或者所说的并不成就，必要治死。

亵渎神

- 不可妄称神的名，擅敢托神的名的，必要治死。

献给神

- 牲畜中所有头生的都必须献给神。

十分献一

- 所有土产的十分之一都要分别出来。每逢三年要把一切出产的十分之一完全取出，分给利未人、寄居的和孤儿寡妇。

占领之地

- 以色列人占领了任何地方以后，就要把那地初熟的果子放在篮子里献给神。
- 他们进了那地以后，要宣告自己的历史，重述获救出埃及的经过。

安息日

- 以色列人以前是没有安息日的，直到摩西的时候才开始守安息日，有了这条新规定，从前每星期工作七天的奴隶现在每星期可以有一天不必工作。

节期（朝圣的节庆）

- 逾越节。
- 五旬节。
- 住棚节。

献祭与供物

- 如有人遭害，却找不出行凶者，就要将一只母牛犊献为祭，以宣告该社群是无辜的。

不得进耶和华的会

- 睾丸受伤的，或生殖器被割除的，不可进耶和华的会。
- 私生子不可进耶和华的会，他的后代直到第十代，也不可进耶和华的会。
- 亚扪人或摩押人永不可进耶和华的会。
- 以东人从第三代开始，可以进耶和华的会。

许愿

- 许了愿就必须做到。许愿是个人甘心的事，所以应该彻底执行。如果向神许愿，不可延迟还愿。

分开

- 不准把两样的种子撒在园子里。
- 不可用牛和驴一同耕地。
- 不可穿羊毛和细麻混合织成的布料。

这些规定要"分开"的律法看似奇怪，但那是因为当时迦南地盛行异教，信奉多产的神，相信混合不同的东西就会多产。所以神的用意是要强调，多产是他所赐的，他的子民不需要随从那些迷信的习惯。

2. 政府

君王

申命记有为君王而立的律法，尽管要到好几百年以后，以色列人才有王。

- 神就是以色列人的王——神的计划本不包括立王，那是让步的结果。
- 君王登基后，必须亲笔恭录摩西律法，并且定期诵读。
- 君王不可以有许多嫔妃、许多马匹，也不可有许多金钱。

审判

- 详列审判法庭的执行规则，还有上诉法庭的条例。耐人寻味的是，藐视法庭的惩罚竟是处死。
- 还有关于公正的规定：不可贿赂，也不可偏袒，对待寄居的和孤儿寡妇，要和对待富有的商人一样平等。
- 总要凭两、三个人的口作见证，证人的所见所闻必须一致才可定案。若有人作假见证，经过仔细查问果然作假，他所诬陷的人本来会受什么惩罚，这个作假见证的人也要受相同的处罚。比方说，我在法庭上作假见证，害某人被罚一千元，那么我被发现作假见证后，我也要被罚一千元。"以眼还眼，以牙还牙。"
- 刑罚如何执行也有规定，鞭刑最多只能四十下（所以通常只打三十九下，确保不违反律法）。过度鞭打是践踏人性尊严——不把罪犯当人看。人被处死后，尸首须在日落前取下，不可挂在树上到隔日（使徒保罗在加拉太书中把这条律法应用到耶稣钉十字架的事上）。没有坐牢这种处罚。

3. 特殊的罪行

触犯人

- 杀人者必须处死,除非是误杀或无意间杀了人。约旦河两岸要各设三座逃城,让误杀人的逃到那里可以存活。
- 拐带人口的要处以死刑。
- 假如是在田野发生强暴的事,强暴者须处以死刑,但如果发生在城里,则男女双方都要处死,因为受害者虽在城里却没有喊叫求救。

触犯财产

- 偷窃和挪移地界者,也有相应的处罚条例。

4. 个人权利与责任

- 人身伤害与财物损害的情况,都有相关规定。
- 主人与奴婢:奴婢也有权利;主人应准时付工价,不可拖延。
- 借贷、利息、担保抵押品,都有相关规定。
- 每七年的最后一年,债主要把借给自己同胞的一切都豁免了,不可追讨。借钱给同胞,不可收取利息。
- 度量衡。不可有两样不同的法码,仅能用一套准确公正的法码。
- 传宗接代。最近的亲属有责任为去世的弟兄传宗接代。

5. 性关系

- 婚姻。关于婚姻的约束力、关于夫妻、关于许配、关于强暴,都有明确的条例。
- 离婚。丈夫不准以"不喜欢"妻子为理由休妻,也不准休妻后再娶前妻,这是为了保护无辜的女性。
- 奸淫。男女双方皆应治死。
- 异性装扮癖。妇女不可穿男子的服装;男子也不可穿妇人的衣服，因为都是神所憎恶的。

6. 健康与卫生

- 任何人疑似感染麻风病，有一套非常仔细的检查过程，包括给祭司检查。
- 凡自然死去的动物都不可吃。
- 什么食物是洁净的、什么是不洁净的，有严格的规定。严格禁止吃骆驼肉、兔肉、猪肉，以及某些鸟肉。
- 不可把肉和奶放在一起煮。

最后这一条"不可用山羊羔母的奶煮山羊羔"，犹太人几乎都误解了。他们根据这条律法，订定了一大套洁净食物的教规，即所谓"kosher"，意指"洁净的食物"。他们（实际生活上）设置两个厨房，用两套锅具煮食，连洗锅具的水槽都分两个——只为了奶制品必须与肉制品完全分开。亚伯拉罕可从来没这样做过，他接待天使访客所摆上的是奶酪、奶，加上小牛肉。所以犹太人完全误会了这条律法的目的。这条例同样与异教徒膜拜多产神明有关。迦南人相信把小羊（小牛）放在母羊（母牛）的奶里面同煮，形同乱伦相交，可以促进多产。

7. 救济

- 律法不只是鼓励，而是命令以色列人要照顾穷人。收割庄稼时不可割尽田角，要留给穷人拾取。
- 子女当孝敬父母，忤逆倔强的儿子要治死他。
- 邻舍的牲畜走失了，要去帮忙。
- 要善待动物：牛在场上踹谷时，不可笼住它的嘴，可容许拿鸟窝中的蛋，但不可把母鸟抓走，必须留下母鸟继续下蛋。

8. 打仗

- 打仗前务必做好准备。上战场的人不可胆怯，害怕的人就让他回家去。
- 围城时不可砍伐该城周边的树木。

- 要在营外划定一个地方作为厕所，便溺后须铲土掩盖，保持军营洁净。
- 新婚的士兵可以在家里待一年，然后再上战场。不可为了打仗而牺牲婚姻生活。

这些条例该怎么看？

1. 范围

神关心我们生活的全部，行公义不只是星期天上教堂而已，而是包含人生各个层面。做每一件事都要合乎正道，神希望他的百姓在生活的每个领域都行得正坐得直。

2. 整合

这些律法奇妙地整合在一起，从禁吃骆驼肉到如何过节，通通有律法规定。现代人可能不觉得这有什么好，律法总要有个分类吧。但是神的意思是，人生是无法切割分类的——人生并没有圣俗之分，全部都要为神而活。

3. 目的

这一切律法都有一个清楚的目的。不是为了扫兴，也不是为了阻止人、限制人。有一句话在整卷申命记一再出现：**"使你们得福，并使你们在那地上的日子得以长久。"** 神希望我们健康快乐，所以赐下律法。有些人把神想象成坐在天上发号施令："不可以"、"你们不可……"。其实，他的禁令都是为了我们的益处，他关心我们的福祉与安康。

✝ 第三段演说（27：1 – 34：12）：未来

摩西的第三段也是最后一段演说，可分为两部分来看。

1. 重申盟约（27：1 – 30：20）

第一部分，摩西要以色列人亲自正式接受这些律法。等过了约旦河之后，他们必须站在以巴路山和基利心山下，两山相对，中间的山谷形成一个露天剧场。领袖们要站在基利心山上宣告祝福，又站在以巴路山上宣告咒诅。每宣读完一句祝福或咒诅，百姓都要应声说"阿们"，意思就是"这是一定的！"。所有的咒诅和祝福都记载于申命记第28章（刚好也收录于圣公会的公祷书，每年大斋期都要诵读一遍）。

话语是大有能力的。旧约其余历史皆系于以色列人对于这些祝福和咒诅的回应。展读申命记第28章，就好像在看以色列过去四千年的历史一样。

2. 指定接班人（31：1 — 34：12）

摩西立约书亚作继承人时，约书亚高龄八十。完成接班之后，摩西把写好的律法书交给祭司，由祭司置于约柜旁。摩西嘱咐，每七年的最后一年，要把律法书宣读给百姓听。

摩西最后以一首诗歌结束他的信息。摩西就像许多先知一样，也懂音乐。他姐姐米利暗曾在过红海之后歌颂神，如今摩西在临终前也作歌颂赞神。歌中详述神以信实和公义对待以色列百姓。神是磐石，绝对可靠，永不改变，众民都当投靠他。颂赞完毕，摩西接着祝福十二支派，其中也有一点对于未来的预言。

最后，是摩西的死亡与埋葬——五经中只有这部分不是摩西自己写的！这些细节应该是约书亚补上的。摩西死时，只有他一人独自在尼波山上，背靠着石头，眺望约旦河对岸、他无法涉足的应许之地。

千百年后，我们在福音书里读到，摩西在黑门山顶上与耶稣交谈，但他在世时从未进入迦南地。他死后也葬在尼波山，不过不是由同胞安葬。新约的犹大书告诉我们，有一位天使来安葬他。当天使来到，魔鬼也站在旁边。魔鬼说这人是它的，因为他曾杀过一个埃及人，但天使长米迦勒对魔鬼说："主责备你！"所以是天使埋葬摩西的。这真是一个奇妙生命的奇妙结局。百姓为他哀哭了三十日，然后才开始准备过约旦河。

✝ 申命记的重要性

申命记是以色列历史的关键。以色列人初抵迦南地时，由于不能够也不愿意把迦南人全部赶出去，所以很快就与迦南人通婚，接着就学异教徒作恶犯罪了。事实上，他们花了一千年的时间（从亚伯拉罕算起，一直到大卫的时代）才终于占据应许之地，却在接下来的五百年内失去了整块应许之地，如列王纪所记载。以色列的历史可用两句话总结：顺服神而行义，就蒙祝福；悖逆神而行恶，就招咒诅。而这一切在申命记里尤其清楚。

申命记也在新约圣经扮演重要角色。新约二十七卷书总共引述申命记八十次。

耶稣

- 申命记中，摩西所预言的那位先知就是耶稣。
- 耶稣很熟悉申命记。他在旷野受试探时，每一次都是引用申命记的话来护卫自己。
- 登山宝训有言，律法的"一点一划"也不能废去。
- 有人请耶稣归纳摩西的律法，他引述申命记"你要尽心、尽性、尽力、尽意爱主——你的神"，还有利未记"爱邻舍如同自己"。

保罗

- 保罗论述我们的内心必须被改变时，引述的就是申命记。
- 他引述申命记，以基督受死作为受咒诅的例子。
- 他引述申命记的律法："牛在场上踹谷的时候，不可笼住它的嘴"，作为给传道人财务支持的原则。

基督徒与摩西律法

那么，今天的基督徒应如何看摩西律法？

特殊条例

我们不在摩西的律法之下,而是在基督的律法之下。因此我们需要弄清楚旧约的每一条律法在新约中究竟是重覆出现、还是重新解释。

例如,在十诫之中,惟独有关安息日的第四诫,新约没有重讲。还有十一奉献,新约亦未实施,尽管新约鼓励我们要甘心乐意地慷慨奉献。有关洁净与不洁净的律法则已废止。

一般原则

请务必把握这个重要观念:我们得救是为了行义,而非靠着我们的义行而得救。旧约和新约都说"要遵行"主道,只是如今动机更重要。我们的义必须"胜于文士和法利赛人的义",不过现在我们的义不仅见于外在行为,更在乎心意更新变化。如今有圣灵帮助我们。因此,我们虽因信称义,但仍按各人行为受审判。

还有一点也值得一提,申命记警告人留心"混合主义"。我们很容易把周遭的异教风俗融入生活而不自知,比方万圣节和圣诞节,其实原本都是异教徒的节日,如今教会却极力把这两个节日"变成基督教的",其实应该全然避免才是。

结论

就以色列历史而言,申命记十分重要,不只是因为这是摩西五经之一,也是因为这卷书提醒以色列人过去的事,教导他们现在该如何生活,同时督促他们前瞻未来。摩西担心百姓偏离神,他的担忧完全反映在这卷书中。同时,这卷书也宣示神渴望他的百姓能尊荣他、尊重他,配得住在他所赐的土地上。

土地与王国

Part II

7. 约书亚记

† 引言

有个小学老师问全班学生："耶利哥的城墙是谁推倒的？"大家沉默很久之后，有个小男生回答说："老师，不是我！"

后来，老师在教职员办公室跟校长讲到这件事，说："你猜我班上今天怎么着？我问耶利哥的城墙是谁推倒的，结果史密斯小朋友回答说：'老师，不是我！'"

校长听了之后说："我认识史密斯好几年了，也认识他的家人，他们家都是好人，如果他说他没推倒，我相信他说的是实话。"

稍后，校长把小男孩的回答报告给一位来访的督学，督学的回应是："现在去查是谁推倒的，已经太晚了，直接把墙修一修，再把账单寄给我们吧。"

这个笑话之所以好笑，当然是因为大家应该都知道耶利哥的城墙是谁推倒的。这是圣经上很有名的一个故事，如果不是读圣经知道的，也应该听过这首黑人灵歌《约书亚打赢耶利哥之役》（Joshua fit the battle of Jericho），不过，整卷书中只有这段故事家喻户晓。约书亚记并非大家耳熟能详的一卷书，知道耶利哥战役的人，也不见得都相信确有其事，因为这个故事让人忍不住要问：城墙是怎么倒的？真的倒了吗？

探讨约书亚记之前，显然需要先问几个问题，第一个问题是：这是一卷什么样的书？应该怎么去读书中那些不可思议的故事？先回答这个问题，再来看这卷书的内容和架构，看看基督徒要怎么读这卷书，才会受益良多。

约书亚记是怎样的一卷书？

约书亚记是旧约圣经的第六卷书，在英文圣经中排在申命记后面。申命记最后记载摩西的死，约书亚记显然是接下来的故事，一开头就谈到约书亚接下摩西的棒子。但是对犹太人来说，这卷书的重要性不在于此。申命记是最后一卷律法书（摩西五经），犹太会堂每年都会朗读这五卷律法书，年初从创世记1章1节读起，年尾读完申命记34章12节。这五卷律法书的书名，都取自书卷开头的几个字，这样要选择书卷来读的时候，只要展开前面，就知道是哪一卷书了，而约书亚记是头一卷用作者来命名的书卷。

约书亚记也采用全新的文体书写，圣经头五卷书是以色列民的基本宪法，是接下来所有经文的根基。相较之下，约书亚记没有记载律法，接下来的书卷也没有。从约书亚记开始，我们看见的是这些律法在生活中的实际运用。

约书亚记很容易被当成历史书，因为英文圣经就把这卷书归为历史书，但约书亚记不只是一卷历史书。前面"旧约概论"那章说过，犹太人把旧约圣经分成三部分，有点像是把图书馆里的书分成三类。头五卷是"律法书"，也叫作妥拉或摩西五经。接下来是"先知书"，约书亚记是"前先知书"的头一卷，再来是士师记、撒母耳记上下和列王纪上下。从以赛亚书到玛拉基书，除了少数几卷之外，都属于"后先知书"。第三部分是"圣卷"（writings），包括诗篇、约伯记、箴言、路得记、雅歌、传道书、耶利米哀歌、以斯帖记、但以理书、以斯拉记、尼希米记和历代志上下。但以理书和耶利米哀歌这两卷书，在英文圣经中被归为先知书，但在犹太人的旧约圣经中则被归入"圣卷"。历代志是圣卷的最后一卷，但是英文圣经把历代志归为历史书。

犹太人的旧约圣经把约书亚记归为先知书，让许多人觉得意外，因为这卷书大多是叙述文体，读起来比较像历史，而不像后面几卷以诗体写作的先知书。不过，这卷书被归为先知书，是有原因的。

第一个原因，鲜少有人知道约书亚是一位先知，大家对他的印象大多是军事领袖，可是他确实跟摩西一样是先知，他听到神说话，也为神代言。约书亚记最后一章就以第一人称单数，记载约书亚向百姓传达神的信息。

第二个原因，圣经历史是比较特别的一种历史。通常写历史的时候，必须遵循两个原则：

- 挑选——即便涵盖的时期很短，也不可能把所有的事都记录下来。圣经记载的历史需要精挑细选，焦点大多放在一个民族上，而且只记载这个民族的某些事件。
- 关联——优秀的史学家能把看似不相关的事件，巧妙地串连起来，发展出共同的主题。

运用这两个原则之后，就可以看出为什么约书亚记的历史，还有圣经其他几卷"历史书"，其实都该归为*先知书*。作者挑选的，都是对神有重大意义的事件，或是可以用神的作为来解释的事件。只有先知能写出这种历史，因为只有先知才知道要记录什么，并且知道为什么要记录这些事。把约书亚记视为先知书，可以提醒我们：这卷书真正的主角不是约书亚，而是神（圣经每一卷书都是如此），我们看到的是神在这世上的作为，看他说了什么、做了什么。因此，虽然约书亚记讲的是史实，也叙述了历史事件，但我们必须视其为*先知性*的历史，因为这卷书宣告神真实存在，也宣告神在世上的作为。

由下页的图表，可以看出"前先知书"和律法书的差别。

前五卷书	接下来六卷书
创世记 出埃及记 利未记 民数记 申命记	约书亚记 士师记 撒母耳记上、下 列王纪上、下
律法书（摩西五经） 应许 恩典 救赎 立法 蒙福 咒诅 订立盟约 因	前先知书 实现 感恩 公义 实践 顺服（赐予土地） 悖逆（失去土地） 实现盟约 果

这张图表有几点要注意：

1. 律法书有**神对以色列的应许**；前先知书则描述**这些应许如何实现**。

2. 律法是**神向百姓传达的恩典**；在前先知书中则可以看见，**百姓用感恩来回应**自己所听见的这些话。（不过我们后面也会看到，以色列百姓常常缺乏这种感恩的心。）

3. 律法书描述**神拯救他的百姓**脱离埃及（出埃及记）；前先知书则说明**百姓应该回应神的作为**，活出公义的生命。

4. 律法书指出，**神会赐福顺服的行为，也会惩罚悖逆的行为**。由约书亚记则可以看见，顺服的态度带来得胜，比如耶利哥之役战胜。反之，书中也可以看见不顺服律法的后果，比如艾城之役战败。持续悖逆的结果，就是在约书亚记中得到的土地，在列王纪下被夺走。

前先知书所传讲的就是这个悲哀的故事：百姓因为遵行律法而得到应许之地，后来却因为悖逆而失去应许之地。换句话说：头五卷书是"因"，接下来的六卷书是"果"。

约书亚记该怎么读？

聚焦于约书亚记的内容之前，我们需要先谈谈某些学者的论点，这些论点会侵蚀我们研读大量圣经历史的基础。很多学者辩称，圣经的真理不是表现在历史或科学上，而是表现在道德和宗教上，他们很乐意接受圣经中的神迹奇事，只要大家别相信这些神迹真有其事就好！他们说圣经的历史故事是神话传说，旨在教导属灵真理和价值观，而非描述实际发生的事。

我们不必否认圣经中有些故事是虚构的，耶稣所说的比喻基本上就是寓言，是不是真的有一个浪子并不重要，因为这个故事的目的在于向听到的人传达重要真理。然而，承认圣经纳入了一些故事，是一回事，同意圣经所涵盖的事件全属虚构，则是另一回事，两者之间的差别实在是大到难以形容。

对圣经真理的质疑，始于19世纪，当时的学者辩称，亚当和夏娃并非真有其人，而是神话人物，只是要用他们的行为来解释一个普遍的真理。这些学者说，罪进入世界，并不是因为人类始祖犯罪，也不是真有一个亚当和夏娃吃了神所禁吃的果子，这个故事只是要讲一个普遍的真理——你若不准人去碰什么，人就会想去碰！

这套解释法不只用于亚当夏娃的故事，挪亚方舟的故事是下一个受害者。到了后来，圣经中的事件大多难逃这种解释。经他们这么一说，圣经俨然成了伊索寓言，只是传达属灵真理，没有历史根据。

从这个角度来读圣经，就叫作"去神话化"（demythologization），简言之，就是想要保留真理，就必须舍弃故事（神话），不可认为这些故事于史有据。因此，神迹和超自然事件都可以舍弃，因为这些都属于神话。

这种"去神话化"的看法不只套用在旧约圣经上，新约圣经也受到波及，最容易遭人质疑的，就是童女生子、耶稣行的神迹和复活。学者的辩论影响了神学的训练，很快地，连教会的传道人都这样教导，说耶稣是否真的复活并不重要，只要大家相信耶稣复活就行了，就算耶稣的尸骨如今仍然躺在以色列境内腐烂，也不会影响我们的"信心"。

既然有这些看法，难怪约书亚记的许多元素令人生疑，尤其是耶利哥城墙倒塌的故事。学者们辩称，在科学这样发达的时代，读者切莫把这故事中的神迹当真。他们认为这只是一个故事，旨在告诉我们：神要我们赢得争战。

然而，若把约书亚记"去神话化"，那么这卷书大半内容都得删除，因为书上记载了许多显然是神话的故事：约旦河枯干、耶利哥城墙倒塌、天降冰雹帮助以色列人战胜、日头和月亮静止一天不动。

很多人想要抹杀约书亚记的历史价值，我们该如何回应呢？

1. 如果同意这些神迹并非真有其事，那么剩下的就只是人类历史，罕有属灵价值，**神的部分会悉数被排除**。如此一来，圣经中的"价值观"和"真理"，价值不过如同（举例而言）从中国历史搜罗而得的训诲。

2. 神话作品的地方和人物是虚构的，有别于真正的历史，但圣经历史完全不然。**约书亚记所描述的都是真实的地点**，今天仍然可以造访，像是约旦河、耶利哥、耶路撒冷。**约书亚记所描述的都是真实的人物**，世俗的史学家也承认，这些人物当时确实存在，像是迦南人和以色列人。

3. 约书亚记说，这卷书**由当时的目击者所写**，书中用了第一人称复数的"我们"，因为写的人在回想亲眼所见之事。再者，这卷书中有一句话常常出现，就是"直存到今日"，表示当时的人可以查证这些事。这些不是缥缈人物的寓言故事，而是当时亲眼目睹的人所描述的一连串历史事件。

4. **考古学家证实，约书亚记许多内容千真万确。**他们挖掘出几座城市，发现这些城市的文化在短短五十年间彻底改变。有证据显示，像夏琐、伯特利、拉吉这些城市，在公元前1250到1200年之间被摧毁，居民的生活方式变得更简单，而发生改变的年代正符合约书亚记所述，这些城市是在那段期间被征服的。

5. 质疑约书亚记中神迹事件的人，忽略了一个事实——这些事件本身不见得是奇迹。相信这些是神迹，对我们来说当然没有问题，但有意思的是，这些现象也找得到解释。比如说约旦河，至今仍会在水涨期间止流。约旦河蜿蜒流下约旦河谷，水涨的时候，湾岸常受洪流冲蚀而坍塌，暂时堵住河水，有时会堵住四、五个小时之久。同理，今天也有大型建筑物倒塌，有些教堂和摩天大楼就像约书亚记所描述的城墙那样，突然崩塌。**神奇的不是事件本身，而是发生的"时间点"**，河水止住和城墙倒塌，都在神所说的时间发生。

6. 前文已经指出，圣经并不是一部以色列史，有很多史实未曾收录。约书亚记涵盖四十年光阴，但期间还有很多事件没有记载。光耶利哥城倒塌一事，就用了三章的篇幅，如果圣经是一部以色列史，这样的篇幅配置实在不成比例。**其实圣经的历史是在记载以色列这位神的作为**，作者记录的主要是神动工的时候，因为他是永活的神，他在时间和历史上不断动工，他口中的话一出，事情就成就。当初要不是神出手帮助以色列人，以色列人根本不可能得到应许之地。他们原本只是一群奴隶，没受过军事训练，却要占领一块戒备森严的土地，取代一个比他们发达的文化。倘若约书亚记的主题是在讲述神的作为，无怪乎这卷书超越人的理解。如果我们把这部分的故事删除，或"去神话化"，就破坏了这卷书的本质和目的。

圣经到底是神话还是历史，这个问题追根究底，其实与我们切身相关：我们相信有一位永活的神吗？若是相信，接下来就可以把圣经视为一部纪录，上面记载了神说过什么话、做过什么事，并且探讨神为什么说那些话、做那些事。

圣经不只在讲神，甚至不只在讲以色列的神，圣经讲的是神和以色列的历史，讲这两者之间的关系，所以我们需要读旧约圣经的每一卷书，包括约书亚记。若把神和以色列的关系看作婚约关系，也不足为奇。当神应许要作亚伯拉罕和他后裔的神，就等于和亚伯拉罕订了亲。当百姓在西奈山下听到律法的义务和应许，同意在神和他们立的约中履行己方的义务，就等于成了亲。蜜月期本来是三个月，因为他们必须走到应许之地。然而新娘没有准备好，或者说不肯信任丈夫，结果走了四十年，才走到应许之地。在约书亚记中，我们看见他们在一块为他们预备好的土地上，在他们的新家，展开共同的生活。他们已经拿到所有权状，但仍然得进去占领这块土地。可惜这段婚姻不美满，甚至暂时离了婚，错在"妻子"那方。然而，因为神恨恶离婚，所以他从未离弃他们。

† 约书亚记的内容

我们必须先看约书亚记的内容架构，再来了解细节，这样做可以帮助我们不对经文的含义妄下结论，就像我们也不能光看几页，就评断一本小说写得好不好。一本书中的每句话，含义都和上下文息息相关，所以我们需要先来看看整卷约书亚记的架构。

这卷书涵盖约书亚八十岁到一百一十岁这段时期，出埃及记、利未记、民数记、申命记则涵盖摩西八十岁到一百二十岁这段时光。两人的差别在于摩西既颁布律法，又是以色列民的领袖，而约书亚只是领袖而已。律法的颁布已经完成。

架构

这卷书像三明治，有三部分：外面两片薄薄的面包，还有中间厚厚的馅料。

▪ 最上面的那层面包是**第1章**，这段前言描述约书亚受命成为领袖。

- 最下面的那层面包是**第23和24章**，是约书亚**最后一次讲道**，还有他的**死亡和埋葬**。

两层面包中间的馅料是重点，叙述以色列人怎样占领那地，虽然那地已经有人居住，但神把这块地赐给他们。中间这大段可以再分成三部分：

- **第2至5章**，叙述他们怎么**进去**迦南地，怎么渡过约旦河。
- **第6至12章**，记载他们如何**占领**那地；第12章列出约书亚打败的二十四个王的名单。
- **第13至22章**，叙述他们征服这块地之后，众支派怎么**分地**。

约书亚受命

约书亚八十岁的时候，蒙召作领袖。我们可以看出这个呼召包含两方面：神的鼓励和人的热情。

神的鼓励

神告诉约书亚，摩西死后，他要约书亚取代摩西作领袖。摩西当年带领以色列人出埃及，如今约书亚要带领以色列人进入应许之地。神应许说，他当年怎样与摩西同在，如今也会怎样与约书亚同在，叫约书亚要刚强壮胆，要谨守律法。他若顺服，就会道路亨通，凡事顺利。

约书亚刚接下领导责任，这话令人鼓舞，但也是很大的挑战。很多人都误解了这里的"亨通"，这里的意思不是指他会变得有钱。有些人说圣经应许人财富亨通，其实错了。这里的"亨通"是说，约书亚必会达成他奉神的名去达成的目标。

这些鼓励的话不只是为了约书亚好而已。神知道，约书亚的领导会影响全以色列的士气。鼓舞士气固然重要，约书亚自己也必须依最高的道德标准而行，因为他不只是领导一群人披挂上阵、给他们训话打气就好，他是在领导神的百姓。他的道德标准会影响他们是否能够打胜仗，所以约书亚必须以身作则。

人的热情

约书亚把神拣选他做领袖的事告诉百姓,百姓反应热烈。这样的反应诚然呼应神给约书亚的命令,因为百姓也叫约书亚要"刚强壮胆"。再者,百姓承诺要完全顺服他的带领,正如他们顺服摩西一样。这听起来也许有点怪,因为摩西带领以色列人的时候,百姓的行为根本称不上顺服,所以他们花了四十年才走到应许之地。但新的一代从祖先的悖逆学到教训,摩西还在世的时候,这一代就顺服摩西的带领,征服了摩押和亚扪,如今他们乐意委身支持新的领导人。他们特别承诺要照约书亚的吩咐去做,他差他们去哪里,他们就去那里。他们恳求神,当初怎样与摩西同在,今天也要与约书亚同在。

如今,蒙召事奉的人可以从约书亚蒙召的这两方面学到一些功课。神呼召人必包括以下两方面:一个人感受到神呼召他出来事奉,而神的子民也由衷肯定有这样的呼召没错。

约书亚的命令

这卷书的核心讲述约书亚带领百姓进入迦南地,共分成三部分,基本上全都关乎那地。

1. 进入

(i) 进入之前

约书亚进入迦南地之前,先差两个探子进去窥探。四十年前,有十二个探子奉命去窥探迦南地,回来后,有十个报了坏消息,使得以色列人缺乏信心,不肯进入迦南地。这次只差两个探子进去,对照当初只有两个探子回来报好消息。差探子进去窥探,看似缺乏信心,毕竟神不是已经把那地许给他们了吗?但他们是在执行一个原则,耶稣有一次讲故事,就指出了这个原则:打仗之前必须先坐下来计算代价。以色列人如果没有先弄清楚要面对什么困难,就贸然进入迦南地,就是有勇无谋。

从探子落脚的地方就可以看出迦南当时的道德景况。两名探子在一家妓院落脚,遇到妓女喇合。他们和喇合的对话清楚显示,以色列打败埃及和邻国的消息，已经让当地人十分担心以色列人会入侵。其实喇合深信神会把这块地赐给以色列，所以她愿意加入以色列这边。新约圣经称赞这是大有信心的表现，希伯来书提到的信心英雄里面，喇合也榜上有名。

喇合得救的方式，让人想起当年灭命天使临到埃及的那一夜，犹太人的长子怎样逃过一劫。他们把逾越节羔羊的血涂在住家的门框上。探子叫喇合在窗外系一根红绳，如此一来，当毁灭临到耶利哥城，她和她一家就能得救。这样做有如在窗户上涂血，叫死亡避开她家。圣经不但称赞喇合的信心，马太福音还记录这个妓女名列耶稣的直系族谱。真是个不凡的故事，令人感动。

(ii) 进入之时

约旦河就像迦南东边的一条护城河，尤其在收割时节，河水上涨，深可达二十英尺，没有桥可以过河，也没有浅滩可以涉水而过。前文已经指出，当时可能因为上游的河堤溃决，暂时堵住了河水，以色列人因此可以过河。时间点十分完美，在前头护卫的祭司一踏入河里，河床上的水就断绝了。

这个神迹除了让他们可以过河，还有另外一个目的。跟约书亚一起进迦南地的新一代百姓，并没有亲眼见过出埃及记所记载的红海分开神迹。神要他的百姓看见他的大能，并且对领袖约书亚有信心，让约书亚带领他们攻打迦南人，进入应许之地。神当年怎样与摩西同在，如今也同样与约书亚同在。

(iii) 进入之后

他们在应许之地扎营的第一站，就是吉甲，这是戒备森严的耶利哥附近的一块空地。当初建造耶利哥城，就是为了抵御敌人从东边攻打上山。以色列人到了吉甲后，做了三件事：

(1) 他们**从约旦河取出十二块石头，立在吉甲做为标记**，让后代记念神当年如何为他们弄干河水。在旧约圣经中，记念神的作为很重要。以色列文化中有许多纪念物在提醒他们，神过去为他们做了什么。他们喜欢在意义重大的地点立石记念，十二块石头代表十二个支派。

(2) 他们**为所有的男人行割礼**。割礼始于亚伯拉罕，而这新的一代没有行过这立约的仪式。约书亚想要切实遵守律法——百姓的属灵光景是很重要的。

(3) 他们把这个地方命名为**吉甲，意指"滚开"**，因为神把他们在埃及蒙受的羞耻都滚开了。

他们进去应许之地以后，神也做了一件事：天不再降下吗哪。以色列人日日靠这食物糊口，有四十年之久，但如今他们来到肥沃的迦南地，一个流奶与蜜的地方，吗哪就变成多余的了。直到今天，耶利哥仍出产十分美味的葡萄柚和柳橙。

(iv) 耶和华军队的元帅

耶利哥是以色列人要攻打的第一座城，但约书亚在作战之前，遇到一件奇事。他在夜间走近耶利哥城，想要亲自看看这座城有多坚固，却遇到一名武装男子。

约书亚猜想自己或许遇到敌人了，就问对方是敌是友，对方的回答却令他大吃一惊，因为那人回答说："不是。"这到底是什么意思啊！不过那个人接着说，他既不是希伯来人，也不是迦南人，而是属于神的军队，是天上的军队，不是地上的军队。他等于是在问约书亚到底站在哪一边！此人正是耶和华军队的元帅，是资深的天使长，甚至有可能是道成肉身之前的神儿子。这提醒了约书亚，他并不是耶和华军队的最高统帅，他只是统帅下面的一名军官。此番经历让他清楚看见，他不是独自作战，也不是以色列真正的指挥官——他是神和百姓手下的一个仆人。

2. 征服

占领这块土地的战略很清楚，他们要采取各个击破的方式。约书亚先从迦南地中间攻进去，把敌人切成两半之后，先攻占南方，再攻占北方。这样的战略可以防止迦南的军队整合到一起，以色列就不用一次和那么多敌人作战了，只要一次攻占一个地区即可。

约书亚记被视为先知式的历史书，就是因为书中用许多篇幅叙述以色列人攻占头两座城的经过。耶利哥城和艾城被视为最重要的两座城。以色列人从最初这两场攻占行动学到的道德教训，在后来的争战中得到印证，这两场战役有一次战胜，是正面的教训，有一次战败，是负面的教训，只是先知的信息不必再重复提及。

(i) 中央

耶利哥

古耶利哥城距离现代的耶利哥城只有一英里。如今，古耶利哥城的遗迹就位在苏坦废丘上（Tel Es Sultan），由此可以看出耶利哥是全世界最古老的城市，年代可追溯至公元前八千年，有全世界最古老的建筑，那是一座圆塔，里面有螺旋梯。这些遗迹已经被挖掘出来，当然，最重要的问题是能不能找到约书亚时代倒塌的城墙。1920年代，考古学家约翰·葛斯坦（John Garstang）认为他找到了耶利哥城墙的遗迹，然而凯萨琳·肯扬（Kathleen Kenyon）反驳，声称这座城在约书亚时代根本没有住人！但是后来埃及古文物学者大卫·罗尔（David Rohl）修正了年代问题，在出土遗址的另一层发现了倒塌的城墙和烧毁的建筑。（详见其精彩著作《时间的考验》（*The Test of Time*, Century, 1995），还有同名的电视节目系列，书里谈到他在埃及发现约瑟时代的遗迹。他还有另一本更精彩的著作《传说：文明世界的创世记》（*Legend: Genesis of Civilization*, Century, 1998），说找到了伊甸园，而且园中现在还有许多果树。这位作者甚至不是基督徒！）

耶利哥城终于倒下，约书亚咒诅想要重建耶利哥城的人，说若有人想重修耶利哥城，立根基的时候，必丧长子，安门的时候，必丧幼子。列王纪下就记录，五百年后有人想要重建耶利哥城，咒诅果然应验在他身上。因此，虽然人都很自然地想在遗址上重建，但这个咒诅发挥了吓阻的功效。耶利哥的遗迹任由风吹雨打，谁都可以从这里随意取走石头去盖别的建筑。耶利哥少了某部分城墙，有助于印证圣经的记载是真实的。

考古学家从类似的建筑中，证实耶利哥城墙的尺寸。他们认为耶利哥城墙高三十英尺，外墙厚六英尺，内墙厚十二英尺，内外两墙的间隔为十二到十五英尺。随着耶利哥城人口增加，这些城墙就成了围栏，所以房舍就盖到了城墙上，一户又一户，非常靠近，不难想见，只要一场小地震，就可能震垮整座城墙。经文说，那四万人持续的呼喊声，使城墙应声而倒。也许光这响声就足以震垮城墙，就像歌剧女高音可以用特定的音频与强度震破灯泡一样。耶利哥城惟一没有倒塌的房子，就是窗户系着红线的那家，也就是妓女喇合所住的房子。她因为信靠以色列的神而保住了性命。

耶利哥城严重倒塌，以色列人根本不需要开打，直接走进去就占领那座城了。但是要庆功是有条件的。神吩咐他们说这城属他，就像初熟的果子要献给神，他们必须承认这胜利属于神，不属于他们。未来他们征服其他城市时，可以夺取战利品，但耶利哥城里的东西，他们不能拿。偏偏有人违反这命令，而此事和接下来的故事有密切关联。

艾城

过了耶利哥的山上，是繁荣的艾城，但以色列人没攻下艾城。他们犯了两个错误，第一是太自信，约书亚这次派出的军队较少，以为艾城跟耶利哥城一样，很容易攻下。他们学到一个重要的教训——若以为神赐福过一次，就会用同样的方式再赐福一次，这样的想法可是要命的。

第二个错误，是有个叫亚干的人偷拿了耶利哥城的东西。他拿了一件巴比伦袍子、两百舍客勒银子、一条重五十舍客勒的金子，以为没有人会注意到这些东西不见了。约书亚的军队第一次攻打艾城的时候，被打得落荒而逃。约书亚忧心忡忡，问神为什么他们会打败，尤其现在他们的名声都传扬开了。神说，以色列犯了罪，他们当中有人拿了属神的东西。于是以色列人就用抽签的方式，先找出是哪个支派，再找出是哪个宗族，最后找出了亚干的家族。

这么重大的事情，竟用抽签来决定，似乎有点奇怪，但是以色列人相信，神掌控一切情况，一定会决定抽签的结果，找出祸端，后来果真如此。以色列历史上也一直使用类似的方式决定事情。祭司的胸牌里面带着黑白两块石头，叫作乌陵和土明。以色列民用这两块石头来决定事情，拿到白石头就代表肯定，拿到黑石头则代表否定。以色列百姓持续使用这个方法来决定事情，直到五旬节圣灵降临为止，此后由圣灵来引导神的百姓，这方法就不再被使用了。

亚干知道自己有罪，假如他早点认罪，也许会得赦免，但他拒绝认罪。他的家人因为没有揭发他的罪行，也成了共犯，所以全被乱石打死。这真的很可怕，一人之罪竟让全族大大蒙羞。

解决罪的问题后，以色列人再度攻打艾城，这次他们打赢了。

以巴路山和基利心山

攻下艾城之后，约书亚带领以色列民上迦南地中央的两座山。摩西曾经清楚指示他们，必须重新宣誓神当年在西奈山和他们立的约。他们必须在未切凿并且抹上灰泥的石版上，写下摩西颁布的律法，然后分成两组人，一组人站在基利心山上，喊出约中的祝福；另一组人则站在以巴路山上，喊出约中的咒诅。那两座山形成一座天然的圆形剧场，所以每个人都能听到另外一组人的喊声，并且用"阿们"来回应所听见的话。

(ii) 南方

尽管重新宣誓立约了，百姓还是会犯错，他们很快就在和基遍人打交道时犯下大错。基遍人是住在迦南地的民族，知道自己挡不住以色列人的攻势，就想出一条诡计。基遍人穿着旧衣旧鞋，拿着旧口袋和缝缀的破旧皮酒袋，以及干掉发霉的饼，来见以色列人，声称自己来自远方的国家，听说了以色列人的作为，想来寻求保护。

圣经说，以色列人信以为真，没有向神确认，后来才发现犯下大错，但为时已晚。基遍人居住的四个城市，以色列人不能碰，因为已经起誓不杀对方。基遍人行诡计，诱骗以色列人签下和约，不杀他们，而他们将终生服侍以色列人，为他们劈柴挑水。因为这个缘故，以色列人无法把基遍人赶出迦南地。

基遍人的故事还没结束。耶路撒冷王亚多尼洗德听说基遍人和以色列人签下和约，就联合四个亚摩利王去攻打基遍。基遍人要求以色列人来帮助他们，于是大战开始。神让以色列人战胜，降下大颗冰雹，被冰雹打死的人甚至多过被刀剑砍死的人。这时，约书亚向神求一个很不寻常的神迹，他知道天黑之后，就没办法继续击溃敌人，日落之后不管谁输谁赢，都得停止打仗，因为在黑暗中分不清敌我双方。于是约书亚做了一个史无前例的祷告，求神让太阳停止，好让他可以继续打仗！如此惊人的信心得到回报。圣经说，日头在天空停住一整天，以色列人打赢了这场仗。

他们往南方攻打伯特利和拉吉，也继续得胜（根据考古发现，这两座城在公元前1250到1200年之间被毁），整个地区都征服了。

(iii) 北方

打败南方之后，以色列人转去攻打北方。当时北方诸王得知以色列打了胜仗，就联合起来抵挡以色列人。但是，神再度让以色列人得胜，以色列仇敌的战车都被烧毁，马匹都被砍断腿筋。

只有山岗上那些城市没有全毁，被约书亚烧毁的夏琐除外。考古学家证实，这座城是在此时被烧毁的，即公元前1250到1200年之间。

攻占行动结束后，我们看到一段很有意思的经文，扼要叙述以色列人的行为，包括一段话，说神使列国的心刚硬，好叫他们和以色列争战。显然这些民族恶贯满盈，惟有彻底消灭他们才是办法。

3. 分地

进一步探讨约书亚记之前，必须先区分一下"占领"和"征服"有何不同。占领指的是地方，征服指的是人民。迦南人被以色列人征服，土地成了以色列人的土地，但以色列人仍然有许多地方需要去占领。这卷书有很多篇幅就是在叙述这个过程。

以色列用全民抽签的方式分配土地，因为这个缘故，今天有些人相信神认可现代许多国家（包括英国）发行的乐透彩票。但是我们要知道，以色列人的抽签方式和今天的乐透彩票有一重要的差别。乐透彩票的设计，是要人不能影响结果；而以色列选择抽签，是要神来影响结果。毕竟，如果神连太阳都能掌控，决定抽签的结果对他来说根本易如反掌。

(i) 约旦河东岸

这块地极为肥美，约书亚记录了以色列人怎么查看这块土地。这片地的面积跟威尔斯一样大，是中东惟一有绿地的地方，东边是阿拉伯沙漠，南边是南地旷野，还有来自地中海的雨水。

摩西当初答应流便支派、迦得支派、半个玛拿西支派，只要他们帮助其他支派击败迦南人，就可以得到约旦河东岸这块肥沃的土地。约书亚履行了这个承诺。

整个分地的过程中，有一个关键词：产业。这块地是神赐给以色列的产业，不是暂时给他们的，不是只在他们有生之年属于他们，而是永远赐给他们，可以传之后代。

(ii) 约旦河西岸

在吉甲：两个半支派

四十五年前，以色列派出十二个探子去窥探迦南地，回来报告好消息的探子只有两个，迦勒是其中一个。如今，他八十五岁了，而圣经说，他仍和四十岁时一样身强体健。迦勒问约书亚，能不能让他去攻占山上的土地，那是多年前答应要给他的地。约书亚祝福他，并且把希伯仑城给了他。

玛拿西支派的女子提醒约书亚，当年摩西也答应要给她们土地。约瑟的后代人数太多，分配给他们的土地不够住，所以也分给他们森林地区去开垦。

约书亚记详细记载分配给各支派的城市和村庄，偶尔会提到别的事。比如以色列也有无法打败敌人的时候，像犹大支派就没办法赶出住在耶路撒冷的耶布斯人。

在示罗：八个半支派

有几个支派还没分到土地，所以每个支派挑出几个男人去查看地形，好进一步分地。

(iii) 特别的城市

逃城

他们设立了六座特别的逃城，在约旦河两岸各有三座，过失杀人的可以逃到这些城市，以免遭到仇家追杀。在犹太人的律法中，无预谋的过失杀人，不同于预谋杀人，逃城的设立让这条律法得以执行。

利未人

圣经清楚记载，土地分好后，利未支派没有得到土地。圣经说，神就是利未人的产业——他们单单事奉神就够了。当然，利未人还是需要有地方住，所以分给他们几个有牧草地的城镇，散居在各支派中间。

(iv) 约旦河东岸的祭坛

约书亚记结束前，我们看到一场可能发生的悲剧及时逆转。两个半支派过了约旦河，返回他们在东岸的土地。约书亚叫他们要谨慎，要爱神，行神的道路，遵守神的命令。可是他们一回家，就在约旦河边的毗珥筑起一座祭坛。其他支派认为这是偶像崇拜，立刻向他们宣战。还好两边在开战之前，决定应该先好好谈一谈。"有罪"的支派说，他们只是想用这座新祭坛，记念自己和约旦河西岸的同胞一样是属神的子民。此举化解了其他支派领袖的担忧，免除了一场战争。

约书亚的委身

约书亚记的最后两章，结局十分感人。约书亚知道自己年纪老迈，不久人世，想为以色列民的未来预做准备。

摩西指定约书亚为接班人，约书亚却没有指定接班人。这似乎有点奇怪，但从此之后，以色列不可能只有一个领袖，而是需要好几位领袖，因为十二支派已经分散居住，如果只有一个领袖，势必无法好好领导这么一大片地区。因此，约书亚把他的任务交给所有的人。

约书亚的信息很坚定：神的应许是，以色列若顺服，就会蒙福；若是悖逆，就会受咒诅。神已经把他们带到他所应许的地方，但他们若想继续经历神的恩宠，就必须顺从律法。

约书亚把以色列占领那地的功劳，全归给神。虽然是他带领百姓争战，但他明白，是神在为他们争战，他们应该感谢神让他们获胜。约书亚讲到最后，要求以色列人起誓效忠神。

这卷书最后一章的风格截然不同，约书亚用第一人称单数讲话，跟前一章一样，但是这章的"我"是指神。他最后这段信息是预言，而以色列民也明白这是预言。

(i) 恩典

首先，神提醒百姓，他已经为他们做了什么。这里没有提到约书亚的角色。

(ii) 感恩

这时，约书亚劝百姓要敬畏神，要事奉神，要对神忠心，离弃一切偶像。接着，他为自己和家人说话，他说："我们必定事奉耶和华。"

百姓同意跟着约书亚一起事奉神，约书亚立了一块石头作为见证。百姓三次宣告说："我们必定事奉耶和华。"

这卷书最后几节记录了三场葬礼：约书亚的葬礼，约瑟尸骨的葬礼，还有以利亚撒的葬礼。这四十年来，他们一直抬着装有约瑟尸骨的棺材，因为约瑟死前遗愿是葬在应许之地。如今，约瑟的尸骨终于可以如愿入土为安。这卷书以三场葬礼作结。圣经说，约书亚和他那一代的长老还在的时候，以色列百姓都忠心事奉神。但是，从下一代开始，一切就大大地走样了。

约书亚记这卷书的教导，可以归纳为简单的两句话：

- 没有神，他们**做不到**。
- 没有他们，神**不会去做**。

这两项功课很重要。我们很容易不是把责任都推给神，就是都揽到自己身上。圣经要我们取得平衡：没有神，我们做不到；但是没有我们，神就不会去做。这里用不同的动词，至关重要——并不是没有我们，神就做不到，而是没有我们，他就不去做。如果约书亚和以色列百姓当初不和神合作，就不可能进入应许之地，可是如果没有神和他的帮助，他们也绝对做不到。

神的帮助

1. 神的话语

在约书亚记中，神的话语极为重要，我们听到神郑重和以色列立约，而他绝不会违约。神指着自己起誓，说他必与他们同在，而这块地是神应许给他们的礼物。神绝对不会食言，他不可能说谎。神曾向以色列的先祖起誓，要将这块地赐给他们，而约书亚记告诉我们，如今他果真将这整个地区赐给以色列了。

2. 神的作为

神的作为和他的话息息相关。圣经说，神会为以色列争战，会把别的国家赶出那地。

约书亚记里有许多实际发生的神迹：约旦河水分开、吗哪突然止息、耶利哥城墙倒塌、天降冰雹协助以色列人打败五王、日头停住不动而延长了白日，还有抽签决定怎么分地。

约书亚记小心翼翼地把这些惊人事件的荣耀都归给神。神确实和以色列同在，"以马内利"这个名字，若把重点放在不同的字上，就有四种可能的含义：

(i) *神*与我们同在！
(ii) 神*与*我们同在！
(iii) 神与*我们*同在！
(iv) 神与我们*同在*！

第四种传达出圣经的意涵,"以马内利"意指神站在"我们"这边,重点在于他会为我们争战,不是为别人。约书亚记见证了这项真理。

人的合作——正面

神藉着人的合作来动工。神不是自己去争战,以色列人必须上战场去面对敌人。如果没有他们,神不会去做这件事,以色列人必须自己进去应许之地,必须采取行动。神说,他们脚掌所踏之地,他都会赐给他们。

1. 态度

不惧怕(反面来说)

以色列人不可惧怕,反而要采取行动,进入应许之地,这是神从一开始就给约书亚的命令。四十年前,以色列人就是因为惧怕,才不肯进入迦南地。

有信心(正面来说)

以色列人若想打赢每一场仗,就必须大有信心、完全顺服。他们顺服神的命令,默默绕行耶利哥城七次,由此可以看出他们的信心,因为他们其实一定更想直接冲进城去厮杀。他们也必须准备好冒险,约书亚就冒着风险,在众人面前请求神叫日头停住。

2. 行动

信心必须带来顺服才行,以色列人必须照神的话行动,照神的吩咐去做。这提醒我们,神所赐的东西,我们必须领受。凡以色列人脚掌所踏之地,神都要赐给他们,但这表示他们必须采取行动,才能拥有这份产业,产业不会自动掉到他们头上。

在信心和行动之间取得平衡不容易,个中技巧,克伦威尔(Oliver Cromwell)说得好,他命令部队:"要信靠神,火药也要保持干燥。"司布真也说得好:"祷告的时候要迫切,就好像一切都得靠神;行动的时候要卖力,就好像一切都得靠自己。"

然而,如果以色列人的态度变得自信,行动变得悖逆,一定每仗必输。所以约书亚记的两大故事，一个是攻打耶利哥，一个是攻打艾城。攻打耶利哥城大胜，但攻打艾城（首次）却大败。我们若能够从这两个城市学到教训，必然能够征服那地。

人的合作——反面

圣经是一本很诚实的书，谈到人的长处，也谈到人的短处。约书亚记告诉我们，以色列人在攻占应许之地时，犯了三个错误。

第一个错误是攻打艾城的时候，因为太过自信，结果兵力不足而惨败。上一代的人缺乏自信，心中惧怕，但这一代的人过于自信，所以愚昧行事。两种态度都一样有害无益。

第二个错误是，基遍人为了自保而骗他们签下和约。圣经说，以色列人这次会上当，是因为不先求问神该怎么做。

第三个错误是，两个半支派在约旦河东岸筑了一座祭坛，约旦河西岸的支派看见了，就控告他们背叛神、离开神。这场误会差点导致内战。

✝ 基督徒的应用

哥林多前书第10章和罗马书第15章告诉我们，写下过去发生的事，目的是要让今人从中学习。新约圣经怎么使用约书亚记呢？我们今天又可以从这卷书学到什么功课？

信心

希伯来书第11章，把约书亚和妓女喇合当作信心的榜样，两人都跻身那些围绕我们身边、像云彩般的见证人之列。

雅各说，没有行为的信心是死的，无法拯救我们，又举了喇合为例，说她藏匿探子、挥别过去、接受以色列的信仰，正是有行为的信心。

罪

这卷书也大大提醒我们，罪可以影响到整个民族。在新约圣经中，亚拿尼亚和撒非喇犯的罪，正是亚干犯的罪。使徒行传说，这对夫妇拿出部分金钱奉献给教会公用，却谎称奉献了全部的钱，而亚干则是偷了耶利哥城里的东西却不承认，欺骗百姓。两者的下场一样，都受到神的审判。亚拿尼亚和撒非喇当场被神击毙，亚干则是被百姓乱石打死。

救赎

这卷书也生动描述了救赎。"约书亚"这个名字原是Hoshea，意指"救赎"，但摩西把约书亚的名字改成Yeshua，意指"神拯救"。旧约圣经的希腊文译本把这个名字译作"耶稣"（Jesus）。

摩西这个名字意指"拉出来"，所以他的名字和约书亚的名字加起来，就描述了以色列人进应许之地的过程。摩西把以色列人带出埃及，却是约书亚这个救星把以色列人带进应许之地。离开埃及不等于救赎，进入迦南才是。

这显明了一个重要的真理：基督徒不只是从某个地方被救拔出来而已，还要被救到另外一个地方去。人有可能离开了埃及，却仍然待在旷野中。人有可能停止过非基督徒的生活，却仍然无法享受基督徒生命的荣耀。

观念的应用

最后，我们必须问：基督徒该如何应用应许之地的观念？

天堂

有些人把应许之地想成是"天堂"，比如有一首诗歌的歌词就说："当我踏过约旦河，一切忧惧全消失"，仿佛约旦河这形象所描绘的就是死亡，过了死亡就是迦南地（天堂）。

圣洁

然而，"应许之地"不是天堂，而是圣洁。希伯来书的作者谈到约书亚征服迦南地，说以色列人虽然进了迦南，却从未在约书亚的带领下，进入"那样的安息"。他又说，必有"安息"为神的百姓存留。这安息意指不必再打仗，我们进了应许之地，可以享受神为我们预备的一切。所以每当我们战胜试探，就可稍微预尝神应许给我们的安息滋味。约书亚记中的胜利，应当可以在每个基督徒的生命中重现，只要我们为基督而活，和罪恶争战。当我们终于战胜仇敌，从此不必再争战，并且因为努力而得到奖赏时，那种释放，就是这里所讲的"安息"。

8. 士师记和路得记

✝ 引言

士师记和路得记密不可分,所以这两卷书要放在一起探讨。圣经有一点很独特,就是历史记载占很大的篇幅,不同于世上其他宗教的经书,比如可兰经,就几乎不含历史记载,但圣经从头到尾都有历史记载。再者,圣经所记载的历史,没有史学家写得出来,因为是从宇宙的创造写起(创世记),写到最后宇宙的结束(启示录)。这若不是人想象出来的,就是神自己启示的,再没有第三种可能存在。

我们探讨约书亚记时,看见先知式历史是一种很特别的历史,因为里面记录了许多事件,要叫人看见神对他的以色列民说了什么、做了什么。圣经历史不像一般的历史书,只记录一个国家的作为和经历——圣经记录的是神对待他百姓的故事。

历史可以从四个层面来研读:

1. **研读人物:** 这个层面仔细分析那些影响历史的人物——君王、军事领袖、哲学家、思想家。他们的生平决定了史书内容,一切以他们为中心。

2. **研读民族**：这个层面把焦点放在国家或民族上。我们看见一国如何兴起衰落，看见世上各国的权力平衡如何受此影响。
3. **研读模式**：这个层面除了研读人物和民族之外，还会研究各时代历史的模式，比如文明的兴衰交替，比较注重主题而非细节。
4. **研读目的**：史学家也会探问历史的走向，想找出历史的意义和目的。马克思主义史学家相信辩证唯物论，民族历史包括冲突，尤其是工人和资本家的冲突。相信演化论的乐观派则认为人会愈来愈好，人类正逐渐迈向更好的世界。还有人看见历史上战争不断重演，因此预言人类的未来一片黯淡。

研读历史的目的，又可以分成两派，一派认为历史是线性发展，从过去到今天，从今天到未来；另一派认为历史一再循环，同样的故事一再重演，并没有向前推进，只是漫无目标在打转，没有意义可言。

然而，神的史观含有目的意识。圣经的史观并不是演化论者的乐观看法，因为并非一切都愈来愈好，但是圣经的历史的确有其目的，因为神在掌管一切，也会按照他的意思安排一切的终局。历史（history），就是"神的故事"（his story）。

用这两种角度看历史（线性模式和循环模式），可以帮助我们了解士师记和路得记。士师记的历史是典型的循环模式，记载了七次循环，但在故事的背景中仍有一条时间线。反之，路得记的故事走直线，有开头，有中间的情节，也有结局，有明显的进展。

士师记的历史模式反映出一种生活方式，正是不认识神的人大多有的生活方式：每天就是起床、上班、回家、看电视、上床睡觉，然后第二天再重来一遍。这样的人生是在绕圈子！没有目的地，也没有成果。路得记的模式则比较符合神要他百姓过日子的方式：有目的，有意义，往目标前进。

无论谈圣经的哪一卷书，最重要的问题就是为什么那卷书会被写下。有些书卷很容易看出写作目的，但是想知道士师记和路得记的写作目的,可需要好好查考研究一番。我们需要仔细检视这两卷书,才能对这两卷书的写作目的下结论。

✝ 士师记

大家对士师记的印象,大多来自主日学,只知道"鲍德勒"版的士师记故事。汤玛斯·鲍德勒(Thomas Bowdler)不认同莎士比亚剧作的某些内容,于是自行修改,删掉他认为不道德的内容,因而为自己留下骂名。同样地,儿童主日学所讲的士师记故事,也省略一些较不愉快的部分,比如妓女、惨遭分尸的小妾、强暴、杀人、阳具象征等等。结果许多人对书中某些人物很熟悉,例如参孙、大利拉、底波拉、基甸,对其他人物却一无所知,更别说明白整卷书的主题和目的了。

个人的故事

士师记的故事很吸引人;用字精简,但描述仔细生动,人物读来栩栩如生。

描述每个人物用的篇幅长短差异甚大。参孙有整整四章,基甸有三章,底波拉和巴拉有两章,有些人物只有一小段。似乎故事情节愈耸动,篇幅就愈长。作者的目的显然不在于把篇幅平均分配给每个英雄。然而,我们很容易以为这卷书在叙述一系列的民间英雄,在乱世之中力挽狂澜(而且这卷书记载了好些相当诡异的事件),有点像英国历史上的纳尔逊将军或威灵顿公爵。

士师记开头,我们读到迦勒兄弟的儿子**俄陀聂**。圣经只说他为以色列国内带来四十年太平的日子。

我们读到**以笏**这位士师。他是左撇子,偷偷在右腿上绑了一把长十八英寸的剑。因为大多数人是右撇子,所以搜身时都搜左腿。因此他有机会带着武器,单独面见摩押王,然后拔剑刺进摩押王的肚子!

我们读到**珊迦**这个人,他用赶牛的棍子打死了六百名非利士人。

我们读到**底波拉**和**巴拉**。底波拉是女先知,嫁给拉比多,她的名字意指"忙碌的蜜蜂",拉比多的名字在希伯来文里是"闪光"的意思。

底波拉专门听从神的指示，排解纠纷，士师记记载底波拉叫巴拉率领百姓去打仗，巴拉不肯上战场，除非底波拉一起去。以色列军队一向的惯例都是由资深军官领军作战。巴拉不肯去，神很生气，就对巴拉说，为了叫他羞愧，敌人西西拉必死在妇人手下。后来果真如此。

下一个故事讲**基甸**，他是圣经上的胆小鬼。他把肉放在祭坛上，有火从天而降，把肉烧掉，他却还求主从天上显个征兆给他，好像这火还不够似的！神怜悯他，利用羊毛给他进一步的征兆，一天让羊毛变干，一天让羊毛变湿。基甸必须明白，惟有倚靠神的力量和方法，才能打胜仗。神把他的军队从三万多人减为三百人，为的就是让基甸学会不倚靠人的力量。

我们读到的下一个人物是**亚比米勒**（后面会再谈到他）。然后是**陀拉**，圣经只简短提到他带领以色列二十三年。在他之后，**睚珥**带领以色列二十二年，圣经说他有三十个儿子，三十匹驴驹，三十座城邑，这是很有意思的细节，但也就这样而已！

再来是**耶弗他**，描述他的篇幅较长。他是基列人的首领，冲动地向神起誓，说他若能打胜仗，回家时就把第一个出来迎接他的人献给神，结果竟然得献上他自己的独生女。

伯利恒人**以比赞**有三十个女儿和三十个儿子，他的儿子娶的都是犹大支派以外的女子。再来的**以伦**，带领以色列十年。之后的**押顿**，有四十个儿子，三十个孙子，七十匹驴驹！圣经对这些人没有再多加叙述。

不过接下来的**参孙**，就有详细的描述。参孙这名字意指"阳光"。他从小就作拿细耳人，所以不能喝酒、不可剪发。这男人的故事可不寻常，他完全栽在女人手上。他成了亲，还没度蜜月婚姻就破裂。后来他找上一个无名妓女，最后一名叫大利拉的女人成了他的情妇。参孙虽然是大力士，却是一个软弱的人。他的弱点主要不是他的感情关系，而是他的品格。因着圣灵的恩膏，他多次使出神力，但后来神的灵离开他，他被非利士人抓住，弄瞎眼睛，关起来推磨，成为非利士人的笑柄。

我在很多年前讲过一篇道，题目是"参孙的头发再度长出来"，那篇道后来变得很有名,有位年轻女士听到了,就写了一首诗。诗中描述瞎眼的参孙由一个男孩牵着,来到殿里的柱旁,后来他把柱子推倒,毁了整座殿。

牵他手的男孩

他们挖出他的眼。
起初
我不忍瞧,
　空洞又血腥又残酷。
我不愿瞧,
　那空荡荡的震撼,
　心知他再也看不见。
我注视那剃光的脑袋低低垂下,
　随着磨石的节奏晃动,
　推了一圈,一圈,又一圈。
我注视那多余的枷锁,
　沉重坚硬,
　啃蚀着再也毋须捆绑的肉身。

如今
他失去双眼又何妨,
　我就是他的眼。
　他透过我来看。
他也只能透过我来看,别无他法。
于是我流下了他流不出的泪,
　那荒唐的岁月啊。
于是我学会了爱这个破碎的人,

> 而他终于学会了敬畏他的神。
> 因此
> 我不怕死,
> 乐意最后一次当他的眼,
> 牵他的手,
> 一如往常领着他,
> 一步一步引导他,
> 来到他可以祷告的地方。
> "主啊,至高无上的主啊!"
> 柱子倒下的那一刻,我高喊:
> "阿们!"

参孙死前五分钟为他同胞做的,多过他生前所做的一切。

人的软弱

圣经描述人物的时候,总是很诚实,不会隐瞒人的失败和软弱,士师记也不例外。我们可以看见士师记的人物有好些缺点:巴拉不像个男子汉;基甸胆小,老是求征兆,死前还用黄金打造一件以弗得(祭司的套衫),后来成了以色列的"网罗",变成他们膜拜的对象;耶弗他是妓女的儿子,没想清楚就乱起誓;参孙没有善待妻子,和妓女睡觉,又找了个情妇。他们都不是勇者,也不圣洁,但是神却使用他们!

神的力量

这些不完美的人,为什么能够成就大事?他们不是靠自己的力量,秘诀在于圣灵降临在他们身上,他们都是"圣灵充满"的人。

神圣的力量透过软弱的人动工,这些士师正是活生生的例子,我们读到这些人竟然能够发出超自然的力量。参孙大概是最好的例子,但士师记里还有很多不可思议的故事。有一点很重要,要特别指出来:在旧约圣经中,圣灵的恩膏只临到少数人身上。在士师记中,当时以色列的人口有两百万，只有十二个人经历到这种恩膏。还有，圣灵只是暂时降临在这些身上，不是永久的。比如圣经就说，圣灵离开了参孙。在旧约圣经中，圣灵的恩膏会触摸人一段时间，但不是一直住在人里面。

士师到底是什么？

我们已经看了士师记的几个故事，但有个重要的问题还没问：士师到底是什么？他们是谁？做什么工作？

英文圣经把士师翻译成"judges"（审判官），但这个译法没有抓住原文的本质。英文圣经说参孙"审判"以色列，或说基甸"审判"以色列，而希伯来文的原意是说，他们是"解决问题"的人，把神的百姓从自己的过犯和敌人的压迫中救出来。圣经并没有给他们"审判官"这头衔，只是描述他们做了什么。在士师记中，惟一能称作"审判官"的，只有神，他才是*真正的*审判官，只有神才能真正解决百姓的问题。所以，比较正确的说法是，神透过这些英雄，藉着自己的圣灵，为百姓的益处来拯救百姓，为百姓解决问题。

士师也关心国内是否公义公平，但主要是解决外来的问题，因为那些邻国充满敌意，陆续攻打以色列，亚扪人（三次）、亚玛力人（两次）、摩押人（一次）、米甸人（一次）和非利士人（三次）。圣经也特别提到耶利哥王、摩押王、夏琐王。

神的百姓来到一个人口众多的地区，这里的民族对以色列人大多充满敌意，视他们为入侵者。以色列人住在那地只有一个理由——那是神赐给他们的地，他们必须向那地的居民施行惩罚，方式就是将那些民族通通除灭。所以士师记不只是在讲几个英雄的故事，不只是在研读人物（本章引言所描述的第一种历史层面），士师记也是在讲述民族的故事（第二种历史层面）。

民族历史

把上述十二个士师治理以色列的时间加起来，一共有四百年，但士师记只涵盖两百年的历史，怎么会这样呢？

地理

只要知道士师在做什么，这个问题就很容易回答了。我们读到基甸和参孙的时候，会以为他们是在拯救全以色列的百姓，但此时以色列支派已分成两组，分散在跟威尔士差不多大的地区。所以，当我们读到某个士师治理四十年，有可能只是指北方而已，同时期可能有另外一个士师在治理南方。比如参孙拯救的是南方的支派，而基甸则是拯救北方的支派。

政治

此时的以色列没有领袖。摩西带领他们出埃及，约书亚带领他们进入应许之地，但这两位伟大的领袖过世之后，以色列就没有领袖了。请记住，当时的以色列还没有王。因此，士师只是地区领袖，领导当地的支派，全国还没有统一。

道德

各支派不断受到其他国家和民族敌挡，还有一个道德上的原因，而这正是士师记的中心信息。从这卷书的简短大纲，就可以明显看出原因何在。士师记可以清楚分成三部分。

1. **不可原谅的妥协（1－2章）**
    (i)姑息
    (ii)联姻

2. **无可救药的行为（3－16章）**
    (i)百姓违抗
    (ii)敌人压制
    (iii)向主求救
    (iv)得到拯救

3. **无可避免的败坏（17－21章）**

(i)北方拜偶像——但支派
(ii)南方犯淫乱——便雅悯支派

第二部分的四阶段循环重复了七次。这卷书最后有一句话，在全卷不断出现："那时以色列中没有王，各人任意而行。"

1. 不可原谅的妥协

(I) 姑息——难防的山谷

神差遣以色列进入迦南地，彻底消灭当地居民。考古学家证实，迦南人作恶多端，性病泛滥。有些人质疑这种消灭行为是否公义，但他们忘了神对亚伯拉罕说他的后裔未来将如何。神告诉亚伯拉罕，犹太人会在埃及待上几百年，直到亚玛力人恶贯满盈为止。神容忍亚玛力人的恶行，但他们终于超过尺度，神就利用以色列作工具，审判这个罪大恶极的社会。

然而，以色列没有遵从神的命令，没有消灭全部的敌人。他们占领山区，却让很多居民留下来，尤其是山谷中的居民。于是，以色列民分成了三群：北方、中部、南方。各支派之间沟通困难，外敌入侵时，无法立即回应，难以团结。再者，入侵者可取道山谷，以色列内部有这么大的弱点，给入侵者可乘之机。

(II) 联姻——和外族通婚

谷中居民松散的道德标准，对以色列许多男人来说是一大试探。不久之后，以色列人就开始和外邦人通婚，公然违抗神禁止他们和外邦人通婚的律法。这影响了以色列的属灵生命。你若和魔鬼的女儿结婚，势必会和你的岳父起冲突！过圣洁生活的计划遭到破坏，很多以色列人和外邦人通婚后，转而事奉迦南神祇。信主的人和不信主的人结婚时，不信主的一方在属灵方面的影响力往往大过信主的一方，这现象直到今天仍然一样。事奉迦南神祇的结果，就是道德败坏，因为错误的信仰必然导致错误的行为。

2. 无可救药的行为

士师记有许多篇幅都在描述一次又一次的循环。神的百姓一再重蹈覆辙。

- **求救：** 以色列人向上主求救，因为受到压制。
- **解救：** 神差拯救者（如基甸、参孙）来解救百姓。

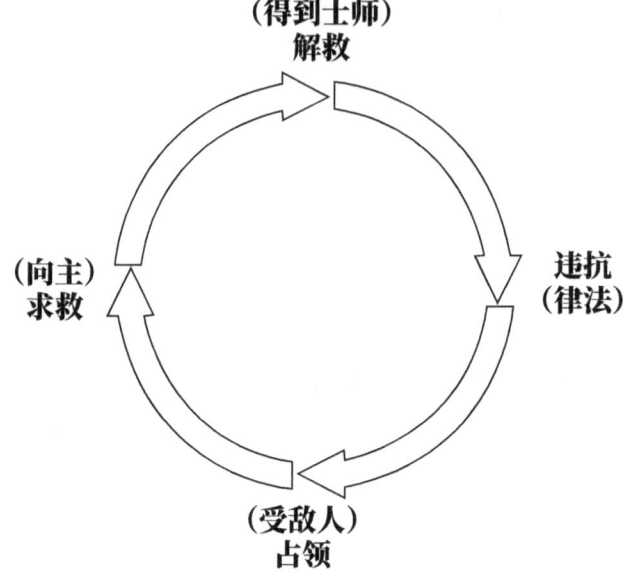

- **违抗：** 百姓获救后，又走回犯罪的老路。
- **占领：** 因此神差敌人（如米甸人、非利士人）来压制以色列，以色列人在自己拥有的土地上，反而成了别国别族的臣民。
- **求救：** 在患难中，以色列人再度向主求救，这个循环继续下去。以色列人似乎只在遇到困难时才祷告，很难看出究竟是真心悔改，抑或只是后悔自食恶果。很多人显然不知道，他们受到压制是自己犯错造成的。

不只一国有这种循环，人也一样，不断犯罪、悔改、蒙赦免，然后又继续犯罪。

3. 无可避免的败坏

士师记最后这部分，百姓道德败坏，惨不忍睹。当时发生了两个情况，一在北方但支派所在地，一在南方便雅悯支派所在地。两个情况都是神的百姓被一个祭司带入歧途，正是前文那句格言的最佳写照——拜偶像（错误的信仰）会造成道德败坏（错误的行为）。

(I) 北方拜偶像——但支派

这故事始自一个作儿子的，名叫米迦，是以法莲人，偷了他母亲一千一百舍客勒银子。后来他把钱还给母亲，母亲高兴极了，就拿这笔钱去雕刻一个偶像，送给儿子收藏，儿子就把偶像摆在家中。

有个年轻的利未人，来到米迦的家中求宿，结果米迦给他固定薪水，管吃管住，请他担任父亲和祭司的角色。后来，但支派没能占领神分配给他们的南方土地，就移居北方。有一天，但支派的首领在这户人家过夜，看见神像，又看见这个祭司，就说要聘他做全支派的祭司，给他更多的薪水，这利未人就答应了。

这显然违背神的律法，因此，但支派陷入偶像崇拜的大罪。就像十二使徒中的加略人犹大，因为犯下滔天大罪而被除名，在启示录中，但支派也被除名了。这罪始于一个人偷了母亲的钱，后来又请一个利未人来担任私人祭司；先是一个家庭犯罪，后是整个支派犯罪，没有经过正当的派任或授权就聘用祭司。

(II) 南方犯淫乱——便雅悯支派

这故事更糟。有另外一个以法莲支派的利未人，娶了一个妾，是犹大伯利恒人，这个妾离开他回娘家。四个月后，这个利未人去伯利恒，想带小妾回家。岳父一直挽留这个利未人在家里过夜，最后实在留不住，只好放女儿走。那天他们太晚出发，只能走到耶路撒冷，当时耶路撒冷还是外邦人的城。利未人不肯留宿外邦人的地方，就往北赶路，前往便雅悯支派，日落时分来到基比亚，有个老人招待他们到家里过夜。不料，他们吃饭的时候，有一群"城中的恶人"打断他们，要求那个利未人出来跟他们交合。老人不答应，却愿意交出自己的女儿。最后，利未人把他的妾交给这群人。第二天早上，这个妾死在门口，是被那些人轮暴至死的。

利未人把妾的尸身切成十二块，分送到以色列的十二支派。以色列人发现便雅悯支派的男人做了这等恶事，就要去找那些恶人报仇。便雅悯人遭到这样的控告，非常生气，不肯把那些人交出来。

于是内战爆发，便雅悯支派几乎全族被灭，只剩下六百个男人，城镇尽毁，妇孺被杀光。其他支派已经起誓，不让便雅悯人娶他们的女儿，但现在便雅悯支派快灭族了，以色列人可怜他们，只好采取行动，避免便雅悯灭族。他们从基列雅比带回来四百个处女，给存活的便雅悯男人作妻子，但这还不够。接下来，他们想出一个办法，就是让便雅悯人在示罗的节庆期间去绑架一些以色列女子回来当妻子，这样就不算他们主动把女儿嫁给他们了，没有违背之前的誓言。

不管从哪方面来看，这都是一个可怕的故事，加上但支派的故事，士师记的结局实在凄惨。

神学意图（永恒目的）

读了这么阴郁的故事之后，现在要看一个比较令人振奋的主题：思考这卷书的神学意图。圣经历史至终不是要记录人的事，而是在记录神的话语和作为，让我们看见神是谁。

我们已经看到，神才是百姓的审判官和拯救者，因为只有他称得上是这卷书中的"士师"（审判官）。神才是真正的英雄，人类领袖惟有跟神合作，才能够成功。

然而，我们若问："是谁把迦南人赶出那地？是以色列还是神？"答案必是："两者皆是！"这样的情况可以归纳成这句话：没有神，以色列人做不到；没有以色列人，神不会去做。神一方面宣告他要把那地赐给以色列人，并赶出那地的居民，但另一方面，神需要以色列人回应他的带领。

再者，我们读到，神有几次并未赶出敌人，反而让他们留在那地，考验以色列，藉此教导他们怎么打仗。阿摩司书告诉我们，神如何带领以色列人出埃及，也怎样带领非利士人从克里特来到这地，与以色列为邻，来伤害以色列。

所以，我们在士师记中看见神管教他的百姓。他把百姓交给恶者，彰显他的公义，但他也救他们脱离恶者，彰显他的怜悯。

这个原则也在新约圣经出现。当然，主祷文就有这么一句："不叫我们遇见试探，救我们脱离凶恶。"圣灵的大能可以医治病人，但也能够使人生病；可以叫瞎眼的看见，但也能够叫明眼人看不见；可以叫死人复活，但也能够叫活人死，亚拿尼亚和撒非喇就是例子。教会最终的管教就是把犯错的会友交给撒但，让撒但败坏他的身体，也许他会因此清醒过来，在审判日那天，灵魂得以拯救。

但是神同时也听以色列人的祷告，并且回应。以色列遭遇苦难，神内心忧伤；尽管百姓一再悖逆，神仍然耐心、信实。因此，我们读到神如何回应祷告，差遣有恩膏的领袖，比如基甸和巴拉，前来指示百姓如何作战。我们看见神和人的关系是互动的，双方互相影响。

不过，光看见神和人之间的互动，仍然无法解释这卷书的目的，要等看过了路得记，这卷书的目的才会显明。现阶段我们看见的就是以色列一再重蹈覆辙，在麻烦和拯救中不断循环，不知未来如何。

造成以色列这些问题的原因可以从两方面来看：

1. 第二代人民

如今盘踞应许之地的以色列人，不像上一代那样认识神，不清楚神过去为他们做了什么，也不想认识神。他们做自己眼中觉得对的事，却是神眼中的恶事。每个人都有自己的一套律法。

2. 第二代领袖

领袖死后不见得立刻有人接班，中间会有一段空档期，在这段空档期，百姓又走回老路行恶，再度招致神的惩罚。这个模式不断循环，可以从这样的句子看出："士师在世的日子……但士师死后……"。这和其他国家很不一样，那些国家都是一个朝代接着一个朝代，确保政权延续、国家安定，而士师带领的只是一群人，不是整个国家。

立王的问题，爆发过几次。

(1) **基甸**打败米甸人之后，跟随者想要拥戴他为王，开创一个新朝代。有些人认为基甸应该接受才对，但这显然不是神拣选君王的时刻。基甸告诉百姓，他们的问题出在不把神当作他们的王。

(2) 基甸死后，有几个人做了领袖。**亚比米勒**问百姓，是希望他一个人来领导他们，还是要基甸的七十个儿子一起来领导他们。结果亚比米勒顺利做了领袖后，就杀光自己的兄弟。他对权力的渴望日增，显示他无意为百姓谋福祉。江河日下，最后他死在战场上。

(3) 士师记从头到尾一直出现一句话："当时以色列没有王……"，暗示如果有王的话，情况一定会比较好。这个主题后面会再谈到。现在的重点是，士师记告诉我们，百姓很需要一个王。稍后看路得记时，更正面的信息出现了：他们会有一个王。而路得记问的是："谁是那个王？"

† 路得记

路得记和士师记是同一时期写的书卷，却截然不同。

- 士师记讲了很多人的故事，路得记只讲几个人的故事。
- 士师记很长，路得记很短，是旧约圣经中极短的一卷书。
- 士师记讲到整个以色列，路得记只讲到一个小村庄。
- 士师记涵盖两百年，路得记只涵盖一代。

路得记这卷书读起来像古典爱情小说，也像是女性杂志会刊登的爱情故事。读完士师记再读路得记，令人耳目一新。士师记里记载屠杀、强暴、妓女被分尸、内战、邪恶的祭司，而便雅悯支派所在的地区，离路得居住的犹大地，不过两英里，氛围却全然不同。

路得记只有四章，头两章在讲两个分不开的妇人，后两章在讲两个有影响力的男人。这四个人就是这出剧的主角。

1. 婆婆丧夫丧子。
2. 媳妇忠诚亲爱。
3. 至亲的爱情。
4. 君王的血脉。

1. 婆婆丧夫丧子

故事一开始，说以色列发生饥荒，于是有三个男人离家去摩押寻粮。我们可以猜测这场饥荒是神的惩罚，因为饥荒是神不悦时常会出现的征兆，而且这恰恰跟路得记的主要场景伯利恒形成强烈对比，因为伯利恒这名字在希伯来文意指"粮仓"。

假如这个家庭从历史学到教训，就会知道，去以色列境外的地区寻找粮食，都会遭遇灾祸，亚伯拉罕、以撒、雅各正是如此，但这里没有记载他们向神祷告求粮。所以拿俄米和她的丈夫就往东边去了，越过死海另一边的山地，来到摩押。日子一天天过去，他们的两个儿子都成了亲，娶了摩押女子。但拿俄米的丈夫死了，雪上加霜的是，接着两个儿子也死了，三个寡妇孤苦无依。在那个年代，寡妇生活是非常艰苦的。这整个戏剧化的事件一开头就是男人不肯倚靠神，只想靠人的办法来解决问题，没有求问神这是怎么回事、该怎么办。

他们若是问神，神一定会告诉他们，饥荒是他降的惩罚，只要他们回转归向他，就会再度有足够的粮食。但他们连问都没问，更别说聆听神的回答。

因为这场危机，拿俄米的心变得苦毒。她的名字其实原来意指"欢乐"，但当她回到以色列家乡时，亲友都认不出她来，她要人家开始改口叫她"玛拉"，意指怨苦。她鼓励两个媳妇留在摩押，因为她知道回到犹大地之后，她们没有再嫁的指望，犹大地的男人不太可能娶本族之外的女子。

媳妇俄珥巴同意了，回到摩押地去，从此没在圣经上出现，这个选择使得她不再有份于神的计划。但是路得跟着拿俄米走，结果她的名字留芳百世，成了主耶稣基督的祖先。

这个故事提醒我们，一个选择可以改变一切，我们的选择反映出我们的品格，路得在正确的时机做了正确的选择。

终于，我们看到有一个人的行动，打破了那永无止尽的循环。路得成了神计划中的君王族谱的一部分，她的名字出现在马太福音的耶稣家谱中，尽管她是个外邦人，而且还是个女人。

2. 媳妇忠诚亲爱

路得兼具内在美和外在美，非常谦卑，但也有胆识，这对男人颇有吸引力。她是个忠贞的女子，有服事的心肠，但绝不消极，也不会一副可怜相。

她不但选择留在拿俄米身边，也选择拿俄米的同胞和拿俄米的神。显然神对路得来说是真实存在的，虽然她也见过神惩罚他的百姓。她四次对拿俄米说："我愿意。"从她对拿俄米的忠诚，可以看出她对拿俄米的爱。在希伯来文中，忠诚和爱几乎是同一个字，没有忠诚的爱不是真爱。同样地，神立约要爱他的百姓，意思就是不管景况如何，他都会爱他们到底。

再者，圣经说，路得在神眼前蒙"恩"。在希伯来文中，"恩"和"喜爱"是同一个字，她成了神所喜爱的人。从故事中也可清楚看出，伯利恒的人都在谈论她，因为神不断地向路得施恩。

3. 至亲的爱情

这卷书的下半部讲两个有影响力的男人，波阿斯和未来将作王的那位。

波阿斯是个有地位的人，为人慷慨。当时的习俗是，农作物收割之后，田中剩余的麦穗要给人拾取，但波阿斯吩咐手下的收割工人，要特别多留一些麦穗给路得。

路得记中还有两个习俗，我们必须先了解，才能明白接下来的故事。第一个习俗是寡妇可嫁给亡夫的兄弟。以色列每五十年的禧年一到，所有的土地都要归还给前次禧年时拥有这块地的家族。所以，五十年后，那个家族必须有男丁代表，出面要回这块土地。寡妇嫁给亡夫兄弟的律法规定，女人如果来不及生子继承产业就死了丈夫，那么亡夫的兄弟必须娶她，给她一个儿子，这样才能保住家族的土地。路得的亡夫当然拥有土地继承权，但她现在没有丈夫也没有儿子，必须有个亲戚来娶她，保住她丈夫的姓氏和血脉，这样禧年来到时，才能重新得回这份产业。

　　第二个要了解的习俗是社会习俗。当时的女人不能向男人求婚，但她可以透过几种方式，向男方表示愿意嫁给他的心意。其中一种方式是帮那个男人暖脚！路得去躺在波阿斯的脚旁，用自己的衣服盖住波阿斯的脚，就是表示愿意嫁给波阿斯。这两个习俗解释了波阿斯为什么娶路得为妻。

　　路得躺在波阿斯脚前，明白表示愿意嫁给他，波阿斯受宠若惊，想不到路得竟看中他，毕竟他不是路得的近亲中最年长或最年轻的一位。不过，按理应是较波阿斯年长的人来尽这个义务，所以波阿斯必须让他先选！此人同意让出机会，按着习俗，脱下凉鞋交给波阿斯，等于一言为定的意思，这样路得和波阿斯就可以成亲了。

4. 君王的血脉

　　这是一个很美的乡间爱情故事，但我们必须问，这一切事情的背后，神有什么用意呢？圣经收录这个故事，不可能只是来个轻松的小插曲。神显然是在为以色列预备一条君王的血脉。路得做了正确的选择，决定跟着拿俄米回乡作她的同胞，而神选对了人，拣选她成为这条君王血脉的一分子。

　　虽然经文没有直接指明神怎样介入，但整卷书中常常提到神，书中的人物经常求神赐福他人。比如拿俄米求神赐福给路得，因为路得选择跟随她；收割的工人求神赐福给波阿斯，波阿斯也求神赐福给这些收割工人；波阿斯求神赐福给路得，因为她选了波阿斯。他们讲到神的时候，都是用"雅威"来称呼神，这个名字的含义就像always（永远）这个英文字——神永远是我的供应者，永远在我身边，永远是我的医治者。

有一点很有意思。波阿斯是犹大的直系后代，犹大是雅各十二个儿子中的一个。波阿斯也是他玛的直系后代，他玛被公公乱伦"强暴"后生子，从这些可以看出，神能够使用最糟的情况，来成就他的计划。雅各临终之前给犹大一段预言："权杖必不离犹大，王圭必不离他两脚之间，直到属他的那位来到。"（编按：新译本）雅各过世几百年之后，以色列人才想到要立一位君王，但是雅各早已应许犹大，将来必有一位君王出于犹大的后代。

我们也知道波阿斯的母亲喇合不是犹太人，妓女喇合是迦南地第一个相信以色列神的外邦人。所以这里的族谱很复杂：她玛遭强暴，喇合是外邦人又是妓女，路得是摩押人，但她们都是我们的主耶稣基督的直系祖先。

† 士师记和路得记的作者是谁？

现在要来看士师记和路得记为什么密不可分，同时要回答一个问题：这两卷书的作者是谁？写作的目的又是什么？

圣经每一卷书的最后，通常会透露写那卷书的目的。从"那时以色列中没有王"这句话可以看出，士师记和路得记是在以色列有了王之后才写的。从路得记的结尾也可以明显看出，写作这卷书的当时，大卫还不是王，因为里面有一句话说："耶西生大卫"，而不是说："耶西生大卫王"。

这两个事实强烈暗示，写这卷书的时候，以色列有王，却是在大卫作王之前。因为大卫紧接在扫罗之后作王。所以这卷书写作的当时，一定是扫罗作王，他是以色列第一个王，是百姓选出来的。百姓选他是因为他的个子高、相貌堂堂，不是因为他的品格好或能力强。

如果我们知道这卷书是什么时候写的，也要问是谁写的。在撒母耳记上，撒母耳讲话的语气，和士师记、路得记的语气一模一样。撒母耳喜欢用同胞的历史来教导，这是他的风格。因此，很有可能是撒母耳写了士师记和路得记，原本是同一卷书，而当时扫罗作王。

我们若问扫罗王来自哪个支派，就更可以看出这卷书的写作目的了。扫罗来自便雅悯支派。这两卷书的主要信息就是——跟犹大和伯利恒的人比起来，便雅悯支派真是坏透了。换句话说，撒母耳写这两卷书是为了预备百姓，把盼望从扫罗移到大卫身上。撒母耳暗中膏抹了大卫，但他需要预备百姓接受大卫作王，来取代他们自己选出来的扫罗王。

撒母耳要读者把便雅悯支派的坏人和伯利恒的好人比一比。最后，撒母耳提到耶西是大卫的父亲。他知道大卫是神预定的王，而大卫将扭转整个情况。

我这推论还有一个根据，就在士师记第1章。犹大支派进入应许之地时，耶路撒冷城分给了便雅悯支派。但士师记前面告诉我们，当时耶路撒冷城掌握在耶布斯人手中"直到今日"，暗示便雅悯支派从未征服这城。撒母耳记上记载，大卫作王之后首先采取的行动，就是占领耶路撒冷城。这进一步厘清了士师记的写作年代，印证这卷书的写作目的很可能是要鼓励百姓支持大卫。路得记和士师记让我们看见两座城市："粮仓"伯利恒，大卫的家乡，以及被耶布斯人占领的耶路撒冷，不久之后却成了以色列的首都。

† 今天如何运用士师记和路得记？

在新约圣经中，使徒保罗告诉提摩太，圣经是神所默示的，能给我们"得救的智慧"。耶稣说，圣经是在为他做见证，所以我们必须问，基督徒应该怎么读士师记和路得记。

士师记

基督徒可以从士师记的人物学到很多功课，不管是士师犯的错误，还是他们做的正确决定，都足以教导我们。每个故事都对基督徒有用处，但我们不是把士师视为该效法的榜样，新约圣经并未鼓励我们这么做。希伯来书第11章讲到许多人物，包括几位士师，第12章则说，那些人是我们的先锋，如今正在看着我们这些人——是我们这些人，要怎样跑完这个赛程。我们仰望的真正榜样是耶稣，他是为我们信心创始成终的那位，他的拯救工作存到永远。

教会也需要读士师记，因为教会也同样可能陷入群龙无首的情况，做自己觉得对的事。教会有可能犯下错误，追随一个看得见的"王"——看重某个人的想法或带领，高过于基督。民主政治、寡头政治、独裁政治全都靠人的领导，但圣经教导我们，应该靠神的领导。我们的领袖既是人又是神，他曾到地上，如今在天上。

我们也必须记住，神的特质始终不变，士师记和路得记所叙述的神，直到今天仍然一样，他爱自己的百姓，管教那些偏离神道路的人，藉此彰显他的爱。而且他的计划都对我们有益，我们不必陷入沮丧的循环，因为我们可以知道真正的方向，跟随神的目的前进。

路得记

路得是早期相信以色列神的外邦人，我们在她身上看见，所有属君王血脉的基督徒，都藉着信耶稣而成了耶稣的弟兄。

这卷书让我们想到耶稣，如果教会像路得，那么波阿斯就像基督——至亲的亲属。教会被纳入旧约神百姓的这条血脉，我们是新妇，他是新郎。路得记不是旧约圣经中孤立的一卷书，这卷书所涵盖的主题，贯穿整本圣经。整本圣经是个爱情故事，结局是启示录所记载的羔羊婚宴。路得和波阿斯的爱情故事，正是基督和他外邦新娘的最佳写照。

9. 撒母耳记上下

✝ 引言

撒母耳记上、下在希伯来圣经里其实是同一卷书，而且归类为"前先知书"。撒母耳记上下总共涵盖一百五十年的历史，从先知的角度来记录神怎么看事情、神所看重的事。撒母耳记上下以书卷中主要的先知来命名，而且大部分的内容可能就是他写的。撒母耳记上下记载了以色列历史的重大转变，以及大卫王的崛起，大卫王流芳百世直到今日。

背景

犹太人先祖亚伯拉罕的年代，大约是在公元前两千年；大卫王则是在公元前一千年左右作王。因此，从神应许要给亚伯拉罕后裔和土地，到撒母耳记和大卫出现，当中有一千年之久。本书第1章《旧约概论》有一张旧约圣经的时间表（见页18），指出撒母耳记记录了以色列历史上第二次的领导模式改变。

1. **公元前2000年到1500年**。带领以色列的是族长：亚伯拉罕、以撒、雅各、约瑟（当时以色列还不是国家）。

2. **公元前1500年到1000年**。从摩西到撒母耳，以色列是由先知带领。
3. **公元前1000年到500年**。从扫罗到西底家，以色列由王带领。
4. **公元前500年到基督时代**。从约书亚到亚那和该亚法，以色列由祭司带领。

这些年份只是大概，但有助于我们了解。撒母耳记叙述以色列由先知带领转变为由王带领，一百五十年间逐渐走上坡，大卫作王是高峰期。

这是以色列历史上很重要的一段时期，犹太人把大卫王时期视为黄金时代，神所应许的土地，在大卫时大多征服了，全国平安富足。直到今天，犹太人仍在期盼大卫的子孙再度来掌权，国家统一、得胜。但撒母耳记所讲的并不都是好消息，我们看到这个王国开始走下坡，列王纪上下记载这一路走下坡的情况，到最后，以色列失去了等待了一千年才得到的一切。

在探讨如何诠释撒母耳记之前，先来看看撒母耳记上下几个主要的故事。首先看这两卷书的内容和架构。

架构

1. **撒母耳——最后一位士师**
   (i)哈拿——愁苦的妻子
   (ii)以利——体衰的先知
   (iii)以色列——骄傲的军队
   (iv)扫罗——受膏的王

2. **扫罗——第一个王**
   (i)约拿单——胆识过人的儿子
   (ii)撒母耳——愤怒的先知
   (iii)大卫——明显的对手

进
(a)单纯的牧人
(b)优秀的琴师
(c)一流的战士
出
(a)遭忌的臣子
(b)逃亡的罪犯
(c)流放的佣兵
(iv)非利士人——顽强的对敌

3. **大卫——最好的王**
(i)得胜的高升
上
(a)一个支派
(b)统一全国
(c)庞大王国
(ii)悲哀的沉沦
下
(a)个人蒙羞
(b)家庭破碎
(c)百姓不满

4. 结语

在这个结构表中,撒母耳和扫罗分别跟三个人及一个民族有密切的互动关系。和撒母耳相关的是哈拿、以利、扫罗和以色列;和扫罗相关的是约拿单、撒母耳、大卫和非利士人。

如上所示,大卫的一生可以用四个表示方向的字来总结:进、出、上、下。"进"和"出"是指扫罗王对大卫的态度转变,"上"是指大卫不断高升,到达君王的权力高峰,"下"是指他走下坡,沦落绝望深渊。

✝ 内容

1. 撒母耳——最后一位士师

(i) 哈拿——愁苦的妻子

撒母耳记一开始讲撒母耳的母亲哈拿的故事。哈拿的丈夫以利加拿娶了两个妻子，正室哈拿不能生育，侧室毗尼拿有孩子，所以哈拿经常得忍受毗尼拿的嘲笑。很多年过去了，哈拿因为没有孩子，心中的愁苦日增。有一天，哈拿来到示罗的圣殿（以色列的约柜在此），向神祷告说，神若肯给她一个儿子，她就奉献这个儿子来事奉神。祭司以利注意到哈拿嘴唇在动，喃喃有声，以为她喝醉了。哈拿向以利解释说她心里非常愁苦，以利就祝福她，叫她平平安安地回去。后来哈拿怀孕，生下一个儿子，取名叫撒母耳。

哈拿心存感恩，向神还愿，将撒母耳交给以利，让撒母耳在圣殿里事奉神。哈拿再度祷告，从祷告中可以看出她对神的信心和喜乐。一千年后，当天使告诉马利亚，她将生下耶稣时，马利亚也做了这样的祷告。她当时所表达的喜乐和赞美，今天被称作"圣母马利亚的颂歌"，和哈拿的赞美互相呼应。

(ii) 以利——体衰的先知

撒母耳在祭司以利手下事奉神。有一天晚上，撒母耳听到有人叫他，就跑到以利那里，以为以利在叫他，但以利说他没叫撒母耳。同样的事发生三次，这时以利恍然大悟，是神要向撒母耳说话。这是非常重要的一刻，因为当时不管是透过异象还是话语的先知启示，都非常罕见。

十二岁的撒母耳要负责告诉以利，神将审判以利的家，因为以利的两个儿子行为不端，以利却姑息他们，视而不见。这两个儿子滥用自己的地位和职责，擅自食用奉献给神的肉，还跟来献祭的女人行淫。神说，从现在起，以利家不会有人活到老年。

撒母耳的先知事奉由此展开，但这不是他最后一次传达逆耳之言。

(iii) 以色列——骄傲的军队

接下来的故事讲到以色列败给非利士人。与以色列为敌的非利士人住在西岸。以色列人以为打败仗是因为他们把约柜留在圣殿内的缘故，所以下次上战场时，就抬着约柜同行，结果再度打败仗，死了三万名步兵，包括以利的两个儿子（应验了他们会早夭的预言）。约柜被非利士人抢走，抬到非利士人膜拜大衮的神庙。

此时已垂垂老矣的以利，一听到这个消息，就从座椅上往后跌倒，跌断脖子而死。然而，约柜却给非利士人带来麻烦，神降下恶疾，最后非利士人把约柜放在牛车上，用两头牛拉车，跟在牛车后面，看牛会往哪里走，结果牛一路上山，往耶路撒冷行去。

撒母耳把以色列人聚集在米斯巴，告诉他们，先前打败仗跟约柜无关，而是跟他们膜拜的异教神祇有关。以色列烧了偶像，再度和非利士人打仗，这次就赢了。这证明了士师记所叙述的一个原则：以色列人每次悖逆神，都会有敌人来打败他们，但每次悔改与神和好，就能够打败敌人。

撒母耳从此声名远播，他的士师事奉和先知事奉，都极受重视。

(iv) 扫罗——受膏的王

撒母耳先知最后一次公开做的事，就是膏抹扫罗作王。百姓问撒母耳，可不可以跟邻国一样，也有一个王。百姓知道神是他们的王，但他们想要一个看得见的王。撒母耳起初很不高兴，但神提醒他，他没有必要生气，因为百姓拒绝的是神自己。

神告诉撒母耳，如果以色列想要一个王，就必须有心理准备，面对后果。王会想要王宫，想要军队，想要百姓缴税，登基之后就会开始征兵。尽管神这样警告以色列人，他们还是想要一个王，而且选了扫罗作王，因为扫罗的个子最高，长相最英俊。

2. 扫罗——第一个王

拣选扫罗的过程很不寻常，神告诉撒母耳，要受膏抹为王的那人，会外出找驴子！所以，当扫罗来到撒母耳家中求助，撒母耳就心里有底了。神赐给扫罗先知的恩赐，藉此表示要让扫罗作王，不过圣经并未详述扫罗说了什么预言。扫罗三十岁时，百姓拥戴他为王，最后一位士师撒母耳，便将领导权转移给扫罗。

扫罗刚开始做得不错，百姓对这个王很满意。扫罗打败了亚扪人，初尝胜利滋味。但是他的人际关系不好，以至于不久之后情况就开始走下坡。

(i) 约拿单——胆识过人的儿子

扫罗的儿子约拿单，是以色列能够打败非利士人一事中的灵魂人物。起初扫罗很以儿子为荣。但是约拿单犯了一个错误，他没有先告知父亲，就自行再去打仗，结果虽然赢了，扫罗却嫉妒儿子的胜利，和约拿单的关系从此紧张起来。

接下来的故事，他们再度上战场，扫罗草率起誓，说那天谁要是在他找到敌人报仇之前吃东西，就要被处死。约拿单不知道扫罗起了这个誓，吃了一些蜂蜜，这下棘手了，扫罗威胁要杀儿子，因为他违背命令，即使他根本没有听到这命令。要不是扫罗手下的人阻止，约拿单早就丧命。

(ii) 撒母耳——愤怒的先知

扫罗和撒母耳的关系也日益恶化。撒母耳是先知，他的责任是把神给他的话传达给扫罗。有一次撒母耳吩咐扫罗，要等他来之后再向神献上战争之前的祭。后来撒母耳迟迟未到，扫罗就自己动手献祭，撒母耳对扫罗这样傲慢的行径非常生气，就告诉他，他的王权将要移交到别人手中。

扫罗犯的第二个错误也是违背神的话。这次他奉命要杀光亚玛力人及其牲口，但扫罗没有杀掉亚甲王，还保留那些上好的牲畜。撒母耳来了之后，再度发现扫罗没有听从神的命令，非常生气，下令在主的祭坛前杀了亚甲，然后对扫罗说：顺服胜于献祭。撒母耳又告诉扫罗，因为扫罗弃绝神的话，神也弃绝扫罗作王。从这天起，直到撒母耳过世为止，扫罗再也没从撒母耳那里听到什么话。这故事对我们是很好的提醒——外在的仪式无法替代公义。这事之后，以色列的第一个王，开始走向终点。

没有撒母耳可以咨询，扫罗无从知道神的旨意，也就无法知道以色列打仗会不会赢。扫罗刚作王的时候，禁止以色列地有交鬼的人，此举讨神喜悦，但是就在扫罗失去王位前，撒母耳刚过世，扫罗竟然设法在隐多珥找到一个交鬼的人。扫罗去找这名女子，叫她招出撒母耳的亡魂，最后一次和撒母耳对话。撒母耳告诉扫罗，扫罗即将和非利士人打的这场仗，会是他的末日。

(iii) 大卫——明显的对手

从扫罗的故事可以看见大卫怎样崛起。年轻的大卫进宫服侍扫罗，圣经说扫罗很喜欢大卫，可惜好景不常，他和大卫的关系后来恶化，就像他跟约拿单和撒母耳的关系一样。

进

(a) 单纯的牧人

神弃绝扫罗作王后，大卫就出现了，不过扫罗仍然继续作王一段时间。神差撒母耳去大卫家中，要膏抹耶西的一个儿子作王，却发现没有一个是神所拣选的。后来把第八个儿子（老幺）从田里找来，神才指出这就是下一个王的人选。大卫私下受到膏抹，等候多年之后，才终于登基作王。

(b) 优秀的琴师

这时，扫罗的精神状况和人格已经急速恶化，圣经说，圣灵离开了扫罗，邪灵开始来扰乱他，扫罗变成一个难以捉摸的人，随时可能情绪失控。他身边的策士发现只有音乐可以安抚他，就把公认的优秀琴师大卫召进宫里，让他弹琴来安抚扫罗的心灵。

(c) 一流的战士

大卫和歌利亚的故事，是圣经上最为人知的故事。两人身材之悬殊，百年难得一见，犹太人就爱这种故事：迦特人歌利亚身高九英尺六英寸，而大卫只是一个小牧童。当时的习俗是，敌我双方各选一个最厉害的人出来单挑，谁赢了，那方就算赢了，这样可以避免许多人战死。

此时，扫罗已经不是以色列"最厉害的人"了，因此，经过一番讨论，他允许大卫代表以色列，上场单挑歌利亚。尽管实力悬殊，大卫却深信神会让他得胜，相信争战的胜败在主手中，他的胜利可以叫世人看见神的大能。大卫用一把弹弓应战，就是他放羊时用的那种弹弓，他捡了五颗石子，只射出一颗，就击毙歌利亚，非利士人落荒而逃。

出

(a) 遭忌的臣子

如果扫罗连自己的儿子都会嫉妒，那么他会怎么看这个新出现的英雄呢？他听到大家欢呼说：扫罗杀死千千，大卫杀死万万。大卫成了全民英雄，扫罗开始嫉恨大卫。从此刻起，大卫有性命危险，他继续弹琴安抚扫罗不安的心灵，但有时扫罗大发雷霆，竟朝大卫掷矛。

后来扫罗想谋害大卫，先是要把自己的女儿米拉嫁给大卫，交换条件是大卫要上战场去打败非利士人。大卫不肯娶扫罗的女儿，但他打败了非利士人，而且毫发未伤归来，扫罗的诡计落空。后来大卫娶了扫罗的另一个女儿米甲。

接着，扫罗要约拿单帮助他害死大卫，但约拿单和米甲都站在大卫这边，几次向大卫通风报信，警告他扫罗的意图。

(b) 逃亡的罪犯

后来情势迫使大卫不得不逃离王宫，藏身在撒母耳位于拉玛的家中。接着发生一件很不寻常的事，扫罗和他的手下要去追捕大卫，但神的灵降临在这群人身上，他们就开始发预言，无法执行这项计划。

约拿单继续帮助大卫，两人立了约。约拿单是扫罗王的儿子，却承诺要作大卫的臣民，堂堂王子竟要让位给这个牧童。圣经描述了这段感人的友谊，说约拿单和大卫之间的爱，没有其他男人之间的爱比得上。

大卫逃到挪伯，祭司亚希米勒给大卫吃陈设饼，又给他歌利亚的剑。大卫往西逃向迦特，被非利士王认出是以色列的下一个王，大卫为了保命，只好装疯卖傻。

在亚杜兰洞那里，有四百个对现实不满的人来跟随大卫。大卫送他的父母到他曾祖母的故乡——摩押，好保住性命。有先知叫大卫回到犹大。

扫罗在隐基底追捕大卫时，进入一个山洞上厕所，浑然不觉大卫就在里面。大卫在扫罗的袍子下方偷偷割掉一角，等扫罗走出洞穴，才向扫罗喊话。扫罗非常震惊，因为他顿悟大卫本可以在洞穴中杀掉他，于是有了悔意，但只是暂时的，不久又重新开始追捕大卫。

大卫在玛云的旷野遇见一个妇人，后来娶了她。当时拿八拒绝招待大卫和他的手下，但拿八的妻子亚比该拿食物给他们吃，救了自己一家人，免于遭到大卫报复。这事之后不久，拿八就死了，大卫便娶了亚比该为妻。

(c) 流放的佣兵

在大卫的故事中，有一件很不寻常的事，在教会中很少教导。大卫因为害怕最后会遭扫罗杀害，就带着手下投靠非利士人当佣兵，非利士人是以色列的头号仇敌。不久之后，大卫就得到非利士人的信任。

(iv) 非利士人——顽强的对敌

以色列人和非利士人争战，扫罗的结局终于来临。大卫和他的手下虽是非利士人的佣兵，非利士领袖这次却没有派他们上战场，因为担心大卫和他的手下在战场上见了自己的同胞，恐怕不会继续效忠非利士人。总之，这次战役，大卫和他的手下没有派上用场。以色列人吃了大败仗，扫罗和约拿单双双丧命，正如撒母耳的预言。扫罗受重伤后知道活不了，就伏在自己的剑上自尽。撒母耳记上到此结束，最后记载的是圣经上这个谜般人物之死。

3. 大卫——最好的王

(i) 得胜的高升

上

(a) 一个支派

撒母耳记下的前九章，我们看见大卫步步高升。这卷书一开头，他写哀歌悼念扫罗和约拿单之死，歌中有一些动人的词句，记念大卫和约拿单相亲相爱的友谊。

然而，大卫的家和扫罗的家开始相争，有许多杀人和报仇事件。扫罗的元帅押尼珥改变支持对象，带走便雅悯支派，但全国已经分裂。

(b) 统一全国

犹大支派在南方的希伯仑拥立大卫作王，大卫在那里住了七年，最后统一全国，又从耶布斯人手中攻下耶路撒冷。耶布斯人一直以为耶路撒冷很安全，经得起攻打，但大卫从一座梯子进城，那座梯子从城中一直延伸到城墙外的水泉处，于是大卫拿下了耶路撒冷。

值得注意的是，耶路撒冷不但具备首都该有的绝佳屏障，三面临崖，也是介于犹大支派（支持大卫的支派）和便雅悯支派（扫罗的支派）之间的中立地带。因此，这城很适合作为政治首都，因为犹大支派和便雅悯支派都不能宣称这城是他们的。

(c) 庞大王国

撒母耳记下继续记录大卫连战皆捷。他打败了非利士人、亚扪人、以东人，征服他们的土地，建立庞大的王国。这是第一次（也是最后一次），神应许给以色列人的土地大多落入以色列人手中，是以色列历史的高峰。

然而，大卫虽然如此成功，却愿意记念扫罗的后代，恩待约拿单的儿子——瘸了双腿的米非波设。

(ii) 悲哀的沉沦

下

(a) 个人蒙羞

有一天下午，大卫开始了走下坡的过程。当时以色列军队在外和亚扪人打仗，大卫本应率领他们作战，此刻却待在宫殿里，望向窗外。他看见隔壁邻居的妻子拔示巴在屋顶上沐浴，就动了淫念。接下来，他一步步违背了十诫中的五诫——贪恋邻舍的妻子，向那妇人的丈夫说谎作假见证，偷人妻子，跟她犯奸淫，最后又杀害那妇人的丈夫。这个故事实在可怕，从那天下午起，这个国家开始走下坡，接下来五百年间，以色列失去神所赐的一切。

拔示巴怀孕，大卫想掩饰自己犯了奸淫，就安排她的丈夫乌利亚在战场上被杀。大卫把拔示巴带进宫中，娶她为妻，生下孩子。一年后，神差先知拿单来告诉大卫一个故事，藉此叫他知罪，大卫明白自己罪孽深重，便写下诗篇第五十一篇，表示忏悔。这个孩子后来夭折了。拔示巴再度怀孕，这次生下的孩子活了，取名所罗门（意指平安），但大卫心里没有平安。

(b) 家庭破碎

大卫淫乱的行径，似乎在家中引发了一连串的不幸，他的长子暗嫩强暴妹妹他玛，他的次子押沙龙听说此事，两年后为妹妹报仇。

押沙龙受到百姓热烈爱戴，以至于大卫被迫离开耶路撒冷，再度流亡。

拿单的预言应验了，押沙龙接收大卫的妻妾，在王宫屋顶上耀武扬威，公然和她们行淫。后来押沙龙作战身亡，但大卫非常哀恸，宁愿死的是自己。

(c) 百姓不满

大卫家中的仇恨，影响到全国百姓。尽管大卫统治全国，版图辽阔，百姓却不满意他的领导。首都设在南方，北方的百姓觉得受到冷落。

便雅悯人示巴知道百姓不满，便拒绝承认大卫为王，带头叛变。大卫平息了这场叛变，但百姓仍然怀怒含怨。

4. 结语

撒母耳记下的最后几章用一种文学架构来安排，根据不同的主题写下结语。这个架构可以分成六部分，各标示为A1、B1、C1、C2、B2、A2。A1和A2，B1和B2，C1和C2各包含类似的主题。

A1. 过去的遗害

以色列全地面临三年的饥荒，神告诉大卫，这饥荒是在惩罚以色列，因为以色列曾经起誓不碰基遍人，但扫罗却屠杀基遍人。基遍人要求处死扫罗的七个子孙，以报复扫罗的恶行，大卫便将这七人交给他们。

B1. 大卫的手下

这里简短叙述大卫的勇士，这些人跟着大卫打仗，在几场战役中帮助大卫打败非利士人。

C1. 大卫的诗篇

大卫有一篇精彩的诗篇，叙述神怎样救他脱离一切仇敌之手，说神是他的磐石、山寨、拯救者。大卫能够回顾过去，记念神怎样大大供应他一生所需，并且为此感恩。

C2. 大卫最后的话

大卫藉着神的灵默想，写出有如诗篇的话。神的灵启发他写下流唱万代的诗歌，这些可说是大卫最了不起的遗产。

B2. 列举更多英勇行动

大卫记录并尊崇那些与他并肩作战的勇士，其中三人曾经潜回伯利恒，为逃亡的大卫取水喝。

A2. 神的审判再度临到以色列

大卫在生命走到尾声的时候，受撒但试探，竟去数点以色列战士的人数。他的动机是出于骄傲，神便惩罚了他。先知迦得来向大卫传达神的不悦，并且叫大卫从三种惩罚中选一个：遭饥荒七年，被敌人追赶三个月，或是遭瘟疫三日。大卫选了第三项，结果七万人死于瘟疫。

大卫呼求神停止这场瘟疫，神叫他在耶布斯人亚劳拿的禾场上献祭，那是块平坦的地方，地势高过耶路撒冷城。大卫在那里献祭，瘟疫就停了。大卫觉得这禾场所在之地很适合建造神的圣殿，地主亚劳拿愿意免费奉送这块地，但大卫说，奉献给神的东西如果不用花他一毛钱，就没有什么价值，坚持要付钱买下那块地。在这块地上建造圣殿的始末，记载在列王纪。

神不准大卫自己盖圣殿，因为他手上流过许多人血，圣殿必须由和平之人建造，所以在耶路撒冷的圣殿（耶路撒冷意指"平安之城"），是由大卫的儿子所罗门建造。拟订建造计划，安排工匠，收集建材的虽是大卫，但完成建造的是他的儿子所罗门。

† 撒母耳记该怎么读？

我们大略谈了撒母耳记的内容，但尚未提到该怎么读这两卷书。每个读者读这两卷书的角度都不同，但我们读圣经时，很重要的一点是照着该读的角度来读，才能够正确地了解并诠释，读撒母耳记也不例外。圣经上的故事可以从六个不同的层面来读，我们务必要选对方式。

1. **当作奇闻轶事来读（有趣的故事）**
   (i) 孩童
   (ii) 大人

2. **从灵修的层面来读（适用个人的信息）**
   (i) 指引
   (ii) 安慰

3. **当作传记来读(人物研究)**
   (i)个人
   (ii)社会

4. **当作历史来读(以色列国家的发展)**
   (i)领导方式
   (ii)组织结构

5. **从批判的层面来读(找出可能的错误)**
   (i)低等批判
   (ii)高等批判

6. **从认识神的角度来读(神掌权)**
   (i)公义——惩罚
   (ii)怜悯——救赎

1. 当作奇闻轶事来读

(i) 孩童

最简单的读法,就是只读最有趣的故事。主日学老师会选孩子觉得有趣的故事来讲,像大卫和歌利亚的故事,就特别受到喜爱。

马利亚·马蒂塔·潘史东(Maria Matilda Penstone)这样写道:

> 神给我们一本故事书
> 这是为他古代子民写的书
> 开头讲到一个园子的故事
> 结局讲到一座黄金城的故事
> 有爸妈看的故事
> 有孩子看的故事
> 有即将安息的老人看的故事
> 这些故事人人都能读
> 其中耶稣的故事最有趣

用这种方式读故事当然有一些优点，但这是选择性的，教导的人很容易因为自己的偏好，从他们认为孩童会懂的层面来解释，结果扭曲故事真正的含义。

(ii) 大人

撒母耳记的故事读来精彩，文字简洁优美。好的故事连大人也喜欢读，所以很多人读圣经，只是想读那些有趣的故事而已。电影导演一向喜欢改编故事，比如把大卫和拔示巴的故事搬上大银幕。

从这个层面来读圣经故事，优点是至少会读，但忽略了一个基本的重点——把圣经故事当作奇闻轶事来读，就不会在乎故事的真假，是事实也好，是虚构也罢，不管怎样，还是可以享受这些故事，还是可以从中看出道德的信息。但这种读法有一个大问题，就是这些故事的真假确实很重要，因为这些小故事，是撒母耳记整个故事的一部分，在圣经的整个救赎故事中占有很重要的地位。如果我们怀疑这些故事中的人物是否真的做过那些事，那我们如何能确定，神确实做过书中讲的那些事？圣经所记载的人的作为和神的作为，只有两种可能，一种是两者都真有其事，一种是两者都是虚构的。

2. 从灵修的层面来读

(i) 指引

这种读圣经故事的方式，我称之为"星座命盘读经法"，因为有些人每天读圣经的时候，都盼望会有适合自己的信息出现！的确有人做过见证，说在一些特殊状况下，某节经文或某段经文对他们的生活影响重大；但这种情况毋宁是说明神有能力选用任何方式来引导我们，而不是这个方法有多管用。这个方法完全没有考虑到大多数的经文跟人所面对的处境没什么关系。有个老掉牙的故事说，有一个人翻圣经看到一句话说："犹大……就出去吊死了"，他觉得不满意，就再翻圣经，结果找到另外一句话说："你去照样行吧"！

如果读圣经的时候，总想找到一句适合自己的话，那么撒母耳记上这句话要怎么解释呢？撒母耳对以利说："在你家族中必定永远不会有老年人"。数世纪后，以利有个后代，就是先知耶利米，才十七岁就展开先知的事奉，因为他活不到老年。但这个预言跟我们无关。又如这节经文说："……撒母耳在耶和华面前将亚甲杀死"，这节经文跟我们有什么关系呢？

我取笑这种读经方法，是因为我很清楚一件事，我们读撒母耳记这些故事，主要的原因不在于找到给自己的信息；我们若从这个角度来读撒母耳记，会找不到跟自己相干的信息。我们需要从这两卷书的写作背景来读，这样才能萃取出正确的含义。如果只是想找一些跟自己处境有关的经文，就会错过很多重要的事。

(ii) 安慰

以前的基督徒会利用"应许箱"（Promise Boxes），寻找鼓励，好面对人生。他们把圣经上的每一个应许都印出来，卷成纸卷，放在箱子里，每天抽一张出来看。不用说也知道，这些经句都是断章取义，没有考虑到前后文。比如说："我就常与你们同在"这句话，原本是和"你们要去，使万民作我的门徒"连在一起的，我们若没有去执行这个命令，就不该去支取这个应许。今天虽然没有这种应许箱，但我们也可能用同样的心态读圣经，总是想找到一句跟自己有关的经文。在撒母耳记和列王纪这类历史书中，就很难找到这种经文。想要从经卷中获益，就要读完整卷书，努力去认识神，了解神对我们的感受，而不是我们对自己的感受，甚至是我们对神的感受。

3. 当作传记来读

(i) 个人

传道人最常用这第三种方法。圣经有一个很大的特色，就是诚实记录圣经人物的成功和失败。雅各在新约圣经说，圣经就像一面镜子，我们可以从读到的圣经人物身上看见自己的样子。我们可以拿自己和圣经人物比较，问问自己是不是跟他们一样。

知道这一点之后，我们就会明白，为什么以色列头两个王，明明一样都是虎头蛇尾，但扫罗被视为最坏的王，大卫却被视为最好的王。

我们读到扫罗这个人物，他的个子比大家高，占尽个人优势。我们读到神的灵临到他，彻底改变他。但我们也读到他有致命的性格缺点，没有安全感，以至于人际关系不好，还嫉妒身边那些有才华的人。

我们可以拿扫罗和大卫比较，圣经说大卫是个"合神心意的人"。撒母耳选出大卫时，圣经说："耶和华不像人看人，人是看外貌，耶和华是看内心。"

圣经描述大卫活跃于户外生活，从事劳力工作，长相俊美，勇气十足。他在孤独的牧羊岁月中，与神培养出亲密的关系，他读律法书，祷告，赞美神的创造和救赎。这些年是在预备他，成为以色列最重要的人物。

我们注意到他的领导才能，大卫不管做什么决定，都会求问神的意见。虽然他受膏抹为王，却不肯太早登基作王，而要等候神的时间到来。他连打了胜仗都还是宽大为怀，不乐见敌人被杀，即使扫罗曾经与他为敌，但是看见扫罗最后一个儿子被杀，他仍旧很愤怒。他深明饶恕之道，也懂得敬重勇敢的人，撒母耳记里面就列出了许多大卫敬重的勇士。

所以大卫和扫罗完全相反：大卫对神有一颗真心，敬爱、尊重别人；扫罗对神没有心，也不喜欢他身边的人有杰出的表现。

另外还有几个人物的比较：撒母耳和以利都无力管教子女；约拿单和押沙龙都是王的儿子，但行为截然不同——约拿单是坏王（扫罗）的儿子，但行为无私，愿意臣服于大卫的领导；押沙龙是好王（大卫）的儿子，却想篡夺父亲的王位。

撒母耳记中的女人，也很值得研读。哈拿和亚比该都很有特色，我们读到哈拿对神忠心，怀上孩子之后非常兴奋。亚比该则勇敢化解一场危机，她的丈夫不肯招待大卫和他的手下，但亚比该为大卫一行人提供饭食，令大卫刮目相看，她丈夫死后不久，大卫就娶她为妻。

(ii) 社会

我们也可以研读人物之间的关系。约拿单和大卫的友谊，是圣经中最纯洁神圣的一段友谊。

而扫罗和大卫的互动关系，看来令人沮丧，甚至危机四伏。扫罗和大卫是很典型的例子，可以看出喜怒无常的人实在很难相处，一下子欢迎你，一下子又拒绝你，再加上还有邪灵搅扰，情况更为复杂。

大卫一生和几个女人的传奇故事，可以帮助我们对男女关系有更多洞见。而他能赢得许多男人的友谊和忠心，也是当代社会深感兴趣的题目。

从百姓坚持选出的第一个王，以及选这个王的原因，可以看出"形象"的影响力，现代选举亦然。

所以，这些故事对社会、对个人都有一些含义，我们可以从中学到宝贵的功课，但这还是不足以传达这些经文要给我们的信息。

4. 当作历史来读

(i) 领导方式

第四个方法是把撒母耳记当作以色列历史来研读。以色列从一个家族发展成大族，而后立国，最后变成王国。撒母耳记就是在讲这一百五十年来，以色列怎样发展成一个王国。

当初是百姓要求立王，他们羡慕邻国都有看得见的王来统一领导，因此不想再要十二个独立支派联合领导的方式。

撒母耳警告百姓，改成君主集权统治是要付代价的，但百姓仍然坚持，于是历史的走向决定了。神同意他们的要求，但坚持以色列的王不可跟别国的王一样；以色列的王必须天天抄写、朗读律法书，在灵性上也要带领百姓（从申命记的这条规定，就可以看出神早预期情势会如此发展）。从此之后，王如何，国家就变得如何。

(ii) 组织结构

国家从联合统治变成中央集权，不是一个没有痛苦的过程。我们可以从这个角度来研读撒母耳记，看大卫面临哪些难题，看他用什么技巧克服。我们可以看见大卫有组织天分与领导技巧，顺服神的带领，使国家在他的统治之下，攀向和平与富足的高峰。他选择耶路撒冷作首都，是非常高明的一招，因为这座城先前为耶布斯人所占领，所以不属于任何一个支派。

在大卫的统治下，王国渐渐成长，先前的敌人都成了附庸国，神所应许的土地全都拿下，非利士人也不再搅扰他们。这是以色列第一次占领全部的应许之地，也是最后一次。然而中央政府也是以色列人走下坡的原因，因为权力愈集中，掌权者的品格愈能决定这个国家的命运。

5. 从批判的层面来读

(i) 低等批判

低等批判就是学者为了找出原文的错误而研经，他们研读和比较原文抄本，找出因为手抄员笔误而造成的歧异。这项工作带给我们很大的信心，因为我们发现圣经译者所使用的抄本非常接近原文，新约圣经的准确度高达98%。

旧约圣经最早的完整抄本是马索拉抄本，年代在公元900年。有一份完整的以赛亚书抄本，是死海古卷中的一卷，年代在公元前100年，比其他抄本整整早了一千年。发现死海古卷的时候，英文圣经《标准修订版》（*Revised Standard Version*）正在翻译中，所以当时还暂停出版进度，直到和这份更早的抄本核对完毕才继续。后来发现，他们用来翻译的原文抄本已经非常准确，只有少数几处需要修改。

虽然旧约圣经的准确度不如新约圣经，我们仍然可以肯定，原文传下来出现的歧异甚少。此外值得注意的是，翻译上难以取舍的地方都是枝节，无关信仰的核心真理。比如，在撒母耳记中，有两处讲到歌利亚的死，但只有一处说他是被大卫杀死。如果改一个字母，这个歧异就解决了，显然是手抄员的笔误。

(ii) 高等批判

低等批判是一门令人欣然接受的必要学科，但高等批判则带来很大的伤害。高等批判源自19世纪的德国，到了20世纪已渗入许多神学院。

高等批判的论点是，即使原文准确传达写作者的意思，我们还是有可能错解圣经。高等批判抱着先入为主的观念，根据自己认为合理的逻辑来研究圣经，他们说，科学已经证明不可能有奇迹，所以应该删除圣经上记载的奇迹；而不相信未来可以预知的人，便删除那些准确预告未来的预言。

这些批判学者，纯粹把圣经当作学术和理性上的研究题材，根本不关心人的信仰，也不了解人的信仰。这样做的结果，就是把圣经剪得支离破碎，看不出原貌。

6. 从认识神的角度来读（神掌权）

从认识神的角度来读圣经，让每一页、每一句都变得有价值。上述几种读经方法，都是从人的角度来读，但圣经主要是在讲神，其次才讲属神的人。这种读经方法，目的就在于从读经中去认识神。

我们已经看到，撒母耳记这卷书具有先知性质，从神的角度来记载历史，记载神认为重要的事。

因此，从认识神的角度来读经时，每次读到一个故事，就要问：这件事和神有什么关系？神有什么感受？为什么神这么看重这件事，要放在圣经里让我们去读？我们开始从神的角度去读圣经，根据神的身份和特质来下结论，相信神永不改变，把这些历久弥新的真理，应用在今天的世代。

公义和怜悯

从认识神的角度来读撒母耳记是最好、最令人兴奋的，这两卷书叙述神怎样介入以色列人的生活，因为他才是这些故事的主角，不是扫罗、大卫、撒母耳。神让历史事件发生，再加以回应。我们看见哈拿不孕，向神祷告，神就给她一个儿子。我们看见大卫奉神的名，射出第一颗石头，就杀死了歌利亚。我们看见大卫在神的帮助之下，逃过扫罗数千名士兵的追杀。神给一些人助力，也给一些人阻力，他惩罚恶者，是公义的神，但有时他没有惩罚那些该受罚的人，因为他也是怜悯的神。

神赐给以色列土地，但是当百姓悖逆神，神就派来压制者；当百姓悔改，神就派来拯救者。神容许百姓选出一个王，但是这个王做得不好的时候，神就另外给他们一个王，是一个合神心意的人。

研读撒母耳记的故事，固然可以从历史学到教训，也大可拿自己跟扫罗或大卫比较一下，不过，我们研读撒母耳记的真正原因，是要从中认识神的特质。

在撒母耳记中，特别可以看见神的作为。神和大卫立约，重申他从前和亚伯拉罕及摩西立约时对以色列的承诺。这是两卷撒母耳记中最重要的一刻。起因是大卫求问神，是否可以为神盖一座圣殿。大卫觉得很惭愧，因为他给自己盖了豪华的宫殿，神却只住在旁边简陋的帐幕中。

当大卫告诉神，说他想为神盖一座圣殿时，先知拿单带来三个信息。第一个信息是："可以盖"，第二个信息是："不可以盖"，神解释说，他住帐幕就够了，他从未要求住石造的殿。第三个信息是，大卫不能建殿，因为他的手流过人血，但他的儿子可以建殿。

神和大卫立约，告诉大卫，他将怎样对待大卫的儿子。神说他会管教大卫的儿子，但是会永远爱他，而大卫的家和国必在神面前永远坚立，他的国位也必坚定，直到永远，不会断了坐他王位的后裔。

从此以后，大卫的子孙都小心翼翼记载族谱，每个人都在猜想，自己的儿子会不会就是约中提到的那个大卫子孙。接下来三千年，犹太人一直在寻找他们的弥赛亚，这个应许成了全国百姓最大的盼望。

在接下来的圣经中，"约"一直是重要的主题。一千年后，这个应许实现了，一对卑微的夫妻生下耶稣，夫妻二人都是大卫的直系子孙。在法律上，耶稣因为父亲约瑟而成了大卫的子孙；在血缘上，耶稣因为母亲马利亚，也成了大卫的子孙。所以从两方面来看，耶稣都是大卫的子孙，他在地上的期间就常有人称他作"大卫的子孙"，门徒也看出应该称耶稣作"弥赛亚"（受膏者）。新约圣经后面写到耶稣和他的教会时，一直延续这个主题。使徒行传、罗马书、提摩太后书、启示录，都称耶稣是大卫的子孙，都宣称天上地下一切的权柄已赐给了大卫的这个子孙，这些权柄将永远在他手上。众人欢喜快乐，因为神在他儿子耶稣身上，守住了他和大卫所立的约。

约实现了，我们由此看见神的应许有更广的含意，因为在大卫宝座上的这个王，既掌管犹太人也掌管外邦人，两者同时构成他的教会。

惟有从"认识神"的角度来读撒母耳记上下，才能体会到这两卷书的信息有多么丰富，也才能看出这两卷书在整本圣经发展出来的主题中，占有多么重要的地位。

† 结论

撒母耳记上下是不一样的历史书，讲述先知性质的历史，记载了很多故事，有的有趣，有的诡异，有的浪漫，有的残酷。全部的故事加起来，则透露出神对他百姓一直以来的心意——神要我们接受一个人掌管，这人不是第一个大卫王，而是第二个大卫王。撒母耳记上下是基督教历史的一部分，耶稣过去是犹太人的王，今天是教会的王，未来将是世界的王，到时候，他会凭公平和公义作王，而以色列国必会复兴，重建并且恢复。

因此，撒母耳记上下这两卷书真正的意义就变得很清楚了：我们要知道神怎样介入历史，怎样在背后掌控、塑造历史，怎样向他的百姓保证他的国度必要增长，而且将来有一天，他的儿子，也是大卫的子孙，必会作王。

10. 列王纪上下

† 引言

我学生时代的历史老师，把历史课教得极其无聊又枯燥，都在讲年代、战争、国王和女王，把历史讲得很复杂，完全跟现代脱节。直到我读了搞笑的《英史大事小编》(*1066 and All That*)这本书，才重新对历史产生兴趣，这本书比学校的历史课有趣多了，每一个历史事件，不是被归为"好事"，就是被归为"坏事"，没有介于中间、不好不坏的事。

列王纪上下读起来，有点像《英史大事小编》这本书（只是少了幽默），列王纪所记载的王，不是好王就是坏王，端看他们如何治理国家。不过，圣经历史有意思多了，不像很多人记忆中的学校历史课。圣经历史的重点，不在于毫不相干的年代和战争，而是从神的角度来记录神的百姓。圣经历史也不只是供学术研究之用，而是全人类不可或缺的一部分。

背景脉络

列王纪上下的焦点，在于以色列四个领导阶段中的第三阶段（见第18页）。《旧约纵览·旧约概论》那一章，谈到第一阶段的全国领袖是族长，从亚伯拉罕到约瑟；第二阶段是先知，从摩西到撒母耳；第三阶段是王，从扫罗到西底家；最后一个阶段是祭司，从约书亚到该亚法。

在英文圣经中，有四卷书在谈列王统治的时期：

撒母耳记上： 从撒母耳到扫罗。
撒母耳记下： 大卫。
列王纪上： 从所罗门到亚哈。
列王纪下： 从亚哈到西底家。

希伯来旧约圣经只用两卷书来记录君王领导的阶段，就是撒母耳记和列王纪，两卷书的分界是亚哈王统治的时期，所以亚哈王的统治和先知以利亚的生死，分别记录在两卷书中。公元前两百年，希伯来旧约圣经被译成希腊文，这两卷书变得太长，因为希伯来文只写子音，但译成希腊文要加上元音，篇幅增加一倍。于是，因着翻译的缘故，撒母耳记分成上下两卷，列王纪也分成上下两卷。

王国

在希伯来旧约圣经中，列王纪原本的书名叫"以色列诸王国"（Kingdoms of Israel），而不是"列王"（Kings）。"王国"一词在希伯来文中有不同的含意，英文的"王国"意指王统治的一块土地，所以英国是在女王统治之下，是联合王国的一部分。但在希伯来文中，"王国"一词意指王的统治权，是由权柄来决定，不是由地区来决定，重点在于王的统治权，而不是统治区。

再者，圣经中的"统治"观念，和英国的统治观念大不相同。英国行君主宪政体制，女王有王权，但没有实质的统治权，权力掌握在民选政府手上。这种体制最大的优点，是军队和法庭不直属于政府，而是直属女王。英国君主政权的重点不在于可以运用多少权力，而在于防止权力落入他人手中。

反之，以色列的王拥有最高的权力，法令由君王制定，军队由君王指挥，没有国会，没有投票，没有反对党，君王的统治根据政令而不是辩论。人民必须绝对服从君王，所以君王的品格言行会影响到整个社会。这个王在神面前代表全国人民，但他也在全国人民面前代表神。

如此一来，评价国家的方式大为改变。约书亚记、士师记、路得记所描述的年代，在松散的联邦形式之下，百姓按自己的行为受神的审判；但是在撒母耳记和列王纪中，王的品格和言行会决定国家的命运。

有所取舍的历史

虽然列王纪是在讲以色列诸王，但叙述每个王的篇幅长短不一。比如，暗利是北国的王，我们从其他史料得知，暗利的政绩不凡，在全国的经济发展上大有作为，但是列王纪只用八节经文就把他给带过了，因为他在某个重要的方面做得很差——他行神眼中看为恶的事。与此类似的还有耶罗波安二世，他在北方统治时，也算是个小小的黄金时期，但因着同样的原因，列王纪只用七节经文讲他的事。至于希西家，他算是好王，列王纪用了三章来记录他的事，而光是所罗门的一段祷告，就用了三十八节经文来记录。另外还有以利亚和以利沙，这两个人不是王，却在列王纪上下这两卷书中占了三分之一的篇幅。

篇幅的分配显然很不平均，这是因为作者并非从传统的历史角度书写。我们研读约书亚记时就已指出，史学家首先得挑选重要的事件记载，然后把选出来的事件或人物串联起来，最后再解释为什么这些事件互有关联。列王纪的作者的焦点不是政治历史、经济历史、军事历史，即使这三方面都稍微提及。列王纪的作者把焦点放在每一个君王或王国的这两方面：

1. **属灵**的特质——敬拜，不管是拜以色列的神或是拜偶像。
2. **道德**的特质——有没有具备公义和道德。

先知历史

列王纪是希伯来旧约圣经中最后一卷"前先知书"，接在约书亚记、士师记、撒母耳记后面。这卷书从神的角度来看历史，所提到的都是神所看重的人物和事件，也是未来世代需要知道的事。人可以成为优秀的政治家或经济学家，但神最在乎的，是人的信念和言行。

我们可以把这几卷书称作"神圣历史"（holy history），因为书中记录的信息历久弥新，书中的故事也具备永恒的道德教训。这几卷书不只让我们学到历史，还让我们从历史中学到教训，不了解这些教训的人，必然重蹈覆辙。

放诸四海皆准的真理

以色列的历史有几个模式，这些模式可谓放诸四海皆准，比如列王纪中每一个王统治的时间，好王的平均统治时间是三十三年，坏王的平均统治时间则是十一年。整体说来，好王比坏王执政更久，由此可以看出神在掌管历史，他可以让好王继续作王。

也有几个例外，不是每个好王都统治很长的时间，也不是每个坏王都统治很短的时间，但这原则大致成立，从现代领袖的统治时间长短仍可看出这原则。

以色列国的兴衰

列王纪叙述以色列历史上几个重要的事件，我们需要认识这些事件，才能够了解列王纪上下的信息，也才能够了解之后的书卷。撒母耳记上下和列王纪上前面的一部分，讲述以色列成了世界强国，但列王纪上下的绝大部分都在讲以色列国衰败的经过。以色列在大卫和所罗门的统治下，终于统一，王国版图从埃及延伸到幼发拉底河，神在一千年前应许给亚伯拉罕的土地，终于大多为以色列人占领、居住，而且他们还掌控更多地方。但是所罗门死后，国势开始走下坡，经过内战，王国分裂，人民被掳到异邦。

国家分裂，表示以色列这国名不再代表整个国家，只能代表北方十个支派。而南方的犹大和便雅悯支派，则以较大的那个支派命名，称为犹大。在接下来的旧约圣经中，两国始终分离，不曾复归于一。

南方的犹大和便雅悯支派成了所谓的"犹太人"，这名称衍生自"犹大"支派。在这之前，他们一直称作"希伯来人"或"以色列人"。请记住这个重要的区分。在新约圣经的约翰福音中，南方的犹太人有别于北方的加利利人，把耶稣钉死在十字架上的，主要是南方的犹太人，而不是所有的以色列人。

双国记

列王纪上下记载了这两个"国家"的历史，北方十支派的属灵标准和道德标准一路走下坡，最后被亚述人掳走。南国恶化的速度比较慢，出过几位好王，比如希西家和约西亚，但最后的命运也和北国一样，人民被掳到巴比伦。他们的先祖亚伯拉罕当年蒙召离开吾珥，如今他们却又回到亚伯拉罕的发源地，只是这一次，他们成了流离失所的人。

这是个很好的教训——得到东西之后要失去是很容易的。通常，得到比较难，要花较长的时间，失去却很快。

以色列王国

以色列国经历三个阶段，归纳如下：

1. **统一王国**

扫罗	四十年
大卫	四十年
所罗门	四十年

2. **分裂王国**

    北方十支派——以色列国
    南方二支派——犹大国

战争	八十年	
和平	八十年	以利亚
战争	八十年	以利沙

    以色列国被掳到亚述，公元前721年

3. 单一王国

一百四十年

犹大国被掳到巴比伦，公元前587年

统一

第一个阶段是"统一王国"，有三个王统治全以色列。第一个王是扫罗，大抵上是坏王；第二个王是大卫，大抵上是好王；第三个王是所罗门，时好时坏。

三人分别作王四十年。神常用四十这个数字来测试人，像耶稣在旷野被试探四十天，以色列民在旷野漂流四十年。在神眼中，这是一段试用期，可惜三个王都不及格，每一个刚开始都做得很好，可惜虎头蛇尾。大卫被称作"合神心意的人"，但连他都下场悲哀。

撒母耳记上涵盖扫罗四十年的统治，撒母耳记下涵盖大卫四十年的统治，列王纪上前十一章则涵盖所罗门四十年的统治。

战争

所罗门一死，南北分裂，展开内战，毁了"统一王国"。动乱的种子早在所罗门对全国课重税时就种下了，而且他把好处都给了南方，北方的不满与日俱增。所罗门的死让动乱一触即发，愈演愈烈，最后变成战争。

南方两支派保有首都耶路撒冷和大卫王的直系子孙，北方十支派既无都城又无王室血脉，于是自行在伯特利与但两地设立敬拜中心，最后还加上两尊金牛犊，作为膜拜的焦点。因为大卫王的直系子孙在南方，北方就自己立了一个王——耶罗波安。

北方建立一个又一个的王朝，不断上演刺杀和政变的戏码，在位的君王大多是自立为王。

南北分裂后的八十年间，双方战争连连，敌意日增，最后北方十支派竟与叙利亚和大马士革协议，想要歼灭南方仅有的两个支派。先知以赛亚在以赛亚书中详细记录此事。

和平

南北战争打了八十年后，接着有八十年的时间两国相安无事。神在这段太平岁月里差来两个先知，两人在列王纪中扮演很重要的角色。以利亚的事奉记载在列王纪上和列王纪下的头两章，而他的接班人以利沙，则是列王纪下前几章的重要人物。

可惜，两国走下坡的情况并未因为休战而暂缓。公元前721年，亚述人打败北方十支派组成的以色列国，把百姓掳走，十支派就此没落，再也不曾用以色列国的名义归回。

北国以色列被掳之后，列王纪的焦点就全部放在南方的犹大支派和便雅悯支派。南国很小，首都在耶路撒冷，周围只有一点土地，但南国的王都是大卫的直系后代，他们知道，神曾经应许大卫，他会一直有子孙坐在这个王位上。

北方十支派被掳走时，神派先知以赛亚和弥迦来警告南方，说他们也会有相同的下场，但警告无效。列王纪所记载的最后一件事，就是短短一百四十年之后，犹大国被巴比伦掳走。

✝ 目的

现在我们要把焦点放在几个基本的问题，这些问题可以帮助我们了解圣经各卷书：这卷书是谁写的？怎么写成的？什么时候写的？为什么要写这卷书？

列王纪上下是谁写的？

我们无法确定列王纪上下的作者是谁，犹太人大多认为是耶利米写的，以下是几个有力的原因。

1. 列王纪中有些地方和耶利米书一模一样，连遣词用句都如出一辙。
2. 列王纪没有提到耶利米，但耶利米是约西亚时代的人，也是列王纪中许多事件的灵魂人物。写这段历史的人不可能不提到耶利米，不过，如果作者是耶利米，就有可能不提到他自己。

3. 我们知道，先知常会写下王的事，像以赛亚就写了乌西雅王和希西家王。神也曾特别指示耶利米要在他的先知书中写下以色列的事。

4. 再者，耶利米事奉时，有段时期特别需要回顾以色列的历史。从耶利米书可以看出，当时神的百姓不听耶利米苦口婆心的提醒，不肯顺服约中的规定，耶利米不得不向全国宣告咒诅。所以耶利米写这两卷书是有可能的。

不过，这个假设有一个问题，就是耶利米在公元前586年被带到埃及，客死异乡，但列王纪下最后清楚记录了巴比伦发生的几件事，叫人很难相信这两卷书都是耶利米写的。也许最可能的情况是，耶利米写了一部分，而其他部分是别人写的。这或许可以解释为什么这两卷书的叙事都没有提到耶利米。

有些人认为，这两卷书也可能是以西结写的，大家都知道以西结所倚赖的是耶利米，而且两人的风格类似。但是以西结最后一次发预言，是在公元前571年，这一点足可证明以西结不是这两卷书的作者。耶利米比较有可能，但没有进一步的证据，我们也不能妄下定论。

列王纪是怎么写成的？

列王纪常提到可以在别的书上找到进一步的资料，像是《所罗门记》《以色列诸王记》（提到十七次）《犹大列王记》（提到十五次），这些著作和圣经上的历代志有所不同。作者显然是参考了国家史料，集合他人的纪录，讲述历史。

以赛亚书有一些地方跟列王纪一模一样，可见他们要不是参考相同的资料，就是借用对方的资料。

作者同时写到犹大国和以色列国的事，讲完犹大王的事，又紧接着讲以色列王的事，有点令人困惑，但这个顺序是刻意安排的。作者要我们对照南北两国的进展。在两国进行内战或是以联姻换取和平的时期，这种叙事方式尤其重要。

因此，作者写历史书的方法，跟今天的人一样，也是从别处取得资料，或是从图书馆搜集资料等等。差别在于，作者依循神的启示，选择要记载的事件，所以列王纪所记载的，不仅是历史，也是神的话。

列王纪是什么时候写的？

有一条重要的线索，可以看出这卷书的写作年代，就是书中提到耶路撒冷的圣殿仍在，"直到今日"。所以这卷书可能是在公元前586年被掳到巴比伦之前写的，因为圣殿毁于那一年。

不过，这卷书还有一个地方暗示写作的年代可能更晚。巴比伦人将最后一个犹大王西底家捆上锁链，当着他的面杀光他的儿子，然后挖掉他的眼睛，西底家最终逃不过被杀的命运。在他之前的约雅斤王，臣服巴比伦，成为阶下囚。列王纪最后记载巴比伦王尼布甲尼撒把约雅斤放出监牢，邀请他同桌用餐。这似乎告诉我们，这卷书是在被掳中期写成的，尤其全书无一处提到百姓回归。这也表示，大卫的直系后代在巴比伦和王一同坐席，所以尼布甲尼撒在无意间协助保住了大卫的直系后代。

所以，把这两件事放在一起看，列王纪可能大部分写于耶路撒冷被毁之前，但在被掳时期才真正完成。

为什么要写列王纪？

作者写列王纪的动机，显然可以从列王纪的写作年代看出来。

当时，这个国家失去了国土和首都，百姓被掳到异邦，被掳的那一代，永远回不了故乡，再度成为奴隶，加上圣殿被毁，百姓难免会质疑他们和神的关系。神在哪里？他为什么容许这种不幸发生？他的应许呢？

列王纪回答了这些问题，说百姓被掳完全是自己的过错。神确实守住了他的应许，因为他应许说，百姓若是行恶，必会失去土地。可惜，神虽然一再警告他们，他们还是不听。因此，列王纪的历史，就成为被掳百姓的一大教训。

列王纪的内容尽管黑暗，却还是有盼望，因为神应许，他绝不违约。神说，就算百姓违约，他也绝不违约。神应许要带回他被掳的百姓，惩罚只是一时的。

百姓在巴比伦待了七十年，这其实不是一个随机的数字。神曾经吩咐他们每七年要休耕，让土地休息，但他们从所罗门以来的五百年间，一直漠视这项律法，所以，他们的土地错失了七十年的休息，他们被掳的七十年，正好给土地机会补上这段期间错过的休息！

列王纪上下说，被掳是一段悲惨时期，但并非毫无盼望。神应许要保住大卫的直系子孙，而他必会做到。

✝ 内容

所罗门

现在要详细探讨列王纪的内容，首先来看所罗门王，他是头几章的主角。所罗门这个名字意指"和平"，取得很贴切，因为他的父亲大卫王建立王国，奠定太平基础，他是受惠者。所罗门为人良善，起步顺遂。

所罗门刚登基时，神在梦中向他显现说，你要什么我都会给你。所罗门知道自己缺乏经验，就向神求智慧。神应许不只给他智慧，还要给他许多他没有求的东西——财富、名声、权力。

所罗门的智慧，可以从一个有名的故事看出来。有两个妓女争夺一个婴孩，因为两人都生了孩子，但有一天晚上，其中一个孩子死了，他的母亲就把死掉的孩子和另外一个孩子调包。这个情况非常难解，所罗门必须断案，决定活着的孩子究竟是哪个母亲的。所罗门向神求智慧之后，叫两个母亲把婴孩切成两半，一人拿一半回去。所罗门一说完这话，婴孩的生母就恳求他不要杀了孩子，宁可把孩子给另外一个妇人。所罗门因此知道，谁才是这孩子的母亲。

所罗门最叫人难忘的事迹，大概就是建造圣殿，他用父亲大卫搜集的建材和制定的蓝图，为神盖了圣殿。神应许大卫，会让他的儿子建造第一座永久的中央敬拜场所。早在数世纪前写的申命记就已预言了这件事。圣殿壮观荣美，花了七年才完工（不过所罗门花了十三年盖自己的皇宫）。

圣经说，那座圣殿虽然是由切凿的石块建造而成，建造期间却从未听过铁槌和凿子的声音。多年来无人明白为什么，一直到后来，有人在摩利亚山上发现一个巨大的洞穴，才真相大白。洞穴位于耶路撒冷外靠近加略山的山上，有一座大剧院那么大，地上有几百万片石头碎片，原来建造圣殿的巨石就是在这里切凿的。这里的石块质地柔软，用小刀就可以切割，可是如果拿到外面就会氧化，质地变得坚硬。建造圣殿的石块都来自这个洞穴，工匠在这里按照所需的形状和尺寸切凿石块，然后用来建造位在洞穴上方的圣殿。

所罗门建造圣殿，并且向神献上圣殿。他献殿时的祷告词，取自利未记26章和申命记28章，详细记录在列王纪中。祷告中提到神应许说，只要百姓回转归向他，他就会把他们从被掳之地带回来。在这两卷书写成时，这应许对那些被掳到巴比伦的人来说，意义特别重大。所罗门当时的统治，为以色列民带来极大的富足，王国版图从埃及一直延伸到幼发拉底河，神应许给他们的地方，大多被征服了。所罗门声名远播，甚至传到示巴女王耳中，她来参见所罗门王，为壮观辉煌的皇宫震惊不已。

国家太平，就表示有机会休闲和学习。所罗门搜集了三千则箴言，写了一千零五首诗歌，神只选了其中六首收录在圣经中。我猜所罗门大概为七百名妻妾和三百名嫔妃各写了一首诗歌，但神只选了少数几首，包括雅歌中的那首。顺带一提，所罗门娶了这么多妻妾，真让我们怀疑他到底有没有智慧呀，这表示他有七百个岳母呢！他跟很多人一样，有智慧可以给别人，却没有智慧可以给自己。

雅歌是所罗门年轻的时候写的，他当时被恋爱冲昏了头，书中没有直接提到神。箴言大多是所罗门写的，当时他正值中年。传道书则是所罗门晚年所写，向年轻人分享他人到黄昏的人生观。我们在传道书中看见所罗门的一生，他钻研过哲学、音乐、农业、建筑，虽然培养出许多兴趣，却没有一样能满足他。传道书是圣经上很悲哀的一卷书。

败坏

所罗门的主要弱点,前文已经点了出来——他娶了太多妻妾。他这样做不只是为了纵欲,也是因为渴求权力。很多婚姻都出于政治动机,比如他娶了法老的女儿,但是埃及人不可住在圣城耶路撒冷,于是所罗门就在圣殿北边的城墙外,为她盖了一座宫殿。近年的考古挖掘工作,在此处挖出全以色列惟一找到的埃及手工用品。

我们在这里看到一个很有意思的对比:一边是荣美的圣殿,帮助以色列人敬拜惟一的真神;另一边是所罗门王和许多异邦妻妾,每个女人都带来自己的偶像,一步步拖着百姓远离以色列的神。所罗门不是惟一娶异邦女子的王,但没有一个王像他娶了这么多异邦女子。

建造圣殿也必须付上极大的代价,所罗门强迫人民服劳役,课赋重税,北方的支派忿忿不平,不甘为距离遥远的一栋南方建筑物纳税。因此,虽然圣殿顺利完工,所罗门却已为全国种下祸因。

所罗门分心,导致王国分裂,这个王国不久就会一分为二。即使在所罗门的时代,以东人哈达就起来叛变,接下来还会有更多人叛变。

分裂的王国

列王纪对犹大诸王的统治和以色列诸王的统治,有不同的记载。

北国诸王都被拿来和北国的第一个王比较,也就是耶罗波安这个坏王。所以我们一再读到圣经说,接下来的王"行耶和华眼中看为恶的事,行耶罗波安所行的"。

作者在叙述南国犹大诸王时,记录的内容就不同了,而且改变了顺序和细节。他先记录王的登基年,再来是王登基的年龄,比如约西亚登基时只有八岁。再来记录在位年数。但接下来记录母亲的姓名,而不是父亲的姓名,原因不明(如今,只要母亲是犹太人,子女就算是犹太人,但在圣经时代,必须父亲是犹太人才算是犹太人)。再来则是评价君王的好坏,北国每个王都是坏王,南国则是好王坏王都有,评量的基准是大卫。

北国	南国
登基年	登基年
在位年数	登基年龄
正式被谴责	在位年数
父亲姓名	母亲姓名
	品格综述
参考史料	参考史料
崩逝	崩逝及下葬
皇子继承或遭篡位	皇子继承人

诸王

北国有二十个王，南国也有二十个王，但南国比北国多了一百四十年。前面已经指出，这是因为好王的任期较长，有些坏王只登基几个月就遇害。

前面提过，北国都是坏王，但坏的程度不一。

南国有六个好王和两个非常好的王（希西家和约西亚），但也有一个最坏的王玛拿西，他是坏王在位时间不长的例外，因为他作王五十五年。

南国只有一个王朝（译注：指同一个家族），但北国有九个王朝，其中有六次政权靠弑君而转移。

南国出过一个女王。神告诉大卫，他的王位上会一直有人作王——是男人，女人不可作王。亚他利雅却不这样想。她是耶洗别的女儿，嫁给南国犹大的王，想当以色列第一个女王，就把大卫的直系子孙一个个杀掉，替自己清扫路障，终于当上女王。不过王的幺儿约阿施被姑姑藏了起来，等亚他利雅一死，就登基作王，保存了大卫的王室血脉。

南国犹大有两个非常好的王，就是希西家和约西亚。希西家和以赛亚同时代，以赛亚书记载了希西家的故事。希西家在很多方面都是个好王。是他下令挖掘水道，把水引进耶路撒冷，好抵御敌人的入侵。希西家犯了一个大错，他生病时，欢迎巴比伦来使进宫。当时的巴比伦只是

北国 以色列（十支派）		南国 犹大（二支派）	
先知	王	王	先知
亚希雅	耶罗波安▼	罗波安▼	示玛雅
	拿答▽	亚比央▽	
耶户	巴沙▼	亚撒△	
	以拉▼		
	心利▼		
	暗利▼		
以利亚	亚哈▼	约沙法△	俄巴底亚
米该雅	亚哈谢▼	约兰▽	
	约兰▽	亚哈谢▼	
以利沙	耶户▽	亚他利雅♀	
	约哈斯▼	约阿施△	约珥
	约阿施▼	亚玛谢△	
约拿	耶罗波安二世▼	乌西雅△	
阿摩司	撒迦利雅▼		
	沙龙▽	约坦△	
何西阿	米拿现▼		以赛亚
	比加辖▼		弥迦
	比加▼	亚哈斯▼	
	何细亚▽	希西家▲	
	公元前721年	玛拿西▼	
		亚们▼	那鸿
		约西亚▲	耶利米
		约哈斯▼	
		约雅敬▼	西番雅
		约雅斤▼	哈巴谷
		西底家▼	但以理
	▲非常好	公元前587年	以西结
	△好		
	▽坏		
	▼非常坏		
	♀女王		

个不知名的小镇，使者带来慰问信，希西家受宠若惊，想不到远方竟然有人知道而且关心他生病的事。他带使者参观王宫和圣殿，以赛亚指责他这样做不对，告诉他说，他给巴比伦人看的东西，将来会全部被巴比伦人夺走。几年之后，此话果然成真。

犹大的另外一个好王约西亚，登基时年仅八岁，和先知耶利米同年。约西亚手下的人在打扫圣殿时，找到一卷申命记，蒙尘多年无人阅读。约西亚王读到书卷上说，神曾经应许，他的百姓若是偏离他的律法，就会受到咒诅。约西亚王大惊，立刻改过自新，并且下令全国改革，摧毁所有的邱坛，禁止当地盛行的偶像崇拜，希望藉此带来复兴。但百姓的心仍然远离神，光是制定好的律法，并不能使百姓变好。

约西亚也犯了一个大错：他向埃及发动一场不必要的战争，结果在米吉多被杀。他死后，全国又恢复过去的恶行。

希西家之后，玛拿西作王，这是一个很坏的王，坏到极点。他膜拜摩洛神，在欣嫩谷把自己的男婴当作祭物献给摩洛。玛拿西因为先知以赛亚传道而处死他，下令把他绑起来，放进中空的树干，然后叫两名木匠用一只大锯子，把树锯成两半。

另外还有一个很坏的王，亚哈，他娶了来自推罗的腓尼基公主，公主芳名在腓尼基文意指"樱草花"，但这名字——耶洗别，在希伯来文的意思是"垃圾"，正好道尽她的为人。她显然利用亚哈来达成她邪恶的目的，亚哈也心甘情愿和她狼狈为奸。例如，她设计害死邻居拿伯，好让亚哈可以夺取拿伯的葡萄园。

以利亚

先知以利亚的事奉就始自拿伯事件。以利亚来自基列，是提比斯人，提比斯位于外约旦地区。以利亚是以色列非常伟大的一位先知，虽然圣经没有哪卷书以他的名字命名，但他在列王纪所占的篇幅却多过许多的王。

他最有名的事迹，就是在迦密山上对抗巴力的先知。迦密山位在以色列北部，绵延十二英里，突伸入海。山的东端（靠内陆的那一端）有一块大洼地，就在山顶下方，可容纳三万人。当初以利亚一定就是在那里挑战巴力的先知；而巴力神是耶洗别引进宫的。当地有一条泉水，终年不干，连旱季都有水。经文告诉我们，以利亚在祭物上浇水，即使当时已经三年半不曾下雨。

这个故事很多人都知道。以利亚筑了一座祭坛，挑战巴力的先知在他的祭坛旁边一样筑坛，然后呼叫他们的神降火来烧掉祭物。

这个挑战很聪明。我们现在知道了，巴力祭坛的下方都有一条地道，巴力的先知可以拿一盒火柴躲在下面，百姓呼求巴力的时候，躲在坛下的先知就点火烧柴。以利亚很聪明，叫他们在空地上另筑一坛，说自己也会筑一座相同的祭坛，但他会在祭物上浇水，增加挑战的难度。以利亚如此大胆地嘲笑巴力的先知，万一实验失败，铁定会当场丧命。以利亚怂恿巴力先知喊大声一点，说不定巴力神正在度假或上厕所呢。这是北方十支派历史上的重要时刻，神降下火来，烧掉以利亚的祭物，以色列国终于明白谁才是真正有能力的神。巴力的先知大败。

这桩神奇事件的后续发展却令人大惑不解。耶洗别听说以利亚大胜，又听说她的先知死了，就威胁要杀掉以利亚。尽管以利亚才刚战胜四百名巴力先知，却吓得仓皇逃命。他来到了何烈山，心力交瘁，仁慈的神差天使来做饭给他吃，稍后并向以利亚保证，他必与以色列同在，也必供应以色列未来的需要。神此时早已安排了一个同工，要协助以利亚完成他的工作。

以利沙

庄稼汉以利沙，是先知以利亚的接班人，他请求以利亚把"加倍"的灵传给他，而后人常误解这句话的意思。以利沙的意思并不是要作双倍的先知，这句话其实跟当时的遗产继承习俗有关。当时的习俗是一个人如果有四个儿子，过世的时候遗产就会分成五份，长子可以得两份，同时继承家族事业，而他也有更多的资本来担起这份重责大任。以利沙求以利亚给他双倍的灵，意思是要作以利亚的继承人，继承以利亚的事业。

以利亚对以利沙说，如果他离世的时候，以利沙能亲眼目睹，就可以作他的继承人。以利亚是圣经上少数几个没有死的人（以诺也是），圣经说，以利亚乘马车升天。以利沙看见以利亚升天而去，外衣掉下来，便捡起来，然后走到约旦河。以利沙的事奉有个很好的开始，神为他分开河水，向他保证，他当初怎样与以利亚同在，今后也必怎样与他同在。

以利亚和以利沙的事工

这两位先知很不一样。以利亚是战士，是传道人，会去挑战人；以利沙本质上比较像是牧养的人。有一次，以利沙让一个寡妇的儿子死而复生，地点在书念，离拿因只有半英里，后来耶稣在拿因做了同样的事。以利沙也曾用几块饼喂饱一百人。以利亚的事工和施洗约翰的事工很像，而以利沙的事工，则和耶稣的事工很像。

神差了几位先知到北方十支派，以利亚和以利沙是其中两个。约拿去尼尼微城之前，是犹大国的先知，曾出现在列王纪中。阿摩司和何西阿也奉差到犹大国。在众先知中，何西阿的预言怀有最深的情感，因为他是用自己的生命去操演，传达神对他百姓永不改变的爱。

列王纪用很多篇幅来叙述以利亚和以利沙，这提醒我们，神常常警告百姓，若不按他的律法行事，会遭遇什么下场。

神的警告

话语

以色列国属灵景况黯淡的时期，祭司本应提醒百姓该做什么，但祭司是体制中人，反而无法提供客观之言，神便改差先知来。

奉派到北方的先知有亚希雅、耶户、以利亚、以利沙、阿摩司、何西阿。南方在被掳前和被掳期间也有好几位先知：示玛雅、俄巴底亚、约珥、以赛亚、弥迦、那鸿、耶利米、西番雅、哈巴谷、但以理、以西结。

这里有一点很重要——神总是会警告他的百姓，若是继续犯罪，就会受到惩罚。整本圣经的原则很清楚，神会照着百姓明知是错却还是去做的事情来审判他们。没听过耶稣的人下地狱，并不是因为没听过耶稣，而是因为做了违背自己良心的事。

以色列和犹大漠视他们领受的信息，宁愿听假先知的话。假先知说他们不会有事，还捏造不实的理由来解释临到他们身上的灾祸。真先知却准备好付上代价讲真话，承受嘲笑、殴打、惩罚，甚至死亡。

行动

神给的警告，不只是口头上的，也是看得见的。百姓早该看出神的赐福已经远离。请注意，神的警告是逐步加重的：

1. 哈达带领以东独立，以色列失去了领土。
2. 外约旦的支派受到叙利亚辖制，拿弗他利支派彻底被亚述夺去，以色列失去了自主权。
3. 犹大看见九个支派被掳到亚述。
4. 最后犹大自己也分三阶段被掳到巴比伦。

因此，除了口头传讲的先知信息，还有用事件传达的警告，清楚指出百姓即将大祸临头，但百姓连这些都不听，丝毫不改。

✝ 为什么要研读列王纪？

基督徒可以很确定，旧约圣经所有的经文也都是要给他们读的。哥林多前书告诉我们，旧约圣经中的事，"都是我们的鉴戒，叫我们不要贪恋恶事，像他们那样贪恋的"；提摩太后书也说，"圣经都是神所默示的，于教训、督责、使人归正、教导人学义都是有益的"。

个人的应用

现在

我们虽不是王，但在职场上、家中、社区里，也是别人的榜样。就像王一样，我们在所属的团体中也要建立属灵的榜样，尤其是担任领导角色的人。

我们可能会想和那些有"异邦神"的人交往。我们必须提防，和神的家以外的人结婚是很危险的。

列王纪给我们一个负面例子，就是亚他利雅女王。她违背神的旨意，一心想要作王。每个基督徒都可能为了错误或不恰当的理由而想要担任领袖。

约西亚的统治提醒我们必须常读圣经。我们有可能疏忽或漠视圣经的真理，结果要面对类似的苦果。

列王纪也提供了重要的教训给基督徒领袖，因为王也有牧养百姓的责任，却经常没有做到。

将来

将来我们都会作王：我们也是王室成员，正在预备自己，要和基督一同作王。我们可以期待光明的未来，即使现在没有什么机会担任领袖，但将来有一天，情况会改观。

团体的应用

教会

就像以色列在迦南地的邱坛竖立偶像，英国也有这种传统，把异教神庙盖在山上。如今这些地点大多建起基督教教会，但是向异教妥协的危险仍在。把两种宗教结合在一起的混合宗教，今天仍然可见，也仍然盛行。

当年以利亚挑战以色列民时，问他们要在两种看法之间摇摆多久。今天我们也可以问教会同样的问题，因为在英国和其他地方，都有自称是基督徒的人不觉得将基督教和异教、基督教和现代物质主义、基督教和新纪元哲学混合有什么不对。查尔斯王子说，他比较想被称作"信仰的护卫者"，而不是"基督信仰的护卫者"。如今这世代很流行说：所有的宗教都可以带人到神面前。

再者，教会常常不知不觉就颂赞了异教的节日，圣诞节就是最明显的例子。圣诞节原本是异教徒的节日，在仲冬庆祝太阳"重生"，异教徒在这个节日会烧木柴、唱颂歌、大吃大喝。当初第一个来到英国的宣教士奥古斯丁传话回罗马说，他实在无法劝阻当地人不要庆祝这个异教节日。教宗贵格利说，那么，最好的办法是把这节日变成基督教的节日，照着教宗意思去做的结果，就成了圣诞节。今天，全球各地的教会都庆祝这个异教徒的节日，尽管圣经从未命令我们庆祝圣诞节，甚至从未鼓励我们庆祝。

列王纪也显明一个原则，就是分裂会导致衰败，很多教会可以见证这个悲哀的真理。以色列在大卫和所罗门的治理之下统一，走向高峰，但是花了这么长时间建立起来的王国，接下来却只用了不到一半的时间，就因为分裂而失去一切。我们必须警醒，别让同样的事发生在教会。

世界

列王纪给我们一个强有力的信息，就是神在人类历史上掌权。神介入诸王的一生，或赐福他们，或惩罚他们，也垂听他们求救的呼声，而这当中的焦点始终是以色列。整体说来，好王的任期比坏王长。同样地，神也掌管所有的国家，是神拣选国家的领袖和统治者，决定每个国家的年限和版图。神可以行公义，给百姓该得的统治者，也可以施怜悯，给百姓需要的统治者。即使在民主政治的选举中，决定权仍掌握在神手中。

神掌权，绝不表示人的责任就变少了。神甚至可以使用不认识他的人——像尼布甲尼撒这样的坏王，神用他把自己的百姓掳到巴比伦；像波斯王古列这样的好王，神用他来让自己的百姓归回故土。

新闻记者只从人的角度看历史，但先知在每件事上都看见神的作为。所以整本圣经，尤其是列王纪上下，跟其他的历史书大不相同，能让我们看见历史的全貌，看见以色列所有历史事件的全部真相。

基督

我们需要研读列王纪，最重要的原因是，在列王纪可以看见耶稣。列王纪有几个人物，让我们想到耶稣。

- **所罗门：** 马太福音说，耶稣大过所罗门。保罗说，基督是我们的智慧。约翰福音说，耶稣把他的身体比作圣殿。耶稣断气时，圣殿内的幔子从上到下裂成两半。
- **约拿：** 列王纪提到先知约拿。就像约拿在大鱼腹中待了三天三夜，耶稣也在地里头待了三天三夜之后复活。两人都出死入生。
- **以利亚：** 耶稣在变像山上和以利亚会面并且交谈。以利亚被比作耶稣的表哥施洗约翰；施洗约翰跟以利亚吃一样的食物，穿一样的衣服。
- **以利沙：** 耶稣所行神迹的本质，让他和以利沙有间接关联。耶稣在拿因村让一个男孩死而复生，拿因村就在书念附近，以利沙曾在书念行同样的神迹。耶稣行神迹用五饼二鱼喂饱五千人，以利沙行神迹用饼喂饱一百人。耶稣断气时，死人从墓中出来，以利沙死了之后，有一个死人则因为碰到他的尸体而复活。

耶稣的生平和事奉还以别的方式实现了众人对王的期待。他是旧约百姓引颈期待的王；他是大卫的直系子孙，将来有一天要复兴以色列国；他应验了所有跟大卫子孙有关的应许；君王耶稣永远不会令人失望，他甚至比大卫还大。

✝ 结论

列王纪要告诉世人一个重要的信息：神是万有的主，而神的百姓必须明白列王纪的信息，才不会像列王纪所记载的那样，不断走下坡，如以色列的百姓那般分崩离析，不再听从神，不再遵从神的律法。然而，列王纪也能鼓励我们，因为神能够用公义和怜悯来对待他的百姓，无人能拦阻神的计划，神的国度将存到永远。列王纪让基督徒引颈期盼那一天的到来，到时，世人要亲见，耶稣是最后一位君王。

敬拜与智慧之诗

Part III

11. 希伯来诗概论

诗是旧约圣经使用的一种文体，在先知书、圣卷和智慧书中可以看到许多诗，尤其是诗篇、约伯记、雅歌。但是希伯来诗和英文诗大不相同，若想充分了解圣经中的诗，就需要细察希伯来诗的特性。

现代印刷的圣经，很容易看出哪些部分是诗，因为诗的编排形式不同于散文。散文的句子长，要用到一整行，诗的句子短，每一行的两边会留下许多空白，以示区分。只要大略浏览一下圣经，就可以看出，旧约圣经中的诗多过新约圣经中的诗。

散文是比较自然随兴的沟通方式，用散文体说话和写作的人，会使用长短不一的句子来表达意思。诗则是一种打破常态、刻意加工的写作方式，需要事先准备，要花很多心思，使用的字句也需要遵行诗体写作的规则。我们也许会问：既然写散文容易多了，为什么要写诗呢？

比如说，想象我回家后，对妻子说：

老婆，我要吃饭了，
真好，今天吃豆派；
你给我的刀真脏，
拜托换支干净的；

既然只有一道菜，
给我多加番茄酱。

如果我这样讲话，一定是事先想好才讲得出来，但在这种情况下，用诗这种不自然的说话方式，恐怕会妨碍沟通呢！

† 更深刻的作用

为什么要不厌其烦地写诗呢？
诗比散文的作用更深刻，可以打动散文感动不了的人心。

更深入脑中

诗比散文容易记住，尤其是配上曲子的时候。诗能深入脑中直觉感受艺术之美的区域，这是散文的有秩序论述所做不到的。

所以，学生时代读过的诗，几十年后可能都还记得，但上课听讲的内容，隔周就忘得一干二净。因此，我们对神的认识往往来自敬拜的诗歌，所以敬拜使用的诗歌务必要符合圣经内容，这一点非常重要。

更深入内心

卡片上的词句大多是诗体，因为诗更能打动收到卡片的人。诗能唤起温暖的情感，同样的感觉若是用散文表达，就不易打动人心。

看看下面这首诗：

他俩漫步小路上，
夜空星点点。
一同来到农舍前，
他为她开门。
她不笑也不道谢，
真的，她不会。
因他只是牧羊人，
而她是乳牛！

我每次在讲道时引用这首诗，会众都哄堂大笑。他们以为这首诗是在讲浪漫的爱情，结果发现不是这么一回事，于是忍不住笑出来。同样的内容如果用散文来表达，恐怕没有人会笑。

更深入意志

诗也会影响我们的意志力，激励我们下定决心，采取行动。学校用诗歌来灌输价值观给学生，历世历代也常用战歌来鼓舞士兵作战。

看看下面这首诗，诗名叫《漠不关心（Indifference）》，作者是史达德·肯尼迪（Studdert Kennedy），他是第一次世界大战期间的一位军牧。

> 耶稣来到各各他，他们将他挂在木头上。
> 巨钉穿过他手脚，他被钉死在十字架上。
> 荆棘冠冕戴头上，割裂的伤口鲜血直流。
> 那时代人心冷酷，人的生命不值一分钱。
> 耶稣来到伯明翰，所有人对他视若无睹。
> 没有人来伤害他，只是任凭他孤单死去。
> 因为人变温柔了，不再无情苦待折磨他。
> 只在街头擦肩过，独留他伫立凄风苦雨。
>
> 耶稣仍对天大喊：
> "赦免他们吧！他们不知道自己在做什么。"
> 冷雨不停落下，淋透他的全身。
> 群众纷纷回家，街上空无一人。
> 耶稣蹲伏墙角，为加略山哭泣。

这首诗的韵律和谨慎的用词，激励我们去省察自己的生活。

†美

诗用美丽、有意义的文字，触动内心、思想、意志。我们深受诗的吸引，因为诗能打动我们对美、平衡、对称、比例的感受。

就像长相美丽的人有匀称的五官，诗之所以能够吸引人，就在于平衡。

我们觉得诗很美，是因为诗具备三种基本特性——押韵、节奏、重复。

押韵

押韵是英诗常见的特性，希伯来诗却不然。从下面这首经典童谣，可以看出韵脚带出的平衡感：

> Jack and Jill went up the hill
> to fetch a pail of water
> Jack fell down and broke his crown
> And Jill came tumbling after
> 杰克洁儿爬上山，
> 提一桶水不简单，
> 杰克跌倒摔破头，
> 洁儿跟着栽筋斗。

这首诗的押韵结构很简单，是童谣中常见的，孩童很容易就琅琅上口。

节奏

诗有第二种特性让文字变美，那就是节奏。根据字的音节，把重音放在正确的字上。比如下面这首诗：

> The boy stood on the burning deck
> whence all but he had fled
> 少年立船头，烈火熊熊烧，

至死守岗位，余人皆奔逃。

——赫曼斯夫人（Mrs. Hermans）

这首诗是四三拍节奏，希伯来诗和英文诗都很喜欢这种节奏，在苏格兰诗中也十分常见。再来看下面这个例子：

The *Lord's my shepherd*, I'll not want（四拍）

He *makes* me *down to lie*（三拍）

in pastures *green* he leadeth *me*（四拍）

the quiet waters *by*（三拍）

主是我牧人，我必不缺乏，

他令我卧躺，

就在青草地，他领我来此，

就在静水旁。

——法兰西斯·罗斯（Francis Rous）

节奏好不好，要看重音是否落在正确的音节上。诗歌若做不到这一点，效果就大打折扣。比如下面这两行，是圣诗的歌词：

For all the *good* our *Father* does,

God *and* king *of* us all.

天父施行万善，

是万人之神与君王。

这里的重拍放错音节，强调错的字眼，圣诗的美感就不见了。

另外也可以用押韵来让读者吓一跳：

Thirty days hath September,

April, June and November;

All the rest have thirty-one,
Is that fair?!

九月只得三十天，

还有四、六、十一月，

其他月分多一天，

这样公平吗？！

读到最后一句会吓一跳，因为韵脚突然断掉。

重复

诗有第三种特性让文字变美，那就是重复。只要重复一个字或一个句子，就有诗的味道了。莎士比亚的名剧《凯撒大帝》有一段演说很有名，就单单重复一句话："布鲁特斯值得尊敬。"下面这首有名的童歌，也利用了重复的特性：

Baa, baa, black sheep, have you any wool?
Yes sir, yes sir, three bags full.

咩咩黑绵羊，你有羊毛吗？

有啊，有啊，有三袋。

重复的地方可以是句子、短词，甚至是字母。也许你已经注意到，史达德·肯尼迪那首（漠不关心）中，用了几个c开头的英文字：crude（冷酷）、cruel（无情）、crouched（蹲伏）、cried（哭泣），他藉着强调两个c开头的关键字，来带出诗的主题：十字架（cross）和钉十架（crucify）。

重复也可以用来强调重点，比如诗篇第136篇，就一直重复这句话："他的慈爱永远长存。"

还有些诗会利用头韵，像《贝尔格勒围城战》（The Siege of Belgrade）这首英诗，如果只看每一行诗开头的第一个字母，会发现是按着英文字母的顺序排列，而且每一行诗中的关键字，开头的字母正是那一行开头的字母，押头韵。诗篇第119篇就类似这样。

✝ 惊奇

因为诗的一个作用是要让人觉得悦耳，所以如果只是默念，效果往往会打折甚至完全不见。诗本来就是要朗读的，把诗中的声音念出来，会给人满足的感觉，而诗也会带出惊奇的感受，这是散文通常做不到的。难怪犹太人敬拜神的时候会用诗篇，整卷诗篇（就是犹太人的诗歌本）都是诗。散文往往很难当成歌词唱出来，但诗则很容易配上曲子唱出来。

除此之外，诗也会帮助我们体会并表达敬拜时的那种惊奇感受。我用一首有名的童谣来说明我的意思。

> 一闪一闪亮晶晶，
> 满天都是小星星，
> 挂在天空放光明，
> 好像许多小眼睛，
>
> ——珍·泰勒（Jane Taylor）

如果把歌词改成科学词汇，就会扼杀孩童那种惊叹的感受，比如这样：

> 一闪一闪亮晶晶，
> 到底什么是星星？
> 各种气体渐变冷，
> 固态团块遂成形。

再进一步改写的话，就变成这样：

> 烁哉焕哉点点繁星，
> 欣然揣度汝之专名。
> 超拔静悬太空浩瀚，
> 酷似一粒碳基美钻。

你看，科学的文字和诗的文字所传达的感觉，天差地远。科学的文字精确、冰冷，诗的文字较不精确，却带给人惊奇敬畏的感受。所以诗很适合用来敬拜，诗歌可以帮助我们表达惊奇的感受，传达神的荣耀，那是科学文字做不到的。

诗除了可以朗读之外，也含有图像，能在心中勾勒出景象。写诗不能缺少想象力，诗可以利用比喻、比方、图像。例如"一闪一闪亮晶晶……好像许多小眼睛"，会让人想象一颗闪亮星星的样子。

再以诗篇第42篇为例：

> 我的心渴想神，
> 如鹿切慕溪水。

我们可以想象一只动物渴到把舌头伸出来的画面，这让我们想到自己对神的渴慕。

✝ 语音和语意

英文诗以希腊诗和罗马诗为基础，重点在于语音，虽然英诗也有别种形式和风格，但通常都有韵脚。而希伯来诗的重点则在于语意。

这种差异在英诗的一个传统——打油诗（nonsense verse）中尤其明显。爱德华·里尔（Edward Lear）和路易斯·卡洛（Lewis Carroll）是打油诗高手，卡洛写的《扎勃沃龙（Jabberwocky）》一诗可谓打油诗的最佳范例（编按：为展示音韵，将原诗英文并录于下。中译取自《爱丽丝镜中棋缘》，张华译，台北：远流，2011）：

> Twas brillig and the slithy toves
> Did gyre and gimble in the wabe;
> ll mimsy were the borogoves,
> And the mome raths outgrabe.
>
> 劈烈时光，滑活的螺嘴獾
> 在围边陀转椎钻，
> 布洛鸽最为丑弱，
> 迷家的猜猪哨哮。

读这种诗有点像在欣赏帕华洛帝唱意大利歌剧，听不懂歌词；也像有些流行歌曲，歌词听不清楚或是没有意义。虽然不知道在唱什么，但我们还是喜欢听。

这种诗也许会"感动"我们，却不能真正激发我们去做什么。读这种诗也许能帮助我们放松，欣赏生活之美，却无法影响我们的生活方式。

希伯来诗和英文诗大不相同，希伯来诗的重点都放在语意，而非语音，这是希伯来诗很少押韵的一个原因。

† 平行句（parallelism）

希伯来诗虽然偶尔也有节奏（四三拍和三三拍较常见），但大多仍以重复的句式为主，称作平行句。诗行之间彼此对应即构成平行句。平行句是希伯来诗的基石，具有几个作用：

- 强调。如果一句话说了两遍，我们就知道这句话很重要。
- 回应。对应的句子可以轮唱，由两个诗班对唱，一边唱第一句，另一边唱第二句回应。
- 平衡。就像人体也对称平衡——双手、双眼、双耳、双臂、双腿，对应的句子能帮助我们领略思想之美。

希伯来诗的重复特性，通常以两行对应句呈现，但旧约诗篇也有三行联句（triplet），甚至偶有四行联句（quadruplet）。以下是诗篇第六篇的对应句范例：

> 耶和华啊，求你不要在怒中责备我，
> 也不要在烈怒中惩罚我！

"责备"是告诉对方他错了，"惩罚"则又更进一步，所以第二句的意思比第一句更强烈。再来看下一节：

> 耶和华啊，求你可怜我，因为我软弱；
> 耶和华啊，求你医治我，因为我的骨头发战。

在第一句中，诗篇作者只是觉得软弱，但在第二句中，他觉得痛苦，需要医治，所以第二句的意思比第一句强烈。但请注意，这里所重复的，是语意，不是语音。

我知道，分析诗就像把一朵花的花瓣一一剥下来，然后盯着那些花瓣看。分析毁了诗的美。但是我想帮助你了解圣经中的诗——为什么要这样写？是怎么写成的？平行句主要有三种：

同义平行（synonymous）

在同义平行中，同样的想法会表达两次，只是用字不同。以诗篇第二篇为例：

> 外邦为什么争闹？
> 万民为什么谋算虚妄的事？
> 世上的君王一齐起来，
> 臣宰一同商议，
> 要敌挡耶和华

> 并他的受膏者,
> 说:"我们要挣开他们的捆绑,
> 脱去他们的绳索。"
> 那坐在天上的必发笑;
> 主必嗤笑他们。
> 那时,他要在怒中责备他们,
> 在烈怒中惊吓他们。

上述每组对句中的粗体字含意都相同,但第二个字词通常比第一个字词更强烈、语气更重。

反义平行(antithetic)

反义平行的作用和同义平行的作用一样,只是第二句和第一句形成对比,例如诗篇第126篇:

> 流泪**撒种**的,
> 必欢呼**收割**。

这里有两组对比:"撒种"和"收割","流泪"和"欢呼"。下一节则进一步扩展主题:

> 那带种流泪出去的,
> 必要欢欢乐乐地带禾捆回来。

这两行加了更多对比的细节——带种子出去,带禾捆回来。

综合平行(synthetic)

在综合平行中,第二句会针对第一句加以补充,既不是重复,也不是对比,而是添加。比如:

> 当耶和华将那些被掳的带回锡安的时候，
> 我们好像做梦的人。
> ——摘自诗篇第126篇
> 耶和华是我的牧者，我必不致缺乏。
> ——摘自诗篇第23篇

上述两例中，第二句是第一句的结果。诗篇第23篇就采用综合对句的模式：

> 他使我躺卧在青草地上，
> 领我在可安歇的水边。

牧羊人必须知道哪里有青草地和静水，但这两句话加在一起，就让我们看见一个非常老练的牧羊人，很清楚该怎么样照顾他的羊。

所以，希伯来诗有三种形式，但是每一种形式都可以衍生很多变化。平行句不只表现在想法和文字上，也表现在文法上。比如诗篇第2篇的这几句，在希伯来文中的字词顺序是：

> 那时他责备他们在怒中，
> 且在烈怒中他惊吓他们。

动词、宾语、介词的顺序，在第二行中变动了。

三行联句（tricolon; triplet）

上述三种平行句的模式常会被打断，有时是节奏被打断，有时是模式被打破，有时不是两句而是三句，叫三行联句。

来看诗篇第29篇的这三行：

> 神的众子啊，你们要将荣耀、能力归给耶和华，

归给耶和华!
要将耶和华的名所当得的荣耀归给他。

这三行的语气,一行比一行强烈,"归给耶和华"这句话不断重复,然后每行再添加一些东西。

诗篇第3篇也有这种模式:

耶和华啊,我的敌人何其加增;
有许多人起来攻击我。
有许多人议论我说:"他得不着神的帮助。"

这里不断重复"有许多",而且一句比一句强烈:他抱怨的是谁、这些人做了什么又说了什么。也有些时候,会刻意拿掉某个字词,省略不用。

† 希伯来诗的其他特性

明喻(simile)

希伯来诗中有许多明喻,明喻就是用图像来显明两样事物多么相似:

父亲怎样怜恤他的儿女,
耶和华也怎样怜恤敬畏他的人。
——摘自诗篇第103篇

这里把神对他百姓的看顾,比作慈父怜恤儿女。

交错配列(chiasm)

第一句的后半段,成了第二句的前半段,比如:

> 耶和华看顾义人的道路,
> 恶人的道路却必灭亡。

第一句最后的"道路"一词,在第二句中成了开头,位置调换。

省略(omission; ellipsis)

省略就是在第二句中省略掉一部分。比如:

> 你把我放在极深的坑里,
> 在黑暗地方,在深处。
> ——摘自诗篇第88篇

第二句省略了"你把我放在",但意思仍在。

递升(staircase)

有些诗句像楼梯,层层递升:

> 耶和华的声音震破香柏树,
> 耶和华震碎黎巴嫩的香柏树。
> ——摘自诗篇第29篇

第二句在第一句已经提到的事上,再加上新东西。我们已经知道"耶和华震破香柏树",现在又说他"震碎"香柏树,而且是"黎巴嫩"的香柏树。

离合体(acrostic)

这是根据字母来作诗。诗篇第119篇是诗篇中最长的诗,共有176节,每段诗(以及那段诗中的每一节),都以一个新的希伯来字母开头。

副歌（refrain）

第二句不断重复，比如诗篇第136篇，每一节的第二句都是"他的慈爱永远长存"。

✝ 圣经中的诗

查考希伯来诗，可以看出诗是多么的巧妙合宜，圣经的确应该纳入诗歌。

写现代诗歌的人，发现圣经诗篇带给他们很多灵感，但是当他们摘用诗篇经文作为歌词的时候，很少使用整篇经文，所以那些字词并没有上下文。如此一来，诗篇的含意有可能失去平衡，有时甚至连意思都变了。

希伯来诗很容易译成其他语言，因为重点是内容而非语音（押韵）。如果我透过翻译，向不懂英文的会众讲道，当我引用英文诗，一经翻译，诗的韵味全失，因为英诗注重语音，这些语音是翻译不来的。但希伯来诗能翻译成任何语言，难怪神选希伯来文作为传达他话语的媒介。

✝ 敬拜中的诗

很多人主张，来到神面前的时候应该发自内心、随兴敬拜，如果事先想好要跟神说什么，也太做作了。这话是有几分道理，但是先想好要说什么，其实非常重要。诗篇就是范例，让我们看见如何向神说话，才不至于太过随便，而且诗篇也向我们显明，神是何等伟大尊贵。从另一方面来说，诗篇也描述了人跟神的亲密关系，这是很多人还没体验过的，所以诗篇可以激励我们更渴望去体验神的良善。

事先花心思写出来的圣经诗歌，是团体敬拜不可缺少的一部分。如果敬拜的时候，各人想唱什么就唱什么，一定会乱成一团，更别说会有多难听了！我们能够一同敬拜，就是因为有诗歌来帮助我们。有些人主张我们应该只唱自己有感觉的歌，这些人忘了，有时即使心里没有感觉，仍需要开口回应，这样做有其价值，可以鼓励我们更真心去回应，并且将真理牢记在心，面对未来。

我们家以前有一个传统，每年有一天，家里三个孩子会大清早就来把我叫醒，在我的床尾一字排开站好，然后一起向我唱一首很做作的歌，唱完后就送我一包他们最爱吃的糖果。那首歌就是"祝你生日快乐"。

我们当然可以说，三个孩子排排站好，一起唱同一首歌，实在做作，很不自然，如果改成轮流来唱给我听，对我说爸爸我爱你，岂不更好？我告诉你，其实不会更好，因为这样就不是以家人的身份一起做这件事。他们一起来向我唱歌，彼此互联相依，反而让我觉得这个小小的家庭传统更特别。

同样地，当我们一起向神说话，神会很喜悦，即使我们必须用别人写好的话。神喜欢看见我们在一起，也许我们会站成一排，用经过设计的方式向神唱歌，但我们是在一起向神表达爱。诗可以帮助团体一起敬拜。

前文已经指出，诗篇可以轮唱，两个诗班对唱。除了用唱的，诗篇也可以大声喊出来，诗篇第147篇就是一例。

诗篇也有助于团体的凝聚力，有些诗篇是用第一人称单数"我"和"我的"来写，适合个人的敬拜，但有些诗篇用第一人称复数"我们"和"我们的"来写，提醒我们这是神的大家庭，一起来敬拜。

诗会触动人心，也会触动神的心。我们看到每一篇诗篇和许多卷先知书都用诗来表达。圣灵也选择用诗来传达神的心意，并让我们用诗来回应神。你若怀疑诗怎么可能触动神的心，请记得，圣经用了很大胆的文字来谈神的感受。

例如诗篇第2篇说，神看见人徒然想要敌挡神时，他就发笑。西番雅书第3章说，神因我们而喜乐歌唱。所以神喜欢音乐！音乐不是现代人的发明，而是按神的形像所造的人与生俱来的天赋。

所以，当神用诗向我们说话，我们就知道，他要把他内心的感受传进我们的内心。因此，我们不妨问问，有哪些经文在传达神的感受呢？了解希伯来诗可能就是关键，让我们了解神的心。

12. 诗篇

† 引言

诗篇是圣经中最受人喜爱的一卷书，也是圣经中最为人知的一卷书。有几篇诗篇很受欢迎，不常读圣经的人喜欢读，认识神、爱神、想要赞美神的人也喜欢读。诗篇适合人人阅读，虽然书写年代久远，却和现代文化没有什么隔阂。尽管旧约圣经的经文大多需要从新约圣经的角度来读，才能明白其意，但大多数的诗篇却一读就能明白。诗篇经得起时间的考验，很容易应用在基督徒的生命中。难怪历代以来的圣诗作者都从诗篇得到许多灵感。

教会史上，诗篇一直很受重视，马丁·路德曾说："在诗篇中，我们可以看见每个圣徒的内心。"加尔文说，在诗篇中，"我们像是照镜子，看见自己的内心"。有位现代的圣经注释家则说："每一篇诗篇似乎都是写给我读的，上面都有我的姓名和住址。"诗篇是旧约圣经中对人性阐述最深刻的一卷书，每个人读来都能感同身受。

在旧约圣经中，诗篇是以色列人的诗歌本和祷告本。这是圣经上最长的一卷书，花了快一千年才写成。虽然大多数的诗篇是在大卫时代（约公元前1000年）写成，但有几篇是在摩西时代（约公元前1300年）

写的，也有几篇写于被掳时期（约公元前500年）。

"诗篇"一词意为弦声，指的是唱诗篇时伴奏的弦乐器。在旧约希伯来文圣经中，诗篇位于圣卷之首，圣卷是圣经的第三部，在律法书和先知书之后。诗篇的卷名，希伯来原文是Tenillim，意指"赞美歌"，这个名称好多了，尤其"犹太人"（Jew）这个字，来自于"犹大"（Judah），而"犹大"意即"赞美"。诗篇通常用说的或唱的，甚至也可以用喊的，不过这不太适合某些拘谨的文化。

诗篇可分成很多类别，后面会再谈到。若用最简单的方式，可以分成两种，一种是用第一人称单数"我"的诗篇，一种是用第一人称复数"我们"的诗篇。所以有些诗篇适合个人私下敬拜用，有些诗篇适合团体公开敬拜用。不过这样区分不可过严，因为耶稣鼓励他的门徒使用"我们的父"一词，表示即使在私人的祷告中，也要明白自己在团体中的责任。

✝ 情感

有些诗篇传达出很深的悲伤，诗篇第56篇特别让我感动，诗中说神把我们的眼泪装在皮袋里。犹太人吊唁亲人时，并不是送花束或花圈，而是拿个十厘米高的小玻璃瓶，放在眼睛下面，把眼泪收集起来，然后把泪瓶送给悲伤的家属，以示哀悼。诗篇告诉我们，神也会这样做，即使让我们流泪的事情不如死亡那般严重。

诗篇涵盖了人类所有的情感，包括我们所谓的"负面"情感，诸如愤怒、沮丧、嫉妒、绝望、恐惧等等。诗篇作者真实表达自己的想法和感觉，包括咒诅人和埋怨神。诗篇也表达较为"正面"的情感，如喜乐、兴奋、盼望、平安。

个人抒发情感的诗篇，大多是大卫写的，有很多内容是人想对神说的话。稍后会谈到三种诗篇，我称之为"求求你诗篇"（please psalms）、"谢谢你诗篇"（thank-you psalms）和"对不起诗篇"（sorry psalms）。

诗篇的焦点虽然在于敬拜，却不是专门给祭司使用的，诗篇中几乎没有提到祭坛、祭司、祭司袍、焚香。诗篇是给一般人敬拜神用的。

✝ 圣经主题

诗篇不但涵盖人类所有的情感，也涵盖圣经中各样的主题。马丁·路德说诗篇是"圣经中的圣经"——圣经的缩小版。诗篇的内容包含以色列历史、创造天地、族长、出埃及、君王统治时期、被掳，以及归回耶路撒冷。

新约圣经引用的旧约经文最常出自诗篇，其中引用最多的是诗篇110篇1节："耶和华对我主说：'你坐在我的右边，等我使你仇敌作你的脚凳。'"

旧约圣经中的诗歌，并未全部收录在诗篇。摩西和米利暗写了一首诗歌（见出埃及记第15章）；底波拉和哈拿也写了诗歌（见士师记第5章和撒母耳记上第2章）。因为圣经的作者大多是男性，女人也写诗歌是很有意思的，也许这反映出女人天性中自然直觉的一面。约伯写了三首诗歌，以赛亚和希西家王各写了一首诗歌。

旧约圣经中还有一些人物也使用诗歌。约拿在大鱼腹中用诗歌祷告，就是一个好例子。他说，他从阴间祷告，阴间是亡灵的世界。他在那段祷告中引用了五篇不同的诗篇。哈巴谷在他的预言中也引用诗篇三次。

每一篇诗都以诗体为惟一的表达方式，雅歌、箴言、耶利米哀歌也是。旧约圣经有几卷书（例如传道书和先知书），是诗和散文的混合体；历史书中也有一些诗体文字（例如创世记第49章；出埃及记第15章；士师记第5章；撒母耳记下第22章）。

✝ 五卷书组成一卷书

诗篇这卷书其实是由五卷圣诗集组成，有些圣经注释家认为这对应到律法书的五卷书。但是诗篇由五卷书组成的原因可能很普通——因为原先就写在五卷纸上。

每一篇诗的篇幅差距甚大，最短的是诗篇第117篇，只有三节经文；最长的是诗篇第119篇，有176节经文。

这些诗都用希伯来文书写，所以最适合大声朗读。诗篇不能像分析保罗书信那样逐节来分析，过度的分析会破坏诗的美感。读诗篇最好是一口气读完整篇，好好默想，让信息进入心中，若有必要，可以一再反复这个过程。

这五卷诗歌集，每一卷最后都以一首赞美诗结束（见诗41，72，89，106）。最后一卷诗歌集，结束在诗篇第150篇，这是一首赞美诗，为这五卷诗歌集收尾。每一卷诗歌集的长度不一，因为每一篇诗的长度都不同，不过，第一卷和最后一卷最长。

† 神的名字

很多圣经注释家研究这五卷诗歌集的特色，发现有个模式很有意思，就是这五卷诗歌集对神的称呼不同。诗篇对神用了两种称呼——"雅威"（Yahweh）和"以罗欣"（Elohim），这两个名字出现在旧约圣经各处。

"以罗欣"单单意指"神"，但这是个复数名词，所以有三位一体的含义。"雅威"则是神对以色列人自称用的，是从动词"存在"（to be）而来，而"always"（永远）这个英文字，把"雅威"的意思传达得淋漓尽致。

诗篇第一卷大多称呼神为"雅威"，这个名字出现272次，而"以罗欣"只出现十五次。第二卷则恰恰相反，"以罗欣"出现两百零七次，"雅威"只出现七十四次。第三卷也是用"以罗欣"（三十六次）多过于用"雅威"（十三次）。第四卷和第五卷又反过来，用"雅威"这名字三百三十九次，"以罗欣"只用了七次。

个中原因不难了解。大卫王的诗歌大多收录在卷一和卷二，少数几篇在卷五。后面会再谈到，大卫的诗歌较多抒发他个人的感受，所以使用神的自称。

"以罗欣"传达出神超越一切的特质，他高高在上，与我们截然不同，他是至高神。"雅威"则比较能表达神与我们亲近的特质。神既高高在上，又住在我们里面，对于神的这两面特质，我们需要平衡看待，诗篇对神的称呼也反映出这一点。至于诗篇的开头和结束，都是使用神向人自称的亲近称呼。

† 诗篇的组别

圣经学者除了研究诗篇对神的称呼，也想研究诗篇的组别，可惜徒劳无功。诗篇似乎可以分成几组，但并没有什么逻辑顺序可言，也无法像某些书卷那样可以明显看出为何如此安排。

诗篇可以分成下列几组：

- 诗篇22－24篇：救主、牧人、君王。
- 诗篇42－49篇：可拉之子所作。
- 诗篇73－83篇：亚萨之子所作。
- 诗篇96－99篇：神是王。
- 诗篇113－118篇：赞美诗（the hallel psalms，逾越节唱的诗歌）。
- 诗篇120－134篇：上行诗（圣徒上耶路撒冷唱的诗歌）。
- 诗篇146－150篇：哈利路亚诗（the hallelujah psalms）。

有些诗篇有部分内容与其他诗篇重复（例如诗篇第108篇和诗篇57篇7－11节）。

† 诗篇是谁写的？

诗篇有一半以上是大卫写的，其中七十三首冠有他的名字，新约圣经也把诗篇第2篇和第95篇归为大卫所作，很可能还有别的诗篇也是他写的。

大卫有很多角色——牧羊人、战士、君王、音乐家，但最后一个角色，对他意义最大，因为他死前感谢神让他作以色列的"美歌者"，他心中最珍惜的，就是能够写诗歌、唱诗歌。大卫年轻时，就曾用音乐抚慰扫罗不安的情绪。数世纪后的先知阿摩司，选用大卫弹竖琴的形像，来描绘安于逸乐的以色列人（见阿摩司书6章5节）。

所罗门也写了几首诗篇：诗篇第72篇和第127篇。诗篇第127篇是在圣殿完工时写的，他明白若不是神建造房屋，建造的人就枉然劳力。若没有神的荣耀，圣殿就毫无价值。

可拉之子写了十篇诗。民数记记载了一个叫可拉的人，因为率众违抗摩西和亚伦，被神处死。但是可拉的后代子孙却参与了圣殿中的敬拜。他们作的诗篇收录在卷二。

亚萨之子写了十二篇诗，收录在卷三。亚萨和他几个儿子都在圣殿的唱诗班服事，因为诗班长常被视为先见或先知，难怪他们写了几首诗歌。

还有很多诗篇是无名氏写的，全收录在卷四和卷五。有人认为诗篇第49篇和第50篇可能是祭司以斯拉所写。

† 个人的经历

很多诗篇的灵感来自个人经历，就像今天的人作诗写歌一样。大卫早年在乡间牧羊时，就学会了唱歌和弹琴，他习惯把每天的经历编成歌曲来唱。

大卫一生有许多遭遇都在诗篇中描绘历历。比如诗篇第3篇，就是狼狈逃避儿子押沙龙的时候所作，当时押沙龙篡位，大卫不得不逃离王宫。诗篇第7篇写到一个名叫古实的便雅悯人。诗篇第18篇，是在神"救他脱离一切仇敌和扫罗之手的日子"写的。

大卫写了两首犯罪之后的忏悔诗。一是诗篇第51篇，他引诱有夫之妇拔示巴，不但犯了奸淫，还触犯十诫的第五诫（杀人），之后便写了这篇诗。另外一次，是他纯粹因为骄傲作祟，去数点手下军队的人数，当他发现自己犯了罪，便写下令人动容的诗篇第30篇。

有些诗篇和特定地点有关，比如大卫有很多诗篇，是他在隐基底逃避扫罗的追杀时所写。他常把神形容为"磐石"和"山寨"，也许这是因为他躲藏在一块巨大的岩石平台上，也就是马撒大。

有十四篇诗依史实命名，和大卫一生经历有关：

- 诗篇第3篇：大卫逃避儿子押沙龙的军队时，作这诗歌。
- 诗篇第30篇：大卫为献殿之前犯的罪，作这诗歌。
- 诗篇第51篇：先知拿单揭发大卫和拔示巴犯罪之后，大卫作这诗歌。
- 诗篇第56篇：大卫在迦特感到恐惧时，作这诗歌。
- 诗篇第57篇：大卫躲在隐基底，扫罗一时成了笼中鸟，大卫作这诗歌。
- 诗篇第59篇：大卫遭人妒忌，作这诗歌。
- 诗篇第60篇：大卫在以东打了场险仗，作这诗歌。
- 诗篇第63篇：大卫向东逃时，作这诗歌。
- 诗篇第142篇：大卫在亚杜兰洞，作这诗歌。

除此之外，很多诗篇虽然没有写出细节，但显然是大卫从唱歌、牧羊、争战、逃亡、作王等各样经验中有感而发。比如诗篇第23篇就是根据他日常牧羊的生活写的；诗篇第29篇的灵感显然得自一场暴风雨，让他想到神的声音。

大卫写的都是心中真实的感受。他咒诅人，他抱怨神，他要求向敌人报仇。但他每一句负面的话都是对神说的。不管他心中的感受和想法如何不得体，他还是一五一十告诉神。难怪大卫的诗篇人人喜爱，历世历代、各国各邦的人，都对他的话语感同身受。

† 为神全部的百姓而写

诗篇不全都描述个人经历，有些诗篇是为神全部的百姓而写。诗篇第2篇是大卫为所罗门登基写的，可以读出大卫望子成龙的心情，神对大卫的应许也在此实现："你是我的儿子，我今日生你。"

有些诗篇传达一群人或一个国家的感受，上行诗（诗篇第120－134篇）就很适合上耶路撒冷朝圣的人读。

很多诗篇的目的在于帮助人与神同行。比如诗篇第119篇是要鼓励人读圣经，这篇诗篇的每一节，都有一个和圣经同义的词，比如"主的律例"、"主的命令"、"主的训词"、"主的典章"、"主的法令"。

诗篇第92篇鼓励人要守安息日，教导敬拜者在早晨传扬神的慈爱，在夜间传扬神的信实，这是主日有早崇拜和晚崇拜的由来。（但现代人不这么做了，只要早上崇拜一个半小时即可，剩下的时间都是自己的！）

不过，我们现在当然不必守安息日的律法，那是摩西律法的一部分。对我们来说，每天都是主日，但我们也不妨把某一天视为特别的日子（见罗马书第14章）。

✝ 诗篇三明治

诗篇第22至24篇是很重要的一组诗篇，像是三明治，不过很多人喜欢只舔掉中间的果酱，不吃外面的面包！我来解释一下，这三篇诗必须一起读，我把这三篇称为十架、牧杖、王冠，让我们看见神首先是救主的身份，然后是牧羊人，最后是至高无上的神。如果光取三明治中间的馅，也就是有名的诗篇第23篇，宣称耶稣是我们的牧羊人，就会错过旁边两篇要教导我们的功课。

诗篇第22篇一开头的呐喊，正是耶稣后来在十字架上的呐喊："我的神，我的神，你为何离弃我？"诗篇第23篇开头说："上主是我的牧者。"（现代中文译本修订版）从这两篇诗的顺序可以看出，除非我们先来到十字架前，找到耶稣作我们的救主，否则无法把耶稣当作我们的牧人。

诗篇第24篇接着说："荣耀的王是谁呢？就是有力有能的耶和华，在战场上有能的耶和华！众城门哪，你们要抬起头来！永久的门户，你们要把头抬起！那荣耀的王将要进来"（8－9节）。把这段话改成白话，意思就是："众城门哪，你们要打开，因为那荣耀的王将要进来，他是我们的万王之王，万主之主。"所以，耶稣之所以成为我们的好牧人，是因为他先是我们的救主，也是我们将要来临的君王。

这三篇诗完美地搭配在一起，我写了一本小书叫《圣经活页》（*Loose Leaves from the Bible*，直译），把这三首诗篇译成了白话文：

> 我的神，我的神，为什么？
> 你为什么丢下我孤单一人？
> 你为什么变得如此遥远，
> 不来帮助我，甚至听不见我的呻吟？
> 我的神啊，我白日呼求，
> 你不回答；
> 我夜间呼求，
> 仍得不到帮助。
> 这我实在不明白啊，
> 你是全然良善的神，
> 受到这国家极大的赞美。
> 我们的祖宗全然倚靠你，
> 你便解救他们。
> 他们哀求你，
> 便蒙解救。
> 他们倚靠你，
> 就不羞愧。
> 但我像虫一样被看待，
> 没有人的尊严，
> 被众人羞辱，被百姓藐视。
> 凡看见我的都嗤笑我，
> 他们伸舌耸肩，

嘲笑我说：
"他说神会证明他是对的，
来看神怎么救他吧！
如果神那么喜欢他，
就来救他吧。"
那些人根本不知道——
是你叫我安全从母腹中生出；
我还在吃奶的时候，你就保护我的安全。
我从一出生，
就必须倚靠你；
你一直都是我的神，
从我母亲生我起就如此了。
求你不要离开我，
因为危险来了，无人能帮助我。
有许多公牛围绕我，
全国最凶猛的野兽四面围住我。
它们向我张牙咧嘴，好像凶猛饥饿的狮子。
我的精力耗尽，
我的骨头脱节，
我的心跳迟缓，
我的肉体枯干，
我的舌头贴在牙床上，
你让我崩溃瓦解，坐在死地中。
恶人环绕我，如同恶犬，
他们扎了我的手，我的脚。
我的骨头突出，清晰可数，
但他们只是袖手嗤笑我。
他们拿了我的外衣，

为我的里衣拈阄。
主啊，你到底在做什么？
求你不要远离我！
你是我惟一的支柱！
求你快来帮助我！
求你救我的生命脱离这些暴行——
脱离犬类，
脱离狮子的牙，
脱离野牛的角……
你已经回答了我！

我要告诉我的弟兄，又一次，你未辜负你的名；
我要在他们聚集的会中，分享我的见证。
凡是敬畏耶和华的人，
都要赞美他。
凡是雅各的后裔，
都要荣耀他。
凡是以色列的后裔，
都要大大尊敬他。
因为他没有藐视或憎恶受苦的人，
没有掩面不看他，
他垂听他的呼求。
你在大会中，
将你赞美的话给我，
我必遵守我对你的承诺，
凡敬畏你的人必要看见。
受苦的人将得饱足，
寻求主的人必赞美他。

愿这令人兴奋的经历存到永远。
在地的四极，
人人都要再度想念主，
并且归顺他；
万族万国
都要一起
来敬拜他，
因为主掌管世界，
管理万国。
没错，连在上的人都要向他的至高权柄下拜，
因为他们都是必死之人，一步步走向坟墓，
无人能长生不死。
后代子孙要接着事奉他，
人必向后代谈论
这位永活的神。
人必将主的释放，
传扬给尚未出世的人，
并且告诉众人，这一切都是神的作为，
而且已经做成了！
——诗篇第22篇

耶稣死在十字架上时，心中显然在想诗篇第22篇。

惟一真正存在的神，
犹太人的这位神，
他看顾我，
如同牧羊人看顾他的羊；
所以我需用的一切，

必不缺乏。
他命令我休息，
提供我丰富的营养；
又叫我起来向前走，
不断补充我的精力。
我疲乏时，
他为我注入新生命。
他保守我走在正道上，
来维护自己的好名声。
我即便走过深暗的幽谷，
危险在暗中蠢蠢欲动，
我仍然不怕受伤害，
因为你就在我身边。
你用竿保守我，用杖引导我，
我感到安全无比。
在我那无能为力的敌人面前，
你为我摆设筵席；
你待我如贵宾，
为我准备佳肴美食。
在我的余生中，
惟有你的恩惠一直跟随我，
我一生都要与这位神同住家中。

——诗篇第23篇

大地和其中万物，
世界和其中万民，
都属于犹太人的神，
因为他从海底建立土地，

又叫水流进河中。
谁能登上他的圣山？
谁能站在他完美的面前？
只有那些行为无过犯，
品格无瑕疵的人，
他们一生恪守诚实，
说话绝不食言。
这样的人必蒙拯救他的神注意和肯定；
这样的人真心渴望寻求神，
渴望与他面对面，如同雅各。

（此处请暂停、自省。）

众城门哪，你们要打开！
古老的城门啊，你们要打开！
因为那荣耀的王将要进来！
这位荣耀的王是谁呢？
他是犹太人那位大有能力的神，
是以色列那位在战场上所向无敌的神。
众城门哪，你们要打开！
古老的城门啊，你们要打开！
那荣耀的王将要进来！
这位荣耀的王是谁呢？
向宇宙一切势力发号施令的那位神，
就是这位荣耀的王！

（此处请安静、默想神。）
——诗篇第24篇

✝ 神是王

其他几组诗篇，我们可以大略来看一下。

诗篇第96至99篇有一个共同的主题：神是王。这是旧约圣经中最接近神国度的观念。

诗篇第113至118篇在希伯来原文中被称作"赞美诗篇"（hallel psalms），逾越节的时候众人会一起唱。

有一首有名的现代诗歌，就是从诗篇第118篇得到灵感，歌词说："这是耶和华所定的日子，我们在其中要高兴欢喜。"但是"这日子"其实是指旧约时代的逾越节，不是安息日，更不是星期日。

诗篇第118篇里也有一句呼求说："主啊，求你拯救我们。"意思是释放我们。这里的拯救在希伯来原文是ho shanah，我们从这个字得到"和散那"一词。

可惜今天我们都把"和散那"当成是天国的问候语，其实这是要求自由的呐喊。耶稣骑驴进耶路撒冷时，群众向他高喊"和散那"，意思就是要耶稣拯救他们脱离罗马人的统治。当耶稣手拿鞭子，赶出在圣殿里做买卖的犹太人，而不是去攻击罗马人，群众就止住了喊声。

诗篇第120至134篇被称为上行诗，意指往上的诗篇。当然，耶路撒冷位在山上（其实是山顶上的凹地），所以朝圣的人都必须向上走去耶路撒冷。

诗篇第121篇对我和内人意义深远，因为几年前内人罹患致命的眼癌，外科医生尽全力抢救她。她在医院的时候，我正想着那周主日要讲什么道，神引导我去看诗篇第121篇，我发现每一节经文都在讲眼睛。第一节说："我要向山举目"，向上走去耶路撒冷的时候，眼睛若不看着脚，很容易跌倒，但诗篇作者却说："我要向山举目"。于是我就讲了那篇诗，然后把讲道的录音带到医院给太太听。但是有一个信主才两个月的年轻护士抢先我一步，她来看我太太，并且把神的一句话带给她："你必要向山举目。"几个礼拜后，我和太太一起到加拿大爬落几山，后来她的癌症再也没有复发。

最后一组是诗篇第146至150篇，都是哈利路亚诗篇。"哈利路亚"

一词在希伯来原文中意指"赞美主"("哈利路"意指赞美,"亚"是指"雅威"一名的缩写)。

✝ 诗篇的类别

诗篇虽然不可能篇篇分门别类,但还是可以看出有几个类型的诗。

哀歌诗篇（lament psalms）

首先来看"哀歌诗篇",可以叫作"求求你诗篇"（please psalms）。这种诗篇是作者遭遇不幸,有感而发,有时是因为生病,有时是因为遭遇不公,有时是因为有罪恶感。很多人觉得惊讶,哀歌诗篇竟有四十二首,远多过其他类别。

这类诗篇常流露出自怜自艾的心情,但都是向神表明心意,然后得到医治。

哀歌诗篇的形式都一样,节奏缓慢,曲调有如丧礼上的哀歌,可以分成五部分:

1. 向神呼求。
2. 抱怨不对的事。
3. 宣告自己相信神必施行拯救。
4. 祈求神拯救。
5. 起誓:神若施行拯救,必要赞美他。

所有的哀歌诗篇都按照这种五层形式,所以读的时候必须读整篇,光读几节是看不出整个模式的。

如果只看第一部分,就会陷在自怜自艾中。但诗篇作者最后都会说,只要神拯救他脱离困境,他必要赞美神。

哀歌诗篇大多为个人而写,只有少数几篇是为全国而写(见诗44, 74, 79, 80, 83, 85, 90)。有意思的是,没有一首是大卫写的。

感谢诗篇（psalms of gratitude）

第二类是"感谢诗篇"，篇数仅次于哀歌诗篇。感谢诗篇有特别的形式，几乎都是不具名的作者写的，每一篇都提到四件事：

1. 宣告："我要赞美……"
2. 叙述为了什么事赞美主。
3. 见证神的拯救。
4. 起誓要赞美：继续为所发生的事赞美神。

感谢诗篇常谈到神的态度和作为，诗中赞美的事包括神的王权、神的创造、神带领以色列人出埃及、耶路撒冷、圣殿，以及有机会来朝圣。诗中也对神的话表示感谢，尤其诗篇第119篇的176节经文，都是在感谢神的话语。

忏悔诗篇（psalms of penitence）

第三类是"忏悔诗篇"，可以叫作"对不起诗篇"（sorry psalms），这类诗篇不多，但可以看出作者知罪后，内心有很深的痛悔。忏悔诗篇有诗篇第6、32、38、51、130、143篇。

† 特别的诗篇

另外还有几类比较特别的诗篇。

君王诗篇（royal psalms）

大卫当牧羊人的时候，写出自己的牧羊生活体验，作王后也写出君王的心情。诗篇第2、18、20、21、45、72、89、101、110、132、144篇是属于君王诗篇。

英国国歌就是根据这几篇君王诗写成。诗篇第68篇的焦点放在君王在战场上的胜利，英国国歌中"赐她胜利"（Send her victorious）这句歌词，就来自这篇诗。当然这篇诗和英国国歌有一个很大的差别，就是英国国王并非统治神子民的君王，所以国歌中有很多歌词其实不能用来形容英国国王。神只拣选一个国家归他自己，就是以色列。我们绝不可忘记，所有非犹太人的国家，都是外邦国家，所以都不可能像以色列那么特别。

不过倒是有一篇很棒的诗讲到皇后。诗篇第45篇讲到一位皇后觉得自己不配当国王的妻子。这篇诗十分贴切地指出，我们作为基督的新妇，也应该有这种感觉。将来我们都会和耶稣同坐宝座上，并且活出王族的样式。很多国家自以为蒙神拣选，因此误用了诗篇。英国国徽上的狮子和独角兽，是从诗篇第22篇来的。早期有个英文圣经译本，里面有独角兽一词，其实原文并没有这个词。

全球只有加拿大这个国家，国名包含"权柄"（the Dominion）一词。"加拿大权柄国"（The Dominion of Canada）一词，是从诗篇第72篇来的："神要执掌权柄，从这海直到那海……"。加拿大的领土西起太平洋、东至大西洋，于是开国元老便称这国家为权柄国。

弥赛亚诗篇（Messianic psalms）

有几篇君王诗也是弥赛亚诗篇或预言诗篇。大卫是理想君王的模范，这几篇弥赛亚诗反映出人民渴望有一位真正配得神尊荣的君王。

"弥赛亚"一词意指"膏抹"，以色列每位君王登基的时候，都要受油膏抹，象征着圣灵浇灌。连英国国王和女王的登基仪式也有用油膏抹的仪式（用的是一种特制的油，由二十四种香草和油混合制成）。

希伯来文"弥赛亚"一词（意指"受膏者"，即希腊文中的"基督"），在整本旧约圣经中只出现过一次，就是诗篇第2篇。但如果仔细检视诗篇，找出有预言性质的元素，就会发现有二十处经文为新约圣经所引用，而且这些诗篇中有关大卫子孙耶稣的预言，实在叫人惊奇。

- 神必称他为儿子。
- 神必将一切放在他的脚下。

- 神必不叫他在阴间见朽坏。
- 他将遭神离弃，遭人嗤笑；他的手脚将被钉穿，衣服被拿去拈阄，但他的骨头没有一根折断。
- 人必用假见证控告他。
- 他必无故遭到恨恶。
- 有个朋友将出卖他。
- 他必被迫喝下醋和胆汁。
- 他必为敌人代求。
- 出卖他的人必丧失职分。
- 他的敌人必作他的脚凳。
- 他必作麦基洗德等次的祭司。
- 他必作房角石，并且奉主名而来。

大卫自称先知，因为他写诗篇的时候，能够看见别人的未来。很难想象，大卫没有亲身经历过，却能够体会耶稣在十字架上的痛苦。

诗篇第二十二篇说："我的神，我的神，你为什么离弃我？"（这是耶稣在十字架上的呐喊。）

早在罗马人使用十字架处决犯人之前，这篇诗就谈到被钉子穿过的手脚。耶稣诸多伟大的"我是"宣告，有一则也出现在这篇诗中，但大大出人意外："我是虫，不是人。"

智慧诗篇（wisdom psalms）

智慧诗篇是在安静默想的时候写的诗篇，很像箴言，富含日常生活中实用的智慧。

圣经中的智慧主要关于两件事：第一是行事为人，第二是人生的矛盾。

诗篇第1篇就是智慧诗篇，讲到行事为人，说人生有两条路可以走，一条是恶人的路，一条是义人的路。马太福音所记载的登山宝训，耶稣最后也使用了类似的用词："因为引到灭亡，那门是宽的，路是大的，进去的人也多；引到永生，那门是窄的，路是小的，找着的人也少。"所以诗篇第1篇就指出，这卷诗篇是给行在正道上的人读的，不是给那些与恶人同行、同坐、同站的人读的。与人同行，就会受到对方影响；如果跟他们站在一起，关系会变得更深；如果跟他们坐在一起，就会变成朋友。这篇诗叫我们不要与恶人同行、同坐、同站，因为近朱者赤，近墨者黑，对我们人生影响最大的，大概就是我们所结交的朋友。

智慧诗篇的另一个焦点是人生的矛盾，人生最大的矛盾就是坏人往往享福，好人常常受苦。

诗篇第73篇讲的就是这个问题。作者觉得他徒然洁净自己的心，想活出圣洁的生命只不过是浪费时间，因为恶人饱赚财富之后，安详地躺在床上死去。

这篇诗的作者说他白日烦恼，晚上失眠。他的解决之道是前往圣殿，在那里默想神的荣耀，并且思想恶人要面对的结局。诗篇只有少数几篇谈到死后的生命，这篇是其中之一。旧约圣经不像新约圣经那样详尽地说明人死后的生命如何。

咒诅诗篇（imprecatory psalms）

在"咒诅诗篇"中，作者会求神审判他的敌人。比如下面这几句经文：

> 那些昂首围困我的人，
> 愿他们嘴唇的奸恶陷害自己，
> 愿火炭落在他们身上，
> 愿他们被抛在深坑里，
> 不能再起来。
> ——摘自诗篇第140篇

有一首咒诅诗篇很有名，就是诗篇第137篇，写于巴比伦：

我们曾经在巴比伦的河边坐下，
一追想锡安就哭了。
我们把琴挂在那里的柳树上，
因为在那里，
掳掠我们的要我们唱歌，
抢夺我们的要我们作乐，
说：给我们唱一首锡安歌吧！

我们怎能在外邦唱耶和华的歌呢？
耶路撒冷啊，我若忘记你，
情愿我的右手忘记技巧。
我若不记念你，
若不看耶路撒冷过于我所喜乐的，
情愿我的舌头贴于上膛。

耶路撒冷遭难的日子，
以东人说：拆毁！拆毁！直拆到根基。
耶和华啊，求你记念这仇。
将要被灭的巴比伦城啊，
报复你像你待我们的，
那人便为有福。
拿你的婴孩摔在磐石上的，
那人便为有福。

　　这些话真难听，对敌人全无饶恕之心，也不觉得这样讲或许不妥。难怪有些人怀疑基督徒不该使用这类诗篇。
　　基督徒可以使用咒诅诗篇吗？
　　首先请切记，当时的犹太人只有旧约圣经，所以我们不能期待旧约时代的人都存着基督完全的心，他们不认识耶稣，不知道耶稣曾经说："父啊，赦免他们，因为他们不知道自己在做什么。"

第二，这些诗篇是很诚实的祷告。我们心里若有什么感受，就应该对神说出来。如果心中感受跟这些诗篇的作者一样，却不说出来，那就跟咒诅人一样糟糕，其实该说是更糟糕，因为这是向神隐瞒自己内心的感受。

我记得有一位女士出了严重的车祸，之后二十年一直行动不便，只能够靠着枴杖慢慢走，而且疼痛不断。有一天晚上，她一面走进卧室，一面咒诅神害她这么痛苦，突然脚被地毯绊到而跌倒在地，之后就不省人事。她昏睡了好几个小时，醒来时已经是早上，阳光从窗外射入，直照她的眼睛。她以为自己死了，正站在神面前。她想起昨晚死前最后一句话竟是在咒诅神，心想八成要下地狱了。后来她发现那道强光是阳光，她仍在自己的卧室里，大大松了一口气。这时，她突然发现身上不痛了，她站起来，发现自己的身体完全好了，四肢都能自由活动了！她冲到街上，见人就说她咒诅神，神却医治了她！当然这不是很好的榜样，但重点是，因为她对神诚实，就从神得到医治。神的恩典何其大！

第三，以色列的敌人也是神的敌人。咒诅诗篇不只是在要求神替自己报仇，也是在提醒神，他的仇敌就是神的仇敌。对今天的基督徒来说，神的仇敌并不是血肉之躯，而是在空中执政掌权者。我们如果真正爱神，就会痛恨魔鬼和一切恶者。旧约圣经的圣徒并不知道将来会有审判日，不知道有天堂和地狱，所以他们只能祷告，求神在今生惩罚恶人。他们相信人人死后都要到一个叫阴间（Sheol）的地方，这里有点像火车站的候车室，只是火车并不会来。所以他们必须求神在今生就为他们伸冤，呼求良善的神伸张正义。

第四，咒诅诗篇的作者，都不愿意自己去报仇，都把这件事交给神，这正是保罗在罗马书第12章的教导："不要自己伸冤，宁可让步，听凭主怒。"神必惩罚恶人。

最后一点，我们必须看出新约圣经在这件事上和旧约圣经没有不同，新约圣经中也有类似的祷告。在启示录第6章，殉道者的灵魂在天上祷告说："圣洁真实的主啊，你不审判住在地上的人，给我们伸流血的冤，要等到几时呢？"虽然这是在天上的祷告，却和咒诅诗篇的内容没什么两样，殉道的基督徒在求神为他们伸冤，伸张正义。

所以，我们若抱持正确的态度，今天仍然可以使用这些咒诅诗篇。将来有一天，所有的罪行都会遭到惩治，义人的冤屈必得伸张，殉道者将坐在审判罪人的宝座上。

✝ 诗篇对神的看法

诗篇对神的看法非常平衡，我们在诗篇中看到神至高无上（"以罗欣"），也看到神与我们同在（"雅威"）。诗篇鼓励我们要高举神，这不是因为我们可以让神变得更伟大，而是因为可以拓展我们对神的看法。

诗篇谈到神的属性，也就是他的特质，第8、9、29、103、104、139、148、150篇是很好的例子。诗篇第139篇形容神无所不能、无所不知、无所不在。

诗篇也谈到神的行动，也就是神的作为，诗篇第33、36、105、111、113、117、136、146、147都是很好的例子，尤其是神的两大作为：

> 创造（比如诗篇第8和19篇）以及
>
> 救赎（比如诗篇第78篇谈到出埃及的故事。）

诗篇告诉我们，神是牧人、战士、审判官、父亲，更重要的是，他是王。

有鉴于神有这些特质和作为，难怪在诗篇中，对神的认识很快就变成对神的颂赞。真理必会带来赞美。

✝ 今天该如何使用诗篇

从新约圣经对诗篇的用法，可以清楚看出，基督徒可以使用诗篇，也应该使用诗篇。新约圣经中的诗歌仿效诗篇来写（比如路加福音第1和2章）。使徒遭遇压力时，会使用诗篇（比如使徒行传第4章），讲道时，也常使用诗篇（比如使徒行传第13章）。

希伯来书的作者大量引用诗篇，希伯来书的头五章，每一章都谈到至少一篇诗。

耶稣公开教导的时候，会引用诗篇（比如登山宝训）；他回答犹太人的问题、洁净圣殿、吃最后的晚餐时，也引用了诗篇。

那么今天的基督徒应该如何使用诗篇呢？

诗篇最好可以大声朗读或唱出来，有些诗篇还明白地鼓励人喊出来呢！如果只是默读诗篇，诗的影响力和价值就会大减。很多诗篇也鼓励人加上身体动作，比如举手、拍手、跳舞、举目望天。

新约圣经命令我们要在团体敬拜中使用诗篇（例如以弗所书第5章），可以向会众唱出或大声朗读诗篇，或是全体会众一起朗读或唱出诗篇（甚至喊出诗篇）。

显而易见，诗篇本来就是要用乐器伴奏，唱出来。前文已经指出，"诗篇"一词的希伯来原文意指"弹拨"，就是指一般用来伴奏诗篇的弦乐器（不过诗篇也提到别种乐器）。有很多诗篇出现"细拉"（Selah）一词，这可能是给诗班指挥的音乐指示，可能是休止符，可能表示要改调，可能是表示要弹大声一点或是唱大声一点。

今天应该怎么唱诗篇呢？我认为应该整篇都唱。很多诗歌只取用某篇诗的几节经文，有断章取义之嫌。

有些诗篇可以依诗节格律唱出（苏格兰的教会就常这样做）；有些诗篇适合由诗班来唱；有些诗篇适合个人私底下唱。以下列出几个方针：

- 每天读一篇诗是好习惯。
- 有些诗篇适合在睡前读，有助于安抚情绪，防止做恶梦。
- 有些诗篇即使和你目前的处境无关，仍然要读，因为日后必会遇到。
- 给每篇诗定个题目，这可以帮助我们专注在内容上。

- 把诗篇译成你自己的话（参考本章前面我自己的翻译）。
- 有些诗篇是生病时很大的安慰，甚至是即将死亡时的安慰。

虽然研读诗篇大有益处，但最大的益处是在日常生活中使用诗篇。当我们大声朗读诗篇、唱出诗篇、喊出诗篇，就会发现诗篇真正的美和能力。诗篇的目的，本来就是要带领我们热情地赞美主、荣耀主。

13. 雅歌

†引言

很多人觉得惊讶，圣经怎么会收录雅歌这卷书。圣经有两卷书完全没提到神，雅歌是其中一卷（另一卷是以斯帖记）。这卷书从头到尾都没有明显提到属灵的事，加上对男女之间的性爱描述生动。这表示教会的儿童主日学通常不会讲这卷书！

这卷书的书名，直译是"歌中之歌"（Song of Songs）。希伯来文的写作不用形容词，所以没有"很棒的歌"这种用语。想形容这是"最棒的一首歌"，就说是"歌中之歌"，正如"至高的王"就称作"万王之王"，而"最伟大的主"就称作"万主之主"。

就算这是一首很棒的诗歌，我们仍无法确知，为什么这卷书会出现在圣经上，因为这卷书既不属灵，还充满感官。书中触及五种感官——嗅觉、视觉、触觉、味觉、听觉，而且还生动描述一对年轻男女的肉体。所以主日学虽然不教，这卷书却成了年轻人爱读的一卷书。

我曾经有很多年讲道都不讲这卷书，因为不知道怎么讲。但我发现犹太拉比把这卷书视为很神圣的一卷书，称之为"圣中之圣"（the Holy of Holies），读这卷书的时候，甚至会脱鞋表示尊敬。此外，我也发现有一些写灵修文章的基督徒作者，对这卷书赞不绝口。后来我决定自己研究这卷书，买了注释书和灵修用的解经书，想好好了解一下雅歌，却只加深我不懂这卷书的罪恶感。有人说，作者是用密码的方式写这卷书，不能照字面来解释每个字的含义。最惨的一次，就是雅歌第1章有一节经文，那女子说她的爱人躺在她的双乳之间休息（译注：和合本译为"我的良人……常在我怀中"），我读到一位注释家的解释，竟说双乳之间是指旧约圣经和新约圣经之间！我必须承认，当我读到那节经文时，我完全没想到什么新旧约圣经。于是，我那时就下了一个结论，神把这卷书放在圣经中，大概是个圈套，要看看我们是属灵的，还是属肉体的。多年之后，我才懂得如何深入探讨这卷书。

† 这是哪一种文学？

寓言吗？

寓言是虚构的故事，背后隐藏着信息，比如17世纪本仁约翰写的经典名著《天路历程》(*The Pilgrim's Progress*)，就是寓言体，故事中所讲的每件事都在描述一个属灵真理。很多人把雅歌诠释为寓言，但每个注释家都发明自己的一套解读法，而且通常和经文本身没什么关联。这些注释家似乎都是照自己的想法去诠释，不太愿意考量字面上的意思，因为他们认为这卷书对性爱有许多生动的描述，不可相信字面上的意思。

之所以会有这种现象，其中一个原因在于希腊思想对基督徒的影响，远大过希伯来思想对基督徒的影响。希腊人相信生命可以切割成所谓的"身体"和"灵魂"两部分，而且灵魂比身体重要。相反地，希伯来人相信世上只有一个神，他造了身体和灵魂，两者同样重要。如果良善的神创造了物质的世界，那么物质的东西就是好的；如果男女都是神造的，他要男女能够坠入爱河，结为夫妇，那么男女之间的爱也是好的。

肯定

希伯来思想可以帮助我们诠释这卷书，看出这不是寓言故事，而是神的肯定。神肯定男女之间的爱，把雅歌这卷书放在整本圣经的中间这里，提醒我们，性爱这件事是神的主意，是他想出来的。魔鬼在世上散播的一大谎言就是神反对性爱而撒但支持性爱。但事实正好相反，神说性爱是夫妻之间爱的表示，是洁净的，是理所当然的。我每次主持婚礼，都会读一段雅歌的经文，然后叫新人在度蜜月的时候继续读完后面的经文。

比喻

但雅歌不只是肯定，也是比喻。比喻不同于天马行空的寓言，寓言是虚构的故事，背后有隐藏的含义，比喻则是事实，与另外一个事实类同。耶稣教导时就会用比喻，比如他用听众能明白的用词来形容天国。雅歌这卷书也是如此，男女之间的爱就像神和人之间的爱，两种爱都真实存在，而男女之间的爱有助于解释神人之间的爱。雅歌说，我们和神的关系也可以像这样，让我们应该能够说出："我心爱的人属我，我也属他"，就像爱人之间的对话一样。

† 雅歌的作者

雅歌这卷书是所罗门王写的，他有写歌作词的恩赐。我们从列王纪上得知，所罗门总共写过一千零五首诗歌，但只有六首收录在圣经里。所罗门有七百个妻妾和三百个嫔妃，我推测他大概给每人各写一首歌，但是在这一千个女人当中，只有一个是神为他挑选的伴侣，所以只有他为这个女人写的情歌，才被收录在圣经里。雅歌告诉我们，所罗门写这首歌时，已经有六十个妻妾。

† 书中主角是三个人还是两个人？

学者对这卷书的故事情节，看法分歧。有些学者说情节牵涉到三个人，是牧童、君王、女孩的三角恋爱，这女孩在两个男人之间难以抉择。这样的情节很有意思，可以讲出一篇精彩的道，因为最后可以说这话来打动会众："你就是那女孩！你要选择这个世界的王，还是选择那个好牧人呢？"可惜，这情节和经文不符，所罗门何必写一首歌，把王（他自己）描写成坏人呢？更何况，雅歌整卷书的气氛纯真，没有罪恶，根本没有什么邪恶的君王引诱纯朴的少女这回事。这卷书从头到尾，就是一首单纯的情歌。

所以比较可能的故事情节是只有两个人，这表示王和牧羊人是同一个人。这看似不太可能，但请记得，以色列有几位君王就是牧羊人出身。大卫是明显的例子；摩西在领导神的百姓之前，也是牧羊人。这种双重身份并非不寻常。

但即使认定王和牧羊人是同一个人，还是不容易明白整个故事怎么兜起来的。这有点像打开一盒拼图，看见里面五颜六色的拼图片全混在一起，除非有盒盖上的图像可以参考，否则会觉得很难拼出来。

所以，我要给你拼图盒盖上的那幅画像，这样当你自己读这故事时，所有拼图片都可以兜在一起。

✝ 故事

所罗门在黑门山拥有一片山坡地，当他想暂时放下在耶路撒冷作王的压力时，就会到那里避静。在那里，他可以放松，可以打猎，可以暂时忘记自己是王。偶尔他也会带着羊群，在山间寻找青草地和水源，一天也许可以走上十五英里路。

所罗门的那块山坡地上，原本住着一个农夫，农夫过世以后，儿子继承了农场，但我们不晓得他有几个儿子，也许三、四个儿子，再加两个女儿。其中一个女儿年纪还小，另一个女儿已经长大，就是雅歌的女主角。她的生活平淡无奇，父亲分了家产，把葡萄园分给儿子和女儿，但几个兄弟把很多家事和农事都推给这个女孩去做。她怨叹自己为了照顾兄弟的葡萄园而荒废了自己的葡萄园。除此之外，因为她整天在外工作，肤色愈晒愈黑。古铜色肌肤在欧美文化中是一种魅力，但她的文化却刚好相反，中东地方的准新娘，婚礼前十二个月都不能晒太阳。所以她很清楚，这一身黝黑的肤色，恐怕会让她嫁不出去，一辈子替兄弟做牛做马。

有一天，她在田里遇见一个年轻人，两人相谈甚欢，约了第二天再见面。见了几次面之后，两人约定天天见面，会面成了每天最令人期待的事。连续相会两周以后，双方陷入热恋，但有一件事令这女子感到困扰，就是她不晓得这男子的身份。她不停问他：你的田地在哪里？你晌午在何处使羊歇卧？但是男子没有正面回答问题，也不讲明自己的身份。

双方情投意合，深深相爱，最后男子向女子求婚，这一刻她等了多少年！她立刻开心地说：“我愿意。”男子说，他明天得离开，回到南方的大城市工作，他把女子留在这里准备婚礼，承诺一定会回来。

接下来几个月，是这女子一生中最兴奋的时光，她从未想过会有这么一天，但现在她要结婚了。不过这时她开始做恶梦，这些梦境的含义很容易理解，因为她梦到的都是同一件事：“他不见了，我在找他。”

有一天晚上，她梦见自己在街上奔跑，到处寻找情郎。她遇见巡夜人，立刻问他有没有看见自己的心上人，但他没看见。她在街上奔跑，疯狂寻找男子，等她找到了，就抓住他，把他拉回自己母亲的卧室，说再也不会让他离开了。当她醒来，却发现自己抱着枕头。

还有一次，她梦见情郎站在门口，正把手从门上的洞口伸进来，想要把门栓打开，却打不开，因为门栓卡在更下面的地方。但她这时全身动弹不得，下不了床，眼睁睁看着情郎想尽办法要开门，她的心情沮丧极了。后来情郎的手不见了，而她可以动了，就向门口跑去，可是情郎已经走了！

这女子为什么会做这些恶梦呢？原因很简单：她担心情郎不回来娶她。她开始胡思乱想，也许对方只是逢场作戏，不会遵守诺言。

后来有一天，她在田里工作，看见路上突然扬起一大片灰尘，来了很多马车，她问兄弟是谁来了。

兄弟说，是地主来了，耶路撒冷的所罗门王来巡视他的土地。大家准备屈膝迎接王，这女子没见过王，就偷偷瞄了一眼，没想到高坐大车上的王，正是她的情郎！

大家都知道，所罗门王已经有六十个妻妾，这女子惊讶地发现，她将是那第六十一个妻妾！

于是她离开农场，来到南方，住在皇宫里。他们结婚了，她参加的第一场筵席是特地为她举办的。她坐在首桌，就坐在王的身边，那六十个美丽白皙的皇后，都穿着华服围绕在她身旁，她觉得很自卑。

当一个男人有好几个女人时，每个女人都会没有安全感，都想知道他是不是爱她多过爱其他女人。于是这名女子问所罗门，能不能一起回到北方："我们能不能以青草为床，以树木为顶？能不能回去住在你那里的田园？"所罗门解释说，因为他是王，必须在耶路撒冷居住和统治。最后她问到王身边这些美丽的女人，她用很自卑的口吻说："我只是沙仑中的玫瑰花，只是谷中的百合花。"

我们以为这些花很漂亮，但在以色列，这些都是小花，就像草地上的雏菊，很容易遭人践踏。谷中的百合长在荫蔽处，沙仑的玫瑰则是一种长在地中海沿岸平原上的小花。

王回答说，她就像荆棘里的一朵百合花，她听了很高兴，因为相较之下，荆棘里的百合花是以色列最美的花。这朵白色的百合花，姿态优雅，在她心爱的人心中，她就是如此美丽。于是她高兴地唱了一首歌，歌词说："他带我入筵宴所，以爱为旗在我以上。"

以上就是这个故事的大纲，也正是拼图盒盖上的那张图。

✝ 为什么我们应该读这卷书？

为什么我们应该读这卷书？原因有二。第一，基督徒信仰的核心，其实是一种很个人的关系。并不是上上教会、读读圣经或捐献支持宣教士就算是基督徒了，要和神相爱才算是基督徒。唱圣诗之所以重要，完全是因为我们是在唱情歌。如果不明白这一点，就不明白信仰的核心。所以，在整本圣经正中央的地方，述说了一段很亲密的爱情关系，是所罗门和一个乡下女孩的爱情。

这卷书从更广的角度来形容神和人的关系。圣经有时会把神说成是丈夫，而以色列是妻子。神追求以色列，在西奈山上娶她，跟她立下婚约。当以色列去追求别的神明，就成了淫妇。

这也是贯穿何西阿书的主题。神要先知何西阿去街上找一名妓女，何西阿向神抗议，为什么要叫他这样做？神叫他娶这名妓女，说她会生三个孩子，她会爱老大，却不爱老二和老三，老三甚至不是何西阿的种，要给他取名叫"不是我的"。神告诉何西阿，这个女人会回到街上重操旧业，留下三个孩子给他，但是他必须去找她，从控制她的皮条客那里，替她赎身，带她回家，并且重新爱她。最后神叫何西阿告诉以色列民，这正是他对以色列的心情。

其实在旧约圣经中，神和以色列的关系就是丈夫和出轨妻子的关系。神追求她，得到她，失去她，却仍然爱她，想再带她回家。

进入新约圣经，情况还是一样。基督是新郎，他在寻找新娘。在圣经的最后一页，这个新娘渴望新郎快来，说："快来！"她已经准备好了，穿上白衣，也就是公义袍。所以，圣经从头到尾都是一个爱情故事。

雅歌描述了这种关系，这卷书中的年轻男子对女子说的话，正是神对我们说的话，而女子的回答，是我们可以给神的回答。所以这卷书的内容不是寓言，字里行间并没有隐藏什么特别的含义，"石榴"就是石榴，"乳房"就是乳房，神说话是当真的，但雅歌是在比喻我们和神可以拥有这样的关系。

诠释雅歌要小心，我们和神之间并不是情欲的关系，而是情感的关系。虽然雅歌有一些描述性爱的用词，却十分含蓄，并不像现代文学作品那样详细露骨。

我们和神之间，是一种情感的关系，这故事让我们想起，耶稣复活之后在加利利和彼得的对话。彼得曾经在庭院中的一堆炭火前不认主，而新约圣经只有另外一处谈到炭火，就是几周之后在加利利。所以，彼得见到那堆炭火时，就想起那段不堪的过去。但耶稣并没有说他对彼得感到失望，也没有说彼得以后不能再服事了。他告诉彼得，这件事他可以释怀，只要他能够确定一件事就行，这件事就是彼得爱他吗。

同样的，耶稣不会问你去过教会几次，或是这礼拜读了几章圣经，他要问的是："你爱我吗？"耶稣说，律法的总结是"你要尽心、尽意、尽力爱主你的神，并且要爱人如己"。爱确实是最重要的。

第二，你和耶稣的关系不仅是个人的，也是公开的。大多数人爱耶稣是因为把耶稣看成他们的牧人，与他们同在，带他们走过死荫的幽谷，也带领他们到可安歇的水边和青草地。但是我们爱上耶稣这位牧人之后，会发现他也是我们的王！他是万王之王，我们是他的新娘，即将成为皇后，和他一同作王。所以我们也是公众人物，身上多了额外的责任。可是如果可以一直维持私下的关系该有多好，回到黑门山的森林，私底下跟主保持关系，就不用面对很多讨厌的事了，不用一直被批评，不用一直活在公众的眼光之下。然而，神要我们活在公众的眼光之下，永远把他当作我们生命的泉源，和他一同挑起治理全地的责任。

14. 箴言

✝ 引言[1]

乍看之下，会觉得把箴言收录在圣经有点奇怪，箴言里面有些幽默的观察和简洁的格言，似乎也不过是一般的常识而已。

这卷书好像不太属灵，很少谈到私底下或公开场合的灵修生活，主题似乎十分世俗。

有些箴言的重点谁都明白，比如："穷人的贫乏是他的败坏"、"心中喜乐，面带笑容"；"宁可住在房顶的角上，不在宽阔的房屋与争吵的妇人同住"、"过路被事激动，管理事不干己的争竞，好像人揪住狗耳"。

有些箴言听起来，逗人发笑的作用多过造就人，有些箴言甚至好像不太道德，比如："人的礼物为他开路，引他到高位的人面前"。

很多箴言已经成了日常生活的习用语：

---

[1] 箴言（和传道书）这两章的探讨，我要感谢柯德纳（Derek Kidner）精彩的圣经注释书，这是 IVP 出版社（Inter-varsity Press）出版的"丁道尔系列"。读者若想更详细地研读这几卷书，我很推荐这几卷书的注释书。（编按：此注释系列已由校园书房出版社中译出版。）

"不打不成器";

"盼望迟迟不实现,令人忧心";

"狂心在跌倒之前";

"偷来的水是甜的";

"铁磨铁,磨出刃来"。

箴言描绘出人生的真实样貌,不是在教会的模样,而是在街上、办公室、商店和家里的样子。箴言涵盖人生各层面,不只是星期天在教会做什么,更谈到如何面对一周七天会遇到的各种情况。

所以,箴言中的人物很容易在各个社会中找到,比如长舌妇、唠叨的妻子、游手好闲的年轻人、总是不请自来而且赖着不走的邻居,还有一早起来就笑嘻嘻、乐观得让人受不了的朋友。

没错,九百条箴言几乎涵盖了人生所有重要的主题,而且常以对比方式来呈现:智慧和愚昧、骄傲和谦卑、真爱和情欲、财富和贫穷、工作和休闲、主人和仆人、丈夫和妻子、亲戚和朋友、生命和死亡。

但是,有些颇重要的事却被遗漏了,令人意外。比如这卷书很少谈到信仰的事,没有提到祭司和先知,也很少提到君王,这些人可都是旧约圣经中的主角。

我们从一开始就必须清楚该从什么角度来看箴言的主题。有些人弄错了,以为箴言的焦点是世俗生活,但是圣经并没有区分所谓的世俗和神圣,在神眼中,只有罪本身才是世俗(secular)的事。

认为只有"宗教"的事才算"神圣"的这种想法,来自古希腊思想,这种思想已经进入许多现代人的观念,甚至包括基督徒。圣经并未这样区分,只要是为神做的事,都算为神圣。神宁可要一个尽职的出租车司机,也不要一个偷懒的宣教士。在神的眼中,所有的工作都一样神圣。

所以,箴言要讲的,就是我们清醒时的生活态度。这卷书告诉我们,平时应该如何行事为人,并且警告我们,很多人虚度了一生。箴言教我们活出美好的人生,箴言的智慧则帮助我们在走到人生的终点时,可以为一生的成就感到欣慰。

箴言和圣经其他书卷的信息有什么关系？使徒保罗在提摩太后书中对提摩太说，圣经能够使他"因信基督耶稣，有得救的智慧"。但我们读箴言的时候，也许会纳闷，这卷书哪有谈到救赎？箴言根本不像圣经其他书卷那样出现救赎的主题呀。

但是，救赎的主题确实出现在箴言中。"救赎"这个词，很接近"废物利用"或"回收"的意思。神专门在做回收人的工作，叫他们从无用变成有用。基督徒从罪人变成圣徒，也从愚昧变成有智慧。人才是污染地球的罪魁祸首，这就是圣经要传达的信息。耶稣把地狱比作耶路撒冷城外的垃圾场——欣嫩谷，所有的垃圾都往那里扔。他讲到把人"扔"进地狱，这些人好似废物。神在回收那些往地狱去的人，要把愚昧人变成有智慧的人。

所以，从这个角度来看，箴言其实充满救赎的信息，因为箴言讲得救以后要活出什么样的生命，并且要我们别忘了自己蒙拯救脱离了怎样的生命景况。很多教会传讲箴言的时候，常常会失衡，太过注重我们是从什么样的生命景况被拯救出来，却不够注重得救是为了什么、得救以后要活出什么样的生命。

那么，圣经以外的智慧呢？很多人会说，还有很多智慧是圣经没有提到的，比如柏拉图、苏格拉底、亚里士多德、孔子的智慧。圣经以外也有智慧，不足为奇，因为男男女女都是照神的形像造的，自然具备一些人生智慧。可是，人的智慧还不足以洞悉人生，惟有被基督救赎之后，才能明白生命的意义，活出神的旨意。从这个角度来看，世人的智慧其实是愚蠢的，因为缺乏永恒的观点。

因此，箴言是在肯定一个真理：神是全智的神，他是一切智慧的源头，是他用智慧创造整个宇宙和其中错综复杂的万物。

† 箴言的写作目的

箴言在圣经中颇为特别，因为书中直接告诉我们为什么要写这卷书。箴言的序言说，学习箴言会带领我们走向智慧，又告诉我们智慧的开端就是"敬畏神"（这神就是雅威，犹太人的神）。我们若明白神恨恶罪恶，晓得他是一位无所不知的审判官，没有什么逃得过他的眼睛，就会看见自己的愚昧，看见我们需要帮助才能活出神要我们活出的生命。想要智慧，就要敬畏神，向神求智慧，学习如何灵巧但正直地待人处世。

这卷书也告诉我们，神会透过别人把智慧传给我们，尤其会透过我们的父母、祖父母，还有经验比我们丰富的人。所以箴言有多处提到，我们可以在家庭关系中学到什么智慧。

†箴言的作者

圣经上有一个人跟智慧最有关系，写了箴言这卷书，这人就是所罗门王。所罗门登基作王的时候，神对他说：你要什么我都愿意给你，结果他向神求治理人的智慧。神给了他智慧，还给了他没有求的东西，像是名声、权力、财富。所罗门的智慧话语是个传奇，但他给别人的智慧似乎多过给自己的智慧，毕竟，搜罗七百个妻妾（想必还得加上七百个岳母）绝不是什么明智的做法，更别说他还有三百个嫔妃！

不过，神所应许的智慧，有一个重要的条件。在列王纪上，神对所罗门说："我会给你辨别是非的智慧……只要你谨守我的律例和诫命"。所以我们不得不下一个结论，所罗门晚年的愚昧行径，是漠视这项条件所导致的后果。

所罗门在全盛时期因智慧而远近驰名，连示巴女王都远道而来，不只要看他的财富，更想听他的智慧之言。当今的哲学家喜欢回顾古希腊的智者，像是苏格拉底、柏拉图、亚里斯士德，这几个人活在基督之前四百年左右的时代。但这些哲学家忘了，早在基督之前一千年左右的青铜器时代，就有一位同样有名的智者了。所罗门搜集了许多箴言，自己也写了许多箴言，放在这卷书中。此外，他还写了雅歌和传道书这两卷书。

所罗门年轻时写了雅歌，因为给恋爱冲昏头，完全忘了神的存在，雅歌讲的是内心的情感。箴言是他中年写的书，讲的是意志。他最后的著作——传道书，是在老年时写的，讲的是心思意念；他默想自己的一生，不知道自己究竟有什么成就。所以所罗门写这三卷智慧书，分别是以年轻恋人、中年父亲、老哲学家的身份写的。

有意思的是，有些箴言来自以色列之外的地区。有些箴言来自阿拉伯哲学家，还有一整章是埃及箴言，可能是所罗门从一个妻子（法老的女儿）那里搜集来的。所罗门知道，神也赐智慧给以色列境外的人，所以他很乐意将这些智慧收藏在他的书中，从认识神的人生角度来看这些箴言。

但这并不意谓箴言这卷书对神没有强烈的敬畏之心。其实箴言提到神九十次，而且是用神的名字"雅威"，是以色列的神，不是别国信奉的随便哪个神。书中完全没有提到阿拉伯或埃及所拜的神有任何价值。

箴言有一部分由多年之后的希西家王完成，他在大约两百五十年之后，把所罗门许多没写出来的箴言搜集起来，收录在箴言这卷书中。所以今天我们看到的箴言，完成于公元前550年。

† 这卷书的风格

探讨箴言的内容之前，要先了解一些背景，这关系到这卷书的风格和写作目的。

箴言不是应许

首先，请务必了解，这卷书说的是箴言、格言，不是应许，我们不该把箴言当作神的应许来引用。

"箴言；格言"一词的英文proverb，来自拉丁文的*proverba*，*pro* 意指"为了"，*verba* 意指"话"，两者合在一起意指"给某种情况的话"。箴言是适合某种情况的话语，所以历久弥新，适用不同的人生情况。

而"箴言"一词的希伯来原文是*mahshak*，意指"相像"或是"像某样东西"。耶稣有几个比喻，一开始就说："天国就像……"。

所以，箴言、格言是对人生一般的观察，而应许则是特殊的承诺。

我来解释一下。比如"大卫·鲍森重视守时"是一句箴言好了，这要怎么应用呢？这句话说大卫·鲍森喜欢准时，可没说大卫·鲍森应允要在某时到达某地。我若没照这句箴言去做，毋须受责，可是我若不遵守承诺，就该怪我了。所以箴言、格言只是一般说来是真的，我们不该期待各种情况只要拿一句箴言来应用，都能奏效。读箴言的时候，不可认定这是神给我们的应许。

很多人把箴言、格言当成应许，于是问题来了。比如有句箴言说："诚实为上策"，这句话一般说来是真的，但不见得总是真的，我就知道有些人因为诚实而破财呢！而且有些箴言显然互相矛盾，比如"欲速则不达"和"举棋不定，坐失良机"。

箴言这卷书也有相同的特性，箴言第26章有句话说："不要照愚昧人的愚妄话回答他"，但是下一节却说："要照愚昧人的愚妄话回答他"！

有两则箴言常被当作应许来用，没有成就时就让基督徒错愕不已。一则是："你所做的，要交托耶和华；你所谋的，就必成立。"很多基督徒根据这节经文来创办各种事业。这句话虽然一般说来是真的，却不表示只要将事业交在主手中，就一定会成功。

常给基督徒带来问题的第二则箴言是："教养孩童，使他走当行的道，就是到老他也不偏离。"

很多基督徒父母因为子女不信主，而对这则箴言感到不解。他们说：我已经教养孩子走当行的路啦，结果却很失望，他们似乎偏离了这条路。

我再重申一遍，箴言不是应许，只是一般说来是真的。孩子不是受父母掌控的傀儡，我们不能强迫他们走我们的路，等他们长大了就会自己做决定，而且他们有做决定的自由。这两则箴言都是准则，不是保证。如果使用箴言的人可以明白这一点，就可以避免许多心痛。

诗

箴言的第二个特色是诗的语言，诗这种形式的文字让人很容易记住。我来翻译一句熟悉的箴言给你听听：

下决心采取行动之前，先仔细考虑你的处境和选择。

这句箴言也可以译成这样：

> 采取行动之前，若能及时发现、及时补救小问题，就能防堵大问题发生。

以上两句话其实都是"三思而后行"这句话的翻译，但是说"三思而后行"就好记多了！

本书前面曾谈到，希伯来诗的文体很特别，不像英诗大多以押韵为主，而是以节奏为主，这节奏不只是音节的节奏，也是思想的节奏。所以希伯来诗常常是对句的形式，两句之间有对应关系，这对应的关系有三种，第一种是同义平行句，第二句会重覆第一句的意思，比如：

> 骄傲在败坏以先，
> 而狂心在跌倒之前。

第二种是反义平行句，第二句的意思和第一句相反，比如：

> 欺压贫寒的，是辱没造他的主，
> 但怜悯穷乏的，乃是尊敬主。

第三种是综合平行句，第二句将第一句的含意进一步发挥出来，比如：

> 你要远离愚昧人，
> 因为从他口里得不到知识。

从以上例句中的"而"、"但"和"因为"这几个词，可以看出是哪种性质的平行句。

所有的箴言都符合这种模式，可是译成英文之后，就没那么好记了，因为当中的节奏经过翻译就不见了。不过，犹太父母就是透过这种方式，把价值观传承给子女，今天有些生活格言也是用这种方式传承。

箴言还有另外几种表达形式，箴言第31章是离合诗的形式，也就是每一行用一个新的希伯来字母开头。有些箴言则以数字为架构，说神所恨恶的有三件事、四件事、六件事等等。这些形式有助于读的人或听的人记住内容。

父亲的话

我们还需要知道，箴言这卷书有第三个特点：这是父亲的话。这卷书是父亲给年轻儿子的忠告，全书没有一句话是讲给女人听的！这种方式在圣经上十分常见，比如新约圣经的书信，收信人并不是"弟兄姐妹"，而是"弟兄"，这种明显的大男人主义，其实是因为圣经有个基本认定：如果男人行得正，女人和孩子也会行得正。圣经刻意把说话对象锁定为男人，正是因为男人有责任藉着言教和身教来带领全家，做一家之主。

✝ 智慧和愚昧

在箴言这卷书中，所罗门这个中年父亲，一心想要预防年轻的儿子重蹈覆辙，犯下他自己少年时所犯的错。他告诉儿子和所有读这卷书的人，人生在世，有个抉择非做不可：你是要智慧陪伴一生，还是要愚昧陪伴一生？所罗门用"女人"来象征智慧和愚昧。

智慧拟人化

箴言第8章和第9章形容"智慧"是个好女人，父亲劝儿子要好好爱她，要追求她，让她成为心爱的家人。她说："爱我的，我也爱他；恳切寻求我的，必寻得见。"

智慧的化身

箴言第31章（离合诗），有个母亲给儿子忠告，谈到好女人是什么样子：她必须是贤妻良母，必须是好邻居，必须懂得做生意，这样的女人可以带来安定的家庭生活。

愚昧拟人化

箴言第9章也用了相同的模式，把"愚昧"比拟为女人。愚昧会用甜言蜜语引诱男人，用诱人的饵吸引猎物，受她吸引的人，结局就是死——她会毁了你，夺走你的男性气概。

愚昧的化身

箴言第6章形容愚昧是妓女，把那些上钩的男人变成一块饼，对她而言，男人只不过是一张饭票而已。

† 圣经的主题

不只有箴言这卷书用女人作为象征，启示录也用两个女人作为象征，一个是污秽的淫妇，一个是纯洁的新娘；淫妇叫巴比伦，新娘叫耶路撒冷。所以这个主题贯穿整本圣经：哪个女人会成为你的终身伴侣——愚昧还是智慧？

圣经常叫我们做选择，箴言也是如此。我们要选择生命还是死亡？要选择光明还是黑暗？选择天堂或是地狱？

† 道德或智力？

除此之外，箴言还用另一种方式来形容智慧和愚昧，说两者是道德层面的选择，不是智力层面的选择。世人眼中的愚昧，是智商不高，但在圣经上，智商高的人有可能非常愚蠢。人是有可能脑袋很聪明，但在道德方面净做蠢事。

多年前，我听说桑莫塞郡有个奇怪的乡下人，如果你拿一个六便士的硬币和一张五英镑的钞票给他选，他每次都拿六便士的硬币。很多观光客听说了，都跑去试试看，结果那个可怜的傻瓜，每次都拿硬币，从来不拿钞票。其实他一点都不笨，这招可让他饱赚一笔呢！

愚昧和智慧跟学历无关，诗篇第14篇说："愚顽人心里说：'没有神'。"魔鬼告诉夏娃，他们若吃了那棵树上的果子，就会得到智慧，结果却害他们离开神，离开一切智慧的源头。属世的智慧是看什么最有利，但圣经的智慧是看什么对品格最好，这样的智慧不是建立在对世界的认识上，而是奠基于对神的认识。

有一节经文支持这个看法，就在箴言第29章，但这节经文常遭到误解："没有异象，民就灭亡"（译注："灭亡"是直译，和合本译作"放肆"）。教会传道人想说服会众支持他们的某项计划时，常会引用这句经文。但是"异象"一词的希伯来原文，在比较现代的译本中，更正确地译为"启示"，而"灭亡"一词则译作"放肆"或"变得愚昧"。所以这节经文的意思其实是说："神若不向你启示，你就会变得愚昧。"所以智慧就是在生活的各个层面，操练神的同在，我们需要圣灵的帮助，才能明白神的心思。

† 箴言的结构

现在要来看箴言这卷书的结构，这卷书的结构非常对称，只有第30章开头的序言除外，那是从阿拉伯来的智慧。以下是箴言这卷书的大纲：

序言（1：1—7）
给年轻人的忠告（1：8—9：18）
所罗门的箴言（10：1—22：16）
智者之言（22：17—23：14）
给年轻人的忠告（23：15—24：22）
智者之言（24：23—34）
所罗门的箴言（25：1—29：27）
（亚古珥之言（30：1—33））
给年轻人的忠告（31：1—31）

这个安排有如三明治，最外面两层是"给年轻人的忠告"，再来两层是"所罗门的箴言"，最里面两层是"智者之言"，把"给年轻人的忠告"夹在中间。

看过本书的大纲后，现在来看比较详细的内容：

序言
搜集箴言的原因

给年轻人的忠告（1：8 — 9：18）
父亲劝诫儿子远离淫妇

> 1. **切记：**
>
> - 孝顺父母
> - 寻求并得着智慧
> - 保守你心
> - 对配偶忠贞
>
> 2. **切勿：**
>
> - 结交损友
> - 犯奸淫
> - 借贷
> - 懒惰
> - 结交愚昧妇人

所罗门的箴言（10：1 — 22：16）
所罗门亲自编写

> 1. 对比：敬虔的生命和罪恶的生命。
> 2. 内容：敬虔的生命

智者之言（22：17 — 23：14）
埃及格言（也许得自他娶的埃及公主？）

给年轻人的忠告（23：15 — 24：22）

更多的"切记"（"要有智慧"）和"切勿"（"醉酒"）

智者之言（24：23 — 34）

阿拉伯（数字）

所罗门的箴言（25：1 — 29：27）

由希西家的文士抄录

1. 与人相处之道：

- 与君王
- 与邻居
- 与仇敌
- 与自己
- 与愚昧人
- 与懒惰人
- 与长舌之人

2. 如何行义（27：1 — 29：27）：

- 自己要谦卑
- 以公义待人
- 敬畏神

给年轻人的忠告（31：1 — 31）

母亲劝诫儿子要娶贤妻

1. 国中明君
2. 家中贤后（31：10—31）

从本书的结构和内容，可以看清几件事：

1. 圣经只有少数几卷书明说写作目的，箴言是其中一卷，详见箴言的序言部分。
2. 这些箴言跟皇室成员关系尤其密切，有十段劝诫是给"我儿"，主要是针对所罗门的儿子，告诉他应该结交什么样的朋友，应该娶什么样的女人。
3. 箴言第10至15章大多是用综合平行句的形式，第16至22章大多用同义平行句。
4. 整卷箴言虽可看出一个结构，但这些箴言并不是按主题编排，读起来像是父母在儿子离家独立前给孩子的叮嘱。各主题之间没有关联，没有顺序，但该讲的重点都讲了。作父母的在劝告孩子的时候，哪里会预先分段再加一条有力结论呢！

因此，为了分析这卷书，我们会重新编排箴言的内容，来探讨几个主题。

† 智慧人

箴言用几个同义词来形容智慧，比如："审慎"、"明智"、"合宜"、"小心避开不想要的后果"等等。智慧人和愚昧人相反，愚昧人鲁莽、轻率、粗心、挥霍。

智慧人能分辨善恶，遇到状况，懂得面对和处理。智慧人谨慎，讲求实际，有计划的能力，能够善用人生。智慧人愿意接受指正和责备，一点也不想只靠自己的力量，反而追求神的真理光照。智慧人不怕人，只敬畏神。智慧人不计代价也要看重真理——关乎自己、关乎别人、关乎神的真理。

† 愚昧人

有七十几则箴言描述愚昧人，形容愚昧人（都是用男性来代表）无知、顽固、傲慢、变态、乏味、漫无目标、经验浅薄、不负责任、容易受骗、粗心、自满、无礼、轻浮、阴沉、粗鲁、好辩。这种人贪得无厌，不肯动脑筋，喜欢幻想胜过事实，喜欢歪理胜过真理，说好听一点是令人讨厌，说难听一点是凶神恶煞。他们令父母伤心，却看不起父母，把爹娘当老古板。

在各种愚昧人中，有两种人特别愚昧。一种是**爱讥笑的人**，对别人总是嘲讽批评。另一种则是懒人，喜欢赖床，圣经说这种人是在虚度人生。

✝ 口舌

箴言还有一个重要的主题，就是口舌。第6章说，神所恨恶的有七样：势利、撒谎、杀人、害人、行恶、作假见证和说闲话——光是舌头犯的罪就占了四样。所以口舌犯的罪是箴言的一大主题，因为人心里有什么，就会从口里出来。

话语是有威力的

话语的杀伤力极大，有些话残酷、笨拙又粗心。话语可以摧毁人的自尊，能造就人，也能拆毁人，甚至能损害身体健康。信念可以透过话语来传达。适时发言可以造成很大的影响。

话语可以引起燎原之火，导致纷争、不合、分裂，哪怕只是微妙的暗示或讽刺。但是好的话语可以传递给许多人，好处遍及整个群体。

话语是有限度的

话语不能取代行为，口舌不能改变事实，厚颜无耻的否认和最有力的借口终有被揭发的时候。

话语不能强迫人回应。即使是最好的老师，也不能改变无动于衷的学生。就算是最可怕的闲话，也不能伤害无辜的人，只有恶毒的人才会注意这些闲话。

健全的话语

有四种话是我们应该说的：

- 诚实话——是就说是，不是就说不是。
- 少讲话——话说愈少愈好，寡言是一种美德。
- 冷静话——冷静的时候才说话，动怒时说的话少有益处。
- 合宜话——适时适地的话语，对听到的人或读到的人有益的话语，都令人喜悦。

说这四种话之前，需要先想一想。我们需要知道自己在说什么，也要在开口之前先想清楚说完之后会有什么后果。

话语也跟品格有关，因为什么样的人，就会说什么样的话。人有多少价值，说出来的话就有多少价值。

新约圣经中，雅各说，不在口舌上犯罪的人，就是完全人。

✝ 家庭

箴言这卷书中有许多人际关系的忠告，包括家庭关系和朋友关系。家庭是社会的中枢，神给摩西的十诫当中有三诫跟家庭有关，其中有一条诫命，是惟一带应许的诫命："当孝敬父母，使你的日子在耶和华——你神所赐你的地上得以长久"。以下是箴言中有关家庭关系的忠告：

丈夫和妻子：快乐合一的父母

箴言教导一夫一妻制，虽然箴言的作者是所罗门！父母应当一同分担教养孩子的责任，两人说话要一致。男人必须对妻子忠心，但妻子有能力造就丈夫或拆毁丈夫，有能力带给丈夫祝福或咒诅。

这卷书告诫我们，婚姻非常重要，要严肃看待可能破坏婚姻的罪，尤其是性方面的不忠。在性方面不忠的人，会失去尊敬和自由，虚掷人生，在社会上抬不起头，身体也会受到危害。简言之，这样做的人不啻自毁品德。

父母和孩子：要好好训练孩子

箴言说，不管教子女的父母是愚昧人。有句家喻户晓的格言说：

"不打不成器。"箴言也说，管教是一种爱的行动，不过圣经并未暗示管教是万灵丹。箴言也教导我们，孩子的心是愚昧的，他们有可能听从也可能藐视父母的教诲，正因为孩子天性愚昧，所以需要有人鼓励他们成为有智慧的人。这观念和今天的人本主义恰好相反，人本主义说，孩童天性本善，只要有正确的环境就会走上正路。但圣经开门见山指出，孩子犯错时，你若不立即管教，就是不爱他。

箴言也说，孩子还小的时候，父母就需要训练孩子行公义，培养明智的好习惯，这样，他们的行为举止就会带给父母喜悦和骄傲，而不是羞辱。就算是最好的教导，也不能强迫孩子顺服，只能鼓励他们做出明智的决定。哪怕是最好的父母，他们的子女都仍有可能叛逆、懒惰、放纵或傲慢不听劝，散尽家财，弃养年迈的父母。

兄弟（包括堂、表兄弟和其他亲戚）

直接谈到家中平辈关系的箴言并不多。箴言说，有些兄弟彼此帮助，忠诚可靠，但有些兄弟彼此不合，相伤相怨。

† 友谊

"朋友"一词的希伯来原文，意为"邻居"，指的是所有和我们没有亲戚关系的近邻。这年头人际关系疏离、少有真朋友，更显出这卷书的忠告可贵。

好邻居

好邻居会和睦相处，不轻易吵架，而且和蔼可亲。好邻居不会刻薄论断，总是愿意及时伸出援手。好邻居会重视隐私，不乱说闲话，也会拒绝不明智的约定。

良友

箴言说，少数几个良友，强过一群泛泛之交。良友可以比亲人还亲。良友有四种特质：

- **忠心**——无论如何都不会离开你。
- **诚实**——会对你诚实、说真话。
- **忠告**——会给你忠告。有时我们需要从相反的角度来看事情。
- **礼貌**——会尊重你的感受，不会玩弄你的感情。

† 结论

我们应该从箴言学到什么呢？先来看箴言有没有达到原先的写作目的。当时的以色列，国内太平富足，但所罗门知道他们大有可能失去这一切（只是没想到他自己就是祸首）。

箴言第14章说："公义使邦国高举，罪恶是人民的羞辱。"所罗门将箴言集结成书，因为他知道，若没有智慧，就保不住以色列国的和平富足。但是以色列漠视所领受的智慧，更加远离神，连所罗门都没有照自己的智慧去做。

新约圣经有多处经文来自箴言，焦点放在智慧这个主题上。有十四处是直接引用，另有多处提到箴言。

我们在路加福音第1章看到，施洗约翰是来"叫悖逆的人，转从义人的智慧"。耶稣说话充满智慧，听见的人都忍不住问，他是从哪里得到这些智慧。

大家都知道当年跟着一颗星来到伯利恒的那几位"博士"（Wise Men，直译即"智者"），很多人认为他们是外邦人，其实他们更可能是犹太人被掳到巴比伦之后，留在当地的子孙。他们记得巴兰的预言说会有一颗星在以色列升起，成为万国之君（民24），所以当他们看见那颗星，就跟着星走。马太福音描述基督降生时，说他们也在场，显示基督道成肉身何等重要。

圣经说，耶稣小时候"充满智慧"（路2）。耶稣公开事奉时，曾说示巴女王从地极而来，要听所罗门的智慧话，但如今比所罗门更大的那个人已经来了（路11）。有人批评耶稣又吃又喝，耶稣回答说："智慧会由她的儿女证实是对的。"（路7，此为直译，和合本译作："智慧之子都以智慧为是。")

使徒保罗回顾耶稣的生平,在哥林多前书第1章说,基督是我们的智慧,神使他成为我们的智慧。

神的智慧在十字架上显而易见,世人说,基督死在十字架上,真是愚昧。但保罗说,世人看为愚拙的,却是神的智慧。

新约圣经的书信有多处直接引用箴言。保罗在罗马书第12章说:"你的仇敌若饿了,就给他吃,若渴了,就给他喝;因为你这样行就是把炭火堆在他的头上。"

彼得常常引用箴言,比如彼得后书第二章就引用箴言第26章说:"狗所吐的,它转过来又吃,愚昧人一再重覆愚行。"彼得劝读他书信的人说:"要敬畏神,尊敬君王。"

希伯来书第12章,作者引用箴言第3章,谈论神对他儿女的管教:"我儿,你不可轻看主的管教,被他责备的时候也不可灰心;因为主所爱的,他必管教,又鞭打凡所收纳的儿子。"

箴言第30章,亚古珥问了一个问题:"谁升天又降下来?"耶稣在约翰福音第3章回答了这个问题,他讲到自己从天上降到地上。

不过,使用箴言最多的还是雅各书,这卷书信被称作新约圣经里的箴言,因为两者风格非常类似。雅各书的主题也变换得很快,而且看不出彼此之间有什么顺序,简直就跟旧约圣经的箴言一样。雅各书中有些主题来自箴言,尤其他分析口舌会导致哪些可怕的后果,也叙述了智慧的益处。

把箴言这卷书收录在圣经中,似乎有点奇怪,但仔细检视之后,会发现其实恰得其所。箴言谈到圣经中一些重要的主题,圣经其他书卷也引用或提到箴言,箴言也是基督徒在日常生活中对抗愚昧的重要利器。但这卷书不容易明白,必须谨慎研读,才能够领会当中许多的教训。

15. 传道书

✝ 引言

传道书里面有一些话，很多人认为见仁见智，作不得定论。比如下面这几句话，你认同的有哪些？

- 一代过去，一代又来，世界却仍然一样。
- 人比动物好不到哪里去，因为人的生命也一样没有意义。
- 满于现状好过贪得无厌。
- 劳碌的人不管吃多吃少，至少睡得香甜；有钱人却担心得整夜失眠！
- 不要行义过分，也不要过于自逞智慧，何必自取败亡呢？不要行恶过分，为人也要愚昧，何必不到期而死呢？
- 我在一千个男子中，找到一个值得尊敬的人，但在众女子中，却找不到一个！
- 快跑的人未必能赢，勇敢的人未必得胜。
- 要把投资分散在几个不同的地方，因为你永远不知道，在这世上会遭遇什么恶运！

我们研读传道书时，会发现有句话讲得特别对："断章取义的话毫无意义"。换句话说，我们必须先从整卷书的角度来了解一节经文的含义，然后才能够引用。上面那些话，只是作者一部分的想法，必须从整卷书的角度来看，不可断章取义。

传道书大概是圣经上最奇怪的一卷书，虽然很容易懂，内容却令人惊讶，有些地方读起来像幸运饼内的小纸条，有些地方读起来像诗。以下摘录英国诗人丁尼生（Thennyson）的几句诗，看起来就像是传道书作者会写的东西：

爱过又失恋，
强过未曾爱过。
——《悼念》（*In Memoriam*）

男人的好坏有如天地之别，
女人的好坏则有如天堂和地狱之别。
——《裴烈斯与伊妲荷》（*Pelleas and Ettare*）

王死权倾。
——《亚瑟之死》（*Morte'd'Arthur*）
我们的小小世界有过风光时刻，
风光之后便消失无踪。
——《在游库特黑谷》(*In the Valley of Cauteretz*)

对的事就是对，
做对的事是智慧，
不管后果如何。
——《复仇号》（*The Revenge*）

传道书尽管奇怪，却很像现代人的论调，有如今天的许多哲学想法：

- 宿命论：该来的躲不掉。
- 存在主义：要活在当下，谁知道未来会怎样呢？
- 男性沙文主义：男人比女人好。
- 享乐主义：活着就是要享乐。
- 愤世主义：连善事都不见得是真的。
- 悲观主义：事情只会每况愈下。

✝ 传道书的作者

这卷哲学推论之书，作者是所罗门王。他写这卷书时，生命已走到尽头，对人生感到绝望和幻灭。我们读所罗门写的三卷书，很容易看出他写作时的年龄：写雅歌时，是个陷入热恋的年轻人；写箴言时，是个中年父亲，想阻止儿子重蹈覆辙，别犯他当年犯的错；写传道书时，已经垂垂老矣，这可以从本书最后一章，也就是第12章的一节经文看出来："你趁着年幼、衰败的日子尚未来到，就是你所说，我毫无喜乐的那些年日未曾临近之先，当记念造你的主。"

所罗门垂暮之年，深刻反省自己的一生。他很喜欢讲一句话："我看……"，传道书中的见解，就是他观察的结果。

✝ 本书的风格

所罗门在这卷书中给自己一个希伯来头衔，叫作Qohelet，这个字可以译作"传道者"、"哲学家"或"教师"，但最好的翻译是英文的speaker，意思是"讲说者"，也可指"议长"，就是"下议院"中那位主持辩论者的头衔。传道书的写作风格就像一个老人在主持一场辩论——在他脑中进行的一场辩论。他就像个优秀的议长，给正反两方平等的机会发言，讲完人生不值得活的论点之后，再讲人生值得活的论点。

因此，这卷书古今皆适用，因为人类自古至今都在辩论相同的主题，尤其到了不惑之年的人，都会问："人活着的意义是什么？"有些人因此彻底改变生活方式，因为觉得从前虚度了人生。

所罗门在传道书中问了几个重要的问题：人生的意义在哪里？人生值得活吗？我们应该怎样善用人生？问这些问题是对的，虽然他没有找到对的答案。他在这卷书中，反复提问又回答，他的信息有时乐观，有时悲观，他的心情一度高昂，然后又沮丧起来。这卷书就在深刻的真理和肤浅的见解之间来回摆荡。

✝ 负面的话

所罗门的开场白，是一句非常负面的话，他说："虚空的虚空，虚空的虚空，凡事都是虚空"。这里的"虚空"也可以译作"空虚"。这个走到人生尽头的人，说人生一切都没有意义，都没有用。

我们要切记，所罗门当时是王，有钱有势，想做什么就可以做什么，想买什么就可以买什么。传道书也提到，所罗门尝试做了很多事，想找到那已离他而去的快乐。

他试过科学和农业，甚至为自己养的牛群配种；他钻研艺术；他从父亲那里遗传到写情歌的天分；他打造伟大的建筑物；他从世界各地搜集名画来收藏。但这些都不能满足他。他投入商业投资，在商场上积聚了大笔财富；他尝试享乐——美食、美酒、美女，却仍觉得不满足。他转而钻研哲学，买了许多书，其中还有从埃及买来的书。这些固然带给他刺激，却无法满足他最深的需求。

上面提到的这些兴趣，本身并没什么不对，但他想找的东西，无法在这些事中找到。他的生活满了各样的事情，却不满足。有时候，他真希望自己是个平凡人。

我们其实可以看出所罗门为什么不明白人生的意义，他的问题出在**他观察得太多，但明白得太少**。他的眼光狭隘，只用一只眼睛看，就像我们用单筒望远镜那样，所以他看得不深，看事情的角度也不正确。

所罗门的眼光狭隘，主要受限于两方面：

1. 空间

所罗门有二十八次用同一个词来形容他所见之物的所在，说都是在

"日光之下",这个词在圣经其他书卷都没出现过。如果我们的眼光受限于今生此世,就永远无法明白人生的意义,也无法明白如何活出人生的价值,于是不得不靠着世界带给我们的短暂欢乐,才能找到成就感。

2. 时间

所罗门还用到一个词"今生"。他认定人一死,人生的一切意义、知觉、存在,都会结束。他没有想到来生,他不知道人如果能够从来生的角度看事情,就能够明白人生在世的意义。

现代人的眼光,也跟所罗门一样狭隘,常常从科学的角度来观察世界,认定世上没有神,没有来生。科学可以告诉我们世界怎么来的,却不能解释为什么。所罗门需要从不同的角度来看人生,惟有从神的角度来看,才能明白人生。

† 正面的话

传道书中有一些问题是无解的,有时反而让人感到乐观。无知不见得会让人绝望。有些无知是因为真的没有人知道;有些无知是因为神知道,但我们还不明白。所罗门每次想到神时,思想就正面起来。传道书有两处经文正是如此。

第一处在第3章,这一章最广为人知,也最常被引用,里面的经文常被拿来当作小说或电影名称。下面这首诗,节奏清楚,提醒我们每件事都有适当的时机和地点。

> 神掌管一切,凡事都有定期;
> 生有时,死有时;
> 栽种有时,收割有时;
> 杀戮有时,医治有时。
>
> 拆毁有时,建造有时;
> 哭有时,笑有时;

哀恸有时，跳舞有时；
亲吻有时，停止有时！

寻找有时，失落有时；
保留有时，舍弃有时；
撕裂有时，缝补有时；
静默有时，言语有时。

喜爱有时，恨恶有时；
争战有时，和好有时；
享受你的人生，但要记住……
神掌管一切，他命定一切。[1]

大多数人读这首诗的时候，会漏掉一节重要的经文，就是最后从诗转为散文的地方，这里说："神造万物，各按其时成为美好。"所以整段的重点不在于人的决定，而在于神的命定。"新英文本"圣经（The New English Bible）把这句话译作："世上万事都是照神所选择的时间发生。"

从这个角度来看人生，我们就不至于悲观。我们若相信自己的人生掌握在神手中，相信他知道什么时候跳舞、什么时候哭泣对我们最好，就会明白发生在我们身上的事并非偶然，而是神为我们做的选择，他要把我们的人生编织成一幅图画。

有些人认为这种观点是宿命论，表示没有人能影响命运，但是宿命论和神自由选择要让什么事临到我们身上，两者可是大不相同。我们的自由意志不可能压过神的旨意，他会在各样事上动工来达成他的目的。他要我们选择他的道路，将我们的意志降服在他至高的权柄之下。我们必须为自己的人生负责，也要为自己的人生向神交代。圣经其他书卷也提到这种人生观，鼓励我们根据神至高的旨意来看自己所做的一

---

[1] 这首诗也可以用洛·史都华（Rob Stewart）的《航行》（I'm sailing）这首流行歌的调子来唱。

切计划，所有的计划都要有神的允许才可能做到。我父亲有句口头禅："人生很长，足够我们活出神的目的；但人生很短，不容许浪费一分一秒。"这正是第3章的信息。我们的年日掌握在神手中，他会决定什么样的未来对我们最好。

另外还有一段经文，可以强烈感受到神的同在，就是第11章和12章，《当代圣经》（*The Living Bible*）这样翻译：

> 活着真好！人若活到很老，就该天天喜乐，然而也该记住，永生更长，今生的一切跟永生比起来，都是虚空。
>
> 少年人哪，年轻真好！你该享受每个时刻！随心所欲做你想做的事，但要知道，你必须为自己一切的行为负责，向神交代。
>
> 所以，应该除掉烦恼和痛苦，但要记住，人在年轻岁月有可能犯下大错。别让青春的兴奋，使你忘记你的创造主。
>
> 你该趁着年轻的时候荣耀他，别等到衰老、无法享受人生的时候，这时就来不及记念他了。太阳、月亮、星辰，会在你昏花的老眼中失去光辉，困境之中也不再有指望。到那时，你的手臂发抖，强健的腿变得无力，牙齿只剩几颗，难以咀嚼，眼睛也昏花不明，到这时，你吃饭必须紧闭双唇，因为牙齿都掉光了！黎明时分，麻雀初唱，你就醒来，但是耳朵已经重听，说话声音发颤；你惧高，怕跌倒，头发斑白，形容憔悴，寸步难行；你失去了性欲，站在死亡的门口，随着街上送葬的队伍，一步步接近永恒的家。
>
> 趁现在还年轻，应当记念你的创造主，不要等到银链折断，金罐破裂，瓶子在泉畔损坏，水轮在井口破烂。我们的身体将归还尘土，我们的气息将归回赐生命的神。传道者说：虚空的虚空，凡事都是虚空。
>
> 但传道者因为有智慧，仍将知识教训众人，他搜集箴言，加以分类。因为传道者不但有智慧，也是一位良师，他不但传授自己所知道的，教法也十分有趣。

> 智慧人的言语好像赶牛羊的棍子，会激励人拿出行动来，也会指出重要的真理。能精通教师所传授的，才是有智慧的学生。
>
> 但年轻人哪，还有一件事你该留意：著作是没有穷尽的，书一辈子都读不完，而且读书过多会让你筋疲力尽！
>
> 我最后的结论是：要敬畏神，谨守他的命令，因为这是人人应尽的义务。我们所做的一切，包括每一件隐藏的事，或善或恶，神都要审判。

这卷书的最后一段经文，有几个重点：

要记念

所罗门劝告听者，尤其是年轻人，要记念神。这个忠告大概来自他亲身的经验，比如雅歌这卷书就完全没有提到神。所罗门想说的是，假如他年轻的时候能够记念神，今天就不用这么苦恼、不晓得人生的意义在哪里了。

敬畏

所罗门劝告听者要敬畏神。圣经的智慧书不断指出，敬畏主是智慧的开端，我们若真正敬畏神，就什么也不怕。我们必须敬畏神，因为他会要求我们为自己这一生向他交代。

耶稣告诉门徒，不要怕那能够杀身体的，"当怕那杀了以后又有权柄丢在地狱里的"（路12）。如果教会外的人不敬畏神，那是因为教会内的人也不敬畏神。

顺服神

所罗门知道自己没有好好顺服神，却告诉读者要小心顺服神。现在他知道神赐下律法，是为我们好，不是要扫我们的兴，是要帮助我们善用人生。所罗门说这是"人所当尽的本分"（12章），我们的责任比我们的权利还重要。

† 结论

所罗门搜集箴言，编写箴言，但他也钻研了太多其他的哲学，读了太多书，反而对人生感到绝望。传道书中许多空虚的想法都来自其他哲学。这卷书让我们看见，人的智慧有限。这卷书也于我们有益，提醒我们，人若不明白神所喜悦的生活方式，会变成什么样的人。

神把这卷奇怪的书放在圣经里，因为既可以让我们思考好的、真实的想法，也可以让我们检视错误的想法。我们在书中看见悲观的人生观和宿命的人生观，看见人最好的想法也不过如此。

这卷书告诉我们，如果不从天上和来生的角度来看，就不能明白人生的意义，最后终将感到绝望、幻灭、沮丧。

圣经当然不会只留给我们这卷书的悲观想法。新约圣经说，基督是我们的智慧，透过基督，我们可以明白人为什么活着、应该怎么活。

约翰福音第17章告诉我们，真正的生命就是认识耶稣，他是首先的，又是末后的，是他，确保了我们的人生真正有意义、有目的。

16. 约伯记

✝ 引言

英文有些习惯用语是从约伯记这卷书来的，比如用"约伯的忍耐"来形容人面对重大苦难却坚忍不拔，而"约伯的安慰者"则用来形容有些人去安慰受苦者，却反而让对方更难过。

圣公会的追思礼拜会引用约伯记开头的一节经文："赏赐的是耶和华，收取的也是耶和华"。亨德尔的神剧《弥赛亚》也引用约伯记的一句经文，是爱乐人士很熟悉的："我知道我的救赎主活着"。虽然大家对约伯记少数几节经文很熟悉，却不熟悉整卷书。大多数人并不了解这卷书的目的，所以往往断章取义使用自己所知道的那几节经文。

约伯记可能是人类历史上最古老的一卷书，不过真正的年代不容易考订。我们知道这卷书写于亚伯拉罕的时代，因为从书中许多地方来看，最有可能是在那个时代写的。作者使用"雅威"（Yahweh）来称呼神，就跟摩西一样，但书中没有提到出埃及记、西奈山之约或摩西律法，而这些都是旧约圣经最根本的事。

读约伯记的人很快就得要面对一个问题，而这个问题会决定他怎么读这卷书。到底这卷书是事实，还是虚构？还是根据事实改编的作品？

是事实？

相信约伯记的内容是事实的人，强调圣经的其他作者认定约伯真有其人。以西结把约伯、挪亚、但以理并列为历史上的三大义人。在新约圣经中，雅各也举约伯的忍耐作为例子。

而且约伯记第1章就告诉我们，约伯住在"乌斯地"。我们虽然不确定乌斯地在哪里，至少知道约伯住在美索不达米亚盆地，靠近底格里斯河和幼发拉底河，大马士革再过去一些的地方。

除此之外，从故事来看，也像真有其人。约伯面对苦难的反应非常真实，对他内心感受的描述也非常传神。他和妻子的对话，大概是我们可以预料到的，而他那些朋友的意见和他后来的辩解，似乎都像真实人生的对话。至于他拥有的牲畜数量庞大，以富有的农场主人来说，是很正常的。

是虚构？

虽然本书内容十分可信，还是有很多人不相信这是真实故事，读者就是觉得，有些事情感觉不像真的，跟真实人生好像有一段距离。

比如第一章发生的事件，四场可怕的灾难接连来到，每次都只有一个人幸存回来报信，这一点实在让人难以相信。怎么可能连续发生四场灾难，都只有一个人存活，而且报信时说的话都一样："只有我一人存活，回来向你报信。"

而最后快乐的结局，也像是刻意的安排。约伯的子女在这卷书刚开始的时候就全死了，但最后他又生了同样数目的子女——七男三女。作者显然认为我们应该为这个快乐的结局感到高兴，却让人觉得好像他不太在意先前几个子女死去。我们不得不问："这也太不真实了吧？我们应该把这故事当作事实来读吗？"

而约伯那几个朋友说的话，也让我们怀疑这是不是真实故事，因为每个朋友说的话，写出来都是诗。前面已经谈过，诗是一种做作的说话形式，不会用在对话中，更不会是约伯和朋友讨论重要主题时使用的形式。但是每一个来"安慰"约伯的人，都是出口成诗，让我们忍不住想问："是谁记录了这些诗？难道他所有的朋友都是杰出的诗人，都有绝佳的记性？还是这件事有别的解释？"

根据事实改编而成？

惟一说得通的解释，就是约伯记这卷书是根据事实改编，也就是说，以事实为根据，但这些事实经过扩充和润饰。所以约伯真有其人，他相信圣经中的这位神，但他也必须明白为什么有苦难、为什么苦难接二连三临到。

所以，约伯记这卷书很像莎士比亚的历史剧，以史实为背景来写人物，就像《亨利五世》，这些剧把焦点放在人物的内心世界。比较现代的例子是罗伯波特（Robert Bolt）写的戏剧《良相佐国》（*A Man for All Seasons*），根据汤玛斯·摩尔爵士（Sir Thomas More）的生平编写。他捕捉了主人翁面对人生、奋斗不懈的态度，但观众知道最后呈现出来的作品与真实事件不会一模一样。

文学

约伯记以希伯来诗的形式书写，藉着语意和重复来呈现诗的美，而不是靠语音。约伯记是一部杰出的文学作品，无法单单归为某种类别，因为内容包含史诗、戏剧、辩论，故事情节引人入胜，对话内容含义深远。不难想见，许多杰出人士对这卷书大为赞赏，苏格兰哲学家兼历史学者卡莱尔（Thomas Carlyle）说约伯记是"一卷崇高的书"；英国桂冠大诗人丁尼生说约伯记是"古今最佳诗作"；马丁·路德说约伯记是"圣经上最宏伟庄严的一卷书"。约伯记足以和诗人荷马（Homer）、维吉尔（Virgil）、但丁（Dante）、米尔顿（Milton）和莎士比亚的作品媲美，足列古往今来最杰出的文学作品。

哲学

但约伯记这卷书不只是伟大的文学作品，也是哲学作品。书中问的问题，是人类有史以来哲学家一直在思考的问题：我们为什么来到世上？人生有什么目的？罪恶是从哪里来的？为什么好人会受苦？神还在掌管这个世界吗？神还关心吗？他在乎吗？

约伯记涵盖这些主题，尤其是这个问题：为什么好人会受苦？约伯显然是个好人，但他遭遇很可怕的悲剧。这卷书处理的就是约伯为什么会受苦的问题。

神学

约伯记也是一卷谈神学的书。哲学可以用抽象的方式来回答上述的重要问题，但神学直指这些问题和神有关。首先，我们必须了解一件事，就是人心中一定对神已有某些看法，才会想不通人生为什么有苦难。如果你相信神很坏，就不会对苦难感到不解，因为神既然很坏，当然会让你受苦。只有当你相信神是良善的，才会不明白为什么有苦难。更有甚者，你可能相信神是良善却软弱无力的，所以才无法做什么来帮助你。照道理说，你若这样想，就不会对苦难感到不解，毕竟你认为神只能够同情你，但帮不上忙。惟有当你相信神是良善的，而且有能力帮助人，才会不明白人生为什么有苦难。

许多"现代神学家"为了替苦难找到解释，就否定神是良善的，或否定神有能力帮助人。他们说，神若不是很坏，把我们当猴子耍，就是软弱无力，不能做什么。但约伯记的作者显然相信以下这几点：

1. 世上有一位神。
2. 他和他所造的万物有关系。
3. 他是全能的创造主。
4. 他是良善的神，关心且怜悯。

但这卷书对约伯处境的描述，似乎和上述几点抵触。读者得自己去看约伯怎样面对这个冲突，看神在当中如何显明他自己。

智慧文学

我们也必须知道，英文圣经把约伯记归类为智慧书，和箴言、诗篇、传道书、雅歌同属智慧书。这几卷书在希伯来圣经中称作"圣卷"，搜集了先知时期的各样著作，但不算是预言。了解这个特点之后，应该有助于我们正确诠释约伯记，因为智慧书中有些话可能会让人误解，这一点我再来详细解释一下。

第一，智慧书中的话，不全是对的。智慧书中记录了人的许多疑问，他们所说的话不见得就是神的想法，但圣经收录这些话，让我们看见他们的论点。我们若明白这个目的，就能够正确诠释这些话。约伯的朋友根据有限的理解来发言，圣经用他们作例子，叫我们看见人怎样解释苦难。可是，若把这些话断章取义当作是神对这件事的看法，就是愚不可及了。圣经上的每句话，都必须放进整卷书的脉络背景去看。约伯记这卷书的信息决定了书中每句内容的含义。

第二，我们务必要知道，智慧书中的智慧属于一般原则，不是绝对真理。也就是说，这些智慧的话不见得适用于所有的情况。比如箴言书所讲的，并不是应许，而是格言，只是大多数时候符合真实人生的情况。

你若坚称这些经文适用于所有的情况，必然会大失所望。难怪约伯和他的朋友会有冲突，这些朋友知道有句格言说恶有恶报，这句话通常是真的，但不见得永远为真，约伯的故事就是其中一例。约伯记这卷书讲的正是有常理必有例外。

犹太人的观点

我们必须记住，犹太人对约伯记的理解，不同于基督徒的理解。旧约圣经时代的犹太人无法从永生的角度来看短暂人生的苦难。他们认为神的公义必须在今生伸张才行，因为好人和坏人将来都去到同一个目的地——阴间，那是亡灵沉睡的幽暗之地。

基督徒对于眼前的苦难当然有不同的看法，他们可以从基督成就的工作看出将来在天上的景况。今生的苦难，跟将来要在天上享受的永生相比，实在微不足道。

所以约伯记对于死后的生命，只是稍微有一点暗示而已。约伯有一次说，他死后将会见到主的面，但这个主题并不常见，他其实不明白到时候要如何见主的面。

约伯记的结构

开头的序言营造出一种对峙的情势，撑起整卷书的架构。神和撒但打赌，赌注是约伯的身体，但约伯从头到尾都不知道有这场打赌。所以读者知道的这个秘密，引得我们不断猜想，约伯面对这样的困境会有何反应。

这样的故事情节极为大胆，因为隐隐暗示着神的品格和作为如何如何，尤其是他和撒但竟有互动，他必须为撒但攻击这个好人的行径负责。假如这件事不是真的，说神要为这件事负责，可真是天大的亵渎。

现在来看看这卷书的架构：

序言（1－2章）(散文)

两回合辩论：神与撒但

对话（3：1－42：6）(诗)

1. 人间的对话（3－37章）

(a) 以利法、比勒达、琐法（3－31章）
  (i) 第一回合（3－14章）
  (ii) 第二回合（15－21章）
  (iii) 第三回合（22－31章）
(b) 以利户（32－37章）——独白

2. 天上的对话（38：1－42：6）

(i) 第一回合（38－39章）
(ii) 第二回合（40：1－42：6）

结语（42：7－17）（散文）

最后一回合：神与约伯

约伯记是三明治的架构，两边的"面包"是散文体，在开头和结尾告诉我们故事和背景。中间的馅是诗体，是约伯的辩论，先和三个朋友辩论，三个朋友离开后，又来了一个年轻人。

结语则告诉我们，先前发生的事后来如何解决。快乐大结局，却又有一点不一样。

† 两个故事

约伯记把两个故事巧妙交织在一起，一个是天上的故事，一个是地上的故事。地上发生的事，其实是天上情况发展的结果，就像启示录记载，天上争战之后，紧接着地上也开始争战。

神的故事

约伯记一开始就讲到天上的故事。神在天上和撒但见面。撒但原本是天使，负责向神报告罪行。它是神指派的原告律师，经常在地上走来走去，向神报告人类的所作所为。到了约伯的时代，撒但已经变得愤世嫉俗，不相信这世上还有人会真心爱神，认为人爱神只是为了从神那里得到好处。

于是神和撒但展开辩论，撒但力陈上述观点。神问撒但，它在地上游走的时候遇过约伯吗，约伯就不是因为蒙神赐福才爱神的，约伯爱神就只因他爱神。

撒但继续用讽刺的语气回答，说神若挪走他赐给约伯的福分，约伯就会咒诅神，跟其他人没两样。于是神就跟撒但打赌。

好戏的重点在于张力。读者知道天上在打赌，但约伯不知道，假如他知道，这场测试就无效了。

从神和撒但的互动，我们学到了有关撒但的几个重点。第一，撒但不能分身，一次只能出现在一个地方，不像神是无所不在。所以有的人因为小事不顺就说撒但在搅扰他，实在是搞不清楚状况。撒但通常还有更重要的事要做，要去对付别人！有些人所谓的"撒但的攻击"，比较正确的说法应该是"邪灵的攻击"。撒但的爪牙在世界各地工作，但这不表示撒但每件事都亲自动手。

大家对撒但有这样的误解，多多少少是因为相信古希腊的错误想法，把世界分成"自然"和"超自然"。我们认定撒但是超自然的，于是把它和神并列，好像两者的能力和权柄都一样似的。其实我们应该按照圣经的做法，把世界分成"创造主"和"受造物"（包括撒但在内）。撒但不是无所不能、无所不知、无所不在的，它只是个受造物。

第二，撒但需要神的允许，才能够去攻击约伯。撒但不能伤害属神的人，除非得到神的允许。神在新约圣经中应许说，凡相信他的人，绝不会受到超过他们能够忍受的试探，因为那试探人的仍在神的权下。

人的故事

约伯记这卷书大多在叙述约伯和朋友之间的辩论，谈到一个关键问题："为什么约伯要比别人受更多的苦？"

有两个观点：

a. 约伯的朋友很确定，约伯受苦是因为他犯罪。
b. 约伯很确定，自己并没有犯罪，辩解自己是无辜的。

既然读者都知道约伯是对的，约伯和朋友的这些对话就充满了张力。

这卷书由两个故事组成，提醒我们，没有人能够尽窥受苦原因的全貌。除了去找原因，每个人都还要面对一个更大的问题：事事不如意的时候，我还能继续相信有一位良善的神吗？约伯记回答了这个问题。

想弄清楚这个问题有多重要，就要问："约伯最大的痛苦是什么？"究竟是在——

- 肉体上？他全身从头到脚长满毒疮，身体疲惫、疼痛。
- 社会上？约伯的外表变得很恐怖，当地的人也知道他刚惨遭不幸，这使他受到孤立。他坐在村庄边缘的一堆灰烬上，大家都绕道而行，不想跟他说话，连青少年都嘲笑约伯。
- 心理上？约伯心里非常痛苦，因为不明白这些恶运为什么临到他身上，尤其他根本就没有做错事。
- 灵性上？约伯最大的痛苦是灵里的痛苦，因为他觉得和神失去了连结，他呐喊，他想找到神，想和神说话，甚至和神辩论！这是他最深沉的痛苦。遭遇苦难时，如果觉得神离我们很遥远，不再关心我们，痛苦会加剧。（但是当约伯终于能和神说上话，情况却出乎他意料之外。）

✝ 序文

序文向我们介绍故事人物：

神

神（犹太人称他为雅威）挑战撒但，整件事就是这样开始的。

撒但

撒但是原告律师，专门控告人，希伯来原文叫它"那个撒但"，意指"控告者"。"撒但"这个名字，在这里还没有成为一个专有名词。

约伯

圣经形容约伯是好人，"完全正直，敬畏神，远离恶事"。"敬畏神"和"远离恶事"是密不可分的两件事，敬畏神的人会远离恶事；不敬畏神的人也不怎么担心自己犯罪。神喜悦约伯的敬虔，就赐给他儿女、财富和健康。

约伯的妻子

讲到约伯的妻子,真的很难不讲负面的话!圣经形容她是"愚顽的妇人",意思就是说,她根本不体贴约伯的困境,还叫约伯咒诅神、然后去死。在约伯需要鼓励和帮助的时候,她却是第一个来折磨他的人。她告诉约伯,神都已经弃绝他了,他也应该要弃绝神。

约伯的朋友

约伯的三个朋友,年纪比他大。他们刚开始只是来坐在他旁边,七天都没有开口。

† 人间的对话

约伯最后终于打破沉默,开始咒诅自己出生的那天,说他真希望当初胎死腹中,直接去阴间。旧约圣经时代的人相信,人死后会去幽暗的阴间沉睡,约伯觉得这样至少可以安息,不用一直受苦。约伯那段话充满沮丧和自怜自艾,不过他并无自我了断的念头。

约伯这三个朋友,每个人都各发言了三次,为了方便分析起见,以下将各人的发言集合起来探讨。

以利法

从以利法三次的发言,可以看出他是个年长的政治家,是个敬虔又神秘的人物。他的态度温和,跟约伯其他几个朋友不同。他相信约伯是因为犯罪才被惩罚,这种看法所根据的是赏善罚恶的传统教导、历史的证据,以及岁月累积的智慧。简单说,约伯若没犯罪,怎么会受惩罚呢?

除此之外,以利法还提出自己的一个看法,这观念让他更加确定,约伯受到惩罚完全是因为犯了罪。他说,人性本恶,没有人能在神面前说自己无罪,既然我们都是罪人,约伯就应该承认自己是因为犯罪才会受苦。约伯问他,为什么自己受的苦比别人多?以利法说,神是要用受苦来帮助约伯变得更好。

以利法的忠告十分温和,但约伯听不进去,于是以利法的语气就变强硬了，他指责约伯顽固，竟然坚称自己无罪，又指责约伯不敬畏神，信仰偏差。以利法显然很怨恨约伯不赞同他的看法，因而态度从同情变为讽刺。他说，人人都败坏到极点，所以就算受苦也没有资格抱怨。他说，恶人不可能享有财富，若是有也不会快乐，只是表面上看起来快乐而已。

最后，他看约伯仍然没有反应，就开始讲到神的崇高，说神那么伟大，哪可能在乎约伯，约伯不应该期待神会注意他，崇高伟大的神不可能插手管每个人生活中的芝麻小事。

比勒达

比勒达这个名字意指"神所心爱的"，但他口中的话和这名字并不相称。在约伯的情况下，传统上大多是最年长的先说话，比勒达显然比以利法年轻一些，也许五十几岁。

比勒达是这三个人当中的"神学家"，也是一个极端捍卫传统的人，满口仁义道德和陈腔滥调，对约伯没有一点耐心和同情。他告诉约伯，约伯的子女之所以丧命，都是因为犯罪，承受神的忿怒也是应该的。比勒达相信宇宙按道德律自动运作，因果关系不但适用于自然界，也适用于道德生活。

比勒达认为，人只要犯罪就会受苦，所以约伯一定是犯了滔天大罪。难怪他愈讲，他和约伯的关系也变得愈紧张。

最后，他指责约伯的辩解是一派胡言，开始强调神的全能，还问约伯是不是忘了神是全能的。他说，神既然比我们大，我们不能跟他争辩，何不就接受呢？

比勒达的结论跟以利法的论点差不多：神是全能的，这就是答案。

琐法

接下来向约伯说话的，是三个朋友中态度最武断的，也是三人中最年轻的，尽管仍是个中年人。这人说话根本就不经大脑，竟然控告约伯说那些话是为了掩饰自己的罪。他说，就算约伯不是故意犯罪，也一定是不自觉就犯了罪。他侮辱约伯，叫约伯在宽路和窄路中间选一条走，不是走恶路，就是走义路。他承认自己不明白为什么恶人也能享有财富，但他相信这个情况不会长久。因为约伯的财富都没了，所以约伯一定是恶人。琐法提醒约伯，神是无所不知的，他知道约伯不知不觉中犯下什么罪。

* * *

约伯这三个"朋友"的论点，有许多共同点。他们都认定世人活在一个因果关系的道德宇宙中，于是想要扭曲事实，支持自己的观点。他们诉诸教条，一味想套用在约伯身上。从他们的辩论可以看出，圣经的教导实在不该这样应用！我们需要对神有清楚的认识，但是套用在别人身上时，一定要小心。比如有时候病人没有得医治，确实是因为这个病人没有信心，但是我们需要很有智慧，才能判断什么时候是这样，什么时候不是。如果没有智慧，可能会造成很大的伤害。

上述的探讨让我们看见，这三个朋友的论点，其实不见得都不好，有些话还符合神最后的回答。

约伯

约伯一共说了九次话：三次向以利法，三次向比勒达，三次向琐法。约伯基本上想说的是，神必须为他受的这些苦负责。他说他不能悔改，因为不知道自己犯了什么罪，他一直努力在神面前活出义来。

他这十段话一次比一次不同，可以看出他说话愈来愈大胆，对朋友说话是如此，对神说话也是如此。

他的心情起起伏伏，有时绝望无助，有时又充满信心和盼望。病人就常会有这种心情起伏。约伯有时希望情况会好转，有时又害怕情况会恶化。他求神别理他，却又对神坦率直言。他想让神坐上被告席，宣称自己一定可以胜诉。他隐约提到人死后的生命，但我们很难判断，他只是一时心情变好才这样说，还是真的相信有来生。

约伯的言论有两章十分精彩，第一处在第28章，是一首讲智慧的诗歌，这里把智慧形容成一个叫人恋慕的女子，就像所罗门在箴言中对智慧的形容。约伯言谈间对过去十分怀念，他那时多么受到尊敬，说话多么有分量。

另外一处在第31章，约伯提出了自己是清白的抗议，细数自己的行为无可指摘。他同意，自己若是违反这些标准，受罚也是应该的，但他抗议说自己根本就没有犯罪，没有理由受罚。

约伯最后一次说的话，让人接不下话，于是以利法、比勒达、琐法就走了。这时，换一个名叫以利户的年轻人发言，先前他一直在听约伯的辩解。

以利户

以利户有年轻人的傲气。他说他本来不想说话的，但他一开口似乎又停不下来了。他对约伯说他有新的想法，但他说的其实也是陈腔滥调。他反驳约伯的话，但他的做法跟前面三个朋友也没两样，都想说服约伯相信自己犯了罪。

以利户说，神用不同的方式来解决人的问题，有时用异象，有时用夜间的异梦，有时用疾病。神选择用痛苦来管教约伯，要帮助约伯在死前改过自新。约伯对这种话根本就懒得回答，所以最后以利户也走了。

前文已经指出，诠释智慧书要小心，这四个"安慰者"说的话，有些显然不对，因为他们讲的事情，自己也不见得明白。不过，有几方面他们说得没错，他们错在应用智慧的方式，认定"人种什么就收什么"这句箴言一定也适用于约伯的情况。

除此之外，他们诉诸神的性格特质，也是很不恰当的做法。他们曲解了神的性格与约伯受苦的关联。以利法强调神超越一切，说神比我们大多了，而且遥不可及，不可能注意我们。比勒达强调神的能力，琐法则强调神无所不知。

这些朋友只说对了一半，约伯后来就会知道，但是整体说来，他们给约伯的答案并不完整。

† 神的回话

第一回合：创造主

约伯求神说话，求了三十六次，现在神终于开口了。神两次都是从暴风中对约伯说话，而且语气幽默。神提醒约伯，他才是万有的创造主。他列举自己伟大的创造，说他怎样维系这个世界，问约伯可有能力办到这些事。最后，神问约伯有没有论断的资格。他告诉约伯，约伯不该认为神有义务向他解释。约伯招架不住，觉得自己很渺小。

最后约伯回答："我说了无知的话，我还能说什么呢？如今我要闭口不言。我已经说了一次，不敢再回答，现在我不再说了。"

第二回合：受造物

第二回合，神不谈自己的创造主身份，而是谈他所造的两种动物。神这次的语气仍然很幽默，他问约伯，有没有想过河马和鳄鱼这两种动物，仿佛人生的大问题，可以在这两种不寻常的动物身上找到答案。

神提醒约伯，他根本无法了解神，他连动物的事都不了解，更别说要了解精神世界。所以神这段话的重点是："你凭什么想跟我辩论？"

约伯回答说，神万事都能做，他的旨意不能拦阻。约伯现在终于明白，他根本不该质问神，于是他厌恶自己，在尘土和炉灰中懊悔。

虽然和神对话之后，约伯深感羞愧，但他真正的问题解决了，因为他恢复与神亲近的关系。这段对话为本书掀起一个精彩又意外的高潮。

† 结语

约伯接受事实，相信他不该责怪神这样对待他，接下来的经文从诗体变回散文体。神重新赐给约伯子女（七子三女），重新赐给他牛羊和骆驼，所以约伯比从前更有钱，更快乐。他确实是神的忠仆，神还他清白。

但是神严厉谴责约伯的三个朋友，说他们诬告约伯。由此可见，我们不该把这三个朋友的话当作真理来引用。

神这两回合的谈话，有一点很令人惊讶，就是他仍然没有解答约伯的疑问，也没把他跟撒但打赌的事告诉约伯。神容许约伯受苦，有他充分的理由，因为知道天上发生了什么事，对约伯并没有好处。

† 结论

我们应该来看看，从约伯记可以得出什么不同的结论。

犹太人的结论

犹太人读约伯记，会得出以下几个结论：

1. 今生受的苦和犯罪没有直接的关系。
2. 神容许一切的苦难。
3. 我们也许永远不晓得受苦的原因，有时候人受苦是因为受到惩罚，但即使不是为了惩罚，人受苦都是有原因的，即使那原因向我们隐藏。
4. 假如受苦纯粹是因为犯罪，我们就会为了自私的理由，被迫作个敬虔的人。那么，我们对神、对人的爱，就不是出于自愿了。

基督徒的结论

基督徒可以从新约圣经的角度来看约伯记。

1. 约伯认识创造世界的神，但不认识恩典的神。耶稣的十字架让我们对人类的苦难有不同的看法。约伯也预表基督，让我们预先看见数世纪后、无辜受苦的基督。耶稣是义人，却像罪人一样受苦。藉着十字架，我们可以看见神能用各样情况带来益处。我们必须以十字架上的痛苦为背景，来看人类一切的苦难。
2. 神容许撒但把耶稣钉死在十字架上，看着他的儿子问："我的神啊，为什么？"神没有解释原因，就像他当年没有向约伯解释原因一样。由此可见，在钉十字架的痛苦压力下，连神的儿子都忘了自己为什么要受苦。
3. 基督徒知道人死后还有生命，人为什么受苦的疑问，不见得要在今生得到解答。约伯记的希腊文译本很有意思，加了这么一句话："约伯必与神所复活的人，一同复活。"
4. 复活的盼望提醒我们，约伯最后必能伸冤。基督徒相信耶稣必要再来审判活人死人，将来会有一场如同法庭的审判，审判官是耶稣，曾经活在世上的恶人义人，都将站在他的宝座前，根据他们肉身所行过的一切，接受审判。所以约伯的盼望将来必会成真，将来有一天，公理必定在众人面前得到伸张，神的公义将临到全人类。

帝国的衰败与殒落

Part IV

17. 先知书概论

这个单元的焦点放在被掳前的先知，也就是在两次被掳之前事奉神百姓的先知。北国（以色列）的百姓在公元前722年，被掳到亚述，南国（犹大）的百姓在公元前587年，被掳到巴比伦。这些先知大多在警告百姓，如果不回转向神、守住与神立的约，神会让他们被掳到外邦去。说会发生这么大的灾难简直不可思议，因为百姓无法想象神会容许自己的圣殿被毁，容许他的百姓被掳走，离开他所应许赐下的土地。

先知不只是向以色列民传讲信息，有些先知也向以色列国和犹大国的邻国发话，有些先知从神领受的信息还是特别要向别国传讲的。

常有人弄混了圣经先知预言的本质和今天所谓预言的本质，所以在探讨先知书之前，需要先稍微解释一下。从以色列成为一个国家开始，先知预言就一直是神百姓生活中的一部分。圣经说摩西是先知，而旧约圣经中我们认为是历史书的书卷，在希伯来文圣经中称作先知书。犹太人被掳前的先知，则展开了我们所知道的"先知书"（就是整卷书都是同一位先知的信息；而早期先知的信息记录在历史书中，一卷书不只记录一位先知的话）。不过，这些先知书在圣经中出现的顺序并不代表成书的顺序。

这些先知都是很平凡的人，却有不平凡的功能，能为神传话。他们透过话语和图像，领受神的信息，这些信息在他们心中变得沉重，成为重担，不得不一吐为快。

图像有两种。先知清醒时领受的图像是异象，睡觉时领受的则是异梦。读先知书时，务必要了解一点：先知叙述异象时，通常用过去式，好像这些事已经发生过一样；换作我们，八成会用未来式的语气说："我已经看到未来会发生什么事"，但先知若不是用现在式的语气说："我正看见这件事发生"，就是用过去式的语气说："我已经看见这件事发生"，而两种语气都是在预言未来。预言的内容都很详细，比如说，那鸿看见毁灭巴比伦的军队穿着红色的军服，但在那鸿的时代，以色列的敌军没有穿红色军服的，而当时刚出现的波斯人，在后来毁灭巴比伦的时候，穿的正是红外套。

先知预言的恩赐有两面。能为神发言的先知，必须能够听见神说话。先知必须先领受信息，才能够传讲。先知预言会透过身心灵的不同管道临到先知。

神也许会出声说话，但圣经上不常记载神这样做。神出声说话时，很多人都以为天在打雷。比如耶稣受洗时，神对耶稣说："你是我所喜悦的爱子。"

神也可以把话语放进人的意念，好让先知知道自己听见了神的声音。久而久之，先知就学会分辨哪些是从神来的想法，哪些是自己的意念。

神也可向先知的灵说话，给他话语或感动，但他的悟性并不明白。比如，人用方言祷告时，神就向这人的灵说话，把话语放进他口中，但说的人并不明白自己在讲什么。

神当然也可跳过灵和意念，直接向身体说话，就像在民数记中透过巴兰的驴子传话，不过这种方式很少见。不管用什么方式领受，从神来的话语最后会从先知口中说出来，传给百姓。

先知领受的信息主要有两种：一种是在人做错时挑战人悔改，一种是在人做对时给他安慰。如果我们觉得这些信息大多是负面的，那是因为神通常需要在人犯错时向他说话，所以先知给的信息，通常挑战多于安慰。在以赛亚书中，前半部是挑战，后半部则是安慰。

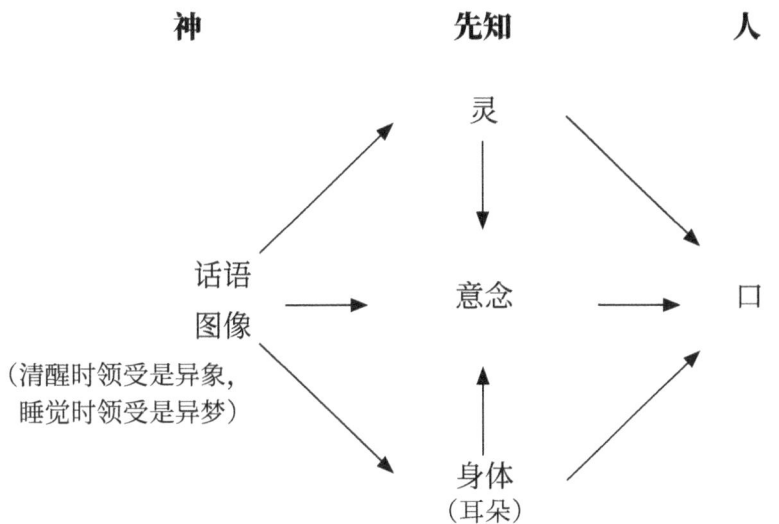

假先知给的信息通常只有第二种，因为他一心想要讨好百姓，而不是传讲神的话。所以先知耶利米的名字就成了乌鸦嘴的代名词，因为他那个时代的百姓已经偏离了神（但他其实也说过一些安慰的话）。

为什么我们应该研读先知书呢？

我们又不是犹太人，为什么要研读他们的历史？

答案很简单。我们应该研读先知书，好叫我们更认识神，因为神并未改变。先知向我们启示了神——这位神启示他自己是那位自有永有、永远的神。

先知的信息大致聚焦于三大重点，如下所列：

1. 神的作为——大有能力

自然界：神迹

历史：行动

2. 神是一致的——可以预知

公义：惩罚

怜悯：赦免

3. 神有弹性——与人互动

人：悔改

神：转回施怜悯

(1) 先知把焦点放在神的作为——神做过什么，正在做什么，将来要做什么。我们在教会朗诵使徒信经时，会说："我信上帝，全能的父，创造天地的主"。先知所呈现的，就是这样的一位神——他大有能力，掌管自然界和历史。所以神能在自然界制造奇迹，能在历史掀起行动。我们必须牢记他是这样的一位神，因为在科学发达的现代，大多数人把自然界视为一个封闭系统，把历史视为经济力量推动的结果，很容易忘记是神在掌管自然界和历史。常读先知书可以帮助我们牢记，这是一位全能的神，他在自然界和历史中，可以叫各样的事发生。

(2) 先知把焦点放在神的完全，让我们看见神前后一致，永远一样。他的性格是永不改变的，非常独特，既有公义，又有怜悯。若只强调其中一面，对神的看法就会失衡。如果只想到神的公义，就会觉得神太严厉；如果只想到神的怜悯，就会觉得神的心肠太软。觉得神太严厉，心中会有恐惧，没有爱；觉得神的心肠太软，心中会有爱，没有恐惧。先知的信息非常平衡，神的公义表示他必须降罚，而神的怜悯表示他渴望赦罪，两者之间的张力，惟有在十字架上才能解决，因为只有在十字架上，公义和怜悯才能同时出现。在同一个地点同一个时间，罪被惩罚，又被赦免——耶稣承担了我们的刑罚，而我们的罪获得赦免。神既有前后一致的特质，就表示我们可以预知神会怎么做：他会尽量怜悯人，但是人若持续拒绝他，他就会施行公义。约拿和那鸿所传讲的就是这样的信息。

(3) 先知强调神是有弹性的，我相信这一点最能帮助我们了解神的特质。神可以改变他的计划，他的计划并非永远不变，但变与不变要看人怎么回应神。耶利米书中有一段叙述，特别能看出这一点。耶利米去陶匠家，看见陶匠想用泥土做成一只美丽的花瓶，但泥土不肯配合陶匠手中的动作，于是陶匠把泥土重新揉成一团，做成一只厚重的粗锅。神问耶利米："你有没有从陶匠和泥土那里学到什么功课？"我听过的讲道大多误解了这段经文的含义，这些传道人说，泥土最后会变成什么形状，是由陶匠决定——这是预定论：如果神决定你命运的归宿，你就改变不了。其实，是泥土在决定要变成美丽的花瓶还是厚重的粗锅，因为是泥土在决定要不要配合陶匠手中的动作。神说他想怜悯以色列，把以色列做成美丽的花瓶，但以色列不肯配合，神就施行公义，把以色列做成粗锅。

所以，先知所传讲的神，是一位活着的神，与人互动，要我们在生活中与他亲近。万事并非都已决定，那是宿命论。神是有弹性的，他会视他百姓的情况来调整。我们若回应得当，他会把我们做成美丽的花瓶；我们若回应不当，他仍会把我们做成器皿，但这器皿会盛满他的公义，向世人显明神的公义。决定权在我们手上，我们想要作哪一种陶器呢？我们要向世人显明神的怜悯还是神的公义呢？

对我来说，神的弹性是非常宝贵的真理，可悲的是，大多数基督徒看不见神的这个特质。未来并非已经确定，也不是早就预定好，未来的结果是开放的，因为神是与个人互动的神。神不能改变的，只有过去，但他能够改变未来，也愿意改变未来。圣经甚至敢说，我们若悔改，神就会懊悔。我们无需为这句话感到惊慌，"懊悔"这个字意指"改变主意"。所以当我们改变主意，神就会改变他的主意！但神不会改变他的特质，所以我们永远信得过他。因此，读先知书对我们有益，可以让我们更认识神。他是大有能力的神，在自然界和历史上，他想做什么都办得到。他是可以预知的神，因为他行事前后一致，所以我们知道他会怎么做。但他也是一位与人互动的神，想和我们建立生气勃勃的关系，如此一来，他可以回应我们，我们也可以回应他。这，就是我们所敬拜的神。

百姓被掳之前的这些先知，有的众所皆知，有的默默无闻，但他们的信息全部加起来，则让我们看见了先知事奉风格与焦点的多样面貌。

18. 约拿书

† 引言

约拿书的这篇引言也会介绍那鸿书，因为这两位先知有许多共同点。约拿和那鸿都去了同一个地方，两人的信息也很类似。

约拿出生于拿撒勒附近，在拿撒勒人眼中是个英雄，耶稣小时候一定听过约拿，在所有的先知中，耶稣只拿约拿和自己相比。

那鸿来自迦百农（Capernaum），"迦百"（Caper）意指村子，所以"迦百农"（Caper-Nahum，译注：意指"那鸿村"）这名字是从先知那鸿来的。这个村子是耶稣当年在加利利海一带事奉的基地，所以耶稣和这两位先知有密切的关联。

更重要的是，两位先知都来自北方，这是以色列和各国接触频繁的地区，称作"外邦人的加利利"（Galilee of the nations），因为全世界的十字路口就在加利利。有一条从欧洲来的道路，沿着海岸往南，经过这个地区之后，继续往东到阿拉伯。另一条从非洲来的道路，从埃及往北沿着这条海岸，经过这个地区之后，继续往北到大马士革。所以从亚洲到非洲的人，或是从欧洲到阿拉伯的人，都会经过这个十字路口。在这个十字路口上有一座小山，叫米吉多（Megiddo），"米吉多山"

（the Hill of Megiddo）一词的希伯来原文是"哈米吉多顿"（Armageddon），就是末日最后决战的战场。拿撒勒就位于这座山上，俯瞰这个十字路口，耶稣小时候一定在这里看过南来北往的人潮，那光景很像旅客在机场大厅川流不息。

加利利和各国接触频繁，但住在南边犹大山地的人则跟外界隔绝，不在交通要道上，民族主义的色彩较浓。所以在国境内有两个地点对耶稣的事奉有影响力。

耶稣在北边这个国际化的地区很受欢迎，但在南边的犹大地就不受欢迎。他最后就是在南方被钉十字架的。

约拿和那鸿都是北方人，所以很熟悉各国的事情，这两人都被神差去亚述。

这块圣地承受来自东西两方的势力威胁，因为两边的势力都想征服对方，所以不断挤压夹在中间的以色列。有人这样说以色列：你若住在十字路口中央，一定会被辗过去。实际情况正是如此。约拿和那鸿的时代，首都设在尼尼微的亚述是一大外患。

约拿在公元前770年去挑战亚述，那鸿则是在公元前620年前往，所以两人相隔150年。两位先知会被差去亚述，完全是因为亚述人作恶多端。亚述帝国持续了750年之久，有一段期间甚至征服了埃及。亚述在公元前1354年建国时，只是个小国，后来逐渐扩张版图，可是他们的征服手段十分残暴。亚述是历史上以残暴出名的国家，他们发明一种极残暴的做法，就是在地上竖起尖木桩，然后用尖木桩把敌人穿透到死。他们曾用这方式处决了成千上万人，用恐惧来统治人民。

先知那鸿说，尼尼微城是座"流人血的城"，真是名副其实，只要亚述觊觎哪个国家，那个国家的人就会吓破胆。

先知西番雅也提到亚述，但最后是那鸿来向亚述人宣布说："你们完了！神要除掉你们。"果不其然，尼尼微城在公元前612年被毁，五年后，那鸿的警告言犹在耳，整个亚述帝国就消失了。

† 是事实还是虚构？

看约拿的故事，首先要回答一个引发激辩的问题——这个故事是事实还是虚构？很多人知道这卷书，是因为约拿和大鱼的故事，而且大多数人对这卷书的想法都取决于他们相不相信这个故事是真的。

有人说大鱼吞了约拿，就像《木偶奇遇记》，木偶皮诺丘也曾在鲸鱼的腹中待过一阵子。他们坚称这种虚幻故事不可当真，只是个含有道德教训的比喻罢了，并且赋予这故事几种不同的含义。

有些人说这个故事是在挑战听到的人去做更伟大的宣教工作——当初这故事就是在提醒以色列，他们对世人有宣教的责任。约拿逃避自己的任务，这是以色列应该记取的教训。

但圣经上出现比喻的时候，都会清楚指出这是比喻，然而约拿的故事被当作历史来看。而且耶稣讲比喻的时候，比喻里面都没有神迹，可是约拿的故事却有八个神迹。

有些学者相信约拿书是一个寓言，每件事都对应到真实的生活，所以约拿代表以色列，就像约翰牛（John Bull）代表英国，山姆大叔（Uncle Same）代表美国一样。他们说约拿被吞进鲸鱼肚，是在比喻以色列被掳，被外邦吞吃。

这些说法都可以用以下几点轻易反驳，证明约拿书不是虚构的故事。

1. 约拿书的风格和圣经中的历史书一样，这卷书的用字、风格、文法和列王纪雷同。
2. 约拿书中的地点和人物都是真实的，圣经其他书卷也提到过。列王纪下提到约拿这个人，由此可见他是耶罗波安二世时代的人。约拿的父亲叫作亚米太，圣经的历史书记载他是真有其人。
3. 更重要的是，耶稣也说约拿真有其人，他相信约拿和大鱼的事，曾这样说自己："在这里有一人比约拿更大"，他把自己死去的那段时间，比作约拿在鱼腹中的那段时间。
4. 但最重要的是，比喻和寓言的理论都无法解释第4章。这卷书的信息从一开始就有一个重要的问题要回答："约拿为什么要逃避？"很多人根本不去问这个问题！为什么大家那么想把约拿当作一个虚构人物呢？为什么不肯接受这个故事是真的呢？

反对这个故事是事实的人，第一个理由是，约拿所遭遇的事，实际上根本不可能发生。第二个理由是，从心理上来看也不可能，一个犹太传道人怎么可能让一个外邦大城悔改信主？你能想象有个犹太人来到伦敦，在特拉法加广场讲道，带领全伦敦的人信主吗？全伦敦的人都悔改，这似乎不可能吧？

至于说实际上不可能发生，我们首先要问："这种事有可能发生吗？"再来要问："神有办法让这种事发生吗？"

人有可能被大鱼或鲸鱼吞进肚子吗？

我在白金汉郡的夏方圣彼得牧会时，当地有个铁匠，他的儿子在美国加州训练水中哺乳动物。他把一只鲸鱼和一只海豚，放在一个巨大的水槽里，鲸鱼跟海豚成了好朋友。后来那只海豚死了，鲸鱼不肯让别人来碰它好友的尸体，就把海豚含在嘴里三天。鲸鱼一次又一次把海豚带出水面，想让海豚再度呼吸活过来。铁匠的儿子把那三天拍摄的影片放给我们看，那只海豚的体积就跟人差不多。

死了还是活着？

我认为关键问题在于——约拿当时究竟死了还是活着？

我自己从未问过这个问题，直到我看了那段影片，看见鲸鱼把海豚含在口中，想让海豚再度呼吸。后来我再读约拿书，很惊讶地发现，一切的证据都指出，鲸鱼叼起的是约拿的尸体。

你若读约拿书第2章，会发现约拿当时已经溺毙。经文说，船上的人把约拿扔进海中，他就沉到海底，躺在山根，头被海草缠绕。人在水里，只要一分半钟就会溺死，沉到海底要花的时间远超过一分半钟！儿童主日学的图片都画错了，都画成鲸鱼张口浮在水面上，然后此时船员刚好把约拿扔进海中。没有一张图片符合圣经的说法，约拿应该是躺在地中海海底，被海草缠绕。

除此之外，从约拿的祷告可以看出，他当时人在阴间，也就是死人住的地方。约拿描绘的是他沉没水底，生命一寸寸消逝，溺死前还有一丝神智的最后一刻，说他在那一刻想念上主。

这些证据显示，约拿当时的确死了，所以约拿并不是从鱼腹中获救，而是从死里复活。鲸鱼把他吐出来的时候，神重新连结他的身心灵。这样，耶稣的话就更有道理了，他说约拿怎样在大鱼肚腹中，他也要这样在地里头。对不相信神的人来说，相信约拿被吞进鱼腹没死还比较容易，相信他从死里复活比较难！我相信约拿是旧约圣经中最好的复活例子。

神迹

诠释约拿书，会让我们面对几个更大的难题，关乎我们对神的信心。这卷书不只要我们相信约拿被大鱼吞进肚里，还总共提到八个神迹。大家通常只知道约拿被吞进鱼肚的神迹，其实，还有一个更大的神迹。

约拿书最后一章，神吩咐一只虫去做一件事。先前说的那名铁匠的儿子在加州训练鲸鱼，这工作其实很容易，因为鲸鱼的智商很高，但我从来没看过有人训练虫！可是神能够吩咐虫去做事。每次有人问我："你该不会相信约拿和鲸鱼的故事是真的吧？"我会说："这不算什么，我还相信虫的故事呢！"对方听了通常一头雾水，根本不知道我在说什么。

来迅速浏览一下约拿书中的神迹：

1. 神差来暴风，引起海浪翻腾，船只有翻覆的危险。
2. 船员掣签，想找出是谁惹怒了神明，结果发现是约拿。抽签的结果显然是随机的，却在神的掌控中。
3. 船员把约拿丢出船外后，神就止息了翻腾的海浪。
4. 神差大鱼吞食约拿。
5. 神让大鱼把约拿吐到陆地上。
6. 神安排一棵蓖麻树（藤蔓类，可提炼蓖麻油）在一夕之间长出来。

7. 神安排一条虫子咬这蓖麻树的根，以致蓖麻树立刻枯槁。
8. 神最后差来一阵沙漠的焚风。

在上述八种情况中，神都掌控了大自然。

从我们对这些事件的反应，可以看出我们对神的观点。英国人普遍相信三种观点：

1. **无神论**：神没有创造世界，所以他没有掌控世界。
2. **自然神论**：这是比无神论更普遍的观点，相信神创造了世界，但现在无法掌控世界。我得说，英国教会中有很多人都相信自然神论，这表示他们不相信神迹。他们虽然也上教会，也感谢神创造天地，但不会为天气祷告！
3. **一神论**：这是圣经的观点，相信神当初不但创造世界，现在仍然掌控世界。

当然，有些基督徒同时抱持两种观点，他们相信圣经中的神迹，但不相信今天仍有神迹。这种人理论上相信一神论，实际上相信自然神论。

带领尼尼微人信主

再来看尼尼微这样的大城市，从心理学来看，全城信主的机率实在很低的这个问题。以下几个论点支持这件事是史实：

1. 尼尼微人有宗教信仰，甚至很迷信，他们其实相信有神。
2. 他们有罪，罪恶感会使人胆怯，所以约拿指责他们犯罪时，他们都知道自己有罪，也愿意受罚。
3. 复兴的火从基层的百姓开始点燃，然后往高层蔓延到皇宫。
4. 他们从约拿身上看见证据，如果约拿因为曾待在鲸鱼肚中而皮肤变白，样子一定很震慑人。听到约拿说明自己的遭遇，他们一定印象深刻。

5. 最重要的是，当圣灵动工时，各样的事都可能发生。

我相信尼尼微有可能全城悔改，耶稣也相信，他说在审判日，尼尼微城的人要起来，因为他们听到神的真理就悔改，而在场听到耶稣说这话的人却不悔改。

约拿为什么要逃走？

还有一个很重要的问题要仔细探讨。约拿为什么要逃避他的任务？这是第4章的主题，但很少人教导这章、传讲这章，甚至读这章，但这正是故事的重点。约拿为什么这么不情愿？他想到了谁？

有人说他想的主要是自己。他不敢去尼尼微，怕亚述人视他为仇敌，杀了他。但这无法解释约拿为什么建议船员把他扔进海里，这表示他不怕死啊。

第二，有人说约拿想的是外邦人无权认识以色列的神，这有点类似"反闪族主义"的颠倒——他是反外邦人。但这无法解释他为什么逃去他施的外邦人那里。

还有人说约拿想到了亚述人——全世界最凶残的人。

除此之外，也有人说约拿想到以色列，因为当时的亚述是弱小的以色列最大的威胁，他不想去以色列的敌人那里。但上述原因都没有考虑到最后一章中约拿说的话。

约拿告诉尼尼微人，神会在四十天内毁灭他们的城市，但他传道的结果是全城的人都悔改，灾祸没有降临。

一个布道家若是看见全城都悔改，一定兴奋极了，约拿却很失望。他去坐在城外的一座山上，对神说："我早知道会这样！我了解你，我知道你会放过他们。我知道你只是在威胁他们，不是当真要毁灭他们！"约拿难道不希望人得救吗？难道他心胸狭窄到不希望人悔改吗？

关键在于约拿曾对神这样说自己的国家，他说："我在本国的时候岂不是这样说吗？我知道你是有恩典、有怜悯的神，不轻易发怒，有丰盛的慈爱，并且后悔不降所说的灾，所以我急速逃往他施去。"（4：2）

我们必须回去看列王纪下14章23-25节，看约拿在以色列遇到什么事。

约拿蒙召成为先知时，被差去见以色列王耶罗波安二世，这个恶王坏透了，专行神眼中看为恶的事。神吩咐约拿去见这个王时，约拿起先态度肯定希望可以给这个恶王一点教训，但神给约拿的信息，却出乎约拿意料之外。神说："你去跟那个王说，我要赐福给他，我要扩张他的疆土，让他成为大国。"约拿向神抗议，说那是个坏王，神不该赐福给他。

约拿在心里这样对主说："主啊，这绝对行不通，你若赐福给坏人，他们只会变得更坏。"

果然没错，那个王变得更坏，神愈赐福给他，他就变得愈坏。于是约拿下了一个结论，怜悯不能帮助恶人改过。约拿等于在对神说，他比神还清楚该怎么做最好。

神的怜悯

所以过去的这件事，影响了约拿去尼尼微的态度。他说："主啊，我们来看看会怎样。我要看看这个城市，在你放他们一马以后，会不会改邪归正，看他们到底是变好还是变坏。"

约拿其实是为神的特质和名声感到不平，他不能忍受别人占神的便宜、利用神的怜悯。他相信这些人的悔改只是表面的，不会持久。他认为神如果对他们心肠太软，他们就会认定神不会真的审判他们。他们会怀疑约拿的警告，甚至会嘲笑他的警告，最后也会忘记他的警告。

那棵蓖麻树从约拿身边长出来时，约拿很感恩，因为有树荫遮住太阳。但后来有一只虫来吃掉树根，树就枯死了，约拿又生起气来，质问神为什么要让树枯死。神告诉约拿，他有理由气那棵树，但他有理由气尼尼微城吗？在那座城里有十二万个孩童，还有很多牲畜，难道神不该怜悯他们吗？

虽然约拿为神感到忿忿不平，不想看见亚述人逃过惩罚，但他不明白神的怜悯，不明白神想要尽可能延后惩罚。所以约拿才逃到海上，所以他的传道虽然有成果，却是空心的。我们有时也会忘记神多有耐心，忘记他充满怜悯，忘记他想一再给人机会。

当然，神的耐心也有尽头，这正是先知的信息，只是约拿弄错了时机。在约拿的时代，神仍然对尼尼微有耐心，想怜悯尼尼微，但他不会永远有耐心，等我们研读那鸿书的时候就会看见了。

19. 约珥书

✝ 引言

我们对约珥一无所知，只知道他的名字叫约珥，他父亲叫毗土耳，两个名字都包含希伯来文的 *el*（神）这个字。我们不妨假设他们来自敬虔的家族。不过事实如何，无法确知。

约珥是俄巴底亚之后十年的先知（参第27章《旧约纵览·俄巴底亚书》），俄巴底亚的预言几乎都是针对别的国家，对以色列的预言则是正面的。然而约珥延续俄巴底亚提出的一个观念——"主的日子"，只是约珥说，到那日，审判不但会临到万民，也会临到以色列。这让以色列人十分震惊，他们一直认定自己在神面前是安全的。

同样，今天很多基督徒自鸣得意，不管日子怎么过，认定自己将来一定会安全抵达天上。其实基督徒犯罪，比非基督徒犯罪还严重。在罗马书第2章，保罗提醒读信的人，他们若论断别人什么事，自己的行为却跟别人一样，将来绝对逃不过神的忿怒。神是不偏待人的。有些人自以为属神，然后就任意犯罪，这根本不符合圣经的教导。神并没有给我们一本空白支票，让我们每次犯罪就可以乱开支票，逃过一劫。如果非基督徒犯奸淫要下地狱，基督徒犯奸淫却可以保送天国，那么神根本不公平。所以约珥必须先纠正以色列这个错误的观念，因为以色列人自以为很安全。以利亚曾经大大挑战以色列人这个想法，但约珥第一个对他们说：主的日子对你们不见得是好事。

在讲解约珥书之前，最好先分析一下这卷书。这卷书有三章，这三章的信息刚好是三段预言，但圣经并没有说明这三段预言是神分开给约珥的，还是同时给的。

† 约珥书大纲

蝗灾（第1章）

全地荒凉（1：1—12）

百姓悔改（1：13—20）

主的日子（第2章）

灾难重演（2：1—11）

真心悔改（2：12—17）

弥补损失（2：18—27）

全然复兴（2：28—32）

(a)圣灵浇灌——男与女（2：28—29）

(b)征兆出现——日与月（2：30—31）

(c)救赎临到——求告与呼召（2：32）

断定谷（第3章）

审判列国（3：1—16a）

为以色列伸冤（3：16b—21）

† 蝗灾（第1章）

全地荒凉（1：1—12）

约珥发这预言的导火线是一场天灾。蝗灾临到以色列，那景象一定很恐怖。蝗虫的样子很像大只的蚱蜢，蝗群来袭的时候，数目可以高达六亿只,遮蔽四百平方英里的面积,每天吃掉八万吨食物。所以只要蝗虫一来,所有的农作物都会消失。蝗虫每个月可以飞行两百英里,一天飞二到十英里,连续六周。它们的胃口很大,头部长得像马头。我惟见过一次蝗灾,是在奈及利亚北边的卡诺市(Kano),当时虽然是白天,天空却突然变暗,我还以为是日蚀,后来看见一大片乌云逼近,把太阳遮住,天色很快整个变暗,犹如半夜。我估计这些蝗虫的时速有十二英里,一个半小时之后才全数通过。蝗虫过后,触目所及的树木,树叶和树皮都被啃光,所有的植物都被吃个精光。我永远忘不了那场恐怖的经历。

蝗虫在非洲十分常见,但数量庞大的成群蝗虫在以色列并不常见,所以当蝗虫来袭,约珥告诉百姓,这是神的安排,是神给他们的第一个警告,他们若继续作恶,会有更大的灾祸临到。

因为发生蝗灾,百姓没有足够的谷物可以拿到圣殿里去献祭,公开的敬拜活动因而被迫中止。葡萄园没了,果园没了,橄榄园没了,全国面临旱灾、野火,百姓挨饿,经济萧条。有人推测,约珥是在犹太人的住棚节传讲这个信息,而这本是他们庆祝农作物收成的季节。

圣经上早有前例,有助于了解神怎样降灾,审判百姓。出埃及记第10章,埃及的第八灾(蝗灾)就是神降下的;申命记第28章也说,百姓若是悖逆,神会降灾。时至今日,我们想问的是:怎么知道某个灾祸是从神来的?

我们应该看看这灾祸是否具备以下三种特性:

1. 冲着神的百姓而来。
2. 事发之前有预言。
3. 规模惊人,或是现象极不寻常。

所以,如果要找一件近年发生的事作例子,我相信约克大教堂起火的事件就是神在动工。因为整件事很不寻常,所以我格外相信这是神的作为。击中约克大教堂的闪电,来自一朵只有巴掌大的乌云,那朵乌云在蓝天中绕着教堂盘旋了二十分钟,云很小,根本制造不出雨来,却射出一道(无雷的)闪电,从上到下击中教堂。当时教堂才刚整修过,安装了最新的烟雾警报器和防火设备。正要前往教堂的诗班成员目睹了闪电，却没听到雷声，因为根本就没打雷。我从气象局拿到那朵乌云的图像，有十六个气象人员，都不是基督徒，却都说那一定是神的作为，因为他们已经多年没见到这么不寻常的现象。

有人问我这是不是神的审判，我说我相信这是神的怜悯。约克大教堂之前才任命了一个不相信真理的主教，神却等所有人都离开教堂后才动手，他本来可以在众人都在场时让闪电击中教堂。所以我相信，神所表现的主要是怜悯，而不是审判，但我也相信那是一个警告。

一件事若出于上帝，会有很多兆头，其中一项就是事件现象非比寻常。不自然的现象往往显明背后有超自然的力量。另外一个兆头则是神子民的分辨能力。很多有先知恩赐的人都在约克大教堂起火这件事上看见神的作为。虽然事先没有人预言，但是很多人早就在想，如果任命这样的主教，不知道神会怎样。

不过，不管灾祸是不是直接出于神，都是在提醒人：神会审判。我们务必要明白这一点，免得随便判断每一件发生的事。路加福音第13章，有人要耶稣谈谈西罗亚楼倒塌、压死好几个工人的惨剧。他们问耶稣，这些被压死的人，犯的罪比别人深吗？耶稣回答说不是，但他又说，那些目睹灾祸的人若不悔改认罪，也要灭亡。每一次的地震、台风、洪水，都是在提醒我们生命多么脆弱，而人需要与神和好。

百姓悔改（1：13－20）

第1章的下半部，约珥叫以色列的众长老呼吁全国悔改。他警告他们，若不悔改，神可怕的审判会重演。不过约珥并未清楚说明以色列应该为什么事悔改，我们必须回去研究列王纪上下的历史背景，看看以色列当时到底做错什么，以致受到这样的警告。

约珥在哪个时期发预言，尚无法确定，但大概是公元前9世纪左右，可能和列王纪上下记载的一些事有关。有一条线索，就是约珥书提到了祭司，却没有提到王。在列王纪中，有一段时期由女王执政（公元前841－835年），以色列史上只有这段期间是女王在位。神应许大卫王，只要王遵守神的命令和典章，王的子嗣总不断绝，总有子孙坐上以色列的王位。神容许他们有君王，但不是女王。

再者，这位亚他利雅女王为人阴险狡诈。她本来是太后，但是王驾崩以后，她篡夺王位，杀光王的儿子，好让自己登基。她的母亲就是恶名昭彰的耶洗别，把北国搞得乱七八糟。但是王有个儿子逃过一劫，被大祭司救下，藏在圣殿中。假如亚他利雅当初杀光所有的王子，大卫可就绝子绝孙了。尽管亚他利雅女王的行径卑劣，百姓还是接受她作女王，连大祭司都没有反对，但至少他有勇气藏匿那个小男孩，那个小男孩就是约阿施。约珥传讲完信息以后不久，百姓才有勇气除掉亚他利雅女王，迎接当时只有七岁的约阿施登基。

所以，约珥的预言有可能是在这个背景下传讲的。全国都犯了罪，所以全国都要悔改。

† 主的日子（第2章）

灾难重演（2：1－11）

但是百姓没有悔改，他们继续犯罪。所以第2章一开头，约珥就讲到一幅景象，乍看像是蝗灾重演，可是仔细研读这段经文，会清楚看出，他其实是在形容成千上万敌军入侵的情景。敌军摧毁一切，就像蝗虫过境一样，甚至比蝗灾还可怕。从大军所经之处完全不留活口的景象来看，约珥所描述的，很可能是巴比伦人。巴比伦军队每征服一个地方，都会实施无情的焦土政策，不但杀光所有的人和婴孩，还毁灭那地一切的生物，连树木和牛羊都不放过。巴比伦军队所经之地完全不留活口，那种情景和蝗灾非常类似。启示录第9章也有类似的记载：末日时会再度发生蝗灾，然后会有两亿个士兵从东方来。不管约珥是在描述军队，还是在描述蝗灾，显然神有办法降下这两种灾，而他仍有必要施行审判。

真心悔改（2：12－17）

约珥再度劝戒百姓说，神要的是真心的悔改。他第一次呼吁百姓悔改之后，百姓大多只是出去喝个烂醉。大祸即将临头的时候，人的反应会分成两种，第一种是准备好悔改，第二种是喝得大醉。

所以约珥再度呼吁他们要真心悔改。第二次的呼吁，有一句话很值得记住："你们要撕裂心肠，而不是撕裂衣服。"看见人撕裂衣服，是颇为怵目惊心的景象，但这样做对神来说并不够，要撕裂的是你的心，不是你的衣服。有意思的是，这里约珥并未列举百姓的罪行，我们只能假定，百姓都心知肚明，很清楚神所在乎的是什么。

请记住，神说他愿意改变心意，不惩罚他们，他们和神的关系是动态的——神会回应他们。所以神告诉他们该怎么祷告：他们必须恳求神的怜悯，求上主向应许之地上属他的百姓，彰显他的慈爱和信实。

弥补损失（2：18－27）

有些人推测，这段预言和前段预言不是同时间发的。约珥在这里劝百姓要高兴，不要害怕。他向以色列应许说，只要百姓真心悔改，神会弥补蝗灾那几年的损失。这个原则也适用于今天，很多人后悔过去虚度的岁月，但神说他会弥补那些年的损失。可是惟有真心悔改，神才会弥补那些年被蝗虫吃掉的损失。

悔改的字根含义就是"改变心意"，所以我们可以说，只要他们悔改，神就会改变心意。神三次向他们保证，他必不再这样做，而且他们必要认识他。

全然复兴（2：28－32）

约珥接下来讲了一些了不起的应许。神说，百姓若真心悔改，他必不再给他们这种惩罚，而且他们的损失会得到完全的弥补——他所弥补的，不只是被蝗虫吃掉的作物，还有灵里的重建。

(A) 圣灵浇灌——男与女（2：28－29）

约珥书中的一大应许，就是神会将他的灵浇灌在各样的人身上，不分男女老少或阶级。年轻人要见异象，老年人要做异梦，儿女也要说预言。神应许将发预言的灵浇灌在各样的人身上。800年之后，在五旬节那天，彼得引述了这个应许，解释说约珥的预言应验了，因为圣灵降临在120个门徒身上。

(B) 征兆出现——日与月（2：30－31）

这个应许的第二部分说，日头要变为黑暗，月亮要变为血。有些人说，耶稣断气时，日头变暗三小时，就是这个预言应验了。但这个预言其实要在末日才会应验，因为在马太福音24章29节，耶稣自己也提到，这些是他第二次来时的征兆。

有意思的是，到时候征兆在空中，因为地上发生重大事件时，天上会回应。很多人无知地对我说，当年三位智者跟着那颗星找到婴孩耶稣，证明占星学没问题。我说他们根本弄错了，占星学相信，婴儿出生那一刻，星星所在的位置会影响新生儿，但在伯利恒，是出生的婴孩耶稣在影响星星的位置！所以耶稣断气时，才会日头变暗，因为地上发生重大事件，宇宙随之改变，是不是很奇妙？我们不是由天上的星星掌控，天上的星星是神在掌控。

(C) 救赎临到——求告与呼召（2：32）

约珥也向他们传达这个应许：凡耶和华所召的、凡求告耶和华名的，就必得救。救赎不会自动临到，全国不会经过某个神秘的过程就得救了。得救是双重的呼召，神藉着传道人呼召人得救，而人也要呼求神的名。

我不喜欢叫别人跟着我做决志祷告，我都是叫他们自己呼求主，因为圣经说："凡求告主名的就必得救。"人应该自己求告神的名，这一点很重要。凡呼求主名的就必得救。彼得在五旬节那天，就是传讲这个道理，结果有三千人呼求主名，就在那天得救了。

所以，约珥传达应许，说神必弥补全部的损失，不只是弥补失去的作物和酒，还要使百姓的心复原。

约珥说，这些事都会在主的日子发生。主的日子不见得是二十四小时的一天，圣经上的"日子"是有弹性的，希伯来文的"日子"（yom），也有纪元的含义。如果我说"马车的日子已经结束了"，我是指某个历史时代已经结束，当今是汽车盛行的日子，圣经里的"日子"意思就像这样。重点是，人有他的日子，撒但有它的日子，但有一天神会有它的日子，到那天，一切都是神说了算，他将掌管世上的一切。

约珥在预言中五次提到主的日子，每次都是指审判的时刻。后来的先知像以赛亚、耶利米、以西结、阿摩司、西番雅、玛拉基，也都讲到"主的日子"一词。主的日子也是新约圣经中很重要的一部分（见哥林多前书、帖撒罗尼迦前书、帖撒罗尼迦后书、彼得后书）。将来有一天，主的日子会临到，那将是世界的末日。

所以审判的顺序是：先审判属神的人，再审判敌挡神的人。我们可以选择：是现在受审判，还是日后受审判？

我们现在处于"末世"（last days）。圣灵在五旬节那天浇灌下来，约珥的预言应验了，末世开始。从那天起，我们就一直活在末世，而下一个重大事件就是耶稣基督重回地上。

✝ 断定谷（第3章）

审判列国（3：1 – 16a）

在哪里？ 约珥书最后一章，描述了断定谷的景象。那地方就是耶路撒冷东边的汲沦谷，直到今天仍叫作审判谷。谷中有很多犹太人的坟墓，因为大家都相信这是将来的复活之地，到时候，神会在这里决定每个人永恒的归宿。这地方也叫作断定谷，但我听过一些传道人乱用这个名称。约珥说断定谷中有许许多多的人，就有传道人断章取义，用这个来鼓励未信主的人应当下定决心相信神。其实是神要在这个谷中做决定，决定谁上天堂、谁下地狱，是神要在这里做最后的决定，决定我们永恒的归宿。

为什么？ 神的决定，将取决于人怎样看待属神的人、怎样看待神的目的和神在世上的作为。这里特别指出，推罗、西顿、非利士这几个国家将受到审判。最后则说，神必为属他的人伸冤，也必带领他们回到故土。

会怎样？ 这里说，当在万民中宣告要打仗，不过这话十分讽刺，因为谁打得过神呢？万民奉命将犁头打成刀剑，将镰刀打成戈矛（这跟以赛亚书2章4节和弥迦书4章3节的话刚好相反）。西番雅在他的预言中，谈到万民要聚集起来。

为以色列伸冤（3：16b — 21）

最后一部分的焦点放在犹大会恢复原状，会有人居住，土地肥沃。但相反地，埃及会变成一片荒凉，以东会变成凄凉的旷野，这是因为他们向犹大施暴。

这里有一个大疑问，答案如何，今天的教会众说纷纭，意见分歧。俄巴底亚、约珥和其他许多先知，在他们的预言最后都说出神给以色列未来的应许。因为这些应许有很多尚未应验，所以我们必须问到底何时会应验。

今天的教会有四种不同的看法，我抱持的看法虽不是大多数教会的看法，但我相信这个看法最合乎圣经。

意见之所以分歧，主要在于到底要照字面解释，还是要按灵意解释这些预言？我们应该认定以色列最后会归回神所应许之地吗？还是应该把这块土地视为属灵赐福的象征，如今已归给教会，亦即"新以色列"？第二种看法叫作"取代神学"，大概是英国大多数传道人的看法。

我不认同这个看法，是因为他们宣告旧有的祝福现在都给了教会，但是咒诅仍然留在以色列头上！神告诉以色列：他们若是顺服，就会蒙福；若不顺服，就会受咒诅。

神的赐福有生命、健康、财富、丰收、尊敬和安全；神的咒诅有灾难、旱灾、死亡、危险、破坏、战败、放逐、穷困和羞辱。

取代神学认为，旧以色列因为不顺服神，已经失去应许之地。但他们只把赐福套用在教会这新以色列身上，却没有提到教会不顺服时会受到咒诅。

另外有些人相信这些应许是给以色列的，但这一派也分成两种看法。第一种说这些应许是有条件的，以色列已经丧失资格，应许失效，所以以色列没有未来了。他们认为，我们可以向以色列人传福音，就像我们向其他国家的人传福音一般。他们认为，以色列如今只是一个国

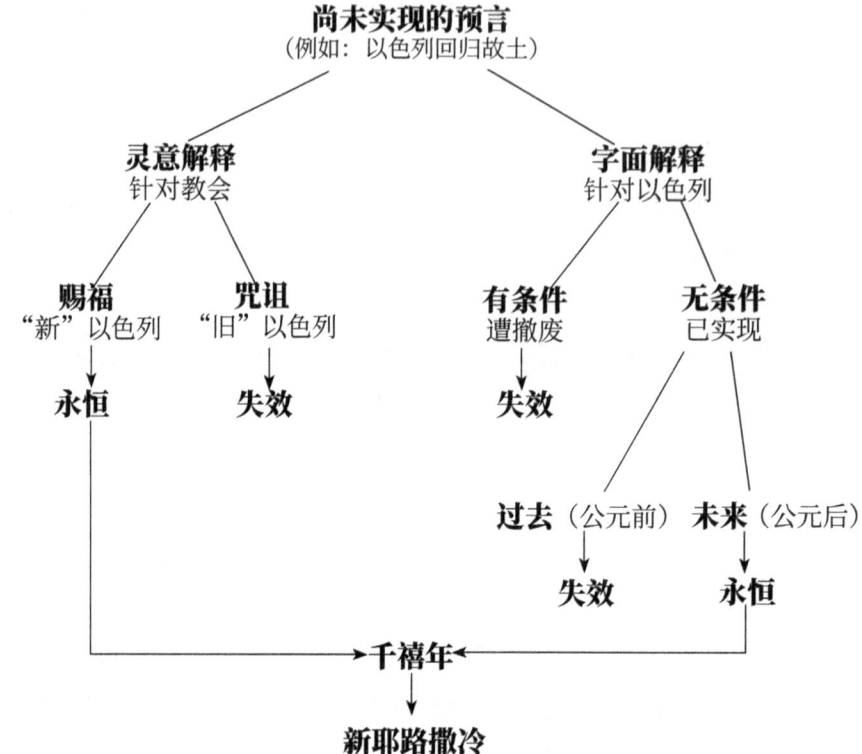

家，不再是神的百姓了。

但是这个说法不符合新约圣经。新约圣经有七十四处谈到"以色列"，而且没有一次是指着教会说的。再者，新约仍有经文讲到大卫的王位、雅各的家，还有以色列十二支派。可见以色列仍然拥有这些应许，虽然他们拒绝弥赛亚，将来必受到惩罚。

神给以色列的应许是无条件的，他应许要把这地永远赐给他们。神告诉他们，即使他们失去这地，他也一定会再带他们回来，因为他已经起誓把这块地赐给他们，所以，以色列的未来仍有盼望。我相信保罗也抱持这个看法，他在罗马书第9至11章说，以色列虽然拒绝了神，但神并没有拒绝他们。等外邦人都信主了，"全以色列"就会得救。神不会和那些与他立约的人断绝关系，他会紧紧抓住他们。再者，我相信耶稣会回来地上作王，犹太人和基督徒会被放在同一个羊群中，由一位牧羊人带领，以色列的国度终将重建。

门徒问耶稣的最后一个问题，记录在使徒行传第1章："以色列国复兴是在什么时候？是现在吗？"耶稣没说这是个傻问题，他说，那个日子是天父定的，他们不能知道。门徒没有问错问题，只是搞错了时间点，以色列国必会复兴，但是时候还没到。接着耶稣就吩咐他们，去传福音给万民。

所以请各位务必了解，这个问题有上述不同的看法，全都认为旧以色列已经失去资格——只有我接受的那种看法例外。我相信神的应许不可能失效。如果神可以对以色列失信，他也可以对我们失信。

✝ 结论

约珥的预言教导我们很重要的功课，让我们了解神的特质，了解他怎样在他的百姓身上动工，怎样在我们周遭的人身上动工。约珥的预言已有部分应验，但我们仍在等着看预言在末日完全应验，到时候，神会结束现阶段的历史，带领他的百姓归向他自己，正如他的应许。

20. 阿摩司书和何西阿书

† 引言

阿摩司和何西阿发预言的时间是公元前8世纪，以两人命名的这两卷先知书，很早就收录在圣经中。虽然他们的焦点是北国（即以色列，而不是犹大），但是若能从当时社会其他国家的发展背景来了解他们传讲的信息，会很有帮助，尤其现代社会的种种层面，都可以追溯到这段时期。在分别探讨这两位先知的信息之前，先来看看以色列当时的情况。

† 当时的人在做什么

根据史料，罗马和迦太基在公元前8世纪建国，两国之间一直有激烈的对抗，后来掀起布匿战争（Punic Wars），最后罗马打了胜仗，奠定了罗马帝国的基础。罗马的法治逐渐建立起来，不久又大规模修筑驿道，成了罗马帝国统治时期的特色，并在700年后促进了福音的传播。

另外，奥林匹克比赛也是在这个世纪于希腊兴起。现代人风靡运动比赛其来有自！更重要的是，希腊文化在地中海地区传播，荷马成了最知名的希腊作家。希腊人建立许多城邦，发展出一种新的政府形态，就是民主政治（但他们的做法不像今天所谓的民主政治那样开放）。

同时，东方的中国和印度文明也渐渐崛起。以色列和犹大可以说位于文明发展的中心，在他们的东方和西方文化各自发展，也有许多行旅经过以色列这块土地。

† 当时神在做什么

神和他百姓的关系，在此时进入一个困难的阶段。神要他的百姓成为模范，让世人看见他们和神之间的关系，所以神才会把他的百姓放在世界的十字路口上。在摩西时代，神在西奈山上和他的百姓立约，约中陈明，只要他们顺服神，神就会赐福给他们，胜于别人；但他们若是悖逆神，神就会咒诅他们，多过别人。所以他们身上既有特权，也有责任。但是到了公元前8世纪，神对于该怎么处置这个已经远离他的民族，心中十分为难。

† 两个王国

来看一下以色列民的境况，就可以了解神为何为难。公元前八世纪，以色列已经分裂为二。他们原本是一个国家，有一个地上的王，这是他们盼了两百年的事。但是立王要付上很大的代价，要缴税来供养王的奢华生活，还要当兵保卫国土。

这个国家在分裂之前，有过三个王。第一个王是扫罗，是百姓选出来的，英俊潇洒、身材高大，但有严重的品格缺失。

后来扫罗没有遵照神的话去做，神就亲自为他的百姓挑选一个王——大卫。撒母耳记上形容大卫是"合神心意的人"。虽然大卫一开始做得很好，后来却也陷入罪中。一时的淫念，让他先后违背十诫中的五诫，他再也不一样了。从他看见拔示巴出浴的那天下午开始，以色列的国势开始走下坡路。

第三个王是所罗门，是大卫的儿子。所罗门带给以色列国极大的荣耀，他统治的期间是以色列帝国的巅峰，但这一切都建立在征收重税和强迫劳役之上。他留下一座壮观的圣殿和一群分裂的百姓。北方支派忿忿不平，因为王国的资源都集中在南方的耶路撒冷。

所罗门一死，内战就开始了，北方向南方叛变，最后王国分裂，北方十支派变成以色列国，南方二支派忠于耶路撒冷，保护大卫王的直系子孙，成了犹大国。

当然，这表示北方没有圣殿，也没有大卫王的直系子孙。他们在伯特利和撒玛利亚建造自己的祭坛，拥立自己的王族，而不是神应许要赐福的大卫子孙。

根据列王纪上下所记载的以色列历史，可以看出北国那些王的统治时间都很短，平均是三年，很多王遭到刺杀篡位和政变，政局非常不稳定。但这并不令人感到意外，因为这些王都不是神所拣选的大卫后代。

南国的情况好一点，每一位王的平均统治时间是三十三年（很有意思，耶稣受死时，也是三十三岁）。

† 社会情况

和平

想要了解阿摩司和何西阿的信息，就要了解北方当时的社会情况。那是和平富足的年代，亚述是当时的强国，但约拿去尼尼微城事奉后，暂时解除了亚述对以色列的威胁。那一代的亚述人真心悔改，以色列暂时不用怕亚述入侵。

富足

因为这个缘故，以色列如今可以安享富足，尤其是在耶罗波安二世作王期间，他的统治让国家政局稳定了一段时日。以色列地处欧洲和阿拉伯之间的贸易干道上，这对经济发展大有帮助，有些贸易商人和金融业者因此发了大财。

富人和穷人

虽然生活水平上升，社会却分成了两种人。很多人享受消费型社会带来的奢华物质，当时最流行的是买第二栋房子，叫作避暑别墅，通常建在山上，夏天可以去避暑。社会上兴起一种新的贵族阶级，就是暴发户。渐渐地，住宅成了一个问题，因为富者更富，贫者更贫，富人纷纷买第二栋房子，但很多人连一栋房子都没有。

道德上的影响

财富在道德上造成的影响十分明显，财务丑闻、贿赂、贪腐等等时有所闻，连司法都腐败了。在法庭上得不到公平的审判，除非当事人事先贿赂法官。没多久，商人就变成一个礼拜七天都做生意，因为这样可以赚更多钱。贪婪造成社会不公，富裕带来放纵，于是性行为泛滥，酗酒的情况大增。虽然这是2700年前的情况，却和今天的西方文化非常相似。

宗教生活

对于宗教生活，大家渐渐热衷起来，却不是信奉以色列的宗教，而是对别国的宗教感兴趣，尤其是改拜迦南人的神，还有改信从东、西方来的商人的宗教，以及迦南人膜拜大地之母的异教。在伯特利和撒玛利亚的圣殿中，拜神的人与男女庙妓交媾，相信这样做会说服神赐给他们丰收的作物。他们甚至在伯特利竖立金牛犊，公然触犯神说不可雕刻偶像的律法。神的圣民本该作君尊的祭司和圣洁的国度，如今却同流合污，变得和其他人一样。

神大可跟他们断绝关系，另外拣选一个民族，但他不是这样的神。他已经和以色列结婚，而他恨恶离婚；他已经和以色列立约，决心要守约。然而，神对他们的行为不可能视若无睹。神在摩西时代赐下律法时就曾经这样应许：假如他们悖逆神，神就不得不咒诅他们。阿摩司书和何西阿书就是在讲神怎样管教他的百姓。

✝ 神的管教

缺粮

因为百姓膜拜象征多产的异教神，神当然应该让他们看见，淫乱的性行为无助于作物的收成。他们接连好几次都作物歉收。神在对他们说:"醒醒吧!你们要倚靠我,不是倚靠多产女神。"但即使经过这灾和其他灾难,神还是不得不一再慨叹:"但你们仍不归向我。"即使缺粮,百姓还是继续奉行异教仪式。

缺水

接下来,神让百姓缺少干净的饮用水。在这块依赖雨水的土地上,这当然是大灾。

农作物和牲畜生病

霉菌和蝗虫摧毁了作物,造成牲畜缺粮。这民族和神有立约的关系,遭灾时理当转向神,求问自己到底做错了什么,但以色列不肯这样做。

瘟疫和袭击

农作物和牲畜已经遭灾了,神又降瘟疫在百姓身上,而且敌人入侵,抢走他们的牲畜。我们可以看到,神的管教一次比一次严厉,现在连人都直接受害,但他们仍然不肯回转归向神。

暴风雨引起火灾

神还容许闪电击中一些城市,烧毁大片土地上的房屋。但这些都起不了作用,只要钱财和度假房屋还在,那些人就不在乎。警告无效之后,神接着让两个更严重的灾祸降临,仿佛要使出最后的手段来引起百姓注意。

地震

这可不是什么小地震,250年后的先知撒迦利亚提到了这场地震。地震彰显神掌管大自然的能力,也提醒百姓,人命是何等脆弱。可是百姓仍然不肯回转归向神。

被掳

神最后的处置是让亚述人入侵,把以色列国民掳到外邦,再也回不了家。这件事发生在公元前721年,在阿摩司之后三十年,在何西阿之后十年。悖逆神要付上这样大的代价,似乎过分惨重,但是神已经一再警告以色列,不只藉着管教和降灾,还使用两位先知的事奉。两位先知前来,向百姓强调神的作为,解释神在做什么,让百姓知道神最后可能不得不使出什么样的手段。

阿摩司书3章7节说:"主耶和华行事之前,必定会先将他的计划,向他的仆人众先知显示。"神真是充满怜悯,在施惩罚之前,还先派先知去警告百姓继续作恶的后果。新约圣经的启示录就是在警告我们,神将来要如何惩罚世人,但是世人仍不肯归向神,神还能怎么办呢?

† "最后机会"先知

阿摩司	何西阿
南方的乡下人	北方的都市人
警告	恳劝
严厉指责	温柔劝戒
神的公义	神的怜悯
神的愤怒	神的慈爱
他的纯洁	神的同情
社会的罪	属灵的罪
不公不义	偶像崇拜
全世界	全国
"寻求神"	"认识神"

所以,阿摩司和何西阿是神差来以色列的"最后机会",要警告他们,如果再不回转归向神,神将不得不采取何等手段。这两位先知截然不同。阿摩司严厉,何西阿温柔;阿摩司强烈指责以色列的过错,何西阿则是苦口婆心劝他们归向神;阿摩司用理性来劝戒他们,何西阿用感性劝化他们;阿摩司强调神的公义,何西阿强调神的怜悯;阿摩司向他

们传达神的想法，何西阿则是向他们传达神的感受。其实两位先知的信息也有相同之处，但大体上有这些不同的特色。很特别的是，在何西阿书里，神最后一次说话是温柔、感性的恳劝，希望以色列能够悔改，好让神不必审判他们。

✝ 阿摩司书

在公元前750年，伯特利出现了一个男人，站在圣殿的台阶上讲道。从口音听得出他是南方人，所以想当然，众民的反应充满敌意，一则因为他是南方人，二则因为他传讲的内容。

阿摩司其实是个贫穷的农夫，平常的工作就是放牧和种植无花果树，这是最低等的工作，因为无花果是穷人的食物。所以他没受过神学训练，也不是全职传道人，但在神的手中，靠着神的恩典，他是最合适的传道人选。

阿摩司的家乡在提哥亚，位于耶路撒冷南方十二英里处，是南国的中心地区，地处旷野边缘。神对这个来自社会最底层的人说："我要去你告诉北国的人，他们将遭遇什么下场。"

阿摩司书第7章详细描述了阿摩司的情况，以及他面对那些情况的反应。在这章中，我们看见两个重点：

1. 他的祷告影响了神。
2. 他的讲道激怒了人。

✝ 阿摩司的祷告影响了神

有一次，神给阿摩司看两幅异象，首先是蝗虫来袭，吃光田间所有的作物；接着是大火降下，烧毁整座城。这异象把阿摩司吓坏了，他对神说："全能的主啊，求你不要这样做！"他说雅各（即神的百姓）太弱小了，怎禁得住这样的攻击。他恳求神别这样做，神就改变主意，没有这样做。

这段对话有两件事值得注意。第一，祷告可以影响神，因着阿摩司的恳求，神改变了他原先的打算。摩西有过相同的经验，当然耶稣也有，他在十字架上向神恳求："父啊，求你赦免他们，因为他们所做的，他们不晓得。"从阿摩司和神的这段对话，我们显然可以学到一个功课：我们的祷告不可能改变神的特质，却可能改变神的计划。他不是一个不讲人情的神，一旦决定了就没有转圜的余地；他是垂听我们祷告的神，愿意被我们说服。

第二件事是阿摩司不是用"以色列"，而是用"雅各"一词来称呼神的百姓。他所讲的是那个心机很重的雅各，欺骗自己的父亲，得到祝福，后来改名为以色列，以色列国就是从他得名。阿摩司仿佛是在刻意提醒神，让神想起雅各过去的光景。光用一个名字就足以表达以色列已经回到雅各遇见神、和天使角力之前的老样子。

阿摩司书第7章也提到阿摩司看见一个异象——神手拿准绳站在墙上。神是在告诉阿摩司，他要用自己的标准来衡量以色列，而不是用他们的标准，然后他必须审判他们。

† 阿摩司的讲道激怒了人

可想而知，阿摩司的讲道一定会激怒宗教领袖。先知一向不受祭司或传道人欢迎，先知通常反对人安于现状，因而让人备感威胁。祭司亚玛谢尤其担心阿摩司带来的影响，于是起来抵挡他。但是阿摩司毫无所惧，继续传道，预言耶罗波安和他的妻子及家人的死亡下场。

神用两种方式给阿摩司信息——醒着的时候看见异象，睡着的时候做异梦。旧约圣经中的先知常被称作"先见"，因为他可以看见别人看不见的事，可以看见真相、看见未来。

圣经一再描述阿摩司见到的图像，其中有个图像十分生动，是他预言的高潮——阿摩司看见一篮熟水果，熟到快烂掉的地步。这个信息十分明显：以色列已经快烂掉了。

阿摩司也看见神像一头狮子。当时在以色列还有狮子，就住在约旦河旁的丛林中，常会到山上找羊吃，所以狮子对以色列百姓而言，是很熟悉的动物。

阿摩司说："神这头狮子吼叫，谁不惧怕呢？"他生动地描述以色列将来的遭遇，说以色列会像羊被狮子叼走，牧羊人只能从狮子的口中抢回一只耳朵和两条腿，以色列就像这样，只会剩下一只耳朵和两条腿。这生动的描述吸引了众人的注意和想象，神在他们心目中，一直是以色列的牧者，所以听到阿摩司把神形容成狮子，一定十分震惊。

✝ 阿摩司书的主题

阿摩司书是几篇讲道的集合，没有清楚的结构，所以很难分析整卷书。这卷书就好像在人心中放入定时炸弹，等时机一到就会引爆。

从这卷书中可以看出几个主题：

八国聆判（1：1 — 2：16）

    1.大马士革

    2.迦萨

    3.推罗

    4.以东

    5.亚扪

    6.摩押

    7.犹大

    8.以色列

三篇讲道（3 — 6 章）

    1."你们仍不归向我"

    2."寻求我就必存活"

    3."……有祸了"

五个象征（7 — 8 章）

    1.蝗灾

2. 烈火吞灭深渊
3. 准绳
4. 一篮熟水果
5. 熟水果被摧毁

三个惊奇（9 章）

1. 重建大卫的帐幕
2. 百姓归回
3. 土地丰饶

† 以诗来传达信息

阿摩司书虽然没有什么结构，却有刻意安排的文体。纵观整本圣经，诗体和散文体截然有别，诗是用来描述神对某个情况的感受，散文则是用来描述神的想法。很多人都没有看出圣经有多处记载神的情感。神心里充满情感，我们需要知道什么事会让神生气、让神难过、让神反感、让神快乐。人经常一心想着自己对神的感受，其实我们的未来如何，取决于神对我们的感受。

有些诗十分轻快，振奋人心，有些诗却非常沉重，叫作哀歌。阿摩司书中的诗就是属于哀歌。

† 重复

阿摩司也使用"重复"的形式。这种形式用讲的，效果尤其好。阿摩司希望听到的人能记住这个信息：虽然神降灾，他们却不回转归向他。所以阿摩司一再重复这句话："你们仍不归向我。"

来看看第1章，看阿摩司如何巧妙组织这些话。他在这章重复说的话是："三番四次地犯罪。"

以色列的邻国毫无人性

阿摩司首先谴责以色列的邻国，焦点放在大马士革，说他们活该受神惩罚。大马士革不属于神的百姓，神惩罚他们，主要是因为他们残暴没有人性。接着，阿摩司谴责迦萨暴虐，谴责推罗背信忘义。阿摩司的听众到目前为止，显然都认同这些话。

以色列的表亲行为可耻

再来，阿摩司讲到以色列的表亲——以东、亚扪、摩押。他说神会惩罚以东的无情，惩罚亚扪的野蛮，惩罚摩押亵渎圣物。他的听众听到这里，仍然认同他的话。

以色列的姊妹背信忘义

接下来，阿摩司讲到关系更近的人。他谴责以色列的姐妹犹大，说神会惩罚犹大，因为犹大拒绝神的律法，听信人的谎言。

以色列的子女麻木不仁

再来的话最令人震惊，就在听众点头称好的时候，阿摩司说，神也会惩罚他们，因为他们已经习惯犯罪，不再为犯罪感到羞耻，更糟的是根本没有意识到自己在犯罪。这是阿摩司给以色列的主要信息：过去的救赎意味着未来的报应，因为神从地上万族中拣选他们，所以他对他们的惩罚必须更严厉。西奈山之约是有条件的——他们若顺服神，就会蒙福；若是悖逆神，就会受咒诅。这些条件百姓都甘心乐意接受。以色列可以比别国承受更多的福分，也可以比别国承受更多的咒诅。神的原则是——人领受得愈多，神对他的要求就愈多，更多的特权会带来更大的责任。

这个原则甚至延续到新约圣经，基督徒已经听见福音，已经知道神的诫命，所以神会更严厉地对待我们。

另外一篇使用重复形式的讲道则不断出现"祸"这个字，这是一连串的咒诅，对象是那些悖逆的人。阿摩司告诉他们，很多人都渴望主的日子快来，但他们误解了那个日子的含义，以为到时候一切都会平安无事，于是安于目前颓废的生活方式。但是他们必须明白，仪式无法取代公义，献祭无法取代成圣。

"寻求我就必存活"则是另外一篇讲道的主题，叫百姓在那块土地上别再追求安逸，而要寻求神。他们必须追求公义，这样主就会垂听他们、赦免他们。

阿摩司的最后一篇信息

最后一篇信息听起来特别强烈。阿摩司在异象中看见一篮熟水果，暗示以色列受审判的时机成熟了。神说他绝不会忘记他们的行为，每件事他都记下来。只有他赦免的事，他才忘记，其他的事，他永远不忘。阿摩司告诉百姓，北方十支派会分散到各国，永不再兴起。但是讲完这可怕的永刑以后，神说了一句话，好像阳光穿透云层一样，他说："但不是人人都如此，以色列中只有罪人会消失，将来会有一群余剩之人。我必再度建立大卫的帐幕，带领外邦人来取代你们作我的子民。"所以会有一群效忠神的余民会存活，加入神扩大的子民当中，而神的子民会包括外邦人。

800年后，使徒行传第15章引述了阿摩司的这个预言，当时耶路撒冷的教会召开会议，考虑是否要接纳外邦人进入教会。耶路撒冷教会的领袖提醒与会众人，阿摩司的这段预言说神应许要重建大卫的帐幕，把外邦人带进来。

✝ 何西阿书

阿摩司在伯特利传道十年之后，出现另一位先知，也是神差到北方十支派的最后一位先知。前文已经指出，何西阿的预言和阿摩司的预言大不相同。何西阿的预言充满感情而不是指责，他要吸引人，而不是警告人；他是温柔的，不是严厉的；他的怜悯多过公义。这是北方十支派消失以前，神最后一次恳劝他们。

这里有一个关键字，可以帮助我们了解何西阿的整个预言，这字就是希伯来文的*chesed*（ch的发音像loch这个字的ch发音，是喉音），在英文里找不到同义字。这个字主要跟"约"有关，有"爱"的意思，但也有"忠诚"的意思。忠诚的爱，才是真正的爱。

*chesed*这个字通常会译作"慈爱"或"信实"，英文圣经有六十处把这个字译成"信实"，有九到十处译为"慈爱"。这个字意指坚定不移的爱和彻底的委身，亦即承诺要一直爱某个人，无论如何都不改变。

有个年代较久远的英文字troth（现代人仍会用betrothed（订过婚的）这个字），很接近这个希伯来字的意思。现代人不用troth这个字是有道理的，因为这样的忠诚今日已不复见，现代人的爱里面没有忠诚，大家都喜欢昙花一现的爱，激情过后再另结新欢。

✝ 盟约的爱

神和以色列的关系是一种盟约的爱，所以是*chesed*的爱，永远在一起的爱。何西阿书就是在描述神和他新妇以色列之间的盟约之爱。

神的责任

神和他们立约，承诺要看顾他们、保守他们、供应他们的需要。神拯救他们出埃及，在西奈山上给他们机会作他的子民，他们接受了。神在寻找甘心乐意的顺服，寻找一位愿意照他心意而活的新妇。

以色列的责任

以色列必须欢欢喜喜回应神的要求，因为知道这样做是为他们好，所以乐意顺服。从大卫的诗篇可以看出他喜爱神的律法，圣经中最长的一篇诗（119篇），都是在讲神律法的好处。但是神的百姓——以色列百姓，并没有顺服神，于是何西阿宣告了他们的失败。

神必须透过何西阿的信息问他们："我们的婚姻怎么了？"神向他们保证，他必然给他们忠诚的爱，但他显然得不到回报。

为了让何西阿了解神的感受，神给他一段很特别的经历。神常会透过一些经历来预备先知，比如他叫耶利米不可结婚，因为耶利米必须告诉犹大,神如今也没有妻子。耶利米从无妻的寂寞中,体会到神没有以色列的感受。神也曾经告诉以西结,他的妻子将死,但他不可为她哀恸,好叫犹大知道,神也痛失他的妻子。同样地,何西阿顺服神在婚姻上给他的不寻常指示,进而了解神的感受。

✝ 背景(1－3章)

第1至3章描述故事背景,是何西阿的自传,因为内容匪夷所思,以至于很多圣经学者辩论这到底是事实还是虚构,也有学者辩论这几章记载的事件顺序是否颠倒。但我相信,大可用最简单、最单纯的方式来解释。

头三章描述了这段先知预言的故事情节。

第1章:子女

神叫何西阿去娶一个妓女,这种事不管是在当时还是现在,都叫人吃惊,尤其何西阿是神预备来传讲信息的人,竟然娶了妓女。何西阿和妻子生了三个孩子,至少有一个不是他的亲骨肉。他的妻子后来回去重操旧业,何西阿找到她,带她回家,经过一段管教期,不以夫妻之道相待,然后重新和她交往,重新去爱她,待她如妻。三个孩子的名字都包含神的信息,老大叫耶斯列,意指"神栽种",是个非常悖逆的孩子,很不听话,必须受管教。

老二是女儿,叫罗路哈玛,意指"不蒙怜悯"。这孩子很可怜,得不到母爱。

老三是儿子,叫罗阿米,意指"非我民",这孩子不是何西阿的亲骨肉,所以何西阿和他断绝父子关系。这里有三个信息:受管教、不蒙怜悯、断绝关系。三个孩子的名字,指出神将如何处置他的子民以色列,这些名字对何西阿的信息十分重要。不过,我还没遇过有基督徒父母为孩子取这三个名字!

第2章:妻子

第2章讲何西阿的妻子,有三件事。第一,她的行为受到自己的孩子责备，他们知道母亲举止不检；第二，何西阿因她的行为而惩罚她；第三，她最后恢复了妻子的身份。这里可以清楚看出三件事：责备、报应、恢复。

第3章：丈夫

"三"的模式也适用于何西阿自己，第三章讲到何西阿的三件事。

第一，他忠于妻子，即便妻子对他不忠。

第二，他对待妻子的态度坚决，有段时间不把她当妻子看待，他带她回家，但没有和她同床。这代表神让犹太人被掳的管教时期。

第三，妻子敬畏他，对他有一种健康的敬畏之心，跟他在一起时会战战兢兢。这表示她渐渐学会尊重丈夫、忠于丈夫。

✝ 何西阿的信息（4 — 14章）

第4至14章的信息是从何西阿这段婚姻衍生出来的。何西阿书和阿摩司书一样，都由先知的讲章组成，没有按特定顺序呈现，不过我们还是可以下几个不同的标题，这样做可以找出主题，有助于阅读理解。我们需要明了的是，何西阿的每句话都跟下面这两个标题有关：以色列的不忠、神的信实。神给以色列百姓盟约的爱，百姓却没有反应，两者的对比是整卷何西阿书的主题。因此，神一方面对以色列不满，一方面也怜悯他们，真是为难，到底要怎么对待你所爱、却对你不忠的人呢？

以色列的不忠

何西阿列出七种罪行，可称之为"以色列七大罪状"。从这些记录可以看出，神对百姓的罪行了如指掌。

1. **不忠**。百姓对配偶不忠，也对神不忠。
2. **独立**。神所拣选的政府在耶路撒冷，他们却自行挑选君王，独立建国。独立的本质当然就是罪，他们等于不肯让神掌管，想要立自己的王，公然抗拒神在南方拣选的王。

3. **诡计多端**。百姓对神不忠，也彼此欺骗，在背后中伤、暗算别人，很多人都受到伤害。

4. **拜偶像**。何西阿的预言特别谈到撒玛利亚的金牛犊。百姓公开接受迦南人的神，参与异教崇拜，尊崇迦南宗教的邱坛。

5. **淫乱**。公牛象征多产，因此淫乱就成了司空见惯的事。摩西五经中和性行为有关的律法，百姓全都抛诸脑后，偏好邻国的放荡行为。前文已经指出，这样的淫行甚至被视为"宗教仪式"，尽管这完全抵触了神的神圣律法。

6. **无知**。从百姓对何西阿信息的反应，可以清楚看出以色列人大多不知道自己漠视了神的圣律。他们不但不认识神，还不想去认识神。

7. **忘恩负义**。神强调以色列百姓忘恩负义的行径，给了何西阿一连串的图像，要叫百姓永难忘怀。

第7章中，何西阿用几个不同的图像来形容以色列的品行，没有一样是正面的。他说，百姓就像烧热的烤炉，准备要烤面团，又把他们比作烘烤时没有翻面的蛋糕，一面烤焦了，但另一面是生的——这种蛋糕根本不能吃。这是在形容以色列妥协，做事只有五分钟热度，毫无用处。

何西阿又使用一个图像，说百姓像鸽子被网困住，不断拍翅。以色列对谁都没信心，更别说是信靠神，一下子想靠埃及，一下子又想靠亚述，但从来不想靠神，因此神必须抓住以色列，好好管教她。

需要为这情况负责的人

何西阿列完七大罪状后，又列出四种人，他相信这四种人必须为当前的局势负责。

1. **祭司**。他们本该很了解神，也该提醒百姓记住神的律法，这样，百姓若是犯罪，就可以献祭赎罪。然而祭司漠视自己的责任，本该以身作则，如今却同流合污。

2. **先知**。北国以色列有很多先知,却都是假先知,叫百姓别担心自己的行为,说神不会照他的应许惩罚百姓。当然这种话正是百姓想听的,但是神需要人去传讲百姓不想听的话,即使要为此付上代价,依然要传讲。
3. **君王**。北国以色列的王虽不是神拣选的,仍然要对百姓负责。从某些方面来看,君王就像传道人一样,必须确保百姓顺服神的律法。然而,北国很少有君王在意百姓的反应。许多百姓有样学样,看见一国元首败德背道,就认定自己照样行也无妨。
4. **获利者**。很多人从房市赚了大钱,而每一笔买卖中,输家都是穷人。神的律法明白禁止收取利息和剥削穷人。何西阿特别指出,那些获利者是社会腐败的元凶。

审判

何西阿告诉百姓,他们会遭遇三种苦难。

1. **不孕**。何西阿说,有些妇女会流产,有些妇女甚至会不孕,还有些妇女生下孩子后,孩子就会夭折。
2. **流血**。接下来,神预言会有敌人来攻击,杀掉他们许多人,而神不会保护他们。
3. **放逐**。敌人最后会得胜,并且把他们赶出这块土地。

神的信实

这些惩罚是何西阿预言严厉的一面。尽管何西阿比阿摩司温柔,但他也有严厉的信息。不过这不是他主要的重点,他的信息主题是——虽然百姓普遍悖逆,但是神仍然信实。

提摩太后书有一段话,讲到我们和耶稣的关系:我们若不认他,他也必不认我们;我们纵然失信,他仍是可信的。这句话可能就来自何西阿书。

好消息是——神怜悯以色列百姓,这是何西阿书的重点。

我们可以用GOD这三个字母，来帮助我们记住（但不是照G-O-D的顺序）。

因为神太爱百姓了，所以不可能"放过他们"（let them Off），不可能"弃绝他们"（let them Go），也不可能"对他们失信"（let them Down）。

神不可能放过他们（5：10－6：6）

这段经文描述神痛恨百姓的悔改声明，他说："我必撕裂以法莲和犹大，如同狮子撕裂猎物。我必带走他们，没有人能搭救。我要丢弃他们，回到我的地方，直到他们承认自己的罪，再度寻求我的面。"神说，百姓一遇到苦难，就嚷嚷着要回转归向会帮助他们的耶和华，但他们的内心并没有真正改变。所以神不得不说："我要怎么对待你们呢？因为你们的爱如同早晨的云雾，又如速散的甘露，我差我的先知来警告你们大祸即将临头，我用我口中的话杀戮你们，用死亡来威胁你们。我不要你们献的祭物，我要你们的爱；我不要你们的祭物，我要你们认识我。"

神不可能弃绝他们（11：1－11）

神恳劝他们，提醒他们，别忘了以色列年幼的时候，神视其如子，带他出埃及。但神愈呼唤他，他反而愈悖逆，还向巴力献祭，向偶像烧香。虽然神从他婴孩时期就训练他，教导他行走，用膀臂抱着他，以色列仍用轻蔑的态度对待神。

但神向他们呼喊说："以法莲啊，我怎能舍弃你？我怎能让你走？我的心在我里面呐喊！我多么渴望去帮助你！不会的，我不会因为太生气，就给你过重的惩罚，因为我是神，不是人，我是活在你们中间的圣者，我来的目的并不是要毁灭。"

这里我们看见神强烈表达他的感受，无论如何，他知道，他不可能弃他们不顾。

神不可能对他们失信（14：1－9）

这段经文是神苦口婆心恳劝百姓，要回转归向他，让神来除去他们拜偶像的行径。以色列并非不小心犯了罪，他们一直在违抗神，执意追求罪恶。但神告诉他们，只要他们悔改，他就会赦免他们，绝不会失信。

这段经文最后说："谁是智慧人，可以明白这些事；谁是通达人，可以知道这一切。因为，耶和华的道是正直的；义人必在其中行走，罪人却在其上跌倒。"这是圣经上措词非常强烈的劝告，劝那些不想认识神慈爱的人，然后这卷书就结束了。神给以色列最后一个选择——是要走主的道路，还是继续偏行己路？

†阿摩司和何西阿的预言今天仍适用吗？

首先我们必须承认，阿摩司和何西阿都没有成功带领以色列回到神面前。以色列民不听从他们的信息，神不得不照自己先前的应许去审判百姓。公元前721年，亚述人打败以色列，将他们掳到外邦，再也不得返乡。

接下来我们必须注意，今天的情势跟阿摩司和何西阿当年发预言时的情势，有一点大不相同。当时的以色列是神权政治，教会和政权合一，但这到了新约时代就不适用了，因为这时教会和政权显然是分开的。新约时代的情况，可以用耶稣的一句话来总结："凯撒的物当归给凯撒，神的物当归给神。"所以，今天的基督徒活在两个国度中。按我的护照，我是英国公民，但我也是神国度的公民。所以把旧约预言套用在现代，必须小心。

有一个情况很复杂，是4世纪时的君士坦丁大帝造成的。当时欧洲一直希望政教合一，君士坦丁企图建立基督教国家，让神的国与人的国合而为一。这个传统在欧洲很多国家保留下来。所以生在英国，就等于生在教会，英国有数百年之久的基督教背景。可是在神眼中，教会和政权是分开的。我们可以应用旧约圣经的预言，但切记两种情势不能直接相比。

所以，我们不能直接套用阿摩司和何西阿的信息，不能说因为神期待以色列怎样顺服他，所以我们的国家也必须照样顺服神。不过，神给外邦人的预言倒可以用在我们身上。神对外邦人的指控，是照着他们的良心，而不是照着神的律法。同样，一个不信神的国家，受审判的根据是有没有照着良知去做对的事。

因此，以色列之外的国家所犯下的一些罪，包括惨无人道、践踏人权，司法不公使富者更富、贫者更贫，阿摩司与何西阿都予以谴责。对这些罪行的谴责，今天依然适用。

然而，这不表示两位先知给以色列的其他预言和我们就没有关系了。这些预言确实带给今天的教会一个强烈的信息，因为教会的行为往往和以色列百姓的行为如出一辙。新约圣经有多处经文重申何西阿和阿摩司的信息。我们也必须回转归向神，否则会受到神的审判。因此，当我们读这些预言时，必须先套用在神的百姓身上，然后才有立场告诉社会，关于他们的行事为人和生活方式，神是怎么说的。

21. 以赛亚书

†引言

以赛亚书读起来十分精彩。第一，在旧约圣经中，记载以赛亚预言的这些文件是旁证最完整的。1947年发现的死海古卷中，有一份以赛亚书的手抄本，年代可溯至公元前100年，比当时既存的最早手抄本（在公元900年发现）还要早一千年之久。那时，英文的《标准修订版》圣经本来已经完成，却紧急叫停，必须先检视完这些文件才能定稿，但后来发现几乎不必更改什么。

以赛亚书读起来很精彩的另一个原因，跟我们用的圣经的编排方式有关。圣经中每一章的标题并非由神启示（我真希望有一本不分章节的圣经，因为这样我们就可以根据思想的脉络来认识圣经，而不是像现在这样，按照人工编排的章节来认识圣经。基督教教会过去至少有一千一百年之久，使用的是不分章节的圣经）。

但是，不管是谁将以赛亚书分章的，他们的分法倒是很有意思，不晓得是不是刻意的。他们把以赛亚书分成六十六章，圣经刚好也有六十六卷书。而且，他们把以赛亚书分成两部分，前半部有三十九章，后半部有二十七章，巧的是，旧约圣经有三十九卷书，新约圣经有二十七卷书。

除此之外，以赛亚书前三十九章的信息，刚好是旧约圣经的总结，而后面二十七章，刚好是新约圣经的总结！以赛亚书的后半部（第40章）一开始，讲到旷野有人喊着说："要为主预备道路"，后来施洗约翰就用了这句话。再来讲到主的仆人受圣灵恩膏，为他的百姓受死，然后从死里复活，被高举。然后宣告："你们要为我作见证，直到地极。"最后讲到神说："我要使一切都变成新的，我要造新天新地。"

换句话说，如果有人把整本圣经的信息挤进一卷书中，就会变成以赛亚书，这卷书像是圣经的浓缩版。更奇妙的是，第40至66章竟然清清楚楚分成三部分，每部分都有九章。第40至48章的主题，是安慰神的百姓；第49至57章的主题，是主的仆人受死又复活；第58至66章的主题，是未来的荣耀。

而且，各有九章的这三部分，每一部分又可以分成三个单元，每个单元三章。中间的那部分，也就是第二部分（49－57章），可以清楚分成三大段——第49至51章、第52至54章、第55至57章。从中间这段（52－54章）挑出中间那章（即第53章）最中间的经文，正是以赛亚书的关键经文："他为我们的过犯受害，为我们的罪孽压伤。因他受的刑罚，我们得平安；因他受的鞭伤，我们得医治"（53：5）。这个分法并非出自神的启示，但还是很不可思议，连第二部分最中间那节经文，都为新约圣经的中心主题做了总结。

以赛亚书有几段经文大家都耳熟能详。我记得有个人读完莎士比亚的一部剧本后，说他不喜欢莎士比亚，因为太常引述别人了。他以为莎士比亚有很多内容是从别处抄来的，殊不知那些名句本来就是莎士比亚写的！以赛亚书也是一样，从小就上教会的人，很熟悉以赛亚书中的许多经文。

比如：

你们的罪虽像朱红，必变成雪白。（1：18）

羊毛染色以后，就不可能再变白，但神说我们的罪虽像朱红，必要变成雪白。

他们要将刀打成犁头，把枪打成镰刀。（2∶4）

纽约联合国总部的一块花岗石上就刻着这节经文，可惜他们没有刻上整节经文，因为这节经文的开头说：

"他必在列国中施行审判……"。如果神不来审判列国，这经文的下半句是没有人做得到的。

众所熟知的经文还有：

必有童女怀孕生子，给他起名叫以马内利。（7∶14）

因有一婴孩为我们而生；有一子赐给我们。政权必担在他的肩头上；他名称为"奇妙策士、全能的神、永在的父、和平的君"。（9∶6）

耶和华的灵必住在他身上，就是使他有智慧和聪明的灵，谋略和能力的灵，知识和敬畏耶和华的灵。（11∶2）

坚心倚赖你的，你必保守他十分平安，因为他倚靠你。（26∶3）

但那等候耶和华的必重新得力。他们必如鹰展翅上腾；他们奔跑却不困倦，行走却不疲乏。（40∶31）

那报佳音，传平安，报好信，传救恩的，对锡安说：你的神作王了！这人的脚登山何等佳美！（52∶7）

耶和华的膀臂并非缩短，不能拯救，耳朵并非发沉，不能听见。（59∶1）

愿你裂天而降。（64∶1）

另外一段有名的经文，是以赛亚书第6章，叙述以赛亚蒙召的经过。当时，他在异象中看见神在圣殿里；可惜这一章接下来的几节经文，描述以赛亚艰难的任务，就比较少人知道了。第35章描述沙漠里有玫瑰开花。第40章有句常听到的话："你们的神说，你们要安慰，安慰我的百姓。"第53章5节，前面已经提过："因他受的刑罚，我们得平安；因他受的鞭伤，我们得医治。"第55章1节，大多数基督徒都知道："你们一切干渴的，都当就近水来，不用银钱也来买酒和奶。"第61章有段经文，是基督第一次在拿撒勒讲道时引用的："主耶和华的灵在我身上；因为耶和华用膏膏我，叫我传好信息给谦卑的人。"

虽说大家对以赛亚书的某些经文十分熟悉，但对整卷书的了解显然不多，真的很可惜，因为耶稣和保罗引用最多的旧约经文，就是出自以赛亚书。新约圣经也有多处引用以赛亚书，尤其是以赛亚书的后半部。

很少有基督徒知道有些词句直接取自以赛亚书后半部，像是"使圣灵担忧"、"神要擦去他们一切的眼泪"、"有人声在旷野喊着说"、"你要为我作见证直到地极"、"万膝必向我跪拜，万口必向我承认"。

所以，如果真的想要了解圣经，就要了解以赛亚书，这卷书会帮助你认识旧约圣经和新约圣经。

✝ 以赛亚这个人

以赛亚跟圣经中大多数作者一样，隐藏自己，以神为中心，所以他很少谈到自己。我们对他的认识，一部分来自他的著作以赛亚书，一部分来自犹太史书，尤其是史学家约瑟夫，对以赛亚的背景有很多记载，所以我们可以拼凑出一个样子来。以赛亚的父母一定很敬虔，因为他的希伯来原名是*Yesa-Yahu*，意指"神拯救"，这名字的字根，很类似耶稣和约书亚这两个名字的字根。这名字取得贴切，因为他被称作旧约圣经中传福音的人。他带来福音的好消息，尤其是以赛亚书后半部的信息。"新"这个字，在旧约圣经中十分少见，但是以赛亚书的后半部，却经常出现"新"字。以赛亚后来成了史上最伟大的先知，犹太人将他跟摩西和以利亚相提并论。

从人的角度来看，以赛亚的出身良好，在王宫出生长大。他是约阿施王的孙子，跟乌西雅王是表兄弟，所以乌西雅王驾崩对他打击很大。以赛亚富贵显要，受过高等教育，这带给他一些助力，但是也让他当起先知来格外困难。不过，他在圣殿中遇见主，清楚蒙召，晓得未来该走什么路。

他可以随意在宫中活动，向王进谏，所以他有很多预言都跟政治议题有关，尤其是他讲到跟跟亚述或埃及这些强权结盟，并无法带给犹大真正的保障。

至于他的家庭生活，他的妻子是个女先知，但我们不知道她发过哪些预言。以赛亚发预言之前，很可能先跟妻子谈过。

以赛亚至少有两个儿子，其中一个名叫玛黑珥·色拉勒·哈施·罢斯，意指"掳掠速临、抢夺快到"，大多数的父母不会想给孩子取这种名字！但这个名字是预言，指说将来有一天，耶路撒冷会遭敌人掠夺，宝物会被抢劫一空。另外一个男孩取名施亚雅述，意指"一群余民将归回"。所以这两个儿子的名字，刚好总结了以赛亚书的两大信息。坏消息（主要记载在前半部）是耶路撒冷会遭到掠夺，洗劫一空；好消息是会有一群余民归回。以色列虽然失去一切，但是仍然有未来。

有人猜测，以赛亚还有第三个儿子，名叫以马内利。当时确实有一个男婴出生，而且是预言的主角，但我认为那是另外一个人的孩子，不是以赛亚的孩子。"以马内利"意指神与我们同在，名叫以马内利的这个孩子，是王的预兆。其实这是个双重预兆，多年以后，在耶稣身上应验了。

✝ 以赛亚蒙召

以赛亚蒙召，是他有一天进入圣殿，看见异象，神的圣洁令他震慑。圣经没说他当时几岁，但可能是接近二十或二十出头。从此，以赛亚对神有一个独特的称呼——"以色列的圣者"。这个称呼在以赛亚书中出现将近五十次，而且前后两部分都出现过。以赛亚一见到神的圣洁，立刻感觉到自己不洁净，不配进入圣殿，想要出去。有意思的是，他觉得自己的嘴唇不洁。他接下来的经历很特别，有一位天使飞到他面前，手中拿着烧红的炭去烫他的嘴唇。有些人认为这只是异象中的想象，但这真有其事。从那时起，以赛亚常告诉别人，他嘴唇上的疤痕是被神烫伤而留下的。

以赛亚蒙召的经历，竟意外提到了三位一体的神。神问他："我可以差遣谁呢？谁肯为我们去呢？"这里的"我们"就表示是三位一体的神要差遣他去。接下来的消息令人震惊，神说以赛亚虽然奉差遣去传道，百姓却不会听他说，神会让百姓听不进去，不肯听也没反应。所以，从以赛亚一开始事奉，神就对他说："别以为你会成为成功的传道人，你愈传道，他们的心愈刚硬！我要用你的讲道，让百姓变成耳聋和瞎眼，免得他们得救、得医治。"这话十分惊人，却也指出一个真理，在圣经别处都可以看到，那就是——神的话不只开启人心，也可以关闭人心，把人推得更远。人听到神的话以后，心里对神的话若不是更刚硬，就是更柔软，不可能保持中立。

以赛亚所传的道会让百姓的心刚硬，让他们耳聋和眼瞎，新约圣经对以赛亚书的引用，以这节经文出现最多次。耶稣事奉时也引用过这节经文，他说："他们听了却听不明白，看了却看不见，免得他们相信就得赦免"（可4：12）。换句话说，耶稣用比喻说话，是为了隐藏真理，叫那些不是真有兴趣的人心里刚硬。保罗也引用过这节经文，当时他向犹太人传道，他们却不听。

所以，神的话也会叫人内心刚硬，这是以赛亚书的一个关键主题。难怪以赛亚问神："我到底还要讲多久？百姓内心刚硬没有反应，到底还要多久？"神回答说："直到地土极其荒凉。"以赛亚的任务，比其他的先知都要艰难，不过，他如果没有经历这些困难，我们也就不会有这么棒的一卷书了。以赛亚并不知道多年以后，这卷书会启发那么多人，但他生前的事奉是失败的，没有人肯听，整整四十年，人心愈来愈刚硬。

✝ 犹大的地理位置

了解犹大周围的邻国，有助于了解以赛亚书。犹大近邻有一些小国，远处则有一些大国。我们在以赛亚书会看到，神先使用小国来管教他的百姓，如果百姓还是不听，神就用大国来管教他们。小国包括北边的叙利亚人，西南边的亚扪人、摩押人、以东人，西边有神从克里特岛带过来的非利士人，南边的沙漠里有阿拉伯人。较大的邻国则是东方的亚述，再来是巴比伦，不过巴比伦的势力在以赛亚死后才到达巅峰。以赛亚曾预言，巴比伦有一天将势如中天。西方的大国则是埃及。

在以赛亚的时代，国际出现了好几个结盟关系，最令人惊讶的，就是以色列十支派（也就是北国）竟然跟叙利亚结盟。这是神百姓历史上的危急关头。此时，以赛亚要犹大王别担心，说犹大必胜，哪怕他们只有两个支派。以赛亚说："必有童女怀孕生子，给他起名叫以马内利。"这是兆头，预告神将带来胜利。

以马内利意指"神与我们同在"，但"神与我们同在"这句话，可以读出四种不同的意思来，就看是强调哪部分。其实应该强调的是"我们"——神与"我们"同在，而不是与"他们"同在！换句话说，神站在我们这边。当那名男婴出生，取名叫以马内利，犹大的王就知道，十支派就算和叙利亚结盟也赢不了。

还有一次，非利士人和阿拉伯人结盟，这对小小的犹大国是严重的威胁，但神还是站在犹大这边。

在以赛亚的时代，亚述是东方的强国，首都在尼尼微，位在底格里斯河畔。西南方的强国是埃及。但还有一个势力日增的国家叫巴比伦（在今天的伊拉克地区），未来势力会更加强大。

以赛亚的事奉历经四个王，他在乌西雅王驾崩的那一年开始事奉，接下来是约坦作王，然后是亚哈斯、希西家作王，最后是玛拿西作王。

✝ 犹大王

想知道以赛亚需要传讲什么信息，就要看当时的犹大王做得好不好。列王纪告诉我们怎么判断某个王在神眼中是好是坏。好王打仗会赢，坏王打仗会输。神和好王同在，所以没有人能够打败好王。

乌西雅王（公元前792－740年）就是个很好的例子，他一开始是好王，在位长达五十二年，但最后几年变成坏王，行神眼中看为恶的事，结果死于麻风病。这是他从好王变成坏王的惩罚。

以赛亚事奉初期，犹大首先遭遇的攻击，是非利士人联合阿拉伯人来攻，但是犹大战胜，因为王遵行神的道路。但后来王开始悖逆神，就被亚述人打败了。

约坦王（公元前750－740年）是好王，在位十九年（其中十年是摄政王）。他在位期间，来攻的敌人都被他打败。亚扪人来攻打过，以色列和叙利亚也联手进攻过，但都被他打败。

亚哈斯王（公元前735－715年）是坏王，败给以东人、非利士人、亚述人。

希西家王（公元前715－686年）是好王，在位二十九年，打败非利士人。希西家在位期间，亚述出动十八万五千大军来围攻耶路撒冷，但神差天使来彻底剿灭他们。多年来大家都认为这是个神话，但几年前有个英国考古学家，在耶路撒冷城墙底下挖出骸骨，据说是亚述军队的残骸。

耶路撒冷遭到围困，所以城里才会兴起一项工程，直到今天仍在。围城期间，希西家担心水源问题，于是下令挖掘一条水道，把城外的泉水引进来。今天去耶路撒冷，仍然可以走那条水道。

但希西家也有犯错的时候，他晚年生了重病，呼求神让他多活十五年，但他没有善用这段时间，反而犯下大错。有一次，希西家生病，有使者捎来巴比伦王子的慰问信，当时巴比伦仍是小国，但日益兴盛。希西家很高兴在那么遥远的地方竟然有人关心他，就带使者四处参观宫殿，希望使者回去禀告巴比伦王，宣扬希西家是多好的一个王。但以赛亚听说这件事后吓坏了，他告诉希西家，将来有一天，希西家向巴比伦使者展示的一切，都会被巴比伦王夺走。以赛亚书中间穿插了这段戏剧性的故事，而以赛亚的话最后果然成真。

玛拿西王（公元前695－642年）是犹大国最坏的王，他拜魔鬼，甚至把亲生儿子献祭给摩洛神，这是撒但教的主要膜拜对象。大多数坏王的在位时间很短，只有玛拿西王在位长达五十三年，是犹大国在位最久的王。

玛拿西痛恨以赛亚，禁止以赛亚说话，因为这个缘故，以赛亚的预言才会用文字记录下来。可是玛拿西终于受不了以赛亚，决心杀掉他。以赛亚死得很惨，根据犹太史料，玛拿西叫人拿来一段中空的树干，把以赛亚绑起来，塞进树干，然后叫人拿锯子连树带人锯成两半。希伯来书第11章提到一位信心英雄被锯锯死，讲的就是以赛亚。

下方图表列出以赛亚时期的犹大王：

犹大王	统治时间	品格	战胜	战败
乌西雅	五十二年	先好后坏	阿拉伯人 非利士人	亚述人
约坦	十九年	好	亚扪人 结盟的以色列人 和叙利亚人	
亚哈斯	二十年	坏		以东人 非利士人 亚述人
希西家	二十九年	好	非利士人 亚述人	
玛拿西	五十三年	坏		亚述人

✝ 以赛亚书

读以赛亚书，首先会发现这卷书的前后两部分截然不同。以赛亚书和别的先知书一样，也由不同时期传讲的信息组成，但不是按照时间顺序,有时是依主题排序,有时完全没有顺序。因此以赛亚书算是两种顺序都有,但整体说来,第一部的预言绝大多数都是同一类型,而第二部的预言大多属于另一种类型。

头39章和后27章很不一样,以至于有学者认为,以赛亚书第二部是别人写的,称其为"第二以赛亚"(Deutero Isaiah)。前后两部之间的差异,详列在下方图表。

第一部	第二部
坏消息比较多 人的行为 罪恶和惩罚 公义 指责 以色列的神 以色列国 神 = 火 神的手 举起来击打 咒诅(灾祸)"奇异的事" 犹太人 亚述 被掳前 现在	好消息比较多 神的作为 拯救和救赎 怜悯 安慰 宇宙的创造主 全世界 神 = 父 神的膀臂 伸出来拯救 祝福 好消息 外邦人 巴比伦 被掳后 未来

因为后半部的焦点主要放在被掳后的时期,所以有些人便怀疑,这些事件记录得如此详细,一定是别人写的。他们说,以赛亚不可能预料到巴比伦将被一个叫塞鲁士的人打败,因为以赛亚死后过了一百年这件事才发生。因此,学者认为,"第一以赛亚"写下第1至39章,再来

"第二以赛亚"写了第40至66章，然后还有"第三以赛亚"，显然最后十章是他所写。如此一来，我们就有了三个以赛亚！有些圣经学校竟把这当作福音真理来教。之所以会有这种看法，是因为以赛亚书各部分在文体、内容、遣词用字上都有差异，所以就认定是不同的作者写的。

† 本书的合一性

有学者坚称，不管以赛亚有三个还是只有一个，都不重要，但他们忘了一件事，以赛亚是在很多年间传讲很多信息，而且信息的目的各有不同，有的是要指责，有的是要安慰，很自然会使用不同的文体和用词，所以没有必要把这卷书看成是两部或三部。

除此之外，还有一些因素让我们相信，整卷书是同一个作者写的。

第一，前后两部有许多共同点。比如以赛亚喜欢描述神为"以色列的圣者"，这个词总共出现五十次，第一部出现二十五次，第二部出现二十五次。虽然有些主题只在第一部谈到，第二部没提起，但所有重要的主题，两部都有谈到。

第二，有许多人认为以赛亚书后半部是整本圣经最伟大的预言经文，既然如此，作者怎会籍籍无名、为人所忘？如果圣经上其他先知的名字，包括小先知，都有人知道，那么以赛亚书后半部的作者名字实在不可能失传。

第三，耶稣和保罗都曾经引用以赛亚书后半部，并说这是先知以赛亚说的。我觉得光这个证据就够了，如果以赛亚书的作者是谁并不确定的话，我不相信耶稣和保罗会这样讲。

最后，最关键的论点是神到底知不知道未来。如果神知道未来，他当然可以轻易将未来的事告诉以赛亚。一旦同意这一点，很多难题就迎刃而解了。

† 以赛亚书前半部（1－39章）

以赛亚书集合四十几年间不同的预言，所以没有什么顺序，但还是有个大概的架构，可以帮助我们了解这卷书。在详细探讨几个主题之前，先速览以赛亚书前半部的架构。

第1至10章在责备犹大，尤其是耶路撒冷。此时犹大十分富裕，但正如阿摩司责备北国以色列不当挥霍，以赛亚也同样指责犹大。他批评耶路撒冷城内的妇女花很多钱买珠宝衣服，却漠视穷人和弱势族群的需要。

再来是第13至23章，这里有一段讲到列国要受审判。神使用那些国家来管教他的百姓，但是他们的行为逾越了神所容许的尺度，恶待以色列，行为残暴，超过了神要他们做的。

第24至34章有好消息也有坏消息。北方十支派和犹大要受审判，但这一段也两次描述即将来临的荣耀。所以百姓既受到责备，又有机会一窥更好的未来。

第36至39章讲希西家王生病的故事，前面已经谈过。这是历史的转折点，我们看见巴比伦即将取代亚述，成为以色列最大的威胁，而这是希西家的愚昧造成的。他竟然欢迎巴比伦的使者，还向他们炫富。

犹大（1－12章，24－35章）

坏消息

悖逆

以赛亚传讲预言时，正当和平富庶时期，就连所罗门的鼎盛时期，国家都没这么富庶。但伴随富庶而来的还有骄傲和放纵，各人偏行己意，穷人受到欺压，社会普遍不公。

全国百姓的宗教生活此时已沦为徒具外表的仪式。大家行礼如仪，内心却对神冷淡，渐渐不再忠于神，开始包容异教的偶像，膜拜迦南神巴力和亚舍拉，迷信这样做就能使作物丰收，生活兴旺。

管教

因此，类似士师记的模式渐渐出现——神允许外邦人来攻击犹大，藉此教训他们应该信靠神。前文已经说过，来攻击的国家包括叙利亚和以色列、阿拉伯和非利士、以东、亚扪、摩押，还有以赛亚事奉初期的强国亚述（最后被巴比伦打败）。但犹大百姓不但没有信靠神，反而和当时似乎能保护他们的国家结盟，完全没想到要向神求助。

灾祸

神在摩西时代就应许过，百姓若不遵守他的命令，不听他的警告，就会失去神赐给他们的土地。以赛亚发出警告，百姓却一直不听，于是公元前587年，南国犹大终于步上北国以色列的后尘，被掳到外邦，只是这次是落在巴比伦人手中。

沮丧

以赛亚预言，百姓寄居巴比伦的生活不会很好过，但他说，有很多人会在被掳时期回转归向神。以色列从此再也没有跟随外邦神，全国摒弃了混杂宗教和偶像崇拜。

好消息

余民

以赛亚书前半部的好消息是，被掳之后会有一群余民归回，并且会有一王，为万民带来和平。在这群余民当中，会出一个像大卫那样的王，他将是永在的父、策士、和平君王，政权要担在他肩上。

归回

我们可以清楚看到，尽管犹大悖逆，神却绝不违背他的约，所以神从头到尾的应许都是将来有一天，他们会回到先前失去的那块土地。七十年后，他们果真归回，正如耶利米的预言。

作王

以赛亚预言，会有一位空前绝后的君王来统治，并且对这位君王有诸多描述：他的降生、他在"外邦人的加利利"事奉、他的族谱、他是耶西的后裔、他接受膏抹做神的工作。若有人怀疑基督自称为王的声明，只需回顾以赛亚的预言多么准确，便可确定。

欢喜快乐

在坏消息当中，还是有为神的良善感到欢喜快乐的时候，散见于各章，见2：1-5，12，14：1-3，26，27，30：19-33，32：15-20，34：16-35。在所有的先知书中，以赛亚书是充满喜乐的一卷书。

列国（13-23章）

以赛亚提到几个和犹大打交道的国家：亚述、巴比伦、非利士、摩押、叙利亚（大马士革）、古实、埃及、以东、阿拉伯、推罗。以下三点应该注意：

1. 神使用列国来管教他的百姓。
2. 列国超过神的尺度，惨无人道，行事不公，还嘲笑以色列的神。
3. 神用火来惩罚列国，最后灭了他们。

尽管神这样惩罚列国，以赛亚却预言，将来全地都要分享犹大的福分（见第23-25章）。

† 以赛亚书后半部（40-66章）

对神的描述

以赛亚书后半部，从头到尾都对神有惊人的描述。

他是惟一的真神

神说："除我以外没有别的神。"那些所谓的神并不存在，上帝是惟一的神，其他的神都是人发明的。神还说："没有别的神像我。"以赛亚嘲笑其他的神，说他们有耳朵却听不见，有眼睛却看不见，有脚却不能走。

这句话当然会得罪今天的人，因为现代人说要接纳所有的宗教。但是除了以色列的神，没有别的神。

他是全能的创造主

万民都像水桶中的一滴水,又像天平上的一粒灰尘。众星都由神命名。神叫人为动物命名,却没有叫人为星星命名,而我们有智慧的话,就不会去看自己的星座。民调显示,有六成的男人和七成的女人天天看星座运势。人应仰望全能的创造主,求主赐给他们智慧面对未来。

他是以色列的圣者

这个称呼在以赛亚书后半部出现二十五次。阿摩司的焦点是神的公义,何西阿的焦点是神的信实,以赛亚的焦点是神的圣洁。以赛亚显然没忘记他第一次在异象中见到神荣耀的情景,他对神的这个描述也成了这卷书的中心思想。

他是百姓的救赎主

圣经形容神是"有买赎权的至亲"(kinsman redeemer)。就像有买赎权的至亲会出手帮助一个家庭,神有能力也愿意帮助,因为他和他的百姓立了约。

他是万民的救主

对神的这个称呼,先是出现在以赛亚书,后来出现在新约圣经,用来称呼耶稣。以赛亚强调神关切他的百姓,愿意万民将来都聚集在新天新地里。

他是历史的主

以赛亚说,万民不过像水桶中的一滴水。神展开历史、掌控历史,最后也会终结历史。神预告未来,并且掌控未来(见41:1—6、21—29,42:8—9、10—17,44:6—8、24—27,46:9—11,48:3)。

全是为了神的荣耀

以赛亚书从头到尾的焦点,都是为了彰显神的荣耀。"荣耀"一词是这卷书的关键词。神要他的荣耀彰显,叫世人都看见。

神的仆人

以赛亚书后半部有一系列诗歌格外重要，也是大家最熟悉的。之所以称作诗歌，是因为这几章经文充满诗的韵味，诗中提到一个"神的仆人"（二十次）。直到今天，犹太人仍然不知道这是在讲谁。

"仆人"的意思似乎有变，有九处看似指全体以色列民（比如49：3），但其他地方又显然是在讲某个人。除此之外，旧约圣经别处的经文也用"仆人"一语称呼这几个人：乌西雅、约西亚、耶利米、以西结、约伯、摩西、所罗巴伯，这些人都曾经被称作仆人。

不过，上主的这个仆人，有四个特质：

1. 他的品格没有瑕疵。这个仆人很完美，没有过错。其他人都不具备这一点。
2. 他非常不快乐，常感忧伤，深知痛苦的滋味。
3. 他没有罪，却像犯人一样遭到处决。他是为别人的罪受死，不是为自己的罪。他遭人诬告，死后埋在财主的墓穴中。
4. 他为别人的罪受死之后，从死里复活，被升到极崇高的地位。

以赛亚书前面谈到即将来临的君王，但以赛亚和其他所有先知都没有提到这位君王和神的这个仆人有关联。基督徒很清楚两者的关联，犹太人却不明白。他们无法将以赛亚书后半部讲到的那个仆人，和前半部应许要来的那位君王联想在一起，他们就是觉得不相干。

第一个把两者连起来的犹太人，就是耶稣，而且是在他受洗的时候，当时神说："这是我的爱子，是我所喜悦的。""这是我的爱子"从前是指着那位王说的，"是我所喜悦的"从前则是指着那个仆人说的，神在此刻并列两者。耶稣知道自己就是让这两个身份合而为一的那一位。不只耶稣指出这两者的关联，彼得也常在讲道中指出这个关联。在使徒行传中，彼得讲道时提到这位君王和这个仆人是同一人。初代有许多祭司成为基督徒，就是因为他们熟悉以赛亚书，能看出这位君王和这个仆人之间的关联。

腓利也指出这王和这仆人是同一人，使徒行传记载他遇到一个埃塞俄比亚的太监，发现那太监正在读以赛亚书第53章。

保罗特别指出这王和这仆人是同一人。在腓立比书中，保罗谈到这王的地位与神同等，却取了奴仆的形像。犹太人无法想象堂堂君王会这样受苦，像一般犯人那样遭到处决。十字架让犹太人反感——会被钉上十字架的王，不是他们想要的那种王。耶稣看起来就不像是政权会担在他肩上的那种王，犹太人期待一个得胜的王来统治，而不是来受死。

神的灵

有些人可能没想到，在以赛亚书中，圣灵的角色十分突出。"使圣灵忧伤"这句话，就是出自以赛亚书63章10-11节。我们读到，圣灵为这个仆人的事奉来膏抹他（61：1-3）。而"我要将我的灵浇灌你的后裔"（44：3）这句话，当然就是指五旬节那天发生的事。前文也已指出，在以赛亚书第6章，神用"我们"来指称自己："我可以差遣谁呢？谁肯为我们去呢？"

所以，心眼明亮的人就会明白，旧约圣经提到了三位一体的神——有创造宇宙的全能神，有他受苦的仆人，有他的灵，三位一体的神全部出现在以赛亚书的后半部。

先知预言

想了解先知书，有一个原则务必要先明白，尤其因为先知书占了圣经的三分之一，从以赛亚书到玛拉基书就有十七卷。对于像以赛亚书这样特别复杂的先知书，此原则格外重要。

这个原则就是——所有的先知，既是向自己的世代传讲，也是向未来的世代传讲。

1. **向自己的世代传讲**。先知们就好像用显微镜检视当时的世代，用神的眼光看清自己的时代，并且从这个角度来传讲。但是这些话的应用，并不局限于当时的世代，其中不变的道德原则，也向所有的世代和所有的文化发声。因为神的特质永不改变，他的道德标准也永远一样。

2. **向未来的世代传讲**。先知们也用望远镜看未来，传讲将来有一天要发生的事。但复杂的是，先知无法判断他所看见的事件彼此有多大的时间距离，这就好像从远方看两座山峰，无法判断两山真正的距离。所以旧约圣经的许多先知（以及我们这些读圣经的人），可能以为看见一座有双峰的山，其实却是分开的两座山。所以，先知在描述未来的事件时，也许两件事看起来像是接连发生，实际上却相隔几千年。

今天的基督徒就是活在两座山峰之间，一座是过去，一座是未来，因为我们现在知道的一些事，当时的先知并不知道。他们一直在期待君王降临，但我们知道这位君王会来两次。不但如此，有时预言并不是照着传讲的顺序应验，比如我们知道，以赛亚书后半部提到的受苦仆人已经应验了，然而前半部说的君王还没应验。基督已经以仆人的身份前来，上了十字架，但他尚未以君王的身份前来，统管万有。

所以，难怪熟悉以赛亚书的犹太人，仍在等待弥赛亚第一次的降临。他们以为弥赛亚只会来一次，而且是以君王的身份前来，所以对耶稣很失望，也不认耶稣是他们的弥赛亚。耶稣在棕枝主日骑驴进耶路撒冷时，好像终于以王的身份来了，正如群众的期待。群众非常兴奋，以为耶稣就要把罗马人赶走了，但耶稣骑的是驴驹，象征他不是来打仗。

启示录告诉我们，耶稣第二次来的时候，是要来争战，因为到时候他会是个骑白马的战士。但在棕枝主日这天，他的任务是和好，不是要应验以赛亚说他要作王的预言。耶稣骑驴进入城门以后，众人大吃一惊，因为他向左转而不是向右转，右边是罗马军队驻扎的堡垒，左边是圣殿，耶稣进去，用鞭子把犹太人赶出圣殿。耶稣的优先级，不同于犹太人的优先级。

所以不难想象，为什么几天之后，同一批群众竟然高喊着："钉死他！"而选择释放流氓巴拉巴。他们以为耶稣是来作王的，却没想到耶稣竟然只是去洁净圣殿，太叫人失望了！所以当彼拉多在耶稣头上放了块牌子，上面写着"这是犹太人的王"，众人都不敢相信。全国只有一个人相信，就是那个盗贼，他说："主啊，你得国的时候求你记念我。"濒死的盗贼，在这个受苦、垂死的人身上，看见那位即将来临的王。

最终的未来

全世界

前文已经指出，以赛亚书（尤其是后半部）的信息，是全地都要蒙受神的赐福，不只是犹太人要蒙福而已。以赛亚提到"远方的岛"会认识神，指的可能就是英国，因为腓尼基人把英国称作"远方的岛"，从康瓦耳的矿坑运锡矿出去。

以色列国

虽然展望全世界，但不表示犹大会被遗忘。耶路撒冷、锡安和主的山，也会是神动工的地方。我们知道，将来有一天，耶稣会骑马降临，统管全世界，这世上的国家会成为我们的神和基督的国。所以今天的教会是在帮助众人预备好迎接王的降临和统管，我们是在列国之中为这位王预备臣民，让他可以再来。当福音传遍各国的时候，末日就会来到，因为神要他的国中有每个族群的代表。

以赛亚书后半部，似乎不断轮流讲耶路撒冷的未来和万民的未来。但以赛亚书第2章说，神的殿要在山上建立，万民都要聚集在神的殿，这是"联合国"的未来，但总部是在耶路撒冷。正如受苦的仆人已经来了，掌权的君王也一定会来。

† 为什么要读以赛亚书？

1. 这是神的话。读圣经可以给我们得救的智慧，以赛亚书的关键词是"拯救"和"救赎"（以赛亚这名字的含义就是"神拯救"）。
2. 这卷书为我们详细介绍整本圣经。在圣灵的启示下，以赛亚书囊括了新旧约圣经所有的主题。如果觉得圣经太厚读不完，可以先从以赛亚书读起，这卷书介绍了圣经中所有的主题。

3. 这卷书能够帮助我们了解先知预言，而且它属于三卷大先知书，在我们现在使用的圣经中，排在先知书的最前面。书中大多数的预言既抗议当时的景况，也预测未来的情况。有些预言显然已经在新约圣经中基督降临的时候应验了。

4. 以赛亚书帮助我们了解先知新旧约圣经之间的关联，看见新旧约如何互相诠释。了解以赛亚书，可以帮助我们更明白新约圣经。

5. 以赛亚书帮助我们了解耶稣。耶稣说："你们要查考这经，因为这经为我作见证。"他指的就是旧约圣经。以赛亚书是旧约圣经中最能帮助读者认识主耶稣的一卷书。只要读以赛亚书第53章，就来到十字架前，"因他受的鞭伤，我们得医治"。

6. 对神有更宽广的认识。"你们和我当称耶和华为大"，意思是要扩大对神的认识。以赛亚书后半部，最能够帮助我们对神有更宽广的认识，他是以色列的圣者，是创造全地的主。

因此，虽然以赛亚书是最长的一卷先知书，要花时间和工夫研读才能明白，但种种原因告诉我们，这是基督徒必读的一卷先知书。

以赛亚书就像圣经的浓缩版，有助于我们了解旧约圣经，也有助于我们了解新约圣经，更重要的是，可以扩大我们对神的认识。

22. 弥迦书

✝ 引言

我们现在用的圣经，把何西阿书到玛拉基书的这几卷书称作"小先知书"，但这实在是误称，会让人以为小先知不如大先知。其实会称作小先知书，是为了有别于另外三卷较长的先知书——以赛亚书、耶利米书、以西结书。弥迦的预言被称作小先知书，真是最大的误称，因为他的信息叫人难忘，直到今天仍在全世界回响。

弥迦和以赛亚是同时代的人，弥迦书有一段经文和以赛亚书中的一段经文雷同，讲到把刀打成犁头、把枪打成镰刀，又讲到基督再来时，和平的政权会临到。这两段经文一模一样，到底谁抄谁，抑或圣灵给两人一模一样的信息，我们不知道，但两人讲的是同一个情况，所以显然神要百姓再听到相同的信息。

弥迦书有一段经文，常在圣诞节聚会中朗读："伯利恒、以法他啊，你在犹大诸城中为小，将来必有一位从你那里出来，在以色列中为我作掌权的。"（5：2）这是耶稣降生之前七百年发的预言。

弥迦书还有一节常被引用的经文："世人哪，耶和华已指示你何为善。他向你所要的是什么呢？只要你行公义，好怜悯，存谦卑的心，与

你的神同行。"(6:8)这卷书最后还有一句话,成为好几首圣诗的歌词:"神啊,有何神像你,赦免罪孽?"(7:18)

这几句经文令人难忘,但常常被断章取义,借作托辞。我们一定要从整卷书的背景,从当时的时间和地点来解读经文的含义,因为神说话总是针对某个时间和地点,所以圣经才会记载很多历史和地理。这一点和其他宗教的经书大不相同。你若读可兰经或印度教经书,会发现大多是记载想法和话语,但圣经记载了许多历史地理,这是因为神是在某些时间地点揭开他全部的启示,这是弥迦书很重要的一点。

✝ 地点

应许之地是一条狭长的土地,一边是地中海,一边是阿拉伯沙漠。这是一条走廊,从欧、亚、非来的人都必须经过这里。他们通常走在海岸路上,那条路叫"沿海之路"。世界的十字路口,就坐落在米吉多

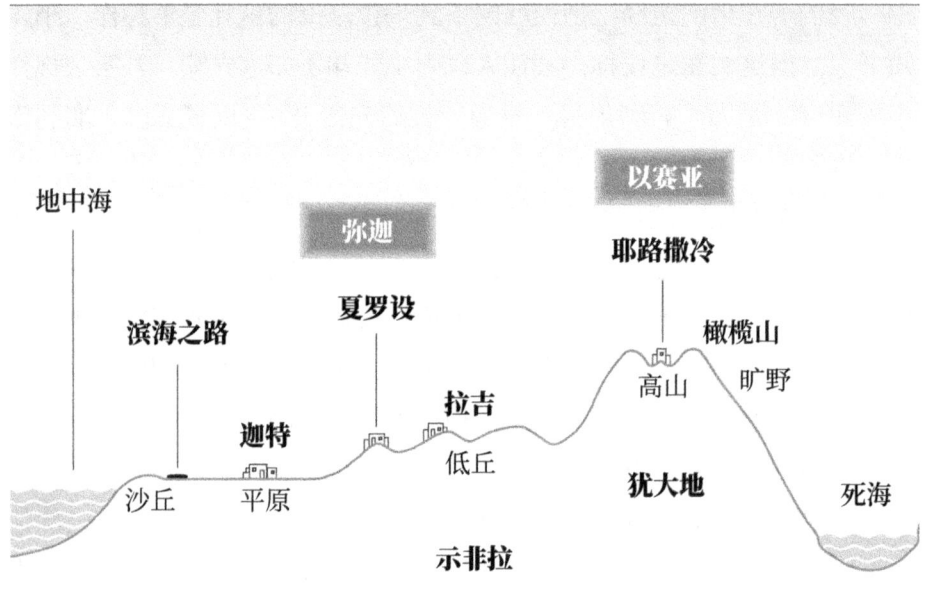

（希伯来文叫哈米吉多顿）的山上，全世界的人都得经过这里。那里有个小村庄，叫拿撒勒，位在山上，俯瞰这个十字路口。因此，以色列北边的加利利才会被叫作"外邦人的加利利"，因为世界各地的人都会经过那里。而以色列南方主要住着犹太人，高居山间，少有外国人造访。

如果你把应许之地的南部纵剖成两半，一边是地中海，一边是死海，死海的地势比地中海低很多。

弥迦来自示非拉，这是个内陆的山区，离海岸二十英里，位在数百米高的山上，介于非利士人和犹太人之间，所以往上可以望见败坏的耶路撒冷城，往下可以眺望迦萨走廊。

有一点很重要，就是以赛亚和弥迦是同时代的人物，两人在同一时期传道，但以赛亚出生在王宫，是国王的表亲，可以自由向当权提出谏言。弥迦不同，他住在贫穷的示非拉地区。因此，以赛亚来自富裕的上流社会，弥迦则是简朴的乡下人，关心那些遭到剥削的平凡人。因为背景的关系，以赛亚比较不会注意这方面的事。所以两人的信息成了很好的互补。

† 时间

弥迦发预言的时间，大概是在公元前735年，当时坏王亚哈斯作王（公元前735~715年）。不过，先前约坦作王时，弥迦有可能已经开始事奉了。

当时以色列民已经分裂成两国。所罗门王死后，发生内战，国家一分为二。北方十支派宣布脱离，自称以色列国，南方二支派叫犹大国。以赛亚和弥迦向南方二支派传道；有一位名叫何西阿的先知，则向北方十支派传道。不久之后，北方十支派就被掳到亚述。

何西阿和以赛亚都是城市人，出身良好，所以弥迦不同于北方的何西阿，也不同于南方的以赛亚。

✝ 原因

约坦王（公元前750－731年）和亚哈斯王都带领国家走入歧途。约坦算是"好"王，但他没有除去国内的邱坛，这些邱坛给百姓机会去拜迦南的神祇。约坦王实在应该遵守神的律法，并且要求百姓遵守神的律法才是。亚哈斯王是个"坏"王，没有阻止百姓行恶事，使得罪恶从北方十支派散播到南方二支派，从城市散播到乡下。圣经中的城市，常被视为危险之地，因为罪人集中，罪就容易散播，所以城市的犯罪情形，通常比乡下严重。以犹大国来说，败坏从耶路撒冷开始，然后散播到示非拉的乡镇。弥迦可以看出这些坏事的影响力，十分痛心。他看见审判官、先知、祭司都收贿，这些人本该遵守神的律法，却拿钱只讲众人想听的话。弱势者遭到剥削；贪婪、欺骗、暴力、残忍的现象司空见惯，犯罪率不断升高；地主把孤儿寡妇赶出去露宿街头，形同抢穷人的钱；做生意的偷斤减两，商誉败坏。罪恶渗透到社会各个阶层，而且有钱有势的人还欺负穷人，社会权力和政治权力用于牟取个人利益。那景象实在悲哀，尊重和信任破坏殆尽，作为国家支柱的家庭关系也彻底瓦解。弥迦渴望见到社会有公义，如今看见这般不公不义的事发生在神的百姓身上，实在震惊，这群百姓本应作万民的光。

就在弥迦关切这些情况的时候，他在异象中看见神触摸犹大国和邻国。他的异象如同涟漪扩散，起初看见犹大支派，然后异象的范围扩大到全国，甚至到北方十支派，虽然此时北方已和南方脱离关系。弥迦心中的负担也随之扩大，原本只对自己的同胞有负担，最后却对全世界都有负担。

他看见神从天而降，处置犹大，审判他们，连他们在南方仅有的一小块地都要拿走。这实在是令人痛苦的景象，弥迦内心大受打击。

有两个因素让弥迦如此痛苦，一是圣灵，一是他自己的灵。每位先知都和圣灵同工，受圣灵的引导去传道，但他自己的灵通常也会感受到痛苦。弥迦说他大声哀号，赤脚露体而行，又呼号如野狗，哀鸣如鸵鸟，他的内心非常痛苦，心知大势已去。

他特别关切三个问题：偶像崇拜、淫乱、不公不义。最让他痛苦的是不公不义的情形，看见神的百姓彼此这样对待，他实在无法再忍受下去。偶像崇拜是百姓侮辱神，去拜别神；淫乱是百姓放纵自己；但不公不义是百姓彼此伤害，这是弥迦心中最大的负担。身为百姓，他非常同情那些因为付不起房租，就被赶出去露宿街头的孤儿寡妇。他在预言中对社会的不公义发出强烈的呐喊。

我一向觉得看整卷书的架构很有帮助，尤其弥迦书有清楚的架构。这卷书明显分成三个单元，我订了三个标题，点出各单元的主题。

第1至3章在讲罪恶与惩罚——神要惩罚他们的罪行；第4至5章讲平安与保障；第6至7章的主题是公义和怜悯。

✝ 罪恶与惩罚（1－3章）

这三章中，弥迦叫百姓要知道自己的罪行。那些罪行从城市散播到乡村，也散播到他家乡示非拉的乡镇。他的信息巧妙地引起百姓的注意，利用每个村的村名，来宣告百姓要受的审判，让他们永远忘不掉他的信息。

地方

假如弥迦是在伦敦传道，他会这样讲：哈克尼区（Hackney，编注：hack有"劈砍"之意）将被砍碎；汉默史密斯区（Hammersmith，编注：hammer可指"铁槌"）将被槌平；巴特锡（Battersea，编注：batter有"打击"之意）将受重击；肖尔迪奇（Shoreditch，编注：shore有"海岸"之意，ditch可指"水沟"）将被丢进海边的大沟；克罗奇恩（Crouch End，编注：crouch有"蹲伏"之意，end可指"终局；结局"）终将害怕地伏下；伊令区（Ealing，编注：与healing（医治）押韵）将不再得医治；哈罗区（Harrow，编注：harrow有"折磨"之意）将受压迫；丘奇恩（Church End，编注：church可指"教会"）将见到教会的末日；巴金区（Barking，编注：bark有"狗吠"之意）将被野狗啃食；薛弗埠（Shepherd's Bush，编注：shepherd可指"牧羊人"，bush有"灌木丛"之意）将成为羊吃草之地；派克汉（Peckham，编注：peck有

"啄食"之意）的死尸将被兀鹰吞吃。

这样写看起来有点奇怪，但弥迦就是这样讲当地的情况。他把示非拉所有的村名稍作改变，再用这些名字来宣告他审判的信息。这是很高明的讲道，要让百姓知道，神不会放过他们的罪行，迟早会施行审判。

百姓

神显然要那些有影响力的领导人物，为这样的情况负责。弥迦指出这是君王、祭司、假先知的错，是他们容许百姓的属灵光景快速走下坡，但弥迦也特别担心那些剥削弱势族群的不肖商人，这些人使得富者愈富，贫者愈贫。

† 平安与保障（4－5章）

第4至5章令人意外，因为讲的大多是好消息。弥迦在第3章最后讲到耶路撒冷变成荒场，说大城市是罪恶的始作俑者，最后将变成荒场。但第4至5章所讲的情况却截然不同，他说，目前的败坏情况并不是结局。

国度

有个国度会降临，到时候，各国的军队都要解散，一切纷争将由锡安的王来解决。联合国的总部不该设在纽约，应该设在耶路撒冷才对，因为将来有一天，所有的纷争都要在耶路撒冷解决。"主在锡安作王"时，他会解决世上一切纷争，神的国度会在地上建立。我们用主祷文祷告时，向神这样祈求："愿你的国降临……在地上，如同在天上"。当然君王必须先来，国度才会降临，因为没有君王就不算是国度。弥迦又说，这位王会出自伯利恒这个小村庄。伯利恒（Bethlehem）这地名中的"伯"（Beth）意指"房屋"，"利恒"（lehem）意指"粮"，所以伯利恒的意思是"粮仓"。这个小村庄专门供应玉米给耶路撒冷，也供应献祭的羔羊。

万王之王

弥迦看得很远，不只看到耶稣第一次来，也看到他第二次来。这段经文就是在描述耶稣第二次来，在地上作万国的王，遣词用字和以赛亚书2章1－4节相同，让人不禁想问，这段话到底是谁先写的？是其中一个抄了另外一个，还是两人都抄自同一个人，或者两人从神那里领受了相同的信息？真正的答案仍未有定论。

所以弥迦书的第二个单元全是好消息，万王之王会降生在大卫之城伯利恒，他要来掌管全世界，并且带来和平与富足。

† 公义和怜悯（6－7章）

弥迦书的最后一个单元，像是法庭中的场景，神是原告律师，弥迦是被告的辩护律师，犯罪的犹大百姓如今站在被告席上，神正在声言他说的是事实。

神用第一人称说话，弥迦也是，两方辩论谁才是被告。神解释说他真正想要的不是百姓献的祭（几千只羔羊的血），而是公义。他说他只要他们"行公义，好怜悯，谦卑与神同行"。

公义是把人应得的给他，怜悯是把人不配得的给他。有个人对替他画肖像的画家说："希望你画得像一点。"画家说："你需要的，不是画得像，而是画得好看。"

公义和怜悯并非相反，这两者是并行的，差别在于公义的路走不远，必须换成怜悯才能走得更远。神是这两方面的专家，他行事都是公正的，没有人能说神不公平。但神得到的，只是许多羔羊的血，犹大百姓遵守了宗教仪式，行礼如仪，但神要的不只是这些。最重要的是神怎么看你，有个方法可以测知神怎么看你，就是看看别人眼中的你。如果你真的和神有亲密的关系，你就会行公义，好怜悯，因为神正是对你行公义，好怜悯。

弥迦在法庭上很痛苦，但他很快就高兴起来，因为他发现这位法官在公义之外还有怜悯。所以我们在弥迦书的最后，看到美好的平衡，神和我们立的是怜悯的约。

孩子不听话的时候,父母必须做个决定,是行公义,给他们应得的对待,还是行怜悯,放过他们呢?公义和怜悯很难兼顾,除非发生一种情况,就是一个无罪的人,愿意代替有罪的人接受惩罚,这样罪就能够同时受到惩罚和赦免。因此,十字架是必要的,就像《宝架清影》这首圣诗的歌词说:

> 安全又快乐的避难所
> 坚固又甜美的避难所
> 值得信靠
> 天上的慈爱和公义在此交会(直译)
> ——Elizabeth C. Clephane (1830 – 1869)

在十架上,我们看见神完全的公义(罪接受了死的惩罚),也看见神完全的怜悯(有罪的可以获释),这是因为无罪的人已经代替受罚。如果神不用十字架就赦免我们,那他就只有怜悯,没有公义;如果神不肯赦罪,执意惩罪,那他就只有公义,没有怜悯。所以,了解旧约圣经的背景很重要,我们看到以色列人都明白一件事:要献上无辜的生命为祭,罪才能获赦。没有流血就不能赦罪,因为不流血,神就不能兼顾公义和怜悯。

弥迦也指出,我们需要"谦卑与神同行",这第三个要求和前两个要求一样重要。人有可能行公义、好怜悯,却很骄傲,但是你之所以能够行公义、好怜悯,完全是因为神先对你行公义和怜悯,你就会谦卑与主同行。

在新约圣经中,马太谈到一个预言——伯利恒会出一位君王。这个预言因为罗马皇帝在罗马皇宫中的一个决定而应验了,皇帝的决定,把远在几千英里外的约瑟和马利亚带回伯利恒缴税。这时机恰到好处。

但新约圣经也告诉我们,这位君王来的时候,他会接管全世界的政权,将和平带给全世界。这个预言尚未应验,但耶稣再来时,这个预言一定会应验。

我们必须知道，有很多预言讲到弥赛亚来临时会发生什么事，但这些事在耶稣第一次来的时候并没有应验，犹太人无法接受这一点，因为他们相信弥赛亚必会带来世界和平，但是耶稣并没有做到，所以他不可能是弥赛亚。其实有个秘密，是旧约圣经中的先知所不知道的，直到新约圣经才显明出来，那就是弥赛亚会来两次——第一次是来为我们的罪受死，第二次是来掌管全世界。

† 神学主题

结束弥迦书之前，来谈一下本书出现的几个神学主题。

神的两面特质

本书描绘了神的两面特质：他是公义的，必须惩罚罪，但他也是怜悯的，所以他会赦免罪。神恨恶罪，却爱罪人，这个主题贯穿整卷书，每个单元都从定罪开始，最后以安慰结束。所以必须先行公义，再施怜悯；罪必须先受惩罚，然后才能蒙赦免。

弥迦提醒我们，应该把工作交托给神，我们必须反映神，而不是取代神。但我们今天必须做的，仍然是"行公义，好怜悯，谦卑与神同行"，这个要求永远不会改变。

基督会从哪里来

本书的预言清楚告诉我们，这位君王会来到伯利恒。这个小地方默默无闻，却供应粮食给耶路撒冷的市场，供应羔羊给圣殿的献祭仪式。预言应验了，因为奥古斯都要求犹太人报名上册而应验了。

基督为什么来

本书的预言也指出耶稣会来第二次，到时候，他会来掌管全世界。所以耶稣第一次来的时候没有应验的预言，会在他第二次来的时候应验。

社会行动

本书的预言也指出基督徒的社会责任。教会应该像先知那样传讲话语，警戒人不要行不义的剥削，并且要为穷人和弱势族群仗义执言。这样做是在预备我们自己，好在基督再来时，与他一同作王。

遭社会排斥

基督徒看见周遭的人（甚至是亲密的人）不喜欢自己的立场时，不应该感到意外。弥迦说："人的仇敌就是自己家里的人。"耶稣告诉门徒，有些人会恨他，所以也会恨他的门徒。今天的基督徒必须准备好，跟从耶稣的脚步而行，然后坦然面对后果。

23. 那鸿书

✝ 引言

先知那鸿有一位先知同僚比他更广为人知，就是约拿。两人的背景十分相似，所以我们看约拿书的时候，会注意到两人之间有许多共同点。这两位先知都来自北方十支派，都被差到当时强国亚述的首都尼微微。但是那鸿传讲的毁灭信息，是在约拿时代之后150年，当时的处境已经截然不同。

较近的历史如下：约拿去了尼尼微之后，亚述帝国开始扩张版图，在亚哈作以色列王时攻打北方十支派，但是失败了。后来亚述巴尼帕三世（Ashurbanipal III）作亚述王的时候，再度回来攻打，掳走拿弗他利支派。在撒缦以色（Shalmaneser）作亚述王的时候，亚述又回来掳走其他支派，从此以色列只剩下南方小小的犹大国，对神的百姓来说，这是一段悲惨的时期。

希西家作王的时候，亚述王西拿基立米围困耶路撒冷，却被击溃，因为有个天使杀了十八万五千名亚述敌军。不过亚述并未放弃，仍继续扩张版图，征服了北埃及的底比斯，成为一个强大的帝国。

在约拿之后，有两位先知传讲信息给亚述，第一位是西番雅，他在给犹大的信息中，预言神必毁灭亚述，使之成为荒地。曾经傲人的大城将成为群羊吃草之地，各类牲畜野兽必在那里栖息，曾经伟大的宫殿将成废墟，沦为禽鸟筑巢之地。

但西番雅传讲这段毁灭的信息时，并未指出何时会发生，最后是那鸿去向亚述宣告他们大势已去。那鸿的预言记录了给亚述的最后警告。那鸿和约拿有一大差别，就是神这次没有放过尼尼微。有意思的是，两位先知都形容神不轻易发怒，只是到了那鸿的时代，尼尼微的大限已到。神的怒气一旦爆发，就不可能止息；神的怒气在酝酿的时候，还有转圜的余地，可是一旦爆发，就什么都挡不住了。将来当然会有一天，全世界都要面对神的忿怒。我们在启示录读到，到了那一天，大家会宁愿被地震的裂口吞吃，也不要见到神忿怒的脸。

尼尼微王再度禁食祷告，想学约拿时代的做法，可是神不接受，已经来不及改变了。那鸿书的最后一节，语气严厉："你的损伤无法医治，你的伤痕极其重大。"

奇怪的是，那鸿却认为这是好消息。这对亚述来说当然不是好消息，但是对以色列和那鸿来说是好消息。那鸿生在被亚述人统治的以色列地，他告诉亚述人，大家听到亚述将灭亡的消息，都会拍手叫好，"因为有谁没受过你的暴虐呢？"这个预言讲得很生动。

跟约拿书中的预言一样，那鸿书也有一个大问号，困扰着历世历代的基督徒。约拿书问的是："神是否掌控大自然？"那鸿书问的是："神是否掌控历史？"圣经说，历史的地图是神画的。使徒保罗在雅典的亚略巴古向希腊人传讲时，说各国的年限和疆土都是由神预定，是神容许一国兴起成为帝国，也是神容许一国灭亡。我相信，是神终结了大英帝国，因为1947年的时候，英国跟犹太人撇清关系，不愿再帮助他们，结果短短五年间，大英帝国就一去不返了。

神不但掌控整个大自然，也掌控整个历史。兴起君王的是神，让君王下台的也是神，神掌管历史，所以历史是可以预测的。先知的一大任务就是预测历史，在尚未发生之前写下历史。那鸿预言尼尼微即将灭亡，听起来实在不可思议，因为当时的尼尼微势力如日中天。

✝ 那鸿书的大纲

以下是那鸿书的大纲。整卷书只有三章，很容易分段，焦点是尼尼微的灭亡。

宣告——是谁？——神介入（第1章）

　　神的仇敌要遭祸
　　神的朋友要获救

描述——怎么做？——进攻（第2章）

　　掠夺的日子
　　狮子的日子

解释——为什么？——残酷无情（第3章）

　　武力征服
　　金钱腐败

✝ 宣告（第1章）

　　首先，宣告神会惩罚他的仇敌。神介入，表示他的仇敌要遭殃，他的朋友要获救，神的介入都有这两个特点。当神介入历史并且采取行动，就表示那些违抗神、凡事靠自己的人要遭殃了。神有一种嫉恨的特质，这不是嫉妒，神不必嫉妒别人拥有什么，因为万有都是他的，但他会嫉恨。嫉妒是想要别人的东西，嫉恨是想要本该属于你的东西。你会嫉妒别人有个好太太，但别人若抢走你的太太，你会嫉恨。所以神对他的名字、他的名声、他的百姓和他的世界，有一种嫉恨的心情，他说："那是我的名字、名声、世界，我不容许人在我的世界胡来。"

　　因为神会嫉恨，所以他会施行报应。神的这两个特质不太受欢迎，但我们需要明白这两个特质，才能真正认识神是谁。那鸿的焦点几乎都放在神的嫉恨，以及神会报应那些违抗神、凡事靠自己的人。

第1章是一首离合诗，每一节经文的开头，都是按照希伯来字母的顺序，让以色列人很容易记住。这对他们是好消息，应该牢记在心。

在第1章，那鸿轮流向尼尼微和以色列说话——给尼尼微坏消息，给以色列好消息。这一章称得上是上乘的文学作品，那鸿在圣灵的启示下，用人容易记住的方式写出来。

✝ 描述（第2章）

如果第1章是在宣告尼尼微必要倾倒，第2章就是在描述他们接下来的遭遇，而且描述得非常仔细，怵目惊心，简直就像那鸿在看电视报导。

令人惊讶的是，那些来毁灭尼尼微的人，正如那鸿的预言，身穿红色军装，但这种军装在那鸿的时代是前所未见的事。那鸿看见他们进入河闸，城中血流成河：

> 听呀！皮鞭咻咻，车轮隆隆，马匹奔腾，战车疾行，骑士冲锋，刀光闪烁，矛剑生辉，死人无数，尸横遍野，人相继被尸首绊倒。这全因尼尼微把自己卖给神的仇敌。

很生动的描述，我们可以想象先知向众人传讲这个信息的光景。那鸿说尼尼微就像一只没有牙齿的狮子，这个形容很贴切，因为狮子是尼尼微的城徽，但如今他们不再是威胁，反而自己心惊胆颤。这首诗描述得很传神。

✝ 解释（第3章）

第3章，那鸿从描述景象变成解释原因——亚述受到审判，完全是因为这个帝国毫无人性。我们看见神的公义，他不是因为亚述人违背十诫而审判他们，因为他们并不知道十诫。神差先知来向外邦人宣告降祸的消息时，指控的是他们违背人性的罪行，他们凭着本能和良知就知道这样做是不对的。

所以，神是根据人所知道的来审判他们，这是圣经一以贯之的原则。不知道十诫的人，不会因为违背十诫而受到审判。同样，没听过基督的人，也不会因为没听过基督而受到审判。但是每个人藉着外在的受造物和内在的良知，多少都会知道神，所以联合国《世界人权宣言》并不是基督徒写的，但里面谈的是人人都知道的公义是非。

所以神在审判亚述人的恶行，他们驾着战车蹂躏别的国家，屠杀全国百姓，用武力强占地土。亚述人也贪财腐败，贿赂的行为司空见惯。那鸿说他们明知这两件事不对，却执意去做，所以神才要消灭他们的城市。

真是不可思议，我们的世界对这两种罪行都不陌生，都知道不对，却仍执意去做。

✝ 尼尼微的下场

今天的尼尼微是一片沙漠，曾经伟大的宫殿荡然无存，这地方如今住着猫头鹰和刺猬等野兽，正如西番雅的预言。尼尼微城早已消失数世纪，但1820年的时候，有个叫雷亚德（Layard）的英国人在底格里斯河西岸发现这座城的遗迹。

✝ 那鸿怎么了

我们知道那鸿后来留在尼尼微，没有返乡，他的坟墓在今天的底格里斯河西岸找到，阿拉伯人尊那鸿为神的先知。

加利利的迦百农（Capernaum），是以那鸿的名字命名（*caper*是村，*naum*是那鸿），这个村庄和其他几个村庄都曾遭到耶稣咒诅。迦百农跟尼尼微一样，也不肯听神的话，所以下场和曾经伟大的尼尼微城一样，如今也是废墟一片。

24. 西番雅书

† 传信息的人（1：1）

先知书的焦点在于信息，而不在于传信息的人，西番雅书尤其如此。我们对西番雅所知甚少，整卷书只有第1章1节介绍他，讲到他的名字和族谱。西番雅这个名字的希伯来文是 *Sephenjah*，意指"神隐藏"，无法确定究竟是指神隐藏了他自己，还是指西番雅被神隐藏。他的族谱倒给了我们一条线索，因为众先知之中，只有西番雅的身世可以溯及四代祖先之远。犹大最后一个"好"王希西家（见以赛亚书第36－39章）是西番雅的曾祖父，所以西番雅有王室血统。玛拿西作王时，下令将王室后代献给摩洛神为祭，所以我推测，西番雅被母亲藏了起来，逃过杀身之祸。因此，他的名字反映出神存留他的性命，让他作百姓的先知。

从他的族谱也可一窥他生活和传道的时代。自希西家以来，犹大国渐渐远离神；玛拿西除了拜摩洛神、献孩童为祭之外，还在邱坛上重建那些象征生殖器的雕像和亚舍拉像，鼓励百姓回头膜拜充满性意味的多产之神。百姓在欣嫩谷把孩童献给摩洛神为祭，这个山谷位于耶路撒冷南方，耶利米曾咒诅此地，耶稣也用此地来形容地狱的景象。玛拿西作王初期，先知以赛亚想阻止国家的道德继续败坏，于是警告玛拿西王，他的恶行必带来悲惨的后果。但玛拿西王不肯听，还禁止以赛亚传道，以赛亚便把预言写下来，以文字流传。终于，玛拿西王下令处死以赛亚。

不但如此，玛拿西王也迷上占星术和灵媒，进一步违抗神的律法。属灵的混乱导致道德的混乱，因为偶像崇拜必然导致不道德的行为。历代志下，神说玛拿西比最早的迦南人还要邪恶，这句话令人震惊，因为迦南人的生活非常腐败，神早就指示他的百姓要赶出迦南人。所以我们可以想象神此刻的感受，他除掉作恶多端的迦南人，把地方空出来给他的圣民，而他的百姓如今竟比当初取代的人还要邪恶。

玛拿西作王五十五年后驾崩，由亚们继位。这个王很懦弱，完全没有改邪归正，犹大国继续走下坡。亚们只作王两年就遭人刺杀。整个犹大国道德败坏。

接下来，一个名叫约西亚的男孩，八岁登基作王，不过头几年由大祭司希勒家摄政。约西亚的祖先有好王也有坏王，小小年纪的约西亚王会效法谁呢？是效法曾祖父希西家，还是祖父玛拿西？神差先知西番雅前来，以免这个国家像他们北方的兄弟之国一样，因为罪恶而被掳到外邦。

✝ 信息（1：2－3）

先知的声音已经沉默了七十年。自希西家逝世、以赛亚遇害以后，神一直没有向百姓说话。所以西番雅是在一个空白的时代，传讲一个强烈的信息。

西番雅书号称所有先知书的概要，因为这卷书中有很多重点也出现在其他先知书中。整个信息的重点是"主的日子"，全书提到23次。这里的"日子"并非指某一天，而是指一个时期，比如说"坐马车的日子已经过了"这句话中的"日子"。主的日子就是神审判的时期，是神扭转一切、伸张公义的时期，到时候，他要赏善罚恶，彰显公义。

英国也有类似的行事历。历史上，一年四季各有一个查帐日：春季是3月25日，夏季是6月24日，秋季是9月29日，冬季则是12月25日。从前，每逢这四个日子都要查帐、审核、结算，做假帐的要受罚。主的日子就像这样。

西番雅用一个特别的词来形容神的感受，他说神"恼怒"，但这与自私人性所表现出来的那种恼怒有所不同。主的日子来到时，神的忍耐会达到极限，他的忿怒会满溢出来。

圣经提到两种忿怒，一种是埋在内心、没有发泄出来的忿怒，怒火中烧，但不形于色。另一种忿怒是突然爆发出来，人人都会知道。西番雅书所讲的忿怒，是压在内心的忿怒。先知说，神的怒气正在酝酿，将来神忿怒的日子必会来到，到时候，他不会再把怒气埋在心里。

虽然我们很容易忽略酝酿中的怒气，但神的怒气仍然有迹可寻。不断走下坡的社会（比较罗马书第1章）处处都是征兆，人人都可以看出神的怒气正在酝酿。然而将来有一天，神的怒气必会爆发出来。我们若希望那天晚一点到，就要悔改，改邪归正。这正是西番雅书的一大重点。

✝ 西番雅书的大纲

外来的宗教（1：4－2：3）

　　罪有应得（1：4－6）

　　宣布（1：7－9）

　　描述（1：10－17）

　　扭转（2：1－3）

邻国将受审判（2：4－15）

　　　西边——非利士地（2：4－7）

　　　东边——摩押、亚扪（2：8－11）

　　　南边——埃及、古实（2：12）

　　　北边——亚述（2：13－15）

未来的救赎（3：1－20）

　　咒诅——神的公义（3：1－8）

　　　(a)以色列人冥顽不灵（3：1－7）

　　　　　(i)悖逆（3：1－4）

(ii)抗拒（3：5—7）
(b)列国要被消灭殆尽（3：8）

祝福——神的怜悯（3：9－20）

(a)万民要敬虔（3：9）
(b)以色列要欢喜快乐（3：10—20）
(i)喜乐欢呼（3：10—17）
(ii)归回（3：18—20）

这三大段很清楚，可惜章节划分不当，就像圣经其他许多书卷一样。

✝ 外来的宗教（1：4－2：3）

第一大段，先知关心的是外来宗教竟成了犹大国民生活的一部分。他宣布审判的信息，针对即将来临的"主的日子"讲了四段话。

罪有应得（1：4－6）

很多人远离神，不再敬拜以色列的神，转去拜别神。祭司本来应该确保百姓守住神的约，却带领大家走入歧途。迷信变成风气，很多人去拜玛拿西所拜的摩洛神。

宣布（1：7－9）

西番雅告诉百姓，神的审判临到后，他们会有什么下场。我们读先知书时，可能会觉得一直在读相同的信息。可是神需要重申他的旨意，尤其是他上次发话已经是七十年前的事了。西番雅要警告百姓，审判的日子已经很近了。

描述（1：10－17）

神对百姓的审判会非常可怕。百姓对自己的行为不以为意，也不在意神对他们有什么看法。西番雅警告他们，审判来临的时候，人人都会知道。

扭转（2：1 — 3）

西番雅接下来告诉他们，即使已经到了这个地步，只要他们悔改，仍然可以扭转审判。每位先知都传讲这个信息。百姓若是谦卑下来，神会垂听他们，赦免他们，怜悯他们。诚然，人需要温柔谦卑，这是先知信息的一大要求（见以赛亚书29章19节和弥迦书6章8节）。

† 邻国将受审判（2：4 — 15）

西番雅谈到所有威胁犹大国的国家。西边是非利士，今天的"巴勒斯坦人"即声称自己是非利士人的后代；东边是摩押和亚扪；南边是埃及和古实（今作"埃塞俄比亚"）；东北边是亚述，是当时的世界强国，也是底格里斯河和幼发拉底河地区最强大的国家。很少有国家不受亚述欺负的，亚述已经掳走北方十支派。而此时的巴比伦，国力仍然弱小。

西番雅领受的信息是，这些国家将受神的审判。神是全世界的审判官，而这些国家将为自己对待以色列的态度受审。不过，列国和犹大的互动是双向的，神不但要因为列国对待犹大的态度而审判列国，也要用列国来管教犹大。阿摩司书说，以色列民进攻迦南的时候，神把非利士人从克里特岛带来，让他们住在迦南地的西部。是神在主导诸国的迁移，是他在划定众民的疆界。

所以，非利士人从此成了以色列身上的一根刺，不断骚扰他们，直到大卫王的时代（大约七百年后）依然如此。英文用Philistine（非利士人）这个字来形容对别国文化有敌意的人。在申命记中，神这样向以色列人解释：

"我带他们来试验你们，你们若遵守我的命令，他们就束手无策，骚扰不了你们；但你们若悖逆我，我就要用他们来管教你们，你们不走正路的时候就会被他们打败。"

这个行动显明神心中的关切，他是他百姓的父，好父亲会在子女做错事的时候加以管教。其实希伯来书第12章说："主若是不管教你们，就表示你们不是神的真儿子。"这个原则，就连读圣经的人也不见得明白。你若成为神的儿女，你犯罪时神就会管教你；但是神管教你，是为了让你死后不必受惩罚。所以基督徒可以预期今生的日子不会好过。每次有人说他们信了耶稣以后就不再有烦恼，我都不相信。我曾经对这样的话信以为真，结果只让我觉得沮丧，因为我的体验不一样——我信耶稣以后，麻烦就来了！我领受圣灵的洗以后，麻烦更多；过去五年我遇到的麻烦，比信主后的头四十年还多！但是我很高兴，因为这符合耶稣的应许，他说："在世上你们有苦难，但你们可以放心，我已经胜了世界！"

✝ 未来的救赎（3：1 — 20）

最后这一大段中，咒诅和祝福之间有一种奇特的张力。西番雅好像在说："你们要选择自己想要的。你们真的想要神的公义吗？他充满怜悯，想要怜悯你，但我们若不配合，他就不能怜悯我们，因为神的怜悯只赐给那些向他祈求怜悯的人。"

我听过很多人祷告祈求各式各样的东西，但最令我激动的，是听见有人祈求怜悯，因为这样的人真正明白神国度的一个重要法则。一般人只有自觉景况凄惨，才会向神祈求怜悯；如果自认景况不错，就会向神求健康、力量、引导等等，不会祈求怜悯。

咒诅——神的公义（3：1 — 8）

(A) 以色列人冥顽不灵（3：1 — 7）

(i) 悖逆（3：1 — 4）

第3章的前半部，西番雅向百姓指出，神公义的日子必会临到。西番雅说，百姓冥顽不灵，故意悖逆神，而且不听神的劝告。

(ii) 抗拒（3：5 — 7）

西番雅也指控百姓，包括治理者、官长、祭司和先知在内，全都抗拒神。真是一个冥顽不灵的民族。我有一次读到西番雅书说："每早晨显明他的公义"，就自己写了段歌词，套用《你信实何广大》的旋律来唱：

> 你公义何广大，圣天父真神，
> 你的审判永远不会错误。
> 你的命令长存，永世不改变。
> 昔在今在永在，我主我神。
> 你公义何广大，你公义何广大，
> 清晨复清晨，你公义彰显。
> 世上一切善恶，你都已赏罚。
> 你公义何广大，求主垂怜。

我们喜欢唱一些让自己觉得舒服的诗歌，歌颂神正面的特质，像是信实。但我们也必须接受神的另一面，也应该为神的另一面感恩。保罗在罗马书中说，我们应该思想神的恩慈和严厉，他以严厉对待不信的人，以恩慈对待持续在他恩慈中相信的人。

西番雅告诉百姓，他们若持续悖逆神、抗拒神，国家就会遭祸。神的怒气会爆发出来，主的日子将要临到。

(B) 列国要被消灭殆尽（3∶8）

神的怒气会向犹大爆发，也会向全世界爆发。西番雅说，神的怒气同样会满溢出来流向列国，将他们除灭净尽。列国全都要站在神的面前，恶人将为神忌邪的忿怒所吞噬。

祝福——神的怜悯（3∶9 — 20）

这卷书最后说了一些有盼望的话，就像许多先知书一样。比如，阿摩司传讲神公义的信息，他是北方十支派灭亡前倒数第二位先知；向北方十支派传讲信息的最后一位先知是何西阿，但他传讲的是神的怜悯和慈爱，仿佛神给我们的最后一句话是："你们不要我的怜悯吗？"西番雅书也用相同的方式结束。神不想要惩罚我们，他并不乐意见到恶人死亡，他希望彰显怜悯。所以，西番雅最后一段话，给了我们未来的盼望。

(A) 万民要敬虔（3∶9）

这是神给列国的怜悯信息：他会从各国吸引爱他的人出来。圣经说，各个族群、各个语言、各个国家都会有爱神的人。神不要有任何一个族群在他的国里缺席，所以才会吩咐我们去向各个族群传福音，使他们作主的门徒。

(B) 以色列要欢喜快乐（3∶10 — 20）

不过，西番雅接着讲到以色列有可能蒙福，以此作为结束。在最后这一小段，神九次说："我必……"。犹大可以违约，但神必不违约。

(i) 喜乐欢呼（3∶10 — 17）

在那日，没有人会骄傲自大，没有人会行恶说谎，也没有人能让以色列害怕。西番雅谈到一个美好的未来，到时候，神必用爱使百姓安静下来，神甚至要为他的百姓欢唱，"他必因他们的缘故喜乐歌唱"。

(ii) 归回（3∶18 — 20）

神会把分散各地的人聚集起来，将一群敬畏他名的余民带回家。这群人之前虽然遭到鄙视，到时候却要在世人面前被高举。"那些在全地受羞辱的，神必使他们得称赞，有名声。"所以西番雅书最后指出很大的盼望，神的百姓现在就有机会受审判，与神和好。

✝ 结论

关于西番雅书，还有一个问题：西番雅的预言到底有没有成效？约西亚有没有听进他的话？

约西亚在公元前640年登基作王，年仅八岁，一共作王三十一年。刚开始，他深受大祭司希勒家的影响，这位大祭司不太喜欢改变现状，但后来约西亚开始受到西番雅的影响。约西亚十六岁的时候，下令摧毁耶路撒冷的异教祭坛；二十岁的时候，下令摧毁全国各地的异教祭坛；二十八岁的时候，他注意到神的圣殿残破，下令整修圣殿，整修过程中，有人在满布灰尘的旧柜子里找到一卷摩西的律法书，众人这才醒悟到已经好多年没有研读、朗诵律法书了。约西亚读了律法书之后大为震惊，终于明白神为什么要警告他们。因此，约西亚二十八岁的时候，下令重新朗诵律法书，在全国各地执行。

到目前为止，这些迹象都很好，可惜约西亚没有想到，他不能靠立法使百姓变好。今天很多人以为，只要政府通过好的法令，人民就会活出基督徒的样子。但公义不能从上而下强制执行，必须发自内心，因为神是在人的心中动工。

约西亚后来横死，因为他犯了一个错误，决定趁埃及军队经过圣地去攻打亚述的时候，出兵攻打埃及。他虽然乔装上阵，却仍然死在沙场上。

西番雅是有一些影响力，但无法扭转国家的命运，人民根本不听劝。不过他的努力没有白费。有一个和约西亚同年的年轻人，蒙召扛起先知传道的重担。神差遣耶利米去告诉百姓，改革不管用，他们需要回转归向神。

✝ 西番雅书的应用

对今日的基督徒而言，西番雅书的主要应用跟审判有关。

1. **世人死后要面对审判日**。犹大受审判，预表世人将来的遭遇。耶稣论到自己第二次来的事，曾两次引用西番雅的预言（见太13：41和番1：3；太24：29和番1：15）。所以耶稣再来的时候，大多数人都要面对神的忿怒。
2. **神的百姓会比其他人先面对审判日**。彼得前书4章17节说："因为时候到了，审判要从神的家起首。若是先从我们起首，那不信从神福音的人将有何等的结局呢？"

西番雅书大大提醒基督徒，应该预期自己必会受到神的管教，但是不要灰心，今生受到管教表示神关心我们，并且要确保我们不会和世人一起受审判。

† 西番雅书和启示录

这章就快结束了,还有一点必须指出来:西番雅书的架构和启示录十分相似。

西番雅书和启示录一开始都讲到神的百姓受审判,一个是以色列受审,一个是教会受审,再来讲到列国受审判(见番2章;启4—15章),然后讲到审判日(番3:1—8;启20章)。

但两卷书最后都讲到神的赐福,神赐给他的百姓一个永远居住之地(番3:9—20;启21—22章)。在西番雅书,这地指旧耶路撒冷,在启示录,则指新耶路撒冷。在西番雅书,神以王的身份来到,但在启示录,耶稣以王的身份再来。

启示录共有四百多处提到旧约圣经,但关联最大的是西番雅书,所以看似不起眼的一卷旧约小先知书,竟是帮助我们了解未来的重要书卷。

25. 哈巴谷书

✝ 引言

哈巴谷书和其他先知书很不一样。第一，大多数的预言是神透过先知向百姓说话，但哈巴谷书是先知直接向神说话，整段对话都看不到百姓的参与。这种情况在别的先知书中也出现过，尤其是约拿书和耶利米书，但没有一卷先知书的开场白像哈巴谷书这样引人注意。

第二，在第2章，神叫哈巴谷先知在墙上用大字写出他的信息。

第三，第3章的预言配上了音乐，这是相当罕见的做法。以色列早期有几位领袖，发现音乐对预言很有启发作用，像是摩西、底波拉、撒母耳、扫罗、以利亚、大卫。不过，后来的以斯拉也善用音乐。

我们对哈巴谷这人所知甚少，只知道他在西番雅之后二十年传讲信息，大约是公元前600年左右。他的名字意指"抱住"，是个比较口语化的格斗语汇。我们可以叫他"紧抓不放的人"——这可不是什么神气的称谓！

虽然他的名字不太好听，却正确描述了他跟神的关系，这可以从这卷书中看出。哈巴谷是个抓住神的人，他敢跟神辩论，执意要神给他答案，即使神给的答案是他不喜欢的也无妨。虽然我们不太清楚这位先知的背景，但是根据书中他和神的对话，可以稍微明白他的心思意念，也可以深入理解他传讲事奉的焦点有三：祷告（第1章）、传道（第2章）、赞美（第3章）。

哈巴谷书和今天的我们息息相关，因为这卷书谈到一些很基本的问题，是每个会思考的基督徒都想问的：如果神良善又全能，为什么无辜的人要受苦，有罪的人却不用受苦？神为什么不解决世上的混乱？对于这些问题，很多人或是心中苦思不解，或是找人辩个究竟，但是，要解开这么重大的疑惑，最好的做法还是跟神问清楚，紧紧抓住神，直到他给答案为止。哈巴谷就是这样做的，他是很好的榜样，他的大胆和诚实在这卷书中表露无遗。所以这卷书既有挑战性，又让人感到喜悦。

哈巴谷书有许多"常用"经文，这一点和西番雅书很不一样。比如"你眼目清洁，不看邪僻"（1：13）就常被引用，不过，后面会再谈到，解读经文必须很小心。还有几节常被引用的经文如下：

> 认识耶和华荣耀的知识要充满遍地，好像水充满洋海一般。（2：14）
>
> 惟耶和华在他的圣殿中；全地的人都当在他面前肃敬静默。（2：20）
>
> 在发怒的时候以怜悯为念。（3：2）
>
> 虽然无花果树不发旺，葡萄树不结果，橄榄树也不效力，田地不出粮食，圈中绝了羊，棚内也没有牛；然而，我要因耶和华欢欣，因救我的神喜乐。（3：17—18）

哈巴谷书最有名的一句经文，为基督教奉为圭臬，就是"惟义人因信得生"（2：4）。马丁·路德在改教期间，让这节经文响彻欧洲北部，但是后面会再谈到，他们并没有真正明白这句经文的意思。

†哈巴谷书的大纲

先知（1：1）

抱怨的祷告（1：2－2：20）

    抱怨：神做得太少

    问：为何恶人不必受苦？

    答：恶人会遭报（巴比伦人会来）

    抱怨：神做得太多

    问：为何使用坏人来惩罚坏人？

        为何义人受苦？

    答：义人会存活！

        恶人会受苦！

赞美歌（3：1－19）

    他敬畏神过去的作为（3：1－16）

    他相信神未来的保守（3：17－19）

哈巴谷书清楚分成两部分，第1章、第2章是前半部，第3章是后半部。前半部和后半部可谓截然不同，由下表可以看出。

第1－2章	第3章
与神争辩	安息在主里
难过	开心
大吼大叫	向神歌唱
祷告	赞美
不耐烦	耐心等候
祈求公义	祈求怜悯
心情低落	心情振奋
神不动工（过去）	神在动工（过去和未来）

从上表可以看出，从第一部分到第二部分，中间发生了很大的变化，让我们忍不住要问：哈巴谷到底遇到什么事，让他有这么大的改变？我们需要仔细来看这卷书，才会知道什么事改变了他。

† 抱怨的祷告（1：2 – 2：20）

抱怨：神做得太少（1：2 – 11）

哈巴谷把心中的想法，一五一十告诉神。刚开始他抱怨神做得太少，后来又抱怨神做得太多——神不管怎么做都不如他的意！

他觉得他必须在祷告中向神提问。代求式的祷告是向神祈求一些事情，提问式的祷告则是向神发问。提问式的祷告很重要，对我自己很有帮助。我就是单单向神问一个问题，接下来如果有什么想法浮现，尤其是意想不到的念头，我就接受这是从神而来的感动。十次有九次都证明果真如此。

比如我的女儿过世后，我们很惊讶地发现，她生前为主做了很多工作，但她从来不提。原来她经常接触中国、非洲、海地等地的宣教士。她以前在教会带领敬拜，大家都很爱她，她过世时全教会都为她哀悼。我祷告的时候对主说："主啊，我以我的女儿为荣，但是你怎么看我女儿呢？"结果我心中立刻出现一句话："她是我的成功范例"。所以我后来在追思礼拜上，就讲这个题目："你是神的成功范例，还是失败范例？"如果你未曾听过神说话，可以试试看问神说："主啊，我生命中有什么事，是你不喜悦的？"如果你真心希望神对你说话，就问他这个问题吧。

哈巴谷当时的社会背景，有助于我们了解他提出的问题。神在西番雅之后，有二十年沉默不语，国家继续走下坡，与西番雅传讲的信息背道而驰。约西亚王的改革没有收到预期的成效，他自己也在公元前608年就不幸早崩，死在米吉多的战场上。哈巴谷在约西亚的继任者约雅敬作王时发预言。约雅敬是个非常世俗、自私自利的王，大兴土木，扩建王宫，在他的统治下，穷人变得更穷，处处都有贿赂、腐败、不法、压迫，耶路撒冷的治安糟到晚上独自上街都不安全。掳走北方十支派的亚述，如今国势渐渐衰微，此时，世上没有其他的强国兴起。

为何恶人不必受苦？

耶路撒冷每下愈况，却看不出有什么转机，哈巴谷心中十分关切。他小心翼翼地向神陈情。哈巴谷知道，神的本性必会反映在神的态度和行动上，所以神不会消灭他的百姓；但哈巴谷也知道，神必须惩罚罪恶、审判罪恶。于是哈巴谷向神抱怨，说神的圣城充斥贿赂和腐败，他却袖手旁观。哈巴谷想要神扭转情况，改变社会，恢复法律和秩序。

神做得太多（1：12 — 2：20）

对于哈巴谷的忿怒，神以宽宏大量回应，但他的回答却让哈巴谷意外又惊慌。神的五个回应是：

1. 你的眼光要宽广一点，好好看清楚。
2. 你会大吃一惊。
3. 我已经安排好一件事，会在你有生之年发生。
4. 我没告诉你我要做什么，是因为你不会相信。
5. 我已经开始做一件事，但你没看出来。

简而言之，神告诉哈巴谷，他已经注意到耶路撒冷城中的罪恶，也已经采取行动，要兴起巴比伦人来惩罚犹大的百姓。当时的巴比伦只是底格里斯河岸的一个小城，没多少人听过，在这之前，圣经也很少提到这城。但是有两名使者从巴比伦来拜见希西家王，希西家王带他们参观王宫，以赛亚知道此举十分危险，预言将来有一天，希西家王在王宫和圣殿中炫耀给这两位使者看的宝物，必会全部被巴比伦夺走。

当时的巴比伦，势力弱小，很难想象这个预言会应验。但是到了哈巴谷的时代，这个预言就快实现了，哈巴谷非常震惊。这就好比神说他要带德国的纳粹来惩罚英国一样。但纵观历史，可以看出神通常用这种方式处置列国，他会兴起一个国家去对付另一个国家。所以我们对这样的行动毋须感到意外。

他们比我们还坏

但是哈巴谷感到意外，而且惊慌，这时，他抱怨神做得"太多"了，因为他知道巴比伦的名声比亚述人还糟糕。亚述人打败了以色列国（十支派），把他们掳到外邦，再也不得返回故土。但是巴比伦人更坏，他们发明焦土政策，每征服一个国家，就摧毁那片土地上一切的生命。哈巴谷知道，如果巴比伦人来到耶路撒冷，必然寸草不留。哈巴谷书最后有一段经文很有名："虽然无花果树不发旺，葡萄树不结果，圈中绝了羊，棚内也没有牛……"巴比伦大军所经之地就会变成这样。

他们分不清善恶

哈巴谷也提醒神说，耶路撒冷城中还有一些义人，若此事发生，这些义人就要和恶人一起死了。虽然他没说自己也是义人，但有这个意思。他很气愤神怎么可以使用比犹大百姓还坏的人来施行惩罚，辩论说这样做是不道德的，于是他说出一句常被引用的经文："你眼目清洁，不看邪僻。"（1：13）哈巴谷想对神说，这样做会损害神的特质，可是他这番话并不对。神是洁净、神圣的，但这不表示神的眼睛不能看罪恶，因为神每天都目睹罪行发生，每一桩强暴、每一桩抢劫，每一桩暴行，他都看得一清二楚。哈巴谷对于神会看什么、不看什么，有他自己的看法，但是他的看法错了。

哈巴谷结束和神的辩论后，就上了耶路撒冷的守望台，站在城墙上。他说要坐在那里，看看神是不是真的会那样做，仿佛在说："主啊，你是在虚张声势吧，我看你敢不敢带他们来！"

地点不对

神回答哈巴谷说，他坐在守望台上也没用，他应该到街上去，把神告诉他的事写在墙上，让路过的人读一读——这是圣经上第一次出现广告看板！哈巴谷应该要去警告百姓，而不是远远坐在那里，等着看神说话是否算数。当神向我们启示他要做的事，都是要我们去叫人准备好，而不是坐在那里等着看神会不会真的动手。

时间不对

神也告诉哈巴谷，他若待在守望台上，会有很长一段时间看不见什么事发生，而他对神正在做的事可能会下错结论。神说："这默示有一定的日期。"所以哈巴谷需要有长远的眼光，并且要警告百姓会发生什么事。

义人会存活

在这段对话中，神告诉哈巴谷，"惟义人因信得生"（2：4下半句），这句话成了哈巴谷书中最有名的经文，因为马丁·路德在改教时期用了这句话。但前文提过，改教运动虽然做了很多好事，却让这节经文遭到误解。

如果细看上下文，哈巴谷说，巴比伦人不但会杀坏人也会杀义人。神在这节经文说，他会保护义人，只要这些人持续向神忠心，就必定存活。巴比伦人来的时候，会有很多人失去对神的信心，认为神辜负他们的期望。但神说，那些持续相信神的人，可以逃过即将来临的审判。

所以，这才是这节经文真正的含义。"信心"一词在希伯来文和希腊文都有"忠心"的意思。是"忠心"使人得救，人必须持续相信，持守信心。

这个诠释符合"信心"一词在旧约圣经的几次名词用法。比如，这词也用来讲婚姻里面的忠心，婚姻里面的"信心"就是指对配偶忠心，至死方休。信心一词，也曾经用来形容摩西，他持续举手祷告，直到以色列民打败亚玛力人为止，他忠心为以色列民祷告。

新约圣经的原则也是一样，光相信耶稣一次并不是信心，真正的信心是不管发生什么事，都持续相信耶稣，所以福音书才会说："忍耐到底的就必得救。"

新约圣经其他地方也是这样使用这节经文，有三处引用哈巴谷书2章4节，都把"义人必因信得生"诠释为持续相信的人。

罗马书1章16-17节，保罗说："我不以福音为耻，这福音本是神的大能，要救一切持续相信他的人（译注：英文直译，和合本没有翻译出来）：先是犹太人，后是希腊人。因为神的义正在这福音上显明出来；这义是本于信，以致于信。如经上所记：'义人必因信得生。'"换句话说，这义起于信，止于信，救赎来自持续相信。

加拉太书3章11节，保罗拿信心和守律法的自义比较。他说，没有人能靠律法称义，为什么呢？他引用哈巴谷书2章4节来解释，因为"义人必因信得生"，因信得生不是一次的行为，而是一生持续相信的态度，只有持续信靠基督，才能得救。

希伯来书作者也用这节经文来支持"需要持续相信"的论点。希伯来书10章39节引用哈巴谷书2章4节，之后又说："我们却不是退后入沉沦的那等人，乃是有信心（亦即"持续相信"）以致灵魂得救的人。"

所以这些经文显然都在强调，针对改教时期以来对这节经文的误用，要作出重要的纠正。切不可将这节经文解释成人只要相信过那么一次、只要曾经向耶稣决志，就会终生得救。这是误用了这节经文。义人必因"持续相信"主而得生命。有些基督徒自以为是，讲一些不合圣经的话，说什么"一次得救，永远得救"，好像只要一时相信了耶稣，就一定能逃过神的忿怒。然而，惟有持续相信神的人，才能渡过最坏的情况。

恶人会受苦

不过，神使用巴比伦人来审判之后，也不会让作恶的巴比伦人逃过制裁。哈巴谷书第2章的后半部，讲到一连串的灾祸要临到巴比伦人。"祸"这个字在圣经上意指咒诅，基督徒绝对不要乱用这个字，除非很清楚自己在做什么。当耶稣说"有祸了"，就会发生可怕的事。耶稣谈"祸"和谈"福"的次数差不多。比如在耶稣时代，加利利湖沿岸住了二十五万人，分布在四个主要的城镇，耶稣曾对其中三座城说："迦百农有祸了"、"伯赛大有祸了"、"哥拉汛有祸了"，独独没说"提比哩亚有祸了"。今天去加利利的人，都得住在提比哩亚，因为只有这座城镇还在，耶稣说过有祸的其他几座城，如今都不在了。

哈巴谷列出五个原因，说明巴比伦人为什么会惹神动怒：

1. **不公不义**。他们对所征服的国家强取豪夺，对人民毫不尊重。

2. **霸权统治**。他们高压统治所征服的国家，不关心公义，也不同情人民的困苦。
3. **没有人性**。神谴责他们杀人不眨眼，强迫奴工建造巴比伦城，对待敌人冷酷无情，甚至抓起婴儿的脚，把婴儿的头往石头上砸。
4. **毫无节制**。巴比伦人饮酒没有节制，常在酒醉之下做出可怕的事来，滥杀动物，滥砍树木。以色列人出兵的时候，除非有战事上的需要，否则神连一棵树都不许他们砍倒。
5. **拜偶像**。他们膜拜用木头、石头、金属造的、没有生命的偶像，漠视犹大的真神。当然，这个阶段的巴比伦，国势尚未到达巅峰，虽然如此，神仍叫哈巴谷向他们宣告末日。

所以，神斥责巴比伦人，是因为他们违背良心行事。巴比伦人并未和神立约，所以他们不是为了没有遵守神的律法而受审判。巴比伦人受审判，是因为做了心中明知不对的事。神对巴比伦人的审判，提醒了神的百姓，他也关切他们在这几方面的行为。

对哈巴谷的一番辩词，神的回答是，义人必存活，恶人必受苦。神不是没看见这些现象，他并非无能，也非不公义。他是永生的神，不像那些人手所造、没有生命的偶像。

神解答了哈巴谷的疑问之后，又对他说："全地都当肃敬静默。"意思就是："你已经得到回答了，现在闭嘴吧！"

✝ 赞美歌（3：1－19）

哈巴谷安静下来之后，这才明白过来。他不再跟神争辩，开始思考神这番话，然后心情整个为之一变。他明白神高瞻远瞩，看得比他远。虽然他目前看不见神在动工，但只要时机成熟，神就会行动。

哈巴谷书最后一章，由哈巴谷亲自配上曲子，反映出他心境的变化。他在这章的末了还吩咐要用弦乐弹奏。所以第3章呈现截然不同的观点，正因为完全不同，以至于有学者说第3章是后来加上去的。

他敬畏神过去的作为（3：1 — 16）

哈巴谷在第3章中，三次改变他的焦点。刚开始他用第三人称的"他"，然后改成第二人称的"你"，最后则是用第一人称的"我"，仿佛愈讲就感受愈强烈。

他（3：2 — 7）

哈巴谷先把焦点放在神当年施行大能，带领以色列人出埃及、在旷野漂流，以及占领迦南地的故事。他恳求神再度施行大能，他想亲眼目睹他听说过的这一切事。他这次没有请求神改变计划，没有质疑神的行动，只求神在忿怒中仍记得要怜悯他们。

所以，第1章的焦点是以色列的暴行，第2章的焦点是巴比伦人的暴行，第3章则呼求神的忿怒。

你（3：8 — 15）

在这几节经文中，哈巴谷看见一个异象。他还在问问题，但这次他问对了。他回想神创造万有，是那样尊贵、大有能力，他知道神有能力做他想做的事，如今哈巴谷知足地"安静等候灾难之日临到"。

他相信神未来的保守（3：17 — 19）

我（3：16 — 19）

第二人称的"你"变成第一人称的"我"，由此可见，哈巴谷听到巴比伦人入侵的消息时作何反应。即使从表面上看不出神的话会应验，他仍"凭信心而行"。他谈到内在的压力，谈到他因为看见未来的异象就喜乐起来。但他也面对外在的压力，十分沮丧。他不想看见即将临到以色列民的灾祸，但他却能够"在主里喜乐"。在第1章，他和神争辩，是因为他只看见目前的景况，但现在他回顾过去，看见神每次都介入，而他仰望未来，也看见神必会再度介入，于是他准备好要等候神。现代人往往把焦点放在目前的景况，没有时间回顾过去和仰望未来。但是，我们若再也受不了不公不义的事，回顾过去和仰望未来，有助于我们冷静下来。

我把哈巴谷书第3章改成歌词，配上贝多芬的《快乐颂》旋律来唱，用这段话来结束这一章，应该很合适。

> 主啊，你的名声，从起初就传遍各地，
> 你大能的作为，甚至让我听了就惧怕。
> 主啊，求你再度施行大能的作为，
> 证明你今天仍然一样，
> 但求你在忿怒中，怜悯尊崇你名的人。
> 看哪，圣洁的神降临，荣光布满天空，
> 从他手中发出大能，全地充满赞美的声音。
>
> 但犯罪的国家要颤抖，害怕遭遇灾祸和瘟疫。
> 当全能的神出现，连古时的山都要崩裂。
>
> 主啊，你是向江河发怒吗？
> 你是向海洋发怒吗？
> 你骑上战马，坐上战车，
> 是为了不喜悦江河吗？
> 山岭翻腾，洪水泛滥河谷，
> 日月都因害怕而停住，
> 你的箭射出发光，你的枪闪出光耀。
>
> 你忿怒通行大地，责打列国如同打粮，
> 只为了拯救你的百姓，拯救你的受膏者。
> 你打破恶人首领的头，剥光他的衣裳，
> 打裂他的头。
> 让那些像旋风一样的战士，最后随风飘散。

听到最后的结局,知道整个情况之后,
我心中激动万分,我的嘴唇颤抖,心脏狂跳,
我的双脚不停地颤抖,
但我仍要耐心等候神的作为。
只要敌人前来犯境,将来必要遭到报应。

虽然无花果树不发旺,葡萄树不结果,
虽然橄榄树不结果子,田地不出粮食,
虽然圈中绝了羊,棚内也没有牛,
我仍然要因耶和华欢欣,因为神是我全所有。

我要喜乐面对未来,我的力量恢复,
全能奇妙的主,求你答覆我忿怒的疑问。
我的心和我的脚,如鹿在高处跳跃,
请用丝弦的乐器,弹奏圣乐,唱出这些话。

26. 耶利米书和耶利米哀歌

✝ 引言

耶利米是旧约圣经中一个重要人物，也是很有名的一位先知，但大家并不是很喜欢读他这卷书，原因有三：太长、太难、太令人沮丧。

太长

这卷书篇幅很长，共有五十二章之多，仅次于以赛亚书的六十六章。传说耶利米到过南爱尔兰，吻了布拉尼之石，所以变得能言善道！从这卷书可以看出，耶利米传道四十年，发了许多预言，也可以看出他的助手忠心耿耿地把这些预言记录下来。但对许多读者来说，书卷篇幅太长，很难读得起劲。

太难

这卷书的内容没有按时间顺序或主题顺序组织，所以读起来难有头绪，好像只是把全部的资料随意放在一起，可说是一堆资料的搜集而已。加上耶利米的看法变来变去，更是雪上加霜。吹毛求疵的人特别喜欢挑出耶利米书中的矛盾。比如耶利米早期彻底反对巴比伦，后来却建议百姓臣服巴比伦，所以有些人说耶利米是政治叛徒。其实耶利米传道四十年之久，他的信息随处境而变，也照着神的指示调整方向。

太令人沮丧

一般人不喜欢耶利米书，最常见的原因是读起来令人沮丧，好像都在报告犹大的坏消息，然后说他因为看见犹大的遭遇，又看见自己的事奉没有果效，内心是多么的痛苦。"耶利米"（Jeremiah）这个名字，在英文里衍生出"泼冷水；扫兴"的意思；在文学上，Jeremiad意指哀伤的诗、哀歌。所以"耶利米"这几个字给人负面的印象。但耶利米书不全是坏消息，耶利米的预言也有好消息，只是藏在这么多坏消息当中，很容易被忽略。

虽然读起来困难重重，但这是一卷好书，圣经中有那么多人物，最让我感同身受的就是耶利米。有一次我讲解这整卷书，结果两度中断讲道，因为太激动了，好像觉得情感过于丰富难以分享。就是在那个系列的讲道中，我领受到预言，神要我离开当时的教会，出去巡回讲道，所以这卷书对我个人意义重大。

这卷书很精彩，因为传达出许多人性，让读者可以了解耶利米，体会他的处境。耶利米比其他先知更常表露情感和内心挣扎。但这卷书也表达出许多神圣的关注，因为里面对神的描述甚多。你若认真研读耶利米书，可以帮助你更了解神。

✝ 时代背景

耶利米在公元前7世纪开始传道，当时南方二支派的末日已近，他们最后在公元前586年被掳（有些百姓更早就被掳到外地）。耶利米一生经历七个犹大王：玛拿西、亚们、约西亚、约哈斯、约雅敬、约雅斤、西底家。耶利米四十年的传道事奉，是在最后五个王统治期间。

耶利米在祸患时期向神的百姓传道，北方十支派早已被亚述人掳走，耶路撒冷只剩下两个支派。此时以赛亚和弥迦已经不在了，他们的信息百姓都没有听进去。耶利米是最后一个向百姓传道的先知，警告百姓，大祸将临，再不悔改就来不及了。

耶利米在玛拿西作王时出生，这个坏王因为以赛亚预言他要遭祸，就把以赛亚放在中空的树干中锯死，更可怕的是，他还把自己亲生的婴孩献给魔鬼为祭，让耶路撒冷的街道上流满无辜人的血。玛拿西作王期间，有两个重要的男孩出生，一个是将来会作王的约西亚，另外一个就是先知耶利米。玛拿西之后，又来一个恶王亚们，他短暂作王几年，八岁的约西亚就登基为王。就是在约西亚作王期间，圣殿中一个蒙尘的老旧柜子里，发现了申命记的经卷。约西亚翻阅之后大惊，原来神的咒诅已经临到这地和百姓，于是他想要改革，可惜没有成功。

饶富兴味的是，耶利米虽然和约西亚同时代，却对当时的改革未发一语。耶利米书没有提到约西亚，列王纪也没有提到耶利米。耶利米仿佛知道，王下令推行的那些改革并不能改变人心。虽然表面上看起来还不错，其实景况毫无改变。后来约西亚没想清楚就去攻打埃及，结果在米吉多被杀，就是问题仍然存在的明证。

约西亚死后，继位的都是懦弱的坏王，耶利米的信息大多是在这四个王统治的期间传讲，所以才会这么负面。有时他会绝望地说："太晚了！"有时又忍不住希望百姓会悔改，神仍会扭转情况。

这两种心境不断拔河，可以从神给耶利米的一个例子看出来。耶利米书第18章记载神吩咐耶利米去陶匠家，观察陶匠怎样用手中的泥土制作器皿。很多人以为这个信息的重点是神可以对我们为所欲为，就连有些诗歌也这样唱："你是陶匠，我是泥土"，但这不是耶利米从神那里领受到的功课。他看见陶匠想做一只美丽的花瓶，可是手中的泥土不听话，于是陶匠只好把泥土又揉成一团，重新丢回转轮上，做成一只粗重的锅子。神问耶利米是否明白这个功课：要做成什么器皿，到底是由谁决定呢？答案是泥土，因为是那团泥土不肯照着陶匠原来的意思去做。所以耶利米的信息是，神想把泥土做成美丽的器皿，但泥土如果不肯配合，神就会把它做成丑陋的器皿。所以从耶利米的时代背景来看，神要说的是，就算已经到了这个地步，只要他的百姓愿意悔改，他仍然可以把他们做成美丽的器皿。所以在圣经中，神和百姓的关系是动态的，神不是把百姓当玩偶来操纵，一切都由他决定。神要我们回应，只要我们肯配合，他就会按照他的心意塑造我们。

但陶匠的比喻还有更进一步的教训：丑陋的陶器一旦烧烤后变硬，就不能再改变形状，接着耶利米必须摔破这只烧硬了的器皿，再把碎片扔进欣嫩谷的垃圾堆里。神的意思是说，我们的心若是一直刚硬，最后会硬到无法改变成美丽器皿的地步，这时神就会打碎我们。神宁愿在我们身上塑造出美丽的生命，只要我们回应他，他就会这样做。

耶利米在此指出，百姓不见得要面临毁灭的命运，还有一线希望。不过，耶利米书最后记载，犹大最后一位王——西底家被巴比伦人掳走。巴比伦人当着他的面，杀光他的儿子，然后挖出他的眼睛，把他带走。这看似神百姓的悲惨末日，但这并不是最后的结局。

✝ 先知身份

耶利米的名字很不寻常，在希伯来文中，这名字有两种含义，一是"建造"，一是"拆毁"，有点像raise和raze这两个英文字，发音一样，但含义相反，一个意指升高，一个意指毁灭。耶利米的名字完美描述了他的事奉，他四十年来所传讲的信息，基本上就是神会拆毁悖逆他的人，但是会建造顺服他的人。

耶利米出生在亚拿突（今名作Anatah），距耶路撒冷东北三英里处，俯瞰死海。他还在母腹中，神就指定他作先知，就像施洗约翰一样，还在母腹中就被分别为圣。长大后，他个性胆怯敏感又害羞。他生在祭司家族，但这个家族受到神的审判，以利因为犯罪，后代遭神咒诅，活不到老年。所以神必须早点呼召耶利米出来传道，才能使用他四十年！耶利米热爱大自然，常用自然界来解释神的信息，尤其是用鸟类。

耶利米大约十七岁的时候开始传道。一开始他很紧张，神向他保证，会让他的额头像铜墙一般，这样就不会惧怕别人的敌视或批评。曾在公共场合说话的人，都能体会这是什么意思。

耶利米的传道生涯十分艰难。他必须离开家乡，搬到三英里外的耶路撒冷，因为连亲人也想要杀他。他传道四十年，跟哈巴谷、西番雅、以西结、但以理是同一时期的人。他劝百姓向巴比伦人投降，结果大家都恨他，谁都不喜欢求和政策。巴比伦人给耶利米两个选择，一是跟同胞一起去巴比伦，一是留在犹大，其实他根本没有选择的余地，因为他讨厌巴比伦人，而他的同胞讨厌他。

耶利米最后沦落到埃及，有几个犹太人挟持他，把他带到尼罗河的伊里芬丁岛，当时约柜已被掳走（现在可能就在埃塞俄比亚）。耶利米就在此地孤单死去，这是很悲哀的故事。

†传道方式

传讲

耶利米虽然以口传道，但大多用诗的形式传讲。很多版本的圣经会把诗体印成短句，有别于散文体，散文体看起来比较像报纸上的专栏。当神用散文表达，是把他的意念传达给读者的意念，但是当神用诗来表达，则是把他的感受传达到读者的内心。诗当然是一种内心的语言，耶利米的预言大多是诗。可惜有太多人以为读圣经只是在了解神的想法，没有注意到圣经是一本充满感情的书。我认为英文译本《当代圣经》最能够传达出希伯文原文的感情，把神的感受译得最准确，但是对于神的想法，这个版本就不见得译得最精准了。

表演

耶利米有时会用表演的方式来传达信息，为的是引人评论。有一次，他把一件又脏又旧的内衣埋起来，别人问他为什么这样做，他说这内衣适足以形容百姓内心的景况。前文也已指出，他从观察陶匠工作学到重要的功课。还有一次，耶利米把牛背上的轭套到自己身上，表示百姓需要臣服于巴比伦人。后来，耶路撒冷城里人人都在变卖家产，因为知道巴比伦人来了之后，所有的东西就都不值钱了，神却叫耶利米去买下那些东西。耶利米就向一个急着脱售田产的亲戚买了一块田地。他知道将来有一天，百姓会从巴比伦归回，于是用实际的行动来传达信息。

耶利米的表演还包括藏石头、把书卷丢进伯拉河（即幼发拉底河），以及像妇女一样，头上顶着瓦罐在城里走来走去。这些行为都很惊世骇俗，但是能让信息广传。

写作

耶利米的预言被巴录保存下来，巴录是神国度中一个默默耕耘的小人物，他的角色就像耶利米的秘书。有一次，耶利米的预言激怒了约雅敬王，王就拿一把刀，把记录预言的书卷砍断、烧掉。耶利米事奉了二十三年之后，被禁止公开传道，是巴录把耶利米的话记录下来，民众才能继续听到耶利米的信息。巴录自己没有做过什么大事，但是因着他的记录，别人可以听见神的话。其实默默事奉的人，神给他们的奖赏会多过于那些公开事奉的人。如果没有这些人，神的话恐怕会失传。

✝ 信息

我们已经看到，耶利米书并没有按照时间或主题的顺序来写，所以读起来有点困难，但还是有一个大致的模式，有助于我们了解这卷书。

前言——耶利米个人蒙召经过（1:1－19）

犯罪的国家（2－45章）

公元前627至605年：灾祸近在眼前（2－20章）（主要为诗体）
巴比伦摧毁亚述（公元前612年）
巴比伦打败埃及（公元前605年）
公元前605－585年：国家必得重建（21－45章）（主要为散文体）
巴比伦掳走犹大

邻国（46－51章）

结语——以色列的国难（52章）

第1章是前言，讲述耶利米年少蒙召的经过，也讲到他的个性非常羞怯，不敢在公共场合说话。

第2至45章的主题是"犯罪的国家",谈到耶利米预言犹大很快就会受到惩罚。这一部分涵盖了公元前627到605年,主要以诗体呈现,这表示耶利米在传达神对百姓的感受,尤其是遗憾与忿怒。神的感受很矛盾,他爱百姓,却不能任由百姓我行我素。就是在这几章中,耶利米预言巴比伦会摧毁亚述、打败埃及。犹大历来几位国王都误以为和埃及签订了和约,就会受到保护。

第21至45章讲到一个好消息,耶利米看得更远,不再只看见被掳的绝望,他看到最终的重建与恢复。他知道大势已去,无可挽回,于是向百姓传讲一幅长久之后的景象:他们终将得到重建和恢复。这一大段多以散文体呈现,因为主要是在传达神的想法而非感受。从长远来看,巴比伦掳走犹大、摧毁耶路撒冷之后,有些人会归回,重建耶路撒冷,所以情况并非完全绝望。

第46至51章讲神对犹大邻国的审判。以色列会得到重建,而那些为以色列带来祸害的国家则会受到审判。神在历史上向来如此施行公义。

第52章有点像结语,谈到大祸要临到全国,重创耶利米的同胞。这章描述耶利米被带到埃及,耶路撒冷人去城空、惨遭破坏,结局悲惨。

和其他先知相同的信息

耶利米有很多信息都跟其他先知的信息雷同。其实你若一口气连读好几卷先知书,很容易觉得无聊,因为讲的都是相同的信息:拜偶像、淫乱、不公义。众先知同样都看见国家走下坡的景况。耶路撒冷充满暴行,孩童不能在街上玩耍,老人不敢单独出门。

耶利米的信息有四大重点,在其他先知书中也可看到。有一次耶利米差点被处死,幸好有人提醒,弥迦以前也传讲过同样的话,这才救了耶利米一命。

1. 离经叛道的百姓

百姓彻底败坏,拜偶像和淫乱是两大罪行,神的百姓竟然采纳邻国一些可怕的习俗,包括在欣嫩谷献孩童为祭,又把偶像引进神的圣殿,公然违背十诫中的第二诫。众民道德败坏,婚姻破裂。

神要耶利米告诉他们，谁必须为这个景况负责。

先知

耶利米的事奉受到周遭一些人破坏。这些人自称是先知，但他们传给百姓的信息却跟耶利米的信息相反。在第23章，耶利米攻击那些假先知，控告他们从未遵行神的旨意，从未听见神说话，只是抄袭彼此的信息甚或自己杜撰信息，专讲百姓想听的话，尤其说什么"平安了，平安了"，其实根本没有平安。这些人说不必担心，因为耶路撒冷是神的城，神自然会看顾圣殿。但耶利米反驳这些把圣殿当靠山的人，说他们早就把圣殿变成了贼窝，并且警告他们，别以为自己是神的百姓就有保障、就不会受到审判。

新约圣经也有类似的教训，耶稣有关于地狱的警告，大多是针对重生得救的基督徒讲的！可是我遇过许多基督徒根本就不怕地狱，因为他们认定凡自称基督徒的人都不可能下地狱。

可是耶稣教导我们，必须持守信心，才能逃过将来要临到的忿怒。使徒保罗也提醒重生得救的基督徒：将来人人都要来到基督的审判台前，我们虽因信称义，却仍要因行为受审判。

祭司

耶利米指责祭司要为国家的罪负责，因为那些祭司支持我们今天所谓的"跨宗教节庆"，打着包容的旗号，办一些异教的宗教仪式，就像今天在英国，有些崇拜聚会也纳入非基督教的宗教团体，抱持错误的信仰，以为条条道路都通向同一位神。

君王

君王受到谴责，因为没有遵守神的律法。耶利米预言，约雅敬王死的时候，不会有人哀悼，而且还会像驴一样被埋掉，结果正如耶利米的预言。犹大最后一个王西底家，个性懦弱，摇摆不定，只是政客的傀儡。

耶利米用了很多性事的比喻，来形容变节的百姓，其中有些比喻十分露骨。他看见百姓背叛神，膜拜别的神明，就形容他们像妻子对丈夫不忠，跟了别的男人。第一个使用这比喻的是何西阿。耶利米叫百姓想一想，面对这样一个不忠的妻子，神会有什么感受？百姓在其他人际关系上也一样不忠。耶利米说，耶路撒冷城中没有一个诚实人。

最可怕的是，耶利米告诉百姓，他们的脸皮已经厚到不会脸红的地步，毫无羞耻心，完全不会因为变节而良心不安。神已经和北方十支派离婚，难道他们也要神和南方二支派离婚吗？

2. 灾祸近在眼前

耶利米信息的第二大重点，其他先知也有提到，就是即将来到的灾祸。在摩西时代，神给以色列两个应许，一个是："只要你们顺服，我就赐福给你们"，另一个是："你们若是悖逆，我就咒诅你们"。在西奈山上立约时，神又重申了这两个应许。所以当神降罚，其实是守住了自己的应许。大多数人想到神的信实，只会想到神不断赐福给我们，却没有想到，神的信实也同样表现在惩罚和赦免上。

耶利米具体指出将来会发生的事。他在异象中看见一个烧开的锅，从北而倾，于是告诉百姓，危险将来自北方——不是来自掳走十支派的亚述，而是来自巴比伦，巴比伦大军会从北方入侵。耶利米警告百姓，危险很快就会来到。他在异象中看见一根杏树枝突然开花，这是春天的预兆，而且杏树的花开得特别快。他说巴比伦人会突然入侵，就像杏树枝突然开花一样。

3. 最后必得重建

但在悲惨的命运背后，出现一线希望的曙光。耶利米书对神百姓的未来也有令人振奋的预言。耶利米预言，国家必得重建，并且与神重新立约。摩西的旧约不管用了，因为这些律法写在人的外面而不是人的里面，写在石版上而不是写在心版上。所以耶利米书第31章有一段全旧约圣经最美的预言，说神将与以色列家和犹大家另立新约，到时候，他要把他的律法写在人心中。他们不再需要别人来教导他们认识神，因为他们全都认识神，神也会赦免他们，不再记念他们的罪。

很多人在教会朗读这段经文时，就停在这里了，但我要继续往下读。神还说：

> 那使太阳白日发光，使星月有定例，黑夜发亮，又搅动大海，使海中波浪砰訇的，万军之耶和华是他的名。他如此说：'这些定例若能在我面前废掉，以色列的后裔也就在我面前断绝，永远不再成国。'这是耶和华说的。（31：35—36）

所以主说，除非天上的定律和地上的根基都废掉，否则他永远不会因为以色列的后裔行恶事就弃绝他们。神保证他一定会守约，以色列会永远存在，而且以色列今天仍然存在。"以色列"这名字今天可以回到地图上，就证明了神守住他的应许。

此时，耶利米保证，他的同胞最后必得重建。他写道，神会再度带领他们回家，他们必要喜乐、欢唱、手舞足蹈，并说这事会在七十年后成就。（这个数字后来鼓舞了但以理，但以理在被掳到异邦后，读到这个预言，发现七十年的时间快到了。这个数字看似随机，其实是仔细计算过的，那地需要七十年休养生息，因为以色列人在之前的五百年间，没有遵守每七年休耕一年的命令，见历代志下36章21节。）

耶利米也向同胞保证，犹大将来必有一位新王，要称作"好牧人"、"公义的苗"、"拯救的王"、"大卫树上的苗"、"生命的泉源"。他保证，这人一定会来，来为他们得回王位，而外邦人也会分享犹大蒙受的福分。

4. 受惩罚的敌人

神虽然会容许巴比伦人掳走犹大百姓，但他也保证要惩罚巴比伦人的残酷行径，先知哈巴谷也传讲过这信息。巴比伦后来为波斯人所征服，应验了这个预言（犹太人也将因波斯古列王的颁令，得以归回祖国）。其他会受到惩罚的敌人还有：埃及、非利士、摩押、亚们、以东、大马士革（叙利亚）、基达、夏琐、以拦。耶利米书最后有一段话，预言这些国家的下场。这些国家不是攻击过以色列，就是对以色列不友善。神会伸冤，不是以色列自己伸冤。只有埃及和巴比伦得到一些正面的评论。

和其他先知不同的信息

前文指出耶利米和其他先知相同的信息，现在来看他讲的三件事，是其他先知没讲过的。

1. 属灵方面

耶利米被称作"属灵的先知"，因为他说，如果不是出于真心，那么有宗教仪式反而更糟。耶利米谴责的是虚伪的敬拜，有些人却误以为耶利米说向神献祭的体制只是在浪费时间。其实他是说，外在的仪式不那么重要，因为神要看的是你的心。敬拜神的人是不是真的属灵？肉体也许行了割礼，但心也行了割礼吗？祭司误导百姓，让百姓误以为宗教仪式可以取代敬虔的生命，所以耶利米需要特别强调信仰生活中的属灵层面。

耶利米也在预备百姓面临将来失去圣殿的那天，到时候就不能再献祭了。犹太人在巴比伦的聚会，成了后来的"会堂"。"会堂"一词的希腊文，意思就是"聚在一起"。神的百姓聚在一起，是为了做三件事：向神赞美、向神祷告、研读圣经。这很像新约圣经中的教会生活，祭司变成多余的，因为基督已经一次且永远地献上自己为祭。教会没有圣殿、祭坛、香炉、祭司和献祭仪式，新约圣经的教会只是聚在一起领圣餐、祷告、赞美、读经研经。所以初代教会其实就是基督徒的会堂。基督教教会从一开始，就面临一个试探：想要回到圣殿中的仪式，想要有祭司、香炉和祭司袍，但这是走回旧约圣经里的模式，并非神的心意。

耶利米带领百姓脱离对仪式的依赖，这样他们被掳到巴比伦后，虽然没有圣殿，仍然可以聚会。只有耶利米这位先知预先看见他们必须找到另一种信仰形式，不再靠圣殿和圣殿内的各样设施。

2. 个人方面

耶利米所发预言的第二个特点，是他预言神在新约中会亲自面对每一个人。神在西奈山上是和团体立约，不是和个人立约，是针对全体，而非针对个人。在新约圣经中，新的约有个令人惊讶的特点，就是强调每一个个体。耶利米说："当那些日子，人不再说：'父亲吃了酸葡萄，儿子的牙酸倒了。'但各人必因自己的罪死亡，凡吃酸葡萄的，自己的牙必酸倒。"（耶31：29－30）

在新约圣经中，新的约是神和各人分别立下的，所以人不可能靠着继承父业而在神国占有一席之地，神会分别处置每一个人，因为人人需要为自己做决定。所以在新约中，人是因为自己信靠基督才能受洗。

所以，新约圣经说审判日那天，每个人要单独受审判，为自己的罪负责，不需要为别人的罪负责。这是很大的改变，神从审判整个民族，改成审判个人，耶利米是第一个指出这点的先知，后来以西结再度指出这点，整部新约圣经都以此理解作为基础。

耶利米的人生在很多方面都呈现出这个原则。他被人赶出圣殿，遭当地的会堂排斥，他必须独自倚靠神才活得下去。

3. 政治方面

耶利米在政治上对以色列君王的建言，也比其他先知多得多。犹大的国力不断衰败，于是一再和强国结盟，但是耶利米警告君王不要向埃及求助，因为巴比伦连埃及也会打败。在政治上，耶利米的建议是犹大向巴比伦投降，配合巴比伦的要求，谈出最好的投降条件。他甚至把巴比伦王尼布甲尼撒形容为神的仆人，这简直就像在1939年的时候，教会有人叫英国政府和希特勒谈判，说希特勒是神差来的一样。听起来就像是卖国贼说的话，不先努力保卫耶路撒冷，反倒直接建议向暴君投降。

但犹大君王不听劝，耶利米被称作叛徒。他建议犹大向巴比伦人投降，自己在肩上负轭，在耶路撒冷城里走来走去，好让百姓知道该怎么做才对。后来巴比伦王来到耶路撒冷时，还想表扬耶利米一番（见39章），我们可以想象其他犹太人对这件事的感受。但是对长久以来遭到迫害和误解的耶利米来说，这只不过是最后一个片段。

✝ 迫害

耶利米从事奉之初，就一直遭到迫害。最早想杀他的，是他在亚拿突家乡的亲人。因为十几岁的耶利米已经把全耶路撒冷城的人得罪光了，于家族名声有损，所以亲人想要杀他。这时神却对他说："这只不过是要训练你面对更坏的情况。"这算什么安慰啊！

从此，耶利米被贴上卖国贼的标签，遭受其他先知排斥，因为那些都是假先知。祭司也排斥他，因为他批评祭司的工作，批评圣殿和献祭。君王视他为政治叛徒，百姓恨他，想尽各种办法要置他于死地。

耶利米不但遭受死亡的威胁，还有好几次死里逃生。有一次，祭司巴施户珥毒打他，把他关进阴暗的黑牢。还有好几次，他被戴上手铐脚镣，脖子套上铁圈。后来，他整个人被丢进蓄水池（这种水池像深井，形状如酒瓶，颈部狭窄，以防止水气蒸发）。水池里没水时，底部通常会淤积四、五英尺高的烂泥巴，所以耶利米脖子以下都陷在烂泥巴里，在漆黑中，只能从上面的小洞口看见日光，当然他只能站着，否则就会被泥巴淹没。后来是一个外地人可怜他，垂下一根绳子把他拉上来，救了他一命。耶利米常常到处躲藏，因为总有人要攻击他，耶路撒冷没有人想听他的忠告。最后有几个逃到埃及的犹太人，强行带走耶利米。耶利米后来死在埃及，圣经没有记载他的死亡。有一派传统的看法是，他是被石头打死的（见太21：35）。不管发生什么事，显然他默默死去，根本没有想到将来会闻名世界，没有想到两千五百年后的今天，我们会在这里谈论他。

† 痛苦

耶利米被称作"泪眼先知"。从耶利米哀歌可以看出，他对同胞、对丧失的故土、对被毁的耶路撒冷，心中充满痛苦。其实，光从耶利米书就可以看出他内心的痛苦，因为他不怕让人知道他在那样的情况下如何向神祷告。

肉体的痛苦

前文已经说过，那些藐视耶利米信息的人怎样在肉体上虐待耶利米。耶利米不怕赤裸裸表达感受，但别人对他的批评和伤害，尤其是亲人视他为叛徒，让他的内心非常受伤。他忠心传讲神的信息，却遭人唾弃，他在事奉的路上非常孤单。

内心的痛苦

肉体受苦已经够惨了，他还觉得是神让他陷入这种困境。最苦的是，他觉得神让他别无选择。神呼召他作先知，他困在这个事奉里，没有别条路可走。他发预言时也说出心中的怨恨、精神和情感上的折磨，因为他遭人排斥，寂寞孤单。

其中一个不幸的处境是，他无法透过婚姻来解决寂寞孤单的心情，神不准他结婚。这么一来，耶利米就不会在巴比伦人来的时候，看见自己的子女挨饿。他的人生因此成了有力的信息，就像神命令何西阿娶妓女为妻，命令以西结不要为亡妻哀哭，这些先知以亲身的体验来向百姓传讲信息。

这卷书清楚记载了耶利米的痛苦，这也帮助了那些正经历创痛的人。

耶利米有一次对神说："耶和华啊，我晓得，人的道路不由自己，行路的人也不能定自己的脚步。"他还有一段呐喊常被引用："我若说：我不再提耶和华，也不再奉他的名讲论，我便心里觉得似乎有烧着的火闭塞在我骨中，我就含忍不住，不能自禁。"可怜的耶利米等于在说："我不要再讲道了，可是我偏偏闭不了口，他的话好像在我骨中焚烧，我非说出来不可。"

耶利米别无选择，只能继续传道，因为他的心为主焚烧。即使他决定再也不要传道了，却又马上出去传道。其实不是神强迫他这么做，神从来不强迫人，但我们可以了解耶利米那种受困的感受。

耶利米知道百姓不会听，有好几次他下了结论，说自己在执行一个没有希望的任务。神甚至不准他为百姓祷告（7∶16）。

尽管如此，在耶利米书中，耶利米的祷告占有重要的地位，其中有几段非常感人（比如1∶6，4∶10，10∶23－25，11∶20，12∶1－4，15∶15－18，17∶14－18，18∶19－23，20∶7－18）。耶利米这九段祷告，是圣经中非常诚实坦白的祷告，他把心中的感受一五一十的告诉神,成为我们祷告时可以学习的好榜样。

† 耶利米哀歌

耶利米哀歌是耶利米写的,很适合跟耶利米书一起看。这是圣经上很令人感伤的一卷书,很多人会拿这卷书和约伯记比较,但是在约伯记中,约伯难过是因为自己遭灾,而在耶利米哀歌,耶利米哭泣是因国家遭遇灾难。读耶利米哀歌时,几乎可以看见耶利米的眼泪掉在书页上,墨水被泪水晕开,他真的是掏心掏肺,肝肠寸断。

旧约圣经的希腊文译本把这卷书取名为"泪水";希伯来原文圣经的卷名叫作"怎么会"(How),因为这是书卷开头第一个字;英文圣经的卷名"耶利米哀歌",是来自拉丁文的泪水一词。

这卷书是耶利米看见耶路撒冷变成荒场的时候写的。圣殿被毁、城破人亡之前,他也体会到同胞心中的那种痛苦。耶路撒冷围城期间,城内惨不忍睹,母亲不得不吃掉自己的婴孩,甚至吃产妇分娩后脱落的胎盘,情况非常凄惨,悲哀到极点,耶利米忍不住哭了。那情景一定很像原子弹轰炸后的广岛,或是近年来饱受战争蹂躏的科索沃。

这卷书是由一连串的哀歌组成,这一点也不令人意外。我们知道耶利米是个诗人,因为他的预言大多以诗的形式呈现;我们也知道他擅长音乐,写了一些诗歌,因为从耶利米书就看得出来。这突显出预言和音乐的密切关系,预言的灵会启发诗意还有音乐,反之亦然。旧约圣经中有几位先知,在发预言之前会先请人弹奏音乐,撒迦利亚、以西结,还有大卫都是最好的例子。

耶利米写的哀歌不只有这些,他还为年少的约西亚王写过一首哀歌(历代志中提及),约西亚王误以为自己能打败埃及人,结果在米吉多被杀。就像扫罗和约拿单为了对抗非利士人而丧生战场后,大卫为他们唱哀歌,耶利米也写了一首哀歌给全国人民唱,哀悼约西亚王的崩逝,哀悼他作王的应许提早结束。

耶利米哀歌的架构

尽管耶路撒冷城被毁，百姓被掳，令耶利米悲恸万分，肝肠寸断，但他仍依照严谨的准则来写这些哀歌。圣经的分章总算有一次断在正确的地方了，耶利米哀歌的每一章就是一首诗，共有五章，这五首诗的编排仔细又巧妙。

耶利米采用离合诗的形式，以字母作为架构来谱歌或写诗，因为希伯来文有二十二个字母，所以每一段有二十二节。

五首诗歌中，有四首是离合诗的模式。第三首略微不同，共有六十六节，但也是用离合诗的方式。

第一首诗有二十二节，每个字母带出一节经文，每一节经文有三行。第二首诗同样是以希伯来文的第一个字母开头。再来第三首诗，每个字母再一次带出三节经文。第四首诗又回到二十二节，而每一节经文有两行。只有最后一首诗，没有按照字母的顺序写，但仍然有二十二节。

为什么要用这种形式写呢？

1. 比较容易记住。耶利米希望留在以色列的百姓和被掳的百姓在听到他的哀歌后，都能牢记在心，写成离合诗，有助于记忆。
2. 这个方法有助于表达耶利米心中所有的悲伤，离合诗有象征意义，因为囊括了从第一个到最后一个的字母，从起初到末了，象征哀情尽诉。
3. 但我觉得第三个原因最为明显。我做过一个小小的实验，拿出一张纸，在上面写下英文的二十六个字母，看看能不能够帮助我归纳出耶利米哀歌的重点，结果真的有帮助。以下的文字虽不是精彩佳作，却能够归纳出整卷耶利米哀歌的精神：

> Awful is the sight of the ruined city
> Blood flows down the streets
> Catastrophe has come to my people
> Dreadful is their fate

Every house has been destroyed

Families are broken forever

God promised he would do this

Holy is his name

I am worn out with weeping

Just broken in spirit

Knowing not why

Let me die like the others

My life has no meaning

Never again will I laugh

Or dance for joy

Please comfort me, Lord

Quieten my spirit

Remind me of your future plans

Save your people from despair

Tell them you still love them

Understand their feelings

Vent your anger on their destroyers

We will again

eXalt your name

Yield to your will

Zealous for your reputation

毁坏的城惨不忍睹，
整条街道血流成河。
灾祸临到我的同胞，
他们命运何等凄惨。
殿堂房舍尽都毁坏，

所有家庭破碎离散。
信实的神施行审判，
他的名称为圣洁。
我哭得肝肠寸断，
灵里哀伤破碎
不明白为何如此。
让我和大家一起死吧，
我的生命毫无意义。
我再也无心嬉笑，
再也无心欢然起舞。
主啊！求你安慰我，
使我的灵安静，
叫我思想你未来的计划。
求你拯救你的百姓脱离绝望，
告诉他们，你仍然爱他们。
你了解他们的感受，
你向他们的仇敌发怒。
我们必定要再度
高举你的圣名，
遵行你的旨意，
热心维护你的名声。

所以，字母是有用的工具，有助于表达情感。

为什么要写哀歌？

虽然写成哀歌是明智的做法，但他为什么选择写哀歌，原因不是马上可以看出来，尤其他写的另一卷书篇幅那么长。

我相信，他谱写哀歌，是希望别人跟他一起哭、一起唱这些哀歌。

也许他想把这些哀歌寄给被掳的同胞，让他们也能抒发内心的感受。这道理很明白，因为人遭遇不幸的时候，必须能够表达感受。如果内心感到悲伤，要能够表达出来才行。叫丧亲的人勇敢别哭，是很残酷的。犹太人和天主教徒最懂得表达感受，因为他们有守灵的传统，积极鼓励人为死去的亲人哀哭。圣经从头到尾都鼓励人哭，西方文化敬佩那些不哭的人，这种想法源自古希腊思想，而非希伯来思想。今天在以色列，想当总理的人，必须要能够为阵亡的以色列将士流泪，否则当不了总理，因为希伯来人认为真正的男人会流泪，流泪并不代表软弱。

她、他、我、他们、我们

接下来我们必须注意到，这几首诗中的代名词，每章都不一样。

第一首诗用的是女性的代名词"她"，指耶路撒冷城，并且称城中的百姓为耶路撒冷的女儿。在旧约圣经中，城市和城里的百姓，常被视为女性，英文也遵循这个传统。

第二首诗的代名词，全部用"他"，讲的是造成这场灾祸的那位，也就是神。

第三首诗最长，也和个人最有关系，因为是在讲耶利米自己，这章的焦点放在"我"。

第四首诗用的代名词是"他们"，相较之下，这首诗几乎和个人无关，只是客观地描述"那些人"，描述"他们"。

第五首诗的代名词回到"我们"，耶利米再度把自己和同胞视为一体，这时他不再用"他"来称呼神，而是直接说"你"。

我们若仔细研读圣经，就会注意到，这些小小的代名词有助于我们明白经文的含义。五个非常不同的主题，需要五个非常不同的标题，反映出耶利米选择的视角和解读方式。

五首诗

1. 灾祸——"她"

第一首诗讲被毁的城市和城中的百姓。

这首诗不只讲全城遭到围困和摧毁，也不只讲圣殿被毁，真正让耶利米痛心的是，这是神的城市啊！他知道真正的原因在于罪，而这又让他更心痛了。耶利米所描述的情景，显然是他亲眼所见。他眼睁睁看见巴比伦掳走犹太人后，到处是被毁的建筑和废弃的街道。我们可以想象耶利米沉痛指责少数几个留下来的人："你们这些经过的人，难道无动于衷吗？看到这么可怕的景象，心里难道没有感觉吗？"耶利米生动描述了这座荒凉的空城，可见他看到那景象的时候，心中多么痛苦。

2. 祸因——"他"

第二首诗的焦点是，假如犹太人听从耶利米的建议，向巴比伦投降，这场灾祸就不会临到。耶利米很痛苦，因为知道自己本来有可能帮助大家逃过这场大祸的。耶利米知道，是神允许百姓被掳，因为神早就警告过他们，他们若是悖逆，就会受到这种处置，但耶利米还是感到很挫折，因为百姓错失了机会。这种心情在第二首诗中尤其明显，诗中五次提到神的忿怒。耶利米知道，将来有一天，神的忿怒会爆发。圣经中描述两种忿怒，一种是慢慢酝酿的忿怒，一种是迅速爆发的忿怒，将一切焚毁净尽。人有这两种忿怒，都会带来麻烦。神也有这两种忿怒，但是神的忿怒没有自私的本质，不像人的忿怒。

关于神的怒气，圣经所强调的重点是，我们若不仔细观察神，若没有看出神的怒气正在酝酿，大概就要等到神的怒气爆发了才会察觉。罗马书第1章告诉我们，神已经怒火中烧，也告诉我们神怒火中烧的征兆。比如，人把正常的关系换成不正常的关系，另一个征兆是反社会的行为，还有家庭的破裂。可悲的是，这样的事在西方世界竟已司空见惯。

3. 拯救——"我"

第三首诗描述个人的感受。耶利米顿悟到，神大可在怒气中灭绝所有的人，但他只让百姓被掳到巴比伦，仍然存活。这群百姓没有全部灭亡，这个民族仍在。耶利米相信，以色列之所以没有断绝，是因为神的怜悯，他说："你的怜悯每早晨都是新的。"

抱持这种态度是好的，不管我们遇到什么问题，总是可以仰望神的怜悯。这世界的生活态度和神百姓的生活态度，在根本上就大大不同。这世界的生活是以功绩／功德（merit）为基础，看自己应得多少，也就是你付出多少，就得到多少。但天国的生活，是以怜悯（mercy）为基础。这个世界要求功绩，而基督徒知道自己是没有功德的。

4. 后果——"他们"

接下来，耶利米回顾不悔改的后果，甚至回顾伊甸园，看神对亚当和夏娃施行合乎公义的惩罚。耶利米要众人知道，这一切的悲哀有一个目的：人需要知道，神必须惩罚罪，但他也会施行拯救。

5. 呼求——"我们"

最后一首诗是一个祷告，祈求神的怜悯。耶利米知道神是他们惟一的盼望，于是他将绝望化为祷告，求神重建这个国家，让百姓归回自己的土地。

有一个主题在五首诗中都出现，就是"罪"这个字。旧约圣经几乎每一页都提到"罪"，有时只是出现"罪"这个字，有时陈述罪行。相较之下，新约圣经几乎每一页都在讲救赎。

耶利米坦白指出，百姓犯罪，理当受罚，但他同时向神祈求，求神怜悯百姓。所以我们称这卷书为哀歌集，因为总共有五首不同的哀歌。

直到今天，所有的犹太会堂，每年都要在亚笔月（七月）的第九天吟唱整卷耶利米哀歌，因为那是巴比伦人当年摧毁圣殿的日子。

犹太人直到今天都还过逾越节，记念当年出埃及，也在亚笔月第九日记念圣殿被毁。每年七月，只要到犹太会堂，就会听见他们唱哀歌。令人惊讶的是，亚笔月九日不只是犹太人失去第一座圣殿的日子——公元70年，就在同一天，提多将军也来到耶路撒冷，摧毁了第二座圣殿。

他们在那一天，为失去第一座圣殿和第二座圣殿唱哀歌。当然，耶稣早就预言第二座圣殿要被毁。就像耶利米来警告百姓他们会失去第一座圣殿一样，耶稣也来警告众人他们会失去第二座圣殿。因为这个缘故，耶稣和耶利米常被拿来相提并论。

耶稣有一次问门徒："人说我是谁？"门徒回答，有人说耶稣是耶利米再世。也许我们无法立刻看出耶利米先知和耶稣的相似之处,但耶利米的一生确实很像耶稣的一生。正如耶利米大可说:"人的仇敌就是自己家里的人",耶稣也遭到家乡人的排斥。他在家乡拿撒勒,差点被人群推下山崖。耶稣有五次差点遇害。此外,耶稣做过的一些事和耶利米做的事有异曲同工之妙。耶稣洁净圣殿,用鞭子鞭打犹太人,因为他们把圣殿变成充满贪婪的银钱兑换中心,当时耶稣就引述耶利米的话说:"你们竟敢将我父的殿变成贼窝!"

在众人心中,耶稣跟耶利米很像。耶利米曾说:"我觉得自己像是即将被宰杀的羊"。而耶稣则提醒众人说,他们的祖先曾用石头打先知,唾弃神差来他们中间的先知。

和耶稣的关联

耶路撒冷北边有一个洞穴,按犹太传统,称作"耶利米的山洞",因为犹太人相信,耶利米当年在寂寞伤痛的时候,会去那里祷告。这洞穴就在各各他山上,也就是耶稣当年被钉十字架的地方。

耶稣往加略山的路上,曾说过一句话:"这些事既行在有汁水的树上,那枯干的树将来怎么样呢?"他是在告诉耶路撒冷人,别为他哭泣,要为他们自己哭,因为时候将到,到时候情况会更恶劣。他指的就是公元70年圣殿被毁,只不过是四十年后的事。这四十年是一段考验的时期,神给犹太人四十年去回应他受死又复活的儿子。可惜犹太人一直硬着心肠没有回应,所以四十年后,圣殿再度被毁。

命运

新约圣经中的基督徒,面临两种可能的命运。第一种可能的命运是——哀哭切齿。耶稣每次用这些字眼,都是对门徒讲话的时候,但很多人以为这些话是讲给未信主的人听的。基督徒第二种可能的命运是——神要擦去我们所有的眼泪。简而言之,我们面对的这两种命运,都和眼泪有关,一个是永远哭泣,一个是由神擦去眼泪。

不只基督徒要面对这两种命运,世人也要面对这两种命运。引用耶利米书和耶利米哀歌最多的一卷书,就是启示录,这卷书把焦点放在末后的日子。新约圣经引用耶利米书的经文,有一半都在启示录,而且是用来指巴比伦城。启示录中的巴比伦,是终极的世界金融中心,这个城市终将被毁。巴比伦被摧毁的时候,世人会为之哭泣,但是启示录说,到时候基督徒要高唱哈利路亚。亨德尔的弥赛亚歌剧,有一段哈利路亚颂歌,很少有人知道这里的哈利路亚是在庆祝全球股市崩盘!到时候,全球的银行都会破产,人类所建立的体制会全部瓦解。

启示录第18章的结尾,一再引用耶利米书。耶利米哀歌说到耶路撒冷成为荒场。但是,未来神会从天上降下一座新城在地上——新耶路撒冷,这城有如为新郎妆扮的新娘一般美丽。到时候,我们会永远住在新地上,永远住在新耶路撒冷。

27. 俄巴底亚书

† 引言

  以色列被掳之前的众先知当中,俄巴底亚是第一个,俄巴底亚书也是旧约圣经中最短的一卷书,全书只有二十一节。俄巴底亚在公元前845年传讲预言,在他之后的三百年间,出现一位又一位的先知,警告神的百姓不要继续行恶事。(编按:对于俄巴底亚书的年代,学者有各种不同的看法。除了作者所持的较早年代看法外,目前多数学者倾向其日期应定在公元前第6世纪,即犹太被掳之后。)

  我们知道,约珥在俄巴底亚之后不久出现,因为约珥引述俄巴底亚的话,提醒百姓勿忘神已经告诉过他们的事情。约珥特别讲到俄巴底亚提出的一个词——主的日子,这个词在旧约圣经其他先知书和新约圣经都出现过。主的日子临到时,神会扭转一切错误,这在第19章(约珥书)的结尾已经仔细谈过。

  我把俄巴底亚书放在这一部的最后一章来讲,是因为这卷书的焦点是快要被掳之前发生的事,当时犹大就要被掳到巴比伦。

  有些先知会传讲两种信息——给神的百姓以色列的信息,以及给以色列邻国的信息。俄巴底亚向以东传讲信息。以东是以色列的邻国,住在死海东南边。俄巴底亚发过的预言，只有这段流传至今，也许他也只发过这段预言。

我们对俄巴底亚所知不多，只知道他的名字意指"敬拜耶和华的人"或"事奉耶和华的仆人"。俄巴底亚的信息大多在预言未来，是他在异象中领受的，而且他领受的是图像，不是话语。当时，以东这个国家位于今天所称的外约旦，亦即约旦河谷东边的地区。这里也是神应许赐给以色列的土地，但以色列人从未占领这地区。在大卫王时代，以东成了卫星国，很像今天的波兰和拉脱维亚是俄国的卫星国一样。当大卫的王国开始走下坡，以东立刻趁机寻求独立，向以色列叛变。以东有两座城市——波斯拉（Bosrah）和西拉（即今天的佩特拉（Petra）），位在中东的一条要道上，从欧洲到阿拉伯要路经此地。

佩特拉是个很特别的地方，有一栋从红色砂岩凿出的建筑物，状似一座教堂，加上从岩石中凿出的数百间神庙，全都围绕着一块巨大的圆形空地，位于群山中间。佩特拉上方有一座山，高度大约两千英尺，叫西珥山。俄巴底亚的预言全跟这座山有关。

这些神庙都是令人惊叹的建筑杰作。从西珥山顶可看见死海和红海，以东人就住山间洞穴，西珥山成了坚固的堡垒。但以东人是不敬虔的民族，考古学家在这里挖出祭坛遗址，发现他们把活人当作祭物，献给他们的神明。

俄巴底亚说，以东人非常骄傲，深信没有人能打败他们，连神都不能。结果神摧毁了他们，这就是俄巴底亚的主要信息。

这卷书的重点是，以色列的神也是列国的神，这是圣经一以贯之的主题，但在当时人听起来，一定很刺耳，因为当时每个国家都有自己的神。今天也是如此，很多人认为人人都有权利拜自己想拜的神，不必担心别人的看法。

但基督徒相信世上只有一个神，这个神也会审判信奉其他宗教的人。将来，每个国家都必须面对以色列的神，必须向他交账。

这也是新约圣经的信息。保罗在雅典的亚略·巴古对众人说，神早就预定好各国的年限和疆界。地图是神画的。比如说，我就相信是神终结了大英帝国。我小时候在学校看到的地图，大多是红色的，世界各地都有英国的土地。这么大的帝国怎么会垮掉呢？答案是，英国人对神的百姓以色列见死不救，所以神说："英国若不能照顾以色列，就不能照顾其他人。"短短五年间，整个大英帝国就垮了。我相信从这个例子可以清楚看出一切都在神的掌握中。

读先知书，还可以看出一个原则：神根据各国对待他百姓的态度来审判各国。我相信这个原则今天仍然适用于教会，神根据人对待教会的态度来审判各人。我们怎样对待属神的人，就等于怎样对待神。耶稣也提到相同的原则，他说，在最后审判的时候，神会对万民说："这些事你们既做在我这弟兄中一个最小的身上，就是做在我身上了。"（太25：40）他所说的"弟兄"，就是指"属神的人"。同样，大数的扫罗在往大马士革的路上，明白了主耶稣怎样看待属他的人。耶稣问他："扫罗，扫罗，你为什么逼迫我？"其实扫罗一直在逼迫的是基督徒，当他听到逼迫基督徒等于是逼迫他，他吓坏了。在基督眼中，逼迫基督徒就等于逼迫基督。所以神的百姓是神眼中的瞳仁，就像瞳仁是身体中最敏感的部位，神的百姓受逼迫时，神会特别敏感。

今天，神的百姓散布世界各地，每个国家都要决定该如何对待神的百姓，到了审判日，这将是审判的要素。众先知陆续向各国发预言时，传讲的就是这个原则，所以这些预言大多是传给以色列的邻国的，因为他们没有好好对待以色列。

所以，尽管俄巴底亚书看似很短又不好懂，但这卷书其实讲到了审判的一些要素，而这些要素会影响到世上每一个国家。

✝ 俄巴底亚书的大纲

这卷书可以分成两部分。第一部分（1-14节），俄巴底亚讲到有一个国家会受审判，就是以东。第二部分（15-21节），先知看见万国都受到审判。

一国将受审判（1 — 14 节）
   列国将毁灭以东（1—9节）
   以东藐视以色列（10—14节）

万国将受审判（15 — 21 节）
   雅威要惩罚列国（15—16节）
   以色列必得以东的产业（17—21节）

✝ 一国将受审判（1 — 14 节）

列国将毁灭以东（1 — 9 节）

"以东"这名字意指红色。这城市到处是红色砂岩，但并不是因为这样才取名"红色"（以东人是红发的以扫的后裔）。以东位在亚拉巴（Arabah）裂谷的东边，境内的两座大城佩特拉和波斯拉，都是人类建筑能力的典范。俄巴底亚告诉以东人，列国会毁灭他们，而且列国不像盗贼那样只拿走喜欢的东西，而是全部拿去，包括土地。他告诉以东人，神非常恨恶人的骄傲。骄傲的人简直就是邀请神来把他贬到最低贱的地位，因为骄傲的人不但自视甚高，还看不起所有的人。想要高抬自己，就得先把别人压下去，甚至得把神压下去。

以东藐视以色列（10 — 14 节）

以东地处西珥山山顶，这也象征他们对邻国的态度，尤其是对以色列的态度。以东人是以扫的后裔，以扫把他的长子名分卖给雅各，结果大半辈子都和这个双胞胎弟弟交恶。以扫的后裔定居在裂谷东边，雅各的后裔则定居在裂谷西边。申命记中，神禁止以色列用错误的态度对待以东人，因为以扫是雅各的哥哥。所以俄巴底亚才对以东人说，他们不应该那样对待兄弟之国以色列。但以东人对以色列的态度恶劣。我们在民数记和申命记中读到，以东人拒绝借道，不让摩西和以色列人安全经过以东的土地。

大卫王的时代，以色列国势开始走下坡，此时就可以看出以东人对以色列人极为反感。那时,只要有人来攻击耶路撒冷或以色列,不管是非利士人、阿拉伯人,还是后来的巴比伦人,以东人都起来跟着攻击。巴比伦人是很野蛮的民族,以东人却跟着搅和,从旁煽风点火。阿拉伯人来攻击耶路撒冷的时候,以东人也参上一脚。多年来的仇恨、嫉妒、怨憎,一发不可收拾。非利士人来攻击耶路撒冷的时候,以东人也加入他们。以东人把握一切机会,支持敌人攻击以色列,这可能是因为他们自己不够强大。神对以东人的行为说了三次:"你不该……"(译注:12－14节,中文圣经和合本则用了八次"你不当"),神说他们必因悖逆而受惩。

我们忍不住要问,以东人到底有没有听到俄巴底亚的话?如果听到了,有没有听进去呢?

第一部分的预言讲以东,但讲到一半的时候,从第三人称改成第二人称,俄巴底亚似乎勇敢地走了一趟佩特拉,当面向以东人传讲信息。不过没有纪录显示以东人把这些话听进去。事实刚好相反,公元前587年,巴比伦人来攻击耶路撒冷时,以东人就在旁边煽风点火(诗137:7)。

再者,还有其他先知谴责以东。以赛亚书第21章、耶利米书第49章、以西结书第25章,都在谴责以东。以赛亚的用词类似俄巴底亚,强调神定意要审判。因此,既然以东人不听俄巴底亚和其他先知的信息,神的审判就来临了。

根据史料,公元前6世纪,阿拉伯人攻击以东,以东人不得不弃城逃亡,离开裂谷,迁到南地沙漠,过着游牧生活。到了公元前450年,原属以东的土地上,一个以东人都没有;到了公元前312年,佩特拉落入拿巴提人(Nabateans)人手中。以东人来到南地后,把那里改名为"以土买",犹太大祭司许尔干(Hyrcanus)强迫他们信奉犹太教,从此犹太教成了以东人的正式宗教,但他们一直保留着鲜明的民族特质。

新约圣经中,以东人再度出现。大希律(出现在马太福音叙述耶稣降生的经文中)就出身以土买。公元前37年,他向凯撒皇帝交涉,希望买下犹太人的王位,于是以东人作了以色列的王!以东人向来精于建筑，大希律受此传统启发，下令建造许多雄伟建筑，因此声名大噪。所以希律盖了许许多多宫殿，包括马撒大的那座宫殿，固若金汤，可以媲美佩特拉的雄伟神庙。

当年那些智者来问希律，犹太人的王生在哪里，希律大怒。他不要犹太人来坐他的王位，因为以东已经征服了以色列！所以他才下令屠尽伯利恒两岁以下的男婴。

大希律的儿子杀了施洗约翰；耶稣受审的时候，根本不想对这个希律说什么话。大希律的孙子也叫希律，他下令杀死雅各，自己最后被虫咬死（见使徒行传第12章）。大希律的曾孙叫亚基帕，在公元100年过世，没有留下子嗣。

以东人从此就绝迹，今天世上已经没有以东人，应验了俄巴底亚的预言。神不急着审判人，俄巴底亚发预言之后六百多年，以东人才绝迹。关于神的审判，由此可以明白两件事。

时候未到

> 神的磨尽管磨得慢，
>
> 却磨得非常非常细。
>
> 他耐心忍受等候，
>
> 他密密磨尽一切。
>
> ——德国诗人 Friedrich von Logau（1604 – 55）

神做事都是慢慢来，他不会立刻动怒，但是他说到做到。也许要等上一千年，但他一定会做到。以东今天在哪里？绝迹了。以色列今天在哪里？回归故土了。

神会审判伤害他百姓的人

神曾对亚伯拉罕说："为你祝福的，我必赐福与他；那咒诅你的，我必咒诅他。"（创12：3）今天世上有两种属神的人：以色列和教会。攻击这两种人，就是在伤害神。

✝ 万国将受审判（15 — 21 节）

以东就是那种不敬虔的国家，一直敌挡神的百姓。

雅威要惩罚列国（15 — 16 节）

神惩罚列国的原因很清楚："你怎样行，他也必照样向你行。"列国罪有应得，该受惩罚。经文也提到非利士人活该承受神的忿怒。

俄巴底亚看见，将来有一天，万国都要受到审判。以色列的神会叫万国向他交账，尤其要为他们对待神百姓的态度负责。

以色列必得以东的产业（17 — 21 节）

将来有一天，以色列必拥有以东的土地。神应许给以色列的土地包含以东地，这是很明确的，所以将来有一天，以色列必拥有那地。俄巴底亚在异象中看见这件事，看见以东的后裔彻底消失，但他们的土地会回归到那块地真正的主人手上。他看见以色列的疆土往北拓展到以法莲和撒玛利亚，往南拓展到南地，往东延伸至以东山地，往西远达地中海沿岸。

✝ 这一切跟我们有什么关系？

首先，我们必须注意，每个人心中都有一个雅各和一个以扫。希伯来书的作者告诉基督徒，不要像以扫，他为了一锅汤，卖掉长子的名分，事后才流下懊悔的眼泪，可惜已经无法挽回。

我们要像雅各，雅各和神角力，直到神使他瘸腿为止，但他得到了祝福，他的后裔成为神的百姓。以扫为当下而活，只想立刻满足肉体的欲望，结果失去了未来的盼望。这世界的以扫，只为这世界而活，不在乎未来，只关心能不能现在就满足自己的欲望。俄巴底亚书鼓励我们作雅各，他是被神破碎过的人，后来成了大族的族长，而他的名字以色列，两千年后重现在地图上。

其次，我们从这卷书学到的是，神一旦发话，绝对说到做到。他要做的事，不见得下个礼拜二前就实现，我们也许得等上一千年，但是，神说到就一定做到，所以我们可以信靠他的话。小小的俄巴底亚虽然被称作小先知，写的书卷又短，但他说的话，句句都会实现。

奋斗求生存

Part V

28. 以西结书

✝ 引言

以西结书是旧约圣经中，最受到忽略的一卷书，也是最不受青睐的一卷书。这卷书前半部的信息（1-24章），非常黑暗消沉，读起来令人沮丧，所以很多人读不下去，就换一卷书读！这卷书很长，有些话一再重复，长达二十年的讲道都挤进一卷书里。大多数的内容跟我们的情况不相干，是截然不同的世界，截然不同的时代，我们很不熟悉。书中有些遣词用字，对现代人来说稍嫌粗野，甚至让人觉得不舒服，这下又多了一个不喜欢这卷书的理由。很少有人说以西结书是他们最喜欢的一卷书。

除此之外，以西结书透露神某一面的特质，很少有人喜欢神这一面的特质。先知以西结讲到神严厉的审判。平常在广播或电视上的讲道，都把焦点放在神的良善，很少讲到神的审判，而神的良善才是大家想听的。

所以乍看之下，这卷书似乎让人提不起劲去读！但是，像以西结书这样的一卷书，会挑战我们去问两个问题："你为什么要读圣经？""你怎么读圣经？"这两个问题是相关的，因为你为什么读圣经，会决定你怎么读圣经，动机会决定方法。

† 怎么读以西结书？

读以西结书这样的一卷书，有三种方式：

把焦点放在某节经文（为自己而读）

有一种读经方式，是把焦点放在某节经文，想为自己找到一句适用的话，我实在很想把这种读经方式叫作"星座命盘读经法"，就是一面读一面找，想看看哪句话可以套用在自己身上。但是神的本意并不是要我们这样读圣经，如果用这种方式读以西结书，得读很久才会找到一句跟自己相关的话！这种灵修读经法好像挺实用的，聊胜于无，却不是正确的读经方式，这是以自我为中心的读经方式。

把焦点放在某段经文（为别人而读）

第二种读经方式，是把焦点放在某段经文上。有些基督徒读圣经，主要是为别人读的，特别是传道人和圣经教师，常常在想该讲什么经文。以西结书有四段经文，传道人特别喜欢讲。

最受欢迎的是第37章，有一首黑人灵歌把这句话唱红了："枯骨，枯骨，枯骨啊……要听神的话"。这种跟死亡和生命有关的主题太好谈了，让人难以抗拒，枯骨连结起来，长出皮肉，很有戏剧化的效果。

另外一段受欢迎的经文，在以西结书第34章，常用在按立传道人的就任仪式上。这段经文讲到好牧人和坏牧人，好牧人会去寻找迷失的羊，坏牧人只顾自己有没有吃饱。这段经文很容易拿来作根据，宣讲传道人的责任。

另外，第47章也很受欢迎，但很容易断章取义，当成比喻来讲。这一章说，有个人看见一条河从圣殿流出来，他走进河里，水深到脚踝，再往前走，水淹到膝盖，再往前走，水淹到腰部，最后水深到可以游泳。很多传道人把这段经文中的水比作圣灵，然后问大家："你浸在圣灵里有多深？你是在圣灵里游泳，还是只在踩水呢？"但是，从上下文提到的地理位置来看（隐基底的渔夫在亚拉巴谷的海边），这段预言应该就只是字面上的意思。死海因为有淡水注入而变得生机盎然，这是自然界的奇迹，可是传道人却觉得把这些事"灵意化"会比较容易解释，于是应用在人性上，尤其是那些不相信自然界会发生超自然事件的传道人，特别喜欢这样解释。教会讲台上用寓意解经法传讲旧约圣经，由来已久，这种解经法源自古希腊人轻视实体事物的思想，是公元3世纪时，亚历山大城的革利免（Clement）和俄利根（Origen）的教导。

最后，以西结书第18章的焦点是，每个人都要为自己的罪负责。以色列有句俗话说："父亲吃酸葡萄，孩子倒了牙"，这是因为神说他会惩罚罪到三、四代。但是以西结介绍了一个很重要的原则，就是在审判日那天，每个人只需要为自己的罪负责。传道人很喜欢讲的一个主题，就是每个人都要向神交账。可惜，这几章受到欢迎，当然就表示大多数的传道人只讲这几章，而不去碰以西结书的其他经文。

把焦点放在整卷书（为神而读）

这是读以西结书最好的方式，不是只看片段的经文，而是要了解整卷书。惟有这样读，才能真正了解神要透过这卷书向我们说什么。读圣经最主要的目的是要认识神，读经教我们知道神是什么样的神，知道他会怎样回应我们，知道他对我们有什么感受，知道他会怎样对待我们。神在以西结书中向我们启示他自己，如果避开这卷书不读，就会错过很重要的启示与教导。

第一次想把圣经逐卷读完一遍的基督徒，我会建议他们读《当代圣经》。前文提过，我以前在吉尔福（Guildford）牧会的时候，有一次我们教会一口气把圣经从头到尾读一遍，用的就是这个版本。《当代圣经》把圣经里的情感译得最准确，但因为是意译本，所以对圣经中的想法和用字，并不是译得最准确的。

当然，圣经是神的话，也是人的话，所以从圣经可以看见神的启示和人所关心的事。人所关心的事，圣经记载了许多，神选择透过各式各样的人，在不同的时代和不同的情况下，传达他的话语。这些话并非

"象牙塔"中的猜测,这些话能够影响世界,影响人对这世界的认知。

我们必须了解圣经所描述的真实生活情况,才能了解神的话怎样临到历史上的那些真实人物身上。传道人如果把圣言从人的背景脉络中抽离出来,结果就是讲道和教导都枯燥无聊。

† 以西结书的背景

所以,我们一定要先了解历史背景,才能探讨以西结书中几个重要的主题。以西结的时代,以色列十支派早已被掳去亚述一百年,他们漠视先知阿摩司和何西阿的警告,结果被掳到外邦。

以西结担心南方的两个支派,他们的情况更糟,无视北方十支派的前车之鉴,所作所为不敬畏神,又漠视先知的警告,以赛亚和弥迦就警告过他们审判将临,他们不听。后来先知耶利米出现,他们也一样不听他的话。先知哈巴谷也曾警告他们,大祸即将临头,他们会落入巴比伦人手中,他们还是不听。终于,最可怕的悲剧发生了,他们被掳到巴比伦。

其实,不久之前,南国犹大做过几件好事,却不足以扭转全国的命运,属灵的景况依然荒凉。约西亚王在圣殿的春季大扫除期间发现律法书,他看了之后非常震惊,百姓的行为竟然偏离神的律法这么远,甚至在欣嫩谷把婴儿烧死献给异教的摩洛神(耶稣教导人的时候,就曾用欣嫩谷这个地方来形容地狱的景象)。约西亚试着全国实行改革,除掉各地的邱坛,解决社会上的道德败坏,却徒劳无功,百姓的心已经远离神了。

接下来,是一连串的"坏王"在位。约哈斯被百姓推举为王后,只作王三个月。他无力对抗埃及,被埃及法老带走,铐上锁链,拘禁在利比拉(Riblah)。再来作王的是约雅敬,他虽然是好王约西亚的儿子,却不关心国家的属灵景况。其实,约雅敬也只是埃及人选来取代约哈斯的傀儡君王。

所以,这个阶段的犹大完全受强国摆布,西南边有埃及,东北边有巴比伦。神其实可以牵制这两大强国,他过去就这样做过,但他也曾应许说,他的百姓若是远离他,就不能再受到他的保护。

于是,巴比伦的尼布甲尼撒王率军入侵,掌控南国三年以后又离开。接下来犹大遭到各国攻击，亚兰人、摩押人、亚扪人先后来犯。结果，到了以西结的时代，犹大只剩下耶路撒冷城，完全受别国掌控。

最后一击来了，巴比伦人再度回来围攻耶路撒冷两年半，终于攻下全城，财宝劫掠一空，正如以赛亚的预言。

社会精英都被掳走，这是征服者惯用的伎俩，让被征服的百姓无力再起。第一次的掳掠，带走了七千名官兵，大约一千名工匠和一万名技工，只留下赤贫的人（先知但以理就是在这时被掳）。看来，神的目的，就是要犹大变得一无所有。

犹大最后一个王是西底家，巴比伦容许他在耶路撒冷作王，拥有一小支军队。但是巴比伦后来再度围困耶路撒冷，尼布甲尼撒的军队抓住西底家，当着他的面，杀光他的儿子，西底家眼睁睁看着王室血脉断绝。然后巴比伦人挖出西底家的眼睛，所以他见到的最后一幕是儿子全被杀光。接着，尼布甲尼撒下令摧毁耶路撒冷，这段可悲的故事记载在列王纪下第22至25章。

✝ 以西结的讲道

就是在这样的时代，以西结蒙召出来讲道，虽然他人在巴比伦，距离耶路撒冷有几百英里之遥。

神从一开始就告诉以西结，要让他的额头像火石一样硬，没有什么能够打击他的信心。当百姓的心愈来愈刚硬，不肯听先知的话，以西结更需要专心一意完成神交给他的任务。

以西结的信息有一部分是"天启的语言"（apocalyptic language，"天启／启示"意指"揭开"，就是揭开先前隐藏的事，尤其是未来的事，必须用比喻、甚至象征性很强的词汇才能形容）。这种预言的形式，图像多过话语，充满象征性和戏剧性。以西结和但以理的预言，是旧约圣经中这种预言最佳的例子；在新约圣经中，只有启示录有这种预言。

以西结和所有的先知一样，都能看见超自然的景象。他能够洞察真相，预见未来，监看一切，能够从神的角度来俯瞰世界，看见神怎样一步步显明他的目的。

空间

以西结远在几百英里之外的巴比伦，却能看见耶路撒冷的景况。现代学者认为，以西结一定回去过耶路撒冷，看过当时的情况。但是以西结的确透过圣灵看见了家乡发生的事。有一次他在巴比伦讲道，在异象中看见一个人暴毙，几个礼拜后，消息传来，那个人真的在耶路撒冷死了，而且正是死在他在异象中看见此人暴毙的那一刻。

时间

以西结也能看见未来的事。圣经中有许多关于未来的预言，大约27%的经文是在预言未来。以西结书中的预言，在整卷书中所占比例高过其他书卷。在旧约圣经各卷书中，以西结书和但以理书中有关未来的预言，比例最高。以西结书中大约有四分之三的预言，已经按字面应验，从统计来看，这个机率是七千五百万分之一。圣经预言了七百三十五个事件，有些事件只被预言一两次，有一件事却被预言了三百多次。在这七百三十五个预言的事件中，已经应验的事件有五百九十三个（81%）。圣经的预言到目前为止，是百分之百准确，剩下19%的预言尚未应验，但我们可以确定一定会应验。

三段时期

以西结分别在三个不同的时期发预言，每段时期谈的主题都不同。第一段时期（4-24章）的预言最叫人沮丧，这时他年约三十到三十三岁之间。他必须宣布一个可怕的消息——耶路撒冷会被彻底毁灭。可想而知，没人引述以西结书这部分的经文（其实很少人能够引述以西结书的经文）。发第一段预言的时期，是在耶路撒冷第一次遭围困之前，之后耶路撒冷被巴比伦掌控，但尚未遭摧毁。

以西结第二次发预言，是在他被掳十一或十二年后，当时他三十六或三十七岁。这段期间发的预言，记载在第25至32章。以西结这次讲的不是耶路撒冷，而是耶路撒冷的邻国。这些国家在耶路撒冷被巴比伦统治时趁虚而入，看见以色列倾覆，幸灾乐祸。其实就连今天也是一样，如今，以色列的邻国也都很想看见以色列灭亡。

下一件重要大事发生在公元前587年，当时耶路撒冷被彻底摧毁，以西结也在同时丧妻，但神命令他不准哭，因为她一断气，耶路撒冷也会被毁。以西结不哭，象征着以色列对耶路撒冷遭毁灭的感受——完全麻木。神叫以西结在日记上写下妻子过世的日期，等家乡传来消息时，再对照日期，结果当然是同一天。

以西结丧妻三年后，离他上次发预言已经十三年过去了，他又开始发预言，这时他五十岁。在他沉默的那段时期，神曾经对他说，他的舌头会贴住上膛，无法说话，直到神开他的口为止。

以西结这次发预言的时间是一年，但现在，他的信息焦点完全放在归回。比如他说，将来有一天，枯骨要连结起来，复活变成一支大军。他的信息正面又乐观，期待美好的未来（33－39章）。

第40至48章讲耶路撒冷圣殿的重建，可惜以西结直到死前，都没能再见到圣殿或耶路撒冷。他葬在巴比伦的一个坟墓，就在今天伊拉克境内一个叫吉费（Kifi）的地方。

重复出现的话

以西结的预言中，有一句话不断出现："你们就知道我是耶和华。"这句话不断出现在这卷书的第二、三、四部分（见下方的大纲），但每部分有些细微的差异。

第二部分（4－24章）重复出现的话是："你们就知道我是耶和华"，但第三部分谈的是神要让犹大的邻国得到报应，所以重复出现的话是："他们就知道我是耶和华"。第四部分，以西结开始讲好消息了，他预言犹大将来要从巴比伦归回故土，所以重复出现的话是："列国就知道我是耶和华"。换句话说，神要把犹太人带回故土，全世界都会知道神就是主，因为从人的角度来看，以色列复国是绝对不可能的事。

这三句重复却稍有差异的话告诉我们三件事：第一，以色列民并不了解神，所以神才会说："然后你们就知道……"；第二，犹大的邻国不知道以色列的神确实存在，所以神才会说："然后他们就知道……"；

第三，当时全世界也不确定神是否真的存在，所以神才会说："然后列国就知道……"。

† 以西结书的大纲

A. 祭司以西结蒙召作先知（1 – 3 章）

B. 耶路撒冷必遭报应（4 – 24 章）——第一个时期

  耶路撒冷遭围困

C. 犹大邻国必遭报应（25 – 32 章）——第二个时期

  耶路撒冷城倾覆

D. 巴比伦余民被掳归回（33 – 39 章） ⎫

E. 耶路撒冷的圣殿重建（40 – 48 章） ⎬ 第三个时期

† 祭司以西结蒙召作先知（1 – 3 章）

  公元前622年，以西结出生于祭司撒督的家族，约西亚王遇害时，他应该已到了行成年礼的年纪。他二十五岁的时候被掳到异邦，是犹大第二批被掳的人。而第一批被掳的人当中有但以理和犹大上流社会的人。他们被掳到异邦后，可以有自成一个聚居地，享有不少自由。以西结和家人住在一个叫特拉维夫的地方（今天以色列最大的城市就叫这个名字），旁边是连通底格里斯河和幼发拉底河的一条运河。

  以西结这个名字的意思是"神赐下力量"，但这卷书最常称他为"人子"（八十三次）；耶稣也自称是人子，其他先知都没有被神称作人子。

  以西结三十岁才蒙召作先知。我注意到一件很有意思的事。他这时应该已经开始担任祭司才对，不过他当时远离家乡，知道自己在巴比伦不可能担任祭司，因为那里没有圣殿。以西结蒙召作先知，起因于主给他一个惊人的异象，所以他从三十到三十三岁这段时期，都被称作"人子"，行了许多神迹，也传道。以西结显然是基督的先驱，基督当然兼具了先知、祭司、君王三种身份，他在三十岁开始事奉，因为那是犹太男人可以开始担任祭司的年纪。

以西结虽然没法在圣殿主持宗教仪式，仍然可以参与敬拜的事奉。当时没有圣殿，犹太会堂成了敬拜、祷告和朗读圣经的地方（"会堂"一词意指聚会的地方，字面上的意思是"聚集"）。初代基督徒就采用会堂的模式，在新旧约重叠的初期，教会的焦点不再是圣殿。

以西结蒙召的经过很不寻常（见第1章），首先他看见一个奇怪的异象——因为太奇怪了，以至于现代有些学者猜测，以西结大概是疾病发作，或是吃了药，魂游象外产生幻觉。只有超现实的艺术家才能够画出以西结看见的景象！其实现代人最喜欢的一种解释是，以西结看见了UFO。

以西结在异象中，首先看见了四个活物，是动物、人、天使的组合体。这些活物有天使的翅膀，一部分像人，一部分像动物。这四个活物显然象征着神在宇宙间创造的一切生物，不管是动物、人，还是天使。这也是神创造的三个层次，提醒我们，人类并不是最高阶的受造物。

在这四活物的上方，以西结看见创造主坐在宝座上，庄严，神秘，充满荣耀，神所到之处都充满荣耀。"主的荣耀"一词，正是贯穿这卷书的关键词，"荣耀"意指神荣光四射，无比明亮。

这个宝座显然可以往任何方向行进，象征神无所不在，能到任何地方，是随时可以移动的神。这一点很重要，因为在之前所有的异象中，神的宝座都是静止不动的，固定在耶路撒冷。知道神的宝座可以随时移动，对以西结来说，是很大的安慰，这表示神可以去巴比伦。把这真理传达给被掳的百姓是很重要的，因为百姓可能以为神只住在一个地方，也就是距离他们几百英里之外的耶路撒冷。

除此之外，轮缘上的"眼睛"告诉我们，什么都逃不过神的眼睛。这个图像意义重大，难怪以西结受这异象震慑，惊吓得仆倒在地。

有意思的是，他是脸朝下仆倒，在圣经上，每次有人受神的同在震慑，就会往前仆倒。使徒保罗信主的时候，还有约翰在拔摩岛的时候，都是脸朝下仆倒在地。

接着神给以西结一个书卷，上面写着他必须去传讲的预言，然后神叫他把书卷吃下去。书卷上写的都是哀叹、哀恸、灾祸、咒诅的字句，但以西结吃了却觉得甘甜。

† 耶路撒冷必遭报应（4－24章）

一位又一位的先知预告了两样灾祸：一、耶路撒冷必遭巴比伦摧毁；二、犹大百姓必被掳到巴比伦。以赛亚、耶利米、哈巴谷都说过相同的话。

耶路撒冷被巴比伦人攻下后，上流社会的人全被掳走，但耶路撒冷城仍在。所以犹大有些人说，审判不像耶利米所预言的那么糟嘛，神说过他会摧毁耶路撒冷城，但这城如今还在，仍有犹太人住在城里。他们承认现在受到别国统治，可是他们仍然拥有耶路撒冷啊！因此，他们推论，以西结夸大了罪的严重性。假如以西结把灾祸的严重性说错了，也许别的事他也说错了。就这样，神的话被稀释淡化了，就像当年撒但在伊甸园中也用一样的手法，质疑是夏娃误解了神的禁令。

但是犹大百姓必须明白神的用意，被掳不只是惩罚而已，也是为了改变百姓。所以，必须有人说服百姓相信，神说话一定算话。以西结必须指出，耶路撒冷被彻底摧毁的时候，百姓就会知道耶和华是神。他们的罪确实像先知讲的那么严重，所以审判也会像先知所预言的那么严重。

耶路撒冷必倾倒

以西结不但需要用口传讲这个信息，还得让他们用眼睛看见。他必须用六种不同的方式，告诉百姓，耶路撒冷完了。

1. 神叫以西结拿泥土做成耶路撒冷城的模型，并且做出撞城锤等等，作势攻打这城。以西结在这过程中一言不发，大家看着他这样做，一定会忍不住问："这个先知到底在做什么？"
2. 仿佛这样做还不够奇怪似的，神又吩咐以西结向左侧卧三百九十天，再向右侧卧四十天。这两个数字分别象征以色列家和犹大家悖逆神的年数（三百九十年和四十年）。神说，为了确定以西结确实做到，以西结必须用绳子绑住自己！

3. 以西结还必须节食，象征耶路撒冷遭围困时缺粮的困境。以西结每天只能吃两百克的面饼，只能喝六百毫升的水，他必须节食很长一段时间。而且他要烤饼，还只能等自己的粪便干了以后才有燃料用。（其实他向神抗议这件事，神就允许他改用牛粪，这是神有弹性的一个好例子！）这样做是在告诉大家，耶路撒冷遭围困期间，景况会很凄惨。

4. 神叫以西结用一把利剑剃头、剃胡子，然后把剃下来的毛发分成三堆。当耶路撒冷被攻下，他必须用火烧掉第一堆。第二堆要在耶路撒冷模型城里用刀砍碎，描绘百姓惨遭屠戮的景象。第三堆要撒向空中，随风飘散，象征耶路撒冷人接下来的命运。

5. 以西结要演的第五出戏码，是把他的衣服全放进一个袋子，在墙上挖一个洞，然后趁晚上偷偷爬出去。这是在预言耶路撒冷城被攻下后会发生的事。果然如此，西底家王就是在墙上挖洞，逃出耶路撒冷。

6. 第六出戏可能是最难的，就是以西结妻子过世的时候，神不准他哭，因为耶路撒冷城倒下的时候，百姓会极其震惊，根本不敢相信，甚至哭不出来。

以西结书有一个惊人的异象，描述主的荣光充满圣殿，后来这荣光升到橄榄山上，然后消失。当年百姓拒绝耶稣，耶稣就上了橄榄山，消失了。

耶路撒冷如何倾覆

以西结说，耶路撒冷会落入尼布甲尼撒手中，尼布甲尼撒被形容为"主手中的剑"。尼布甲尼撒站在岔路口拈阄的景象，令人不寒而栗。哪座城会先被摧毁呢？是耶路撒冷，还是亚扪人的拉巴城？哪座城将会遭到无情的摧残，哪座城的居民会被割下耳鼻？以西结书说，刀剑、饥荒、野兽、瘟疫这四种可怕的审判，会临到百姓身上。而我们在以西结书中读到，这一次，神的荣光会离开圣殿。

为什么耶路撒冷会倾覆？

百姓有三大罪状——拜偶像、淫乱、不知感恩。

拜偶像

百姓在圣殿中膜拜亚舍拉女神，在残留的圣殿墙上刻画兽像，妇女开始在圣殿大门口膜拜搭模斯神（Tammuz）。以西结甚至看到圣殿里面有二十五个男人在膜拜日头，真是非常可怕的时代。简言之，神百姓的恶行，甚至比邻国百姓还要严重。

淫乱

以西结称耶路撒冷为"流人血的城"，因为他们无情地剥削孤儿寡妇和外地人，也因为他们在城里到处杀人。亚述帝国的首都，邪恶的尼尼微城，也被先知那鸿称作流人血的城。在耶路撒冷城内，到处有人说谎，淫行泛滥，子女藐视父母——全都违背十诫。耶路撒冷已经败坏到极点。

不知感恩

神批评百姓不知感恩，用了五个比喻来传达他的重点：

1. **野生的葡萄树**。犹大被形容为无用的葡萄树，葡萄树的枝条只能当柴烧。约翰福音第15章也用了类似的比喻。
2. **女孩**。以西结书第16章讲了一个故事，说有个被丢弃的女婴，长大后成了王后，后来却变成妓女。
3. **一对姐妹**。她们的名字叫阿荷拉和阿荷利巴，分别代表撒玛利亚（北方十支派）和耶路撒冷（南方二支派）。两人都是妓女，这是在形容南北两王国都已经远离神。这里的用词非常极端，目的是要给百姓当头棒喝，醒悟自己变成了什么德性。
4. *母狮和两只幼狮*。两只幼狮被抓走，这是形容约哈斯王被带到埃及，而约雅敬王被带到巴比伦。
5. *两只鹰*。一只代表法老王，一只代表尼布甲尼撒。

用比喻可以向想知道的人传达真理，就像另外一位"人子"，也用比喻来向真正想听道的人传道。以西结用这些比喻来告诉百姓，他们真正的景况比他们所醒悟到的还糟。

首先，他说每个人都要为"自己的"景况负责，怪罪祖先无济于事。在审判日那天，人人都必须独自站在神面前，向神交代。第二，他说每个人都要为他们"目前的"景况负责，重点不是一个人从前怎样，而是这人现在怎样。义人可以变成恶人，恶人可以变成义人，重要的是死的时候已身在恩典之中。

不过，以西结也怪罪三种人，认为是他们让全国的景况变得如此恶劣，这三种人就是先知、祭司、君王。以西结说这三种人必须为耶路撒冷的景况负责，耶路撒冷的景况糟到这个地步，就算挪亚、约伯、但以理（以色列史上的三大英雄）仍住在耶路撒冷，神也不能救耶路撒冷。以西结这话让百姓大为震惊。

✝犹大邻国遭报应(25－32章)

这卷书中间的部分，是以西结三十六或三十七岁时传讲的预言。这里的背景很重要。耶路撒冷沦陷的时候，犹大所有的邻国都兴高采烈。（英文Hip! Hip! Hooray! 这句欢呼语，就是来自Hip! Hip!这句开心的喊叫，而HIP是由拉丁文的Jerusalem is fallen!〔耶路撒冷倒了〕的头三个字母所组成，所以追本溯源是一个反犹太人的欢呼语。）很多人幸灾乐祸，在巴比伦人入侵时趁虚而入，以东人、亚扪人都对剩下的犹太人做了很可恶的事，难怪这时期有些诗篇的经文表达出苦毒怨恨。

比如诗篇第137篇，开头很悲伤，想着在异邦唱诗歌颂神的艰难，但到了最后一句，却发出充满怨憎的呐喊："拿你的婴孩摔在磐石上的，那人便为有福"。当时以东人抓住婴儿的脚踝，把婴儿的头砸在耶路撒冷的城墙上。这篇诗是发自内心的呐喊："你们这样对待我们，将来也会遭到同样的报应。"

因此，以西结书中间这部分，并不是随口叫嚣斥责外邦人而已，而是在描述神如何报应这些邻国，因为他们在耶路撒冷被毁时趁虚而入。

有些预言讲得非常详细，我们来看其中一段。以西结预言推罗会毁灭。推罗是地中海东岸的一个渔港。以西结预言，将来有一天，推罗会被夷为平地，整座城被扔进海中，而推罗原来所在的位置，会成为渔夫晒网的地方。这个预言很奇怪，因为历史上从来没有一座城被扔进海里，以前没有，以后也没有。

但这段预言应验了，推罗确实被扔进海中。当年亚历山大大帝率领大军前进埃及，推罗人坐上渔船，前往离岸半英里的岛上，他们知道亚历山大有陆军却没有海军。但是亚历山大号称"大帝"可不是徒然的，他看见全城的人都逃到岛上，自以为安全，就下令把城里所有的砖块、石头、木材，全都拆来筑成一条堤道，直通到岛上。堤道筑好之后，亚历山大的军队就跨海登岛打败了推罗人。推罗城确确实实地被扔进了海里。

如果你看今天的地图，会看见现代的推罗是在岛上，亚历山大当初所筑的堤道已经淤塞。如果你去原先在内陆的推罗旧址，就会看见到处是光秃秃的石头，上面晒着渔网，正如以西结的预言。

以西结书第25章的预言，是关于犹大东边的亚扪、摩押、以东，以及西边的非利士。第26至28章的焦点放在北边的推罗和西顿，第29至32章预言南边的埃及。

这卷书中间的部分很容易明白，不过有一个人被特别挑出来，当作骄傲自满的例子，这人就是推罗王。很多人在经文所描述的推罗王身上，看见撒但的骄傲，因为推罗王竟然自称："我是神。"埃及法老也说过同样的话，甚至夸张地说："尼罗河是我造的。"他的确是挖了几条灌溉渠道，但尼罗河并不是他造的。神绝不容许人骄傲自大。自视地位等同于神，是最大的罪。亚当和夏娃当年在伊甸园，就是想要跟神一样，他们虽然已经具有神的形像、神的特质，却还想要像神一样，也拥有能力和权柄。

值得注意的是，这部分一次都没提到巴比伦。也许写出反对巴比伦的文字会被视为叛国；也许神的百姓如今在巴比伦，所以评论巴比伦并不恰当。然而可以确定的是，神的百姓从此再也没有拜过外邦的神。神的审判达到了目的。

†巴比伦余民被掳归回（33－39章）

耶路撒冷在公元前587年被毁之后，以西结的信息完全改变，从悲观变成乐观。第33至39章，是这卷书最为人知的部分。以西结预言，被掳的百姓终将归回。

第33章谈到日夜站在城墙上的守望者。守望者是专门在危险来到时警告全城的人。守望者若没看到敌人前来，就要付上生命的代价，处以死刑。神告诉以西结，他已经指派以西结作守望者，神说："你若不警告我的百姓，就要付上流血的代价。但你若警告他们，你就没有责任了。他们若不听警告，就要自己付上流血的代价。"

以西结书有一段最广为人知的经文，是神在感叹，说他一直在找一个人来堵住他和百姓之间的破口，却遍寻不着。然而以西结就是这样的一个人。只是以西结不在耶路撒冷，远在巴比伦，但他仍是一名守望者。当他看见危险临到，就有责任警告众人。他若不警告他们，自己就要付上代价。所以他可说是别无选择，不得不坚守这代价高昂的事奉，因为他若不警告大家，自己就要负责。

第34章讲到以色列的"好牧人"和"坏牧人"。坏牧人就是先知、祭司、君王，他们应该看顾以色列民，却没有尽到责任。这一章结尾，神应许要作他们的好牧人。耶稣说自己是好牧人，不同于那些不照顾羊群的坏牧人时，一定是想到了这章经文。

有意思的是，圣经从来不把羊群的景况归咎给羊，这个原则也适用于教会。牧者要为羊群的景况负责，不是由羊负责。

第35章特别提到以东，多多少少是因为以色列和以东自古就是宿敌，源自以扫和雅各之间的冲突。

第37章很有名，因为有一首黑人灵歌提到这些枯骨。但是很少人继续看下面两根木杖的比喻，这一段也一样重要。神吩咐以西结拿两根木杖，并排，用一只手握住。神吩咐他在一根木杖上写"以法莲"（这名字常用来指北方十支派），在另外一根木杖上写"犹大"（这用来指南方两支派）。接着叫以西结用一只手握住这两根木杖，让这两根木杖变成一根。有些人认为这是一个异象，但我认为这是神迹，就像摩西的杖在埃及行了神迹一样。神说："我要使这两个王国再度成为一个民族，我要作他们的牧人。"耶稣也呼应了这句话，说："我还有其他不在这个圈内的羊群，我也要把他们带来。"

第38章有一个奇怪的预言，与未来有关，讲到歌革和玛各，不过这两个名字到底是什么意思，我们还不清楚。但是这两个名字在启示录的最后再度出现，显然这个预言还没有应验。我们只知道北方发生大战，但不知道地点在哪里，也不知道是谁跟谁作战。以西结用望远镜看见遥远的未来。他来不及看见这个预言应验，我们也还没看见。但是将来有一天，这个预言会应验，就在历史结束前的最后一战中。

这几章有两个字不断出现——"我必"，一共出现七十七次。这个词代表誓约，比如"我必带你们回家"、"我必作你们的神"、"我必给你们好牧人"。作丈夫的神，向不贞的妻子说："我们仍是夫妻，我仍会守住我的誓约——我必，我必，我必。"

神当初和以色列立约时，就告诉他们，即使他们违约，他也绝不违约。我们在申命记读到，有一天神必须把他们赶出那地，但他必会带领他们回来。当神赶他们出去，又领他们回来时，列国就会知道他是主，因为神会在众目睽睽之下带他们回来，让大家知道他们回来了。邻国也许不会高兴，但他们必须承认，神已带领他的百姓回来，他们仍是神的百姓。罗马书第9至11章说，他们虽然弃绝神，神并未弃绝他们。

† 耶路撒冷的圣殿在以色列重建（40 – 48章）

对以色列百姓和以西结来说，最严重的损失就是失去圣殿，他们总以为，不管失去什么，神绝不会让自己在地上的居所被毁。这九章的经文，焦点放在圣殿，是整卷书最难懂的地方。

根据经文，这是以西结被掳第二十五年发的预言，当时他五十岁。原则上，圣经的预言如果标示了日期，就表示必须配合当时的历史背景来看，才能明白。

以西结必须带给百姓值得期待的盼望，否则他向被掳之民传讲的信息不可结束。百姓虽然受到管教，却没有遭到毁灭。神绝对不会允许他的百姓以色列民消失。耶稣说，天地都要废去，但犹太人这个"种族"不会废去（太24:35，新国际本的边注）。犹太人仍然存在，这就证明以色列的神是真的。神把他的永生赐给每一个他触摸过的人，谁也不能毁灭属神的人。

以西结书第40至42章，详细描述了圣殿的重建计划，有如建筑蓝图。这座重建的圣殿面积很大，拿英国这些宏伟的教堂来说，足足十三座都容纳得下！但是，这座圣殿跟所罗门的圣殿很不一样，比较大，没有至圣所，没有约柜，没有陈设饼桌。

第43章，以西结在异象中看见主的荣耀回到圣殿，圣殿再度发光，就像六百年前所罗门为献殿祷告完以后那样。荣耀充满圣殿，以至于大家必须用幔子遮挡，否则眼睛会瞎掉。以西结先前看见荣耀离开圣殿，如今看见荣耀重返圣殿。

圣殿中有祭坛，可以献祭，但第44章说，殿里没有大祭司。这有重大的含义，因为犹太人被掳归回的时候，还有大祭司，一直到耶稣的时代都还有。在这一章中，大祭司的地位由一个"祭司王"（prince of priests）取代。有意思的是，异象中仅见的几位祭司，都是撒督的子孙，也就是以西结的家族。

这一章对圣殿的描述特别引人注意，因为这座圣殿一直没有建造起来。被掳的犹人百姓归回之后，盖了一座圣殿，但是很小很简陋，以至于哈该必须告诉他们，不要因为圣殿小就轻看它。除此之外，他们归回时也没有王，有个叫约书亚的是大祭司，所罗巴伯则是省长。

到了耶稣的时代，希律王是以东人（以扫的后裔），大规模重建圣殿，要让犹太人刮目相看。他融合了所罗门的一些想法，但这座圣殿和以西结在异象中看见的圣殿出入甚大。希律建造的圣殿很大，耶稣出来事奉时，圣殿还在盖。用来建造圣殿的石头，有些长达四十英尺，宽达三英尺，高达三英尺，重达一百吨。那景象多么壮观，可是耶稣说，将来有一天，每一块石头都要倒下来，不会有两块石头叠在一起。公元70年，罗马人摧毁这座圣殿时，圣殿还没完工，所以耶稣的预言完全成真。

那么，以西结在异象中看见的圣殿，到底会不会盖起来呢？

不是按字面的意思

有些人说，这段经文的意思并不是真的要盖圣殿，只是个预言性的异象，目的是要给犹太人盼望。这个异象有很多细节，看起来像真的，其实只是个比喻，应该从属灵意义的角度来读。可是，这种说法无法解释神为什么吩咐以西结把这些事详细告诉百姓！

还有人说，这段经文描述的是天上的圣殿，并列举某些经文作为证据（比如出25：40；来8：2、5，9：11下、24；启9：11）。

按字面的意思

过去

还有一种可能，那就是神要他们盖这座圣殿，但百姓不理会以西结给的建造计划，而是照他们的想法，去盖他们能够负担的圣殿。这可以解释为什么神的荣耀没有返回，王没有来，河没有流动。支持这种想法的人指出一个事实，以西结书不断重复的"你们就会知道"这句话，在第43章没有出现。

未来

另外一个可能是，这座圣殿在未来才会建造。很多基督徒相信，这座圣殿会是新耶路撒冷的一部分。十二道城门上面会有十二支派的名字，新耶路撒冷会被称作"主在那里"（The Lord is There）。

还有人猜测说，耶稣再来之前，犹太人会重建圣殿，而且会在千禧年的时候重建。这个猜测有一个问题——其他先知都提到献祭、祭坛和祭司，但这个异象中的圣殿，却没有这些（见赛56：6-8, 66：21；耶33：15-18；亚14：16）。

有些基督徒指出，新约圣经清楚提到神不住在圣殿中（徒7：48, 17：24）。耶稣自称是"这圣殿"（约2：19、21），基督徒也被形容为圣殿（林前3：16, 6：19；林后6：16；启3：12）。所以（论据还有很多），这座圣殿重建与否根本不要紧。

圣殿会不会重建，这件事很难确定，我们只能等着瞧了！好消息是，神的计划是他将以耶稣基督的身份亲自来住在地上。如今所有的基督徒都是神的圣殿，他就住在我们里面。所以尽管我们不确定以西结异象中的圣殿到底指什么，但我们还是可以因为神住在我们里面而欢喜。

最后几章

第45章讲到，全地要分配给各支派，但不是像约书亚记所记载的分法，而是从东到西，以水平方向一条一条地分配。我们也看见献祭、神圣的节日和圣日都恢复了，只是没有五旬节。

第47章有一个异象——中东有一条新的河。应许之地的河大多从犹大山地流入地中海，但有一条河很不一样，叫约旦河。约旦河流经地表最长的一道裂谷，从叙利亚一直到非洲。这道裂谷的最低点，即地表上的最低点，就在耶利哥。

以西结在异象中看见，这条新河的源头就在耶路撒冷的圣殿下方，从那里发源的河水一定会流入死海。耶路撒冷的四周都是山，但在耶路撒冷城的西南方有一个隘口，一直通到死海。以西结在异象中，看见有一条河流下汲沦谷，并且有更多的小河汇入，所以河水愈来愈深，有个人一步步走进那条河，很快就发现水深超过了他的身高，必须游泳才行。

以西结在异象中，看见那条新河在隐基底注入死海，隐基底在约旦河西岸中段，当年大卫就躲在这里的洞穴中，逃避扫罗的追杀。以西结看见这条新河为死海注入生气，又看见加利利的渔夫来到死海捕鱼。这里不再是死海了，而是清新流动的汪洋。整个异象就是一个梦，要带给人盼望，因为未来会更好。

以西结书最后一章，谈到城门会重新竖立起来，这地要享受和平与富足，一切都非常美好。所以，原本看起来阴郁的一卷书，却在极大的盼望中结束。

✝ 为什么基督徒应该读以西结书？

首先，以西结书告诉我们，神会审判自己的百姓——审判从神的家开始。神是圣洁的，所以他必须施行审判。审判有两方面，一是惩罚恶者，二是为义者伸冤。神是完美的审判官，因为他无所不知、无所不能、无所不在。神的名字和犹太人的国家连在一起，所以他必须惩罚他们的罪，但因为他是有怜悯的神，他也会拯救他们脱离敌人的手。有太多基督徒以为，一旦信了耶稣，就不用受审判，这是错误的想法。人人将来都必须站在基督的审判台前，神会审判他自己的百姓，而且会用更高的标准审判。

第二，我们需要记住，神会为我们伸冤，别人若对我们不好，我们不必自己报仇，可以放心把伸冤的事交给神。所以，若有人对你不好，你可以难过，但不要生气，因为神会替你报仇。

第三，神必定会重建、恢复他的百姓，就像以色列绝对不会从历史上消失，教会也永远不会消失。我们属于有永生的那群人，以色列会永远存在，教会也会永远存在，将来有一天，会有一个羊群，归一个牧人掌管。他是重建恢复百姓的那位神。

第四，我们必须注意，启示录再次提到以西结书的许多事。基督徒不了解启示录，一大原因就是不够了解旧约圣经，尤其是以西结书。启示录引述旧约圣经三百次，也提到以西结书中的许多象征，如果不懂以西结书，就会读不懂启示录。

最重要的是，以西结书帮助我们认识神，认识他无所不能、无所不在的特质。读以西结书，会感受到神无比圣洁。他把他的名字和一个国家相连，他的名字就握在他们手中。我们可以呼求这个神的名，可以信靠他的名声，因为我们知道他的圣名和我们相连。我们可以给神好名声，也可以给神坏名声，但神最终必定会为自己伸张正义。

这卷书提醒我们，神的名声会受到他百姓的影响，所以他必会重建恢复他的百姓，因为他必须维护自己的圣名。他绝对不会让地上的列国以为，既然他的百姓完了，那么这位神也完了。虽然有很多人会灭亡，但神的百姓会继续存留，因为他们是属神的人。

29. 但以理书

✝ 引言

但以理书大概是大家最熟悉、却又最不熟悉的一卷书。人人都知道但以理在狮子坑里的故事；很多人也知道沙得拉、米煞、亚伯尼歌被扔进火窑的故事；有些人还知道伯沙撒王的盛宴，这多少是因为从这故事衍生出"墙上的字"（the writing on the wall）这句成语，意指"即将临到的审判"。

但以理书中最为人熟知的几章最容易懂，但有几章却是圣经上最难解的经文，因为用语奇特，而且经文中的象征和比喻也晦涩难懂。

至于但以理书要如何诠释，也有不同的看法。很多事可以从人的角度来解释。比如但以理身体健康，因为他不吃红肉，只吃蔬菜和水果，对那些具备营养常识的人来说，这一点都不希奇。但有些事，显然有超自然的解释，对神迹奇事心存怀疑的人，就觉得难以接受。比如三个人被扔进温度比平常热七倍的火窑，不但没烧死，连头发都没烧焦！这就不能从自然的角度来解释了。

但以理书中有些部分是现代西方文化可以了解的，比如离乡背井的经历，这我们能懂。但这卷书中也讲到很多我们不熟悉的事，看重梦和天使的事，似乎很奇怪，即使这些主题愈来愈常见，很多人还是觉得不可信。

† 出自人还是出自神？

所以，读但以理书，会让人质疑圣经的本质，圣经到底是什么？是人的书还是神的书？圣经一方面是人写的，写人的事，所以很多人把圣经看成一般书籍，就像在读历史、文学、宗教等类的书。但这样做会错过最明显的一个事实，因为圣经（尤其是但以理书）记载的事件，若不是超自然力量的介入，绝不可能发生，而且种种预言和应验，更指出背后有一位神在主宰。

因此，圣经一定是神所启示的一本书，而且确实是在讲神的事。只有神能行奇迹，能暂停自然律的运作，能干预自然律，能改变自然界的因果关系。但以理书中，神多次行神迹奇事，而且也只有神知道未来。

看这卷书的内容，就会看见超自然的这一面。但以理书涵盖了但以理生平当中七十五年的岁月，却横跨了四百九十年的历史。令人惊讶的是，但以理书中对未来的预言极为准确，而且，书中还有些预言仍在等候应验。圣经总共预言了735个事件（圣经有27%的经文是在预言未来），其中有593个事件（81%）已经应验。但以理书中有166个预言，很多都是以象征意义来表达。

过去的人认为，预言和神迹可以证明圣经是神的启示，今天的人却认为圣经中的神迹和预言是阻碍，想通通拿掉，好增加圣经的"可信度"。现代人把神迹和预言看作虚构，而不是事实，视为古代文学中的神话和传说，而非史实。比如但以理在狮子坑的故事，就有人解释说，那些狮子一定是刚吃饱，所以不碰但以理，再不然就是因为但以理一身硬骨，没几两肉，难以下咽！

这样看圣经的人会说，这些故事不是史实，但不表示当中缺乏属灵和道德的价值，就像伊索寓言，虽然没有史实根据，却可以向读者传达含义。所以现代许多自由派学者的圣经注释书，都说但以理书中的神迹是寓言，并且认定那些关乎未来的预言，是在预言应验之后才加上去的。

我们看到但以理书第11章，很不可思议地描述了一连串事件，这些事件在但以理之后好几个世纪才发生。这一章有二十七个预言，每一个都是在数世纪后才应验。这一章若不是事件发生后才写的，就是神事先启示给人记录下来。

我不明白的是，很多人从人的角度来看待神迹和预言，却仍然想要保留圣经。他们相信圣经有道德和属灵的价值，值得保留。换句话说，他们想要遵守十诫或登山宝训，但不想理会神迹和预言。但是这样一来，圣经就所剩无几了，不再是一本救赎的书，而变成一套道德规范，讲的是人该怎么做，而不是神能为我们做什么。

但是，从人对圣经抱持的这种态度，其实可以看出他们对神的感受。他们不想要圣经中超自然的那一面，是因为如果相信了这一面，他们就得改变自己的生活方式了。在超自然的层面中，神显得无比真实，所以相信真有其事的人，就必须和神建立关系。

比如说，耶稣的复活铁证如山，足以说服所有法庭的陪审团相信这件事真的发生过。目击者的证词加上其他旁证，实在无可辩驳，比凯撒大帝在公元前55年入侵英国的证据还要强得多。但问题是，如果耶稣真的从死里复活，每个人就知道自己必须改变生活方式。如果耶稣真的复活了，耶稣所说有关他自己的话，就一定是真的，那么他所说有关我们的话，也一定是真的。

你可以不理会凯撒，却不能不理会耶稣。相信有凯撒并不需要付代价，但相信有耶稣，就必须改变你的生活方式。所以那些怀疑圣经的人，通常不太愿意接受圣经中超自然的一面，因为若是接受了这一面，必然有实质的后果产生。

✝ 这卷书充满对比

但以理书可以分成两部分，前半部（1－6章）大多是神迹，后半部（7－12章）大多是预言，所以不相信圣经中超自然事件的人，完全不晓得怎么看待这卷书！第1至6章很容易懂，是主日学喜欢教的内容，但

第7至12章就很难懂，连大人都很少读。

这卷书的前后两部分也使用不同的语言，但不像下方图表那么截然分明。前半部第一章是用希伯来文书写，接下来五章是用亚兰文书写，亚兰文是当时的官方语言。后半部第一章是用亚兰文书写，其他五章是用希伯来文书写。所以看起来，每章都是针对特定的读者写的，用亚兰文写的那几章，是写给外邦人看的，用希伯来文写的那几章，是特别写给犹太人看的。

1－6章	7－12章
大多是神迹	大多是预言
第三人称"他"	第一人称"我"
写但以理的事	由但以理书写
但以理活着的年代	但以理死后
现在	未来

✝ 历史背景

这卷书的写作背景是在巴比伦，当时的巴比伦王是尼布甲尼撒，是个骄傲残酷的暴君，喜欢折磨被他征服的人。他根本是上古世界的希特勒，先征服了亚述，然后想打败主要敌人埃及。因为犹大刚好挡在中间，所以他必须铲除犹大，才能满足他扩大版图的野心。

有一点很重要，务须明白。以色列民是分三个阶段被掳去巴比伦的，也分三个阶段归回，但是归回的人数比被掳的人数少多了。其实，犹太人大多留在巴比伦（今天的伊拉克），直到20世纪40年代才归回。当年跟着星星来到伯利恒的"智者"，应该就是当初留在巴比伦的那群犹太人的后代，而不是像很多传道人所讲的，说他们是外邦人。他们应该本来就知道巴兰曾经预言说有一颗星会出于犹大，要作神百姓的王。

三批被掳的人

第一批人在公元前606年被掳。巴比伦掳走犹太社会的精英分子，也就是王室家族和朝廷官员，还劫走圣殿中的器皿。这是为了确保被征服的犹太人无力反抗巴比伦的统治，只留下约雅敬作傀儡王。第一批被掳的人当中，有四个年轻人——但以理、哈拿尼雅、米沙利、亚撒利雅（四人后来被取了巴比伦名，叫伯提沙撒、沙得拉、米煞、亚伯尼歌）。这几个俊秀聪明的年轻人来自犹太王室，被选来接受训练，好去服侍巴比伦王。他们是但以理书前半部的英雄人物。我们知道，但以理终生不曾归回故土。

第二批人在公元前597年被掳。这次掳走上流阶层的人，包括政客和工匠。以西结就在这批人当中，而约雅斤被留下来统治犹太人。

最后一批人在公元前586年被掳，此时耶路撒冷城和圣殿已毁，巴比伦人带走西底家王，但留下了先知耶利米。

三批归回的人

第一批人归回是在公元前536年，当时波斯人打败巴比伦人，波斯王古列允许被掳的人（包括犹太人）归回故土。第一批有五万多名犹太人回乡，由所罗巴伯带领。第二批人归回是在公元前458年，由以斯拉带领，同时展开圣殿的重建工作。最后一批人归回是在公元前444年左右，当时重建了耶路撒冷城墙，神的城得以巩固，不再轻易受周遭的仇敌侵略。

但以理的故事和以斯帖的故事相互关联。以斯帖住在书珊，亦即玛代波斯帝国的首都，而但以理在巴比伦和玛代波斯这两个帝国都扮演重要的角色。但以理受到前后两位征服者的赏识，除了做神有力的代言人之外，还官运亨通，飞黄腾达。

✝ 前半部（1－6章）

第1章

第1章把焦点放在但以理被掳到异邦，时间是公元前605或606年，叙述但以理被巴比伦宫廷选中，还给他取了一个巴比伦名字，是一个巴比伦神祇的名字，叫伯提沙撒。但以理的三个朋友也被取了巴比伦名字。他们并没有抗议被改名，但他们在膳食方面一直忠于自己的神。王宫里的人想把他们养胖，因为肥胖代表富足，而宫里准备让他们担任高官。可是但以理跟三个朋友不愿意违反神在饮食方面的律法，就请求在巴比伦大学负责训练他们的人，可不可以让他们吃十天的犹太膳食，然后再和其他吃巴比伦膳食的学生比较看看。

于是，但以理从膳食这件小事上，开始坚守原则，以至于后来有决心面对狮子。这给我们上了含义深远的一课：如果你能够在小事上坚守原则，就比较能在大事上坚守原则。在小事上做小决定，可以慢慢塑造一个人的品格，有助于未来面对大考验的时候，信心不致动摇。

但以理和他的朋友坚持膳食原则，结果不但更健康，课业表现还强过其他学生，于是他们获准继续吃他们的犹太膳食。

所以，但以理书一开头的这个事件，让我们看见这几个年轻人具备良好的品格，为日后事奉神的一生打下良好根基。尽管但以理和他的朋友做的事，是很多人所谓的"世俗"工作，但他们其实是在"全职事奉"神。的确，不管做什么工作，只要是为神而做，就是神圣的工作，所有的基督徒都应该"全职事奉"。

第2章

第2章一开始就讲到一件奥秘难解的事——梦见一头野兽。这是头六章中惟一难懂的地方。这种象征性的写作即所谓"天启文学"（apocalyptic），圣经其他书卷也用到这种手法，比如启示录。

公元前606年，尼布甲尼撒王做了一个梦，于是把他的智囊团找来，命令他们解梦，解不出来就要砍他们的头。但是他连梦的内容都忘了，所以还要他们描述那个梦！这实在太难了，超出尼布甲尼撒王那些智囊的能力。然而，但以理不仅能够解梦，还能够说出梦的内容。

原来，王梦见一个巨大的人像，从头到脚用不同的材质铸造，最上面是黄金打造的头，接下来是银和铁的身子，最下面是半铁半泥的脚，英文中熟悉的"弱点"（feet of clay，字面意义为"土脚"）一词，当然就是从这里来的。这个梦是这样解的：金子铸的头，是指尼布甲尼撒王，其他的身体部位则是指继巴比伦之后兴起的几个帝国。古列王统治

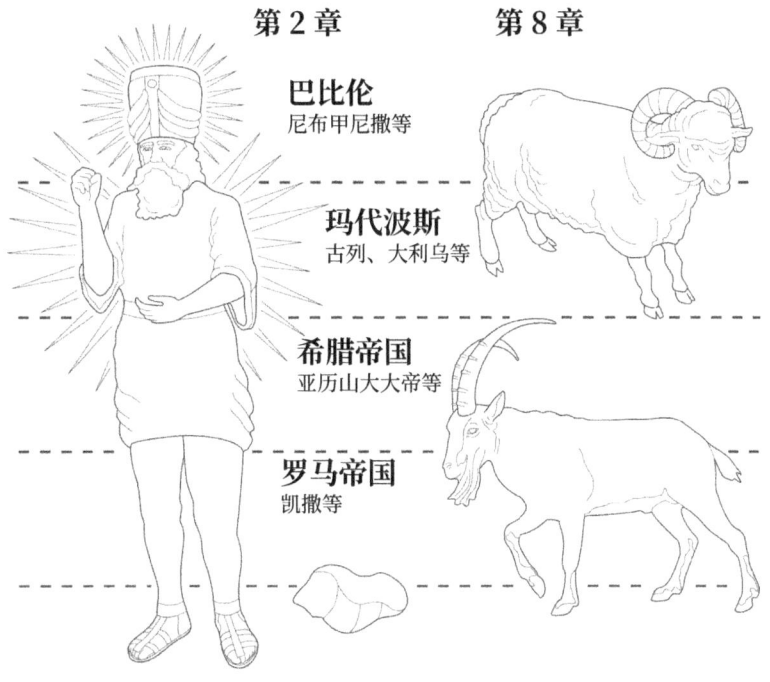

的玛代波斯帝国会取代巴比伦,但国势不如巴比伦。再来是亚历山大大帝的希腊帝国,他会歼灭玛代人和波斯人。接着希腊会由罗马取代,罗马就是铁脚的部分,用铁脚来象征罗马十分贴切,因为罗马用军队建立法治。再来是半铁半泥的脚,弱与强的组合,既脆弱又不稳定。最后会有一块"石头"来结束一切。

这个梦是神首次警告尼布甲尼撒,意思是说:"帝国是我在掌控,是我叫帝国兴衰起落。在你之后,我会兴起其他帝国。"

第3章

第3章很有名,讲火窑的故事。尼布甲尼撒可能因为做了这个梦,就下令竖起一座巨大的人像,高九十英尺,宽九英尺,矗立在美索不达米亚平坦的地貌上,非常引人注目。尼布甲尼撒下令,每当乐队奏乐,人人都要俯伏膜拜这座像。这有点像是全国性的宗教,用这种方式,可以很快就统一整个帝国的信仰。但是沙得拉、米煞、亚伯尼歌拒绝向这尊像跪拜(有意思的是,圣经没有提到但以理当时在做什么)。

这三个人拒绝跪拜的消息传到尼布甲尼撒耳中，他就下令把这三人扔进比平常还热七倍的火窑，连那些把他们扔进火窑的人都烧伤了。我们在圣经上读到，尼布甲尼撒从火窑口窥探里面的情形，看见窑中有四个人，其中一个好像神子。有人猜测，这是神的儿子初次现身。

第 4 章

第4章讲到尼布甲尼撒王发疯。这是整个旧约圣经中，我最喜欢的故事，可见我是个怎么样的人！这是一件神迹奇事，因为这件事，尼布甲尼撒信了以色列的神。我来讲一下当时的背景，你就可以了解我为什么喜欢这个故事。

尼布甲尼撒从波斯的山区（今天的伊朗首都德黑兰所在地）娶来一位美丽的公主。公主嫁进王宫后，不久就思乡成疾，尤其想念家乡的高山、树木和野生动物。尼布甲尼撒知道原因后，答应要想办法解决问题。他用砖头造了一座高山，在上面种满各式各样的树木和植物，非常壮观，后来还成了世界七大奇景中的一景，很多观光客专程去参观巴比伦的"空中花园"。然后，尼布甲尼撒又在花园上方盖了一座私人动物园，豢养各种野生动物。这一切都只是为了取悦他的妃子，因为他的妃子不习惯巴比伦平坦的平原景观。

有一天，尼布甲尼撒站在他华丽的皇宫顶上，突然为自己的成就感到骄傲万分，就口出狂言说："这大巴比伦不是我用大能大力建为京都，要显我威严的荣耀吗？"然后他睡着了，做了一个梦，梦中有一棵大树通天，田野的走兽卧在树荫下，天空的飞鸟宿在树枝上，接着树被砍下，用铁圈箍住，后来又重新开始生长。

尼布甲尼撒又去找但以理解梦，但以理说，尼布甲尼撒就是那棵树，将被赶出，离开世人七年，直到他承认至高者在人的国中掌权，他要将国赐给谁就赐给谁为止。一年后，神告诉尼布甲尼撒，先前的预言要应验了。果然，尼布甲尼撒发疯，疯了七年，他的属下不得不把他关在他盖的动物园中。他吃草吃了七年，头发长得像鹰毛，指甲长得如鸟爪，就像隐居的富豪霍华·休斯晚年的样子。

七年后，尼布甲尼撒抬头望天说："主啊，你是神。"于是，神恢复了他的王权，让他比过去更有权力。这个故事很精彩，可惜结局好坏参半，因为尼布甲尼撒犯了一个大错：强迫众人敬拜以色列的神。敬拜应该出于自愿才对。不过，不管怎么说，他信主了。

第5章

第5章讲巴比伦的结局。这时，伯沙撒继尼布甲尼撒作王，他在一场盛宴中犯下大错，因而丧命。伯沙撒王用从耶路撒冷圣殿里夺来的圣器饮酒作乐，但神看得一清二楚。宴席吃到一半，伯沙撒王看见墙上有指头在写字，内容是"弥尼，弥尼，提客勒，乌法珥新"。当他看见单独一根指头在墙上写这几个字，整个人吓坏了。但以理再度被请出来解释。他说，这句话的意思是"你的统治到此结束，你不配作王，你的王国要被瓜分"。就在当天晚上，波斯人进攻巴比伦，巴比伦亡国，伯沙撒王遇害。

第6章

第6章讲了一个家喻户晓的故事，就是但以理在狮子坑的故事。比较不为人知的是，这时已经换了一个王、换了一个帝国。此时但以理大约九十岁，作王的是玛代的大利乌，反犹太风气再度盛行。帝国的百姓被迫膜拜皇帝，整整一个月不能够拜别的神。嫉妒但以理的大臣设圈套害他，结果诡计得逞。但以理按照往常的习惯，打开楼上的窗户，朝着耶路撒冷的方向祷告。那些想找茬的人，抓到了这个把柄，硬要大利乌王惩罚违抗命令的但以理。大利乌王把但以理扔进狮子坑作为惩罚，但天使封住狮子的口，但以理因而获救。但以理再度证明自己是个正直人，神也证明他有能力保守自己的仆人。

†后半部（7－12章）：但以理留下的传统

但以理书后半部的气氛与前半部完全不同。前半部用第三人称，后半部用第一人称，从现在起，但以理自己执笔写这卷书。所用语言也从亚兰文改成以希伯来文为主，所以这部分主要是写给神的百姓读的。可别叫非基督徒去读但以理书第7至12章。

但以理在这几章发出一些很特别的预言，内容非常详细，而且按照时间先后顺序排列，与历史事件吻合，根本等于预先把历史写下来。所以每个读者都忍不住要问：神是不是真的知道未来？

圣经说得很清楚，神不但知道未来，还塑造未来，但这不表示所有的事都是事先预定好、计划好的。圣经中，神的掌权和人的责任之间有非常微妙的平衡，所以我们绝不可说每件事都是预定好的，好像我们是机器人似的。但这确实表示神能够左右事件。如果我同棋王对弈，棋王一定会赢，但是我可以自由决定怎么下每一步棋。所以，不管我怎么下，棋王都能应付，他仍然会赢。神的自由意志大过我们的自由意志，所以我们的自由受限于神的自由。神的主权有弹性，我们一定要谨记这点，才不会以为一切早已预定，自己做什么都无所谓。

但以理书第7至12章中关于未来的异象，有几点需要解释。

从反面来看，这些事件并不是连续发生，不是一件接着一件、按照时间先后顺序发生，而且这些事件不是同时开始或结束，也就是说，起点和终点不相同。

从正面来看，这些异象的时间长短不同，有些很短，有些涵盖很长的时间。这些异象互相重叠，有些是同时发生。最重要的是，这些异象涵盖两段时期，一个指向弥赛亚第一次来，一个指向弥赛亚第二次来。这就好比但以理是从预言的望远镜看出去，看见两座历史的"山峰"，低的在前，高的在后，但他不知道两山之间相隔多远。

所以，但以理可以看见基督第一次降临前的情况，但之后的事就看不见了，接着又看见基督第二次降临前的情况。但以理跟大多数的旧约先知一样，并不知道两座山峰之间相隔多久。他只看见有一件事要来临，就称之为国，却不知道这个国将会分两个时期临到，因为这个王会来两次。

因此，这几章预言了王第一次降临之前的事件，以及王第二次降临之前的事件。令人惊讶的是，这两段时期的事件，几乎一模一样。第一

但以理在异象中看见未来

1. 不连续

   7 _____ 12

2. 不按顺序

   7   8   9   10   11   12

3. 起点和终点不同

   起始   （同一年）   结束

4. 期限不同

5. 有互相重叠的地方

6. 涵盖两段时期

   公元前
   公元后
   间隔

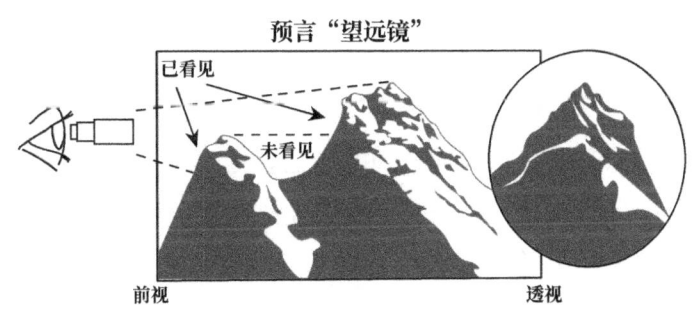

预言"望远镜"

已看见
未看见

前视   透视

段时期,有个人叫安提阿古四世;第二段时期,有个人叫敌基督。有关这两个人的描述非常相似。换句话说,我们研读基督第一次降临之前的事件,可以帮助我们了解基督第二次降临之前的事件。

已经应验的预言

仔细看第二章尼布甲尼撒做的梦,就会注意到,人类建立的一连串帝国愈来愈弱——头部是黄金,往下是银,再往下是铁,最后是泥土的脚。人类建立的帝国兴衰更迭,最后神的国将会降临。所以先是巴比伦帝国,再来是玛代波斯帝国、希腊帝国、罗马帝国,而那位既是神又是王的耶稣,就在最后的罗马帝国时期降临。但以理以为神的国会彻底取代人的国,殊不知神的国其实会在世上和人的国并存一段时期。他把第二座山峰,看成是第一座山的一部分,不知道中间相隔至少两千年,也就是我们如今活着的时代。我们就住在神的国里,但这世上仍有人的国,像是俄国、中国、美国等等。

所以,有一块大石从山而出,这石块没有被人的手触摸过,大石砸中人像的脚,整座人像就倒了。这块大石就是神的国,进入人的国之后,粉碎了人类所有的国,取而代之,在原地建立神的国。但以理看见这个异象,以为这件事一次就完成,但是我们知道这事要分两阶段完成,世上的国跟神的国将并存一段时间。

另外还有一个已经应验的预言。第8章讲到一只公绵羊和一只独角公山羊。这两只动物对应第2章那个巨大人像的两部分——玛代波斯帝国和希腊帝国。公绵羊代表波斯帝国,版图从印度往南直到埃及,包括整个土耳其在内,第八章讲到波斯帝国的预言,全都应验。

公山羊代表继玛代波斯帝国而起的希腊帝国。亚历山大大帝有个绰号叫"公山羊",因为他总是不断向前冲。他死的时候才三十一岁,却已经征服整个文明世界,被尊为历史上伟大的征服者。但他是个自我放纵的人,罪恶的生活方式导致他的灭亡。他死了以后,希腊帝国由四个将军瓜分,吕西马古(Lysimachus)分到土耳其,加山得(Cassander)分到希腊,多利买(Ptolemy)分到埃及,西流古(Seleucus)分到叙利亚。以色列夹在西流古和多利买之间，面对重重困难。

第9章有一段预言，讲到神还要多久才会来作王，圣经学者称这段经文为"但以理的七十个七"（Daniel's seventy weeks）。很多人写书推测这是什么意思，人人都有自己的看法。但以理得知，以色列已经被定了"七十个七"。我们务必要知道，这里的"七"不是指一周，而是指七年，所以不是七十周，而是七十个七年，也就是四百九十年。因此，从皇帝下诏要犹太人从巴比伦归回耶路撒冷起，直到王降临为止，是四百八十三年（也就是六十九个七年）。

我们不清楚但以理指的是哪道诏令，也不清楚这是按照巴比伦历法（依阳历，一年有三百六十五又四分之一天），还是按照犹太历法（依阴历，一年有三百六十天）来计算。其实一共有四道诏令，古列王下诏，开启了归回之路，那是公元前536年。接着大利乌王也下诏，允许更多犹太人归回。亚达薛西王颁下两道诏令，允许尼希米归回和重建圣城。但是不管从哪一道诏令算起，或是算到耶稣降生，或是算到耶稣受洗，都是四百八十三年！不管怎么算，不到五百年后，耶稣就来了，我觉得这够准确了。但以理能够提早五百年预言基督要来，实在不可思议。

第9章还有一些细节需要探讨。虽然但以理预言了基督要来的时间，却被告知还要等很久，要等到六十九个七年结束后，王才会降临。但有一点极为重要：他没有把第七十个七算在这段时期内。我相信，在第七十个七的时候，他的眼光越过基督第一次来，看见基督第二次来。所以第六十九个七和第七十个七之间，相隔很长的时间，因此这里的"七"是指尚未发生的那七年，到时候，敌基督会出现。根据经文，届时会签订一个条约，威胁到和以色列订的条约。这段期间，迫害特别严重，献祭会停止，圣殿会遭到亵渎，就像当年安提阿古四世亵渎圣殿一样。这也暗示，圣殿一定已经重建了。

第10章有进一步的启示，令但以理大感惊愕。从这里可以看出，地上一切的争战，都和天上天使与魔鬼之间的争战息息相关。这个事实十分惊人，不过很多基督徒过分夸大这件事的重要性。这一章告诉我们，地上每个强权的背后都有魔鬼的势力，想要掌权的人、想要征服其他国家的人，背后都有魔鬼的影响。这一章提到"波斯魔君"和"希腊魔君"，神差天使长米迦勒去对付他们。

有意思的是，但以理并未卷入那场争战，完全是天使在争战。很多基督徒光凭但以理书第10章，就建构出一套策略，他们相信，向一个城市传福音之前，必须先找出那地的邪灵，捆绑邪灵，然后才可以开始传福音。但是，耶稣并没有吩咐我们："去各国找出邪灵，捆绑邪灵"，他吩咐我们："去各国使万民作门徒。"我们应该把属灵争战留给天使，直到邪灵自己显现为止。我注意到，耶稣和使徒从未主动去找邪灵，但是邪灵来攻击他们的时候，他们就会对付邪灵。我们不应该去找邪灵来捆绑，而应该努力为神的国训练门徒。保罗有一次忍耐了三天，才把邪灵从一个女孩身上赶出去，因为她打扰到他们的聚会。

第11章是整本圣经中对未来最不可思议的预言，三十五节经文就预言了一百三十五个重大事件，涵盖三百六十六年（见本章最后的图表）。自由派学者不相信这一章，说但以理不可能写下这一章，一定是四百年之后才写的。但神知道历史的起点和终点，是他让但以理写出这些事。

第11章还提到安提阿古四世，这人是君王耶稣降临之前，对犹太人迫害最严重的。他在希腊帝国北边的西流古当上摄政王，原本是一个少年王储的监护人，但是他杀掉王储，篡夺王位。这人是可怕的暴君，下定决心要铲除犹太人的宗教。他玷污圣殿，在圣殿的祭坛上献猪为祭，带许多妓女进入圣殿，甚至在圣殿内竖立宙斯神像。他屠杀了四万名犹太人，又把四万名犹太人卖作奴隶，这些恶行让犹太人忿怒难当，结果引发马加比起义事件。安提阿古四世相当于末日的敌基督，两者一模一样，安提阿古四世是敌基督的预表。若想了解敌基督，就去读读这个人的恶行吧。

把第11章和第12章分成两章，其实没有多大用处，因为第12章延续第11章的主题，继续谈敌基督，谈基督第二次降临会发生的事件，包括好人与坏人都要复活。

尚未应验的预言

我们可以看出，但以理书有许多预言已经应验，但仍有许多预言等待应验。

王已经降临一次，但他尚未征服世上各国，因此我们在等候他再度降临。

第7章有一些不寻常的图像。有些人想把第7章和第2章放在一起看，说第7章的四只怪兽就是第2章的巨大人像所代表的四个帝国，因此认为这个异象所描绘的事件大多发生过了。我觉得不太可能是这样，有五个原因：

1. 细节与历史不符。希腊并不是从四个头开始，罗马也没有四个角，很难看出相似之处。
2. 第8章中，波斯是公绵羊，希腊是公山羊，都是羊，这里却对他们有不同的描述，似乎无此必要。
3. 但以理被告知，未来会有四只兽"兴起"，所以第一只兽不可能是巴比伦，因为巴比伦已经灭亡。
4. 这四只兽不可能是巴比伦人、波斯人、希腊人、罗马人，因为经文说，第四只兽出现的时候，前三只兽还在。罗马帝国兴起时，其他三个帝国已无帝国之实，只剩国家仍在。
5. 第7章，兽带着很大的能力上来，但巨大人像所描绘的帝国，一个比一个弱，比如，罗马的国势就不及巴比伦。

那么，这些兽到底代表什么呢？第一只兽是有翅膀的狮子，第二只是熊，第三只是有翅膀和四个头的豹，第四只，我只能形容是狮鹫兽或龙，最后是一个国度。这国度显然是神的国度，要在地上建立，而建立者是"一位像人子的，驾着天云而来"，要和至高者的圣徒一起作王。这里看到的显然是耶稣第二次降临。我的猜测是，有翅膀的狮子是美国和英国，熊是俄国，豹是阿拉伯世界，这些国家到末了仍会存在，但最后会被神的国取代。不过我不敢断言一定是这样。

所以，第7章中，世上最后的强权会臣服于敌基督，当神的国度终于来到，人子会乘着荣耀的云降临，对付敌基督，并且掌管世上各国，好叫他们成为神和基督的国。

另外很明显的是，第12章所描述的事件，有些尚未发生。但以理谈到义人和恶人复活，义者必发光如星，直到永远。这是圣经第一次谈到恶人"复活"，新约圣经进一步谈论这个主题（见约5∶29；徒24∶15），这是整个历史最后的高潮。

† 神为什么要向但以理显明未来的这些事？

但以理见到的异象，其中含义他大多不明白，所以神显明这些事给他看，显然不是为了他，而是为了后代子孙。接下来会有四百年之久没有先知，因此但以理书的目的之一，是要帮助神的百姓度过这段空档。神预言这四百年间会发生一些事，这可以稍稍帮助百姓承受神的沉默。圣经其他书卷也有一些经文说明预先警告是重要的，比如："主耶和华若不将奥秘指示他的仆人众先知，就一无所行"（摩3:7）；"……总不要惊慌……看哪，我预先告诉你们了"（太24∶6、25）；"如今事情还没有成就，我要先告诉你们，叫你们到事情成就的时候可以信我是基督"（约13∶19）。

但以理书的这些预言，主要目的在于鼓励神的百姓。这几章一再鼓励神的百姓，既然知道未来会怎样，就该做这几件事：要站立得稳，要为主做大事，要帮助人明白，要忍受苦难，要被炼净，要抵挡邪恶，要找到安息。有些人纯粹出于好奇才想知道未来，想知道内幕，了解内情。但是，神向我们显明未来的主要目的，是要我们善用这些信息，好好预备自己，站立得稳，照神的旨意去行，并且能够忍受苦难，心知最终必得荣耀。

神显明未来的另外一个原因，是要警告不信主的人，特别是那些想掌握权势、建立帝国的人。人子最终会取代一切帝国。我们属于未来要掌管全世界的那一位王。人子将驾着荣耀的云降临，在地上建立属天的

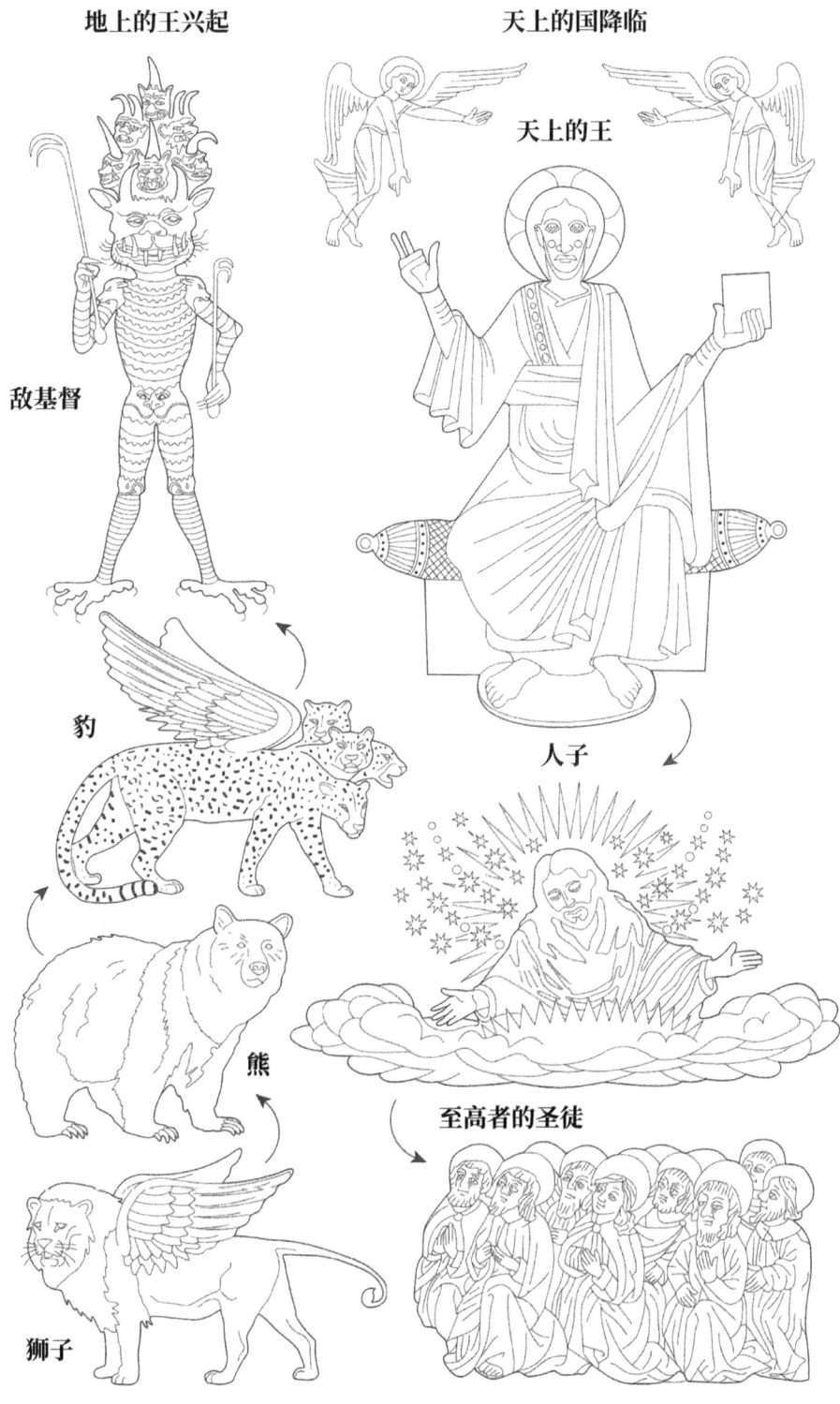

国度，我们将和他一同作王。所以我们务必要预备自己，成为良善负责任的管理者，将来与耶稣一同治理世界。

† 但以理书 11 章 2-35 节所预言的历史事件

2 节 波斯

古列之后的三位君王是：

- 冈比西斯（Cambyses，公元前529–522年），他征服了埃及。
- 斯麦地斯（Pseudo-Smerdis，公元前522–521年），他冒充王遇害的兄弟而取得王位，后来遇刺身亡。
- 大利乌一世·海斯达比（Darius I Hystapes，公元前521–486年），以斯拉记第5至6章提到他。

第四个王是薛西斯一世（Xerxes I，公元前486–465年），就是以斯帖记第一章中的亚哈随鲁王。他在位时，波斯帝国的财富和权势到达巅峰。公元前480年，他入侵希腊，但在萨拉米斯（Salamis）惨败。

3 － 4 节 希腊

3节 亚历山大大帝（公元前356–323年）为希腊报仇，打败波斯，在十二年间建立了庞大的希腊化帝国，欧洲统治了亚洲。他是但以理书第8章所讲的公羊，三十二岁死在巴比伦。

4节 亚历山大大帝与巴欣娜（Barsine）生的儿子遇害，他与罗珊娜（Roxana）生的遗腹子也遇害，所以他的帝国由四个将军瓜分统治：

- 吕西马古（Lysimachus，统治色雷斯、毕斯尼亚、小亚细亚）
- 加山得（Cassander，统治马其顿和希腊）
- 多利买（Ptolemy，统治埃及）

■ 西流古（Seleucus，统治从叙利亚到巴比伦的地区。

最后两位将军成了但以理书第11章中的"南方"和"北方"（神的百姓以色列此时已回到巴勒斯坦，这两位将军统治的地区分别在以色列的南方和北方）。

5－35节 埃及和叙利亚

这段经文涵盖一百六十二年的时间，以色列被夹在两个关系密切的王朝之间，像是"夹在门和门轴之间"（马丁·路德之语）。在但以理的时代，"叙利亚"这个名字尚未出现，所以这地区就称作"北方"。

5节 多利买一世·梭得（Ptolemy I Soter，Soter意指"救主"，公元前323-246年）统治埃及，他的近亲西流古一世·尼卡特（Seleucus I Nicator，公元前312-281年）统治叙利亚。公元前306年，两人都取用"王"的称号。西流古的势力较大，统治从小亚细亚到印度的地区，成了埃及的一大对手和威胁。

6节 埃及的多利买二世·非拉铁夫斯（Ptolemy II Philadelphus，Philadelphus意指"兄弟之爱"，公元前285-246年，别号"恩人"）怂恿安提阿古二世·西奥（Antiochus II Theos，Theo意指"神"）休掉妻子劳迪丝（Laodice），改娶多利买二世的女儿贝丽妮丝（Berenice）。这次的联姻没有成功，婚姻失败，联合两大王族的图谋也成空。多利买死后，安提阿古就娶回前妻劳迪丝，但劳迪丝却杀了安提阿古、贝丽里丝和两人所生的儿子。

7－9节

这段时期两国不断在打仗。

7节 贝丽妮丝的兄弟多利买二世·尤尔吉底（Ptolemy II Euergetes，Euergetes意指"恩人"，公元前246-221年）攻击西流古·卡利尼古（Seleucus Callinicus，公元前247-221年），杀了劳迪丝报仇雪恨。他征服北方王朝，远至波斯和玛代。

8节 多利买二世返国，带着两百八十年前被夺走的埃及偶像回来，从此百姓都称他为"恩人"。

9节 西流古二世反击，在暴风雨中失去海军舰队，惨败，坠马而亡。

10－20节

10节 北方两兄弟，西流古三世（公元前226-223年）在小亚细亚打仗时，军队叛变，遇刺身亡，他的兄弟安提阿古三世（Antiochus III "the Great"，人称"大安提阿古"，公元前223-187年）在十八岁时掌权，一辈子都在打仗，要为父亲受到的羞辱报仇。他横扫各地，远至埃及的防线迦萨。

11节 多利买五世·非罗巴特（Ptolemy V Philopater, Philopater意指"爱父亲"，公元前221-203年）率领七万名步兵、五千名骑兵和七十三头大象，于公元前217年在拉非亚迎战安提阿古。安提阿古彻底战败，一万人战死沙场，四千人成为战俘，他自己也差点被俘。

12节 多利买五世因为懒惰又放纵，无能乘胜追击。安提阿古整军再发，出征到西方的印度和里海，得到许多财富和势力。

13节 多利买和王后神秘死亡之后，安提阿古再度进攻埃及，在潘尼亚斯（Panias）打败斯科帕斯（Scopas）将军率领的埃及军队。此地靠近约旦河，即后来的凯撒利亚·腓立比。斯科帕斯逃到西顿。

14节 此时，其他人（比如马其顿的腓力）和安提阿古结盟，有些犹太人也和他结盟，以为打败埃及就能使预言应验，期待以色列之后就可以独立建国。很多人死在战场上。

15节 西顿围城，而后沦陷，有三名埃及将领想率军突破重围，可惜没有成功。

16节 安提阿古犯下大错，占领以色列作为军事基地，为了支持军需而掏空整个国家。

17节 罗马的势力日渐壮大，安提阿古备感威胁，想和埃及联手，便把美丽的女儿克丽奥佩脱拉（Cleopatra），嫁给七岁的多利买五世·伊波法尼（Ptolemy V Epiphanes，Epiphanes意指"荣耀"，公元前204-181年），希望女儿能让埃及落入他的掌控，不料女儿坏了他的大计，竟站在丈夫那一边来对抗父亲。

18节 安提阿古嘲讽势力日渐壮大的罗马说："亚洲才不在乎他们（罗马人），我也不会听他们指挥。"他拒绝接见罗马来使，决定自己去征服希腊，结果公元前191年在撒摩皮雷（Thermopylae）、公元前189年在米安得河（Maeander River）畔的麦尼西亚（Magnesia），都被罗马将领路西史奇彪（Lucius Scipio Asiaticus）打败。

19节 安提阿古跟罗马签下不平等条约之后，伤心返国，后来在掠夺伊林姆（Elym）的一座神庙时被杀。因为他，亚洲的大门向罗马敞开。

20节 西流古五世·非罗巴特（SeleucusI V Philater，Philater意指"爱父亲"，公元前187-175年）只想要和平与安宁，但是为了向罗马进贡，他必须课重税。他的财务大臣希流多鲁斯（Heliodorus）来到耶路撒冷的圣殿夺取财物时，遭到一个超自然的幻影阻止，返国之后便毒杀了国王。

21－30节

安提阿古四世（Antiochus Epiphanes，Epiphanes意指"荣耀"，公元前175-164年）即但以理书第7章中的"小角"，他是旧约圣经时代最可怕的暴君。叙利亚国势日衰，很快就臣服于罗马。他受挫之后，开始激烈迫害以色列，为了消灭以色列的信仰，他玷污圣殿，强迫推行希腊文化。

21节 安提阿古四世作恶多端，他和妓女公开行淫，贪婪无度，诡计多端。他的称号伊波法尼（Epiphanes）意指"荣耀"，但别人背后都叫他Epimanes，意指"疯子"。叙利亚的第一王储德米特里（Demetrius）在罗马当人质，安提阿古趁机在叙利亚夺权，自称是第二顺位王储（西流古四世的男婴安提阿古）的监护人，后来却杀了这男婴。他因为承诺要减税和修改严苛法令而受到拥戴，但这些承诺都没有兑现。

22节 刚开始，他的军事行动都非常成功，他向罗马进贡，藉此维持和平，却又拖着贡品不付，向罗马人行贿。他在公元前170年入侵埃及，在迦萨和尼罗河三角洲打败多利买五世·伊波法尼。返回南方的路上，他造访耶路撒冷，杀了大祭司阿尼亚（Onias）。

23节 叙利亚虽非大国，安提阿古四世此时却能掌控埃及，利用埃及王的两个外甥作他的人质，就是多利买六世·非罗米特（Ptolemy Vi Philometer，公元前181–145年）和多利买尤尔吉底（Ptolemy Euergetes）。

24节 此时，他逐步掠夺他手上最富足的地区（比如加利利）。这些财富不是用在他自己身上（不同于先前的统治者），而是用作贿赂，笼络人心，并且大肆铺张（在街上撒钱，办大型活动等等）。他也打算攻下埃及的几座城市，比如亚历山大城。

25节 他再度出动马车、骑兵、大象，远征埃及。他贿赂埃及的朝廷命官，让他们密谋反叛国王。

26节 这导致埃及战败。

27节 安提阿古和多利买非罗米特坐下来谈判，在签订和约时，双方互相较劲，结果没有签成。

28节 安提阿古返回北方途中，转向以色列，因为贪恋圣殿中的财宝，就屠杀了四万名犹太人，又将四万名犹太人卖作奴隶。大祭司耶孙逃到亚扪。

29节 安提阿古又一次远征埃及，抓到了埃及王的外甥非罗米特，但被迫撤出亚历山大城。

30节 安提阿古最后一次远征埃及，埃及派使节到罗马求救，罗马从塞浦路斯差来船舰。罗马将军该犹·波比流·利拿（Gaius Popilius Laenas）要求安提阿古撤出埃及，安提阿古愤然离开，知道他的希望已经破灭。

31－35 节

现在安提阿古四世把受挫的怒气，发泄在神的百姓身上。

31节 犹太人成了代罪羔羊，安提阿古展开残酷的迫害（记录在马加比一书和二书），还利用以色列境内支持他的人。他禁止犹太人敬拜和献祭，在圣殿内竖立宙斯像，公元前168年12月25日，他在祭坛上献了一头猪（太24：15，提到"那行毁坏可憎的"）。

32节 这引起马他提亚祭司家族的马加比（人称"铁槌"）起义。在犹大马加比的带领下，有许多英勇的行动（希伯来书第11章提到）。在公元前165年12月25日，以色列自由了，他们重新献殿。

33－35节 这场迫害带来意想不到的作用，那就是属灵的复兴，因为这件事区分出真信徒和假信徒，扫除了假信徒。

30. 以斯帖记

† 引言

以斯帖记这卷书很不寻常，原因有二：第一，圣经中只有两卷书以女人的名字命名，就是以斯帖记和路得记；第二，圣经中只有两卷书没有直接提到神，就是以斯帖记和雅歌。因为这个缘故，很多人对以斯帖记感到不解。以斯帖记的故事很有意思，浪漫又精彩，但是为什么这卷书会收进圣经呢？我们为什么要读以斯帖记？到底可以从这卷书学到什么？

以斯帖记、以西结书、但以理书，都写成于犹太人被掳的时期，是圣经中少数几卷完全在应许之地以外写的书卷（不过以斯帖记的书写年代比其他两卷书晚很多）。从这几卷书，我们可以知道犹太人在外邦社会中如何行事为人。

† 历史背景

巴比伦被玛代人和波斯人联手打败。新帝国里，先是玛代人大利乌作王，再来是波斯人薛西斯一世作王（又名亚哈随鲁王）。但以理高升为宰相，他有个巴比伦名字，叫伯提沙撒。而哈大沙被选为皇后，改名以斯帖（这是个异教徒的名字，是巴比伦女神伊什塔尔的简称）。所以，但以理和以斯帖都被提升到高位，能够帮助自己的同胞。

神并没有强迫犹太人回到应许之地，如果犹太人全部归回，就不会有这卷书了。许多犹大人选择归回，但有更多犹太人选择留下。

以斯帖记这卷书，大概是旧约圣经里面有最多史料佐证的一卷书。比如希罗多德（Herodotus）编写的《历史》（Histories），就证实以斯帖记是很晚才写成的一卷书（希罗多德是希腊的历史学家，生于公元前480年）。圣经以外还有很多史料可以证实以斯帖记的记载。1930年，考古学家发掘出波斯帕里斯（Persepolis）的遗址，这里曾是波斯帝国的首都，他们挖出一块石版，上面写着"末都改"（Marducha）这个名字。以斯帖记中的宰相名叫"末底改"，很可能就是同一个人。

† 浪漫的故事

这是个非常浪漫的故事，以斯帖年轻貌美，是一国之后，但只有一个男人知道她的秘密——而且是会惹来杀身之祸的秘密！这是女性杂志上常见的题材。

我大概讲一下故事情节：波斯的亚哈随鲁王统治的疆土，东起印度，西至埃及，但他遇到难题，便举办了一场长达一百八十天的会议，要决定如何对付希腊人的威胁。会议结束后，他在王宫花园举办七天的盛宴。酒足饭饱之余，王差人去请王后瓦实提来，因为王后年轻貌美，所以王想叫王后来跳舞助兴，娱乐他手下的将领。可是瓦实提王后拒绝前来，故事就从这里展开。瓦实提王后的拒绝，让王陷入很难堪的处境，因为他如果不惩罚妻子，可想而知那些将领的妻子也会有样学样；如果王连自己的家室都管不了，那些将领也会有麻烦，所以王必须有所行动。他命令王后，从此不准再出现在他面前！

但是他发现卧室变得冷清，愈来愈寂寞。于是有人建议举办选美比赛，让最美的女人作王后。

这可是件大事。以斯帖在参赛之前，花了整整十二个月的时间，保养全身上下。最后她拔得头筹，成了亚哈随鲁王的新王后。

以斯帖出身便雅悯支派，这很特别，因为这个支派有一段艰辛的过去。末底改是她的表亲，她从小没有父母，末底改就收养这个孤女为养女。应末底改的要求，她没有向王透露自己和末底改的关系，这是因为犹太人在那个国家遭到敌视，处境危险。以斯帖虽然才刚加入后宫，却成了王最宠爱的妻子。

另外我们也看到，当时宫中还有一个人，地位刚获得高升，此人名叫哈曼，是这个故事里的坏人。哈曼是亚甲的后代，先知撒母耳曾经吩咐以色列的第一个王扫罗杀掉亚甲，扫罗却没有杀他，于是撒母耳自己动手，在祭坛前砍死亚甲。这件事使亚甲的后代和犹太人从此为敌，因着这个历史渊源，哈曼特别仇视犹太人，而这股仇恨使得这个故事的情节更加紧张。整个情况很有意思，一名没有透露身份的犹太女子是波斯帝国的王后，而哈曼是宫中重臣，但他痛恨所有的犹太人。

接下来，导火线出现了。哈曼向王进言，说应该铲除国内的犹太人，因为他们行为独特，有自己的法令、服饰、宗教，跟社会格格不入，非除掉不可。哈曼还贿赂王，说王若灭绝犹太人，他要捐一大笔钱给国库。他们抽签决定要在哪一天暗杀所有的犹太人。有意思的是，他们抽到当月的十三日，要在那天灭绝犹太人。很多人从此迷信认为十三这个数字不吉利。

犹太人听到这个消息以后，就禁食哭泣哀号、披麻蒙灰。末底改传话给以斯帖，要她去求王手下留情。他暗示以斯帖，是神让她在这个节骨眼上来到这个国家，成了王后，经过一连串不可思议的事件，如今高居有能力帮助同胞的位子。

于是，以斯帖心里十分挣扎，她应该透露自己的犹太人身份吗？这样她的性命也会有危险。但她最后决定，死就死吧。

她该怎么向王求这件事呢？王后必须蒙王召见，才能去见王，但是以斯帖知道她非见王不可。于是她大胆走到王面前，说她想要设宴，邀请哈曼为座上宾，王同意了，于是王和哈曼都赴了宴。

也就是在这个时候，哈曼对末底改非常愤怒，便立了一座二十三米高的绞架，打算绞死末底改，但他没让任何人知道这是要用来绞死谁的。

宴席前夕，王睡不着，起来看书，读自己以前的日记，看到几年前有两名大臣想暗杀他，是末底改救了他一命。王想起自己从未奖赏末底改，隔天早上一起来，便安排要奖赏末底改。这件事真是太巧了，显然是神的作为。

席间，王对哈曼说："我想要奖赏一个讨我喜悦的人，你认为我应该怎么奖赏他？"哈曼以为王一定是在讲他，就回答说："可以让他在城里骑马游行，作宰相。"王同意这个建议，但他要奖赏的是末底改。情况突然有了180度的转变。

在宴席上，以斯帖鼓起勇气，为同胞向王求情。当王听说这阴谋背后的主使人竟然是哈曼，就下令把哈曼吊死在他自己造的绞架上。犹太人逃过一劫。王还另外下诏，推翻哈曼之前假传的圣旨，给犹太人权利保护自己，允许他们聚集起来，消灭持武器攻击他们的人。这道新诏令叫人吃惊，因为全国上下早就准备好，要屠杀帝国内所有的犹太人。

哈曼预定要消灭犹太人的那天到了，犹太人准备好了，就打倒他们的仇敌，处决了哈曼的家人。哈曼当初的恶谋假如成真，犹太人就灭族了，因为波斯帝国疆土广大，遍及从印度到埃及的土地。假如原先的法令执行下去，耶稣就不可能降生。以斯帖确实拯救了犹太人。难怪犹太人每年都要庆祝普珥节，纪念这件事。

人人都喜欢这样的故事。故事讲得很精彩，也有很好的文学架构。擅长讲故事的人，都会先营造紧张的情节，然后出现转机，最后是皆大欢喜的结局，坏人得到报应。以斯帖记的故事，就是这方面的杰作。

† 以斯帖记的大纲

危险（1－5章）

    1章：序言

    2－3章：王的第一道谕令

    4－5章：哈曼痛恨末底改

王失眠（6章）

拯救（6－9章）

　　6－7章：末底改高升，地位高过哈曼
　　8－9章：王的第二道谕令

结语（10章）

　　这卷书的架构非常对称，王的第一道谕旨是命令大家拜他，第二道谕旨是禁止杀害犹太人。前面讲哈曼痛恨末底改，后面讲末底改升到比哈曼还要高的地位。而整件事的扭转过来的关键在于有一个人失眠——事实往往比虚构还要离奇！

†这卷书为什么会收录在圣经中？

　　这卷书为什么会收录在圣经呢？绝对不只是因为故事精彩吧。难道只是要让我们看见，从事公职的人应该具备勇气吗？

　　每年庆祝的普珥节，是个一般的节日，并没有宗教仪式，跟信仰无关。关于以斯帖记和马加比二书（2 Maccabees），马丁·路德曾经这样说："我真希望这两卷书不存在，因为讲太多犹太人的事，也讲太多异教徒不道德的行径。"

　　那么，以斯帖记这卷书，对基督徒有什么价值呢？我们是不是要把以斯帖当作榜样，学习她的顺服、谦卑、忠心？我们要怎么看这卷书中不太愉快的部分——比如用报复的方式屠杀波斯人？

　　请注意，这卷书记载了当时那种反对犹太人的精神。首先，犹太人**与众不同**，他们遵守自己的律法，按照自己的习俗行事，行割礼，守安息日，饮食也特别不同。第二，犹太人是**独立的**，他们不肯受别人控制，是极权政治的一大威胁。

　　撒但千方百计想要毁灭犹太人，因为救恩出于犹太人。在埃及，男婴遭到屠杀，是撒但在背后主导，摩西因为被放进芦苇做的篮子里，才逃过一劫。

　　撒但想要消灭犹太人，不让弥赛亚降生。伯利恒两百名婴儿遭到杀害，是魔鬼在背后主导，但耶稣逃到了埃及。

所以反对犹太人的心态背后，有魔鬼的势力在主导。埃及法老想消灭犹太人，哈曼想消灭犹太人，希律想消灭犹太人，希特勒想消灭犹太人。这个戏码不断在历史上重演，因为救恩出于犹太人。我们应该对犹太人心存感谢，因为我们对神的认识完全来自犹太人，而救主耶稣从过去到现在也是犹太人。

四十位不同的作者，历时一千四百多年，用三种语言写出圣经这本书。其中只有一个作者是外邦人——路加医生，但他的写作材料都是从犹太人那里得来的。没有犹太人，就不会有这本圣经。难怪世人最恨犹太人。

但是在这出大戏中，还有一个看不见的演员。这一切的背后，一定是神在主导。当巧合太多的时候，我们所见到的，显然是神的作为。

我在这个故事中看见神的作为，他保存犹太人的性命，好让他的儿子从犹太人而生。犹太人乍闻哈曼要消灭他们的阴谋时，禁食祷告，我在他们的祷告中看见神的作为。末底改坚信神会保护犹太人，我在他的信心中看见神的作为。末底改甚至对以斯帖说，就算以斯帖不预备自己成为神动工的管道，神也会透过别人去做。末底改并未直接指出神的名字，但他的意思很明显。这是极大的信心，相信神会扭转一切。我在各个巧合的事件中看见神的作为，比如末底改几年前救过王一命，比如亚哈随鲁王竟然在日记上写下这件事，比如亚哈随鲁王那晚失眠起来读日记，竟然刚好就读到末底改救过他的这件往事。以斯帖记里面没有提到神的名，但是处处可以看见神的指纹。有一位学者曾说，以斯帖记是"神的护理传奇"（the romance of providence），说得完全正确。

但是，以斯帖记为什么没有提到神呢？我的答案会让你大吃一惊。其实有提到，而且提到五次，只是很少人注意到。神的名字在这卷书中，是以离合诗的形式出现，把他的名字或称号的字母拆开，放在每一行的开头，有时按照顺序，有时候颠倒顺序。我想办法译成英文，好让大家了解，不过请记住，这原本是希伯来文。

喜欢玩文字游戏的犹太人，很爱用离合诗（就是利用每个字或每个句子开头的字母，组成一个隐藏的信息，比如FAITH意指Forsaking All I

Trust Him）。诗篇中有些就是离合诗，尤其是最长的第119篇。谈到理想妻子的箴言第31章，也是一首离合诗。耶利米哀歌的五章中，有四章是离合诗，每一行都用下一个字母作为开头。写这种诗很需要技巧，也可以用来传达机密的信息。

以斯帖记有五段离合诗，头四段有相同的模式（见1：20，5：4，5：13，7：7）。

以斯帖记中的离合诗

一 20	五 4	五 13	七 7	七 5
Due Respect **O**ur **L**adies Shall Give To Their Husbands	**L**et **O**ur **R**oyal **D**inner This Day Be Graced	Yet I Am Sa**D** Fo**R** N**O** Avai**L** Is	For He Saw That There Was Evi**L** T**O**	Whe**R**E Dwellet**H** The Enem**Y** That Daret**H** Presume In His Heart
Both To Great And Small	By King And Haman	All This To Me	Fea**R** Determine**D** Against Him By The King	To Do This Thing?
HVHJ 颠倒顺序 外邦人说 讲到王后 推翻神的 旨意	JHVH 按照顺序 犹太人说 王后说的 神掌管	HVHJ 颠倒顺序 外邦人说 哈曼说的 推翻神的 旨意	JHVH 按照顺序 犹太人说 讲到哈曼 神掌管	EHYH＝ "我是" （出3：15）

头两段，用了连续四个词的头一个字母，后两段，用了连续四个词的最后一个字母。第一段的字母顺序颠倒，第二段的字母按照顺序，第三段的字母顺序颠倒，第四段的字母又按照顺序。

有一点请各位务必明白，这些离合诗本来出现在希伯来原文圣经中，所以是用希伯来文写的。改写成英文后的这四个字母本来其实是J-H-V-H，是神名讳的四个字母，英文念作耶和华（Jehovah），希伯来文念作雅威（Yahweh）。

为了帮助大家了解这诗的用法，我们用英文的LORD这个字，来代替Jehovah和Yahweh这两个名字。为了说明这种用法，我需要稍微修改一下英译。

首先来看第一段，第一章20节："所有的妇人，无论丈夫贵贱，都必尊敬他。"（Due respect our ladies shall give to their husbands, both great and small.）在英文翻译中，头四个词的第一个字母分别是D-R-O-L，是把LORD这个字颠倒过来。在下一段，第五章4节中，字母则是按照顺序："请王赴我所预备的筵席"（Let our royal dinner），头四个词的第一个字母分别是L-O-R-D。

为什么有时候按照顺序，有时候颠倒顺序？颠倒顺序的话是外邦人说的，按照顺序的话则是犹太人说的。犹太人的意思仿佛是说，外邦人总是叫错主名，或是不想让外邦人口中说出主的圣名。

以斯帖记还有一段离合诗，使用的字母不太一样，英文拼出来是I AM，但顺序也是颠倒。作者小心地把这些机关安排在经文里，好叫外邦人看不出来。

为什么用这个方法呢？有好几种解释，但我认为最可能的原因很简单，就是当时的人如果提到犹太人的神，可能会惹祸上身（亚哈随鲁王死于公元前465年），因为这样的记录有造反的意味，所以等到事件过去一段时间后，才把故事写出来。

以斯帖的故事，刚开始都是靠口耳相传，渐渐就变成民间故事。后来发现有必要写下来，因为每年都庆祝这个蒙拯救的日子，众人需要知道节日背后的真相。不过，当时反对犹太人的风气很盛，如果被抓到文字中写到犹太人的神，可能会惹祸上身。因此，以斯帖记没有直接提到神，而是以离合诗的方式来写，犹太人常用这种方法来解决问题。

† 基督徒可以从但以理书和以斯帖记学到什么？

但以理和以斯帖是同时代的人，同样被掳，同样远离家乡，却都在异族中由神升到高位，蒙神使用；他们没有在原则上妥协，因此大大推展了神的国度。这些故事鼓励我们，只要忠于信仰，我们也可以尽力在世上取得良好的地位。神能使用居高位的人，为他的国度贡献，所以我们可以让神把我们摆在能够推展神国的地位。

神使用个人

一个人可以带来很大的影响力，神使用男人，也使用女人，而我们都是被掳离乡的人。基督徒不属于这世界，我们跟这世界格格不入，因为我们是天上的国民，正在一步步脱离这个世界，准备回到天上的家。

但是，神可以使用这世上的国民，就是那些持守原则、明白自己身份的人。神可以使用那些愿意高升、但不愿意被同化的人。犹太人为了逃避迫害，常常得面对被同化的试探，基督徒也面对同样的试探。

20世纪初，德国的犹太人已经被德国的文化和语言同化，以致1897年，西奥多·赫佐（Theodore Hertzl）召开第一次复国会议，讨论以色列的复国问题，当时德国的犹太人根本不想参与。赫佐想在慕尼黑举行会议，但德国的犹太人说："别在慕尼黑举行，我们现在是德国人，不是犹太人了，别害我们难堪。"后来，会议在瑞士的巴塞尔举行。

基督徒也会受到这种试探，为了不要与众不同、不要被视为异类，就与周遭的人同化。但是神要使用愿意与众不同的人。我们以前在主日学常唱一首歌，歌词说："勇于成为但以理，勇于独行"。但以理和以斯帖这两个人，都宁可死，也不愿意妥协自己对神的信心。

神保护他的子民

神在狮子坑中保护但以理，在火窑中保护沙得拉、米煞、亚伯尼歌，他也透过以斯帖保护书珊的犹太人。你若想灭掉神的百姓，就得先灭掉神！神会保护他的百姓，我们也许会为神而死，但仍会受到保护。所以，我们可以信心满满地说，以色列会永远存在，教会会永远存在。

神掌管世界

但以理书和以斯帖记这两卷书，都提到一个词——"国度"。基督教的福音，就是国度的福音。但以理书和以斯帖记这两卷书，都把神国摆在第一位。

从这两卷书，我们知道，今天人类所建立的国家都掌握在神手中，是神兴起统治者，也是神让他下台。尼布甲尼撒终于明白，是至高者在掌管人类的国，按他的旨意将统治权赐给人。所以，是神在重划国家的疆界，是神决定谁有权力、谁没有权力。每次选举都是由神决定结果，他有时投下公义票，有时投下怜悯票。当他投下公义票，是把我们应得的政府给我们；当他投下怜悯票，是把我们需要的政府给我们。我这辈子已经看过六个首相在违背对以色列的承诺之后不久，神就让他们下台，从张伯伦到卡拉汉都是这样。美国总统老布什做出对以色列不利的事，从以色列撤出金援，不久之后就失了权。神是以色列的神，他也掌管人类在这世上建立的国家，因为他的允许，这些人才能成为统治者。一切都归他掌管。

"国度"一词还有另外一个用法。现在有人的国度，但是将来会有神的国度，到时候，神要掌管世上的政府。这世上的国，将来都会被神的国取代，所以我们要知道，但以理和以斯帖的工作还没有完成，他们曾经效忠异教徒的帝王，将来从死里复活之后，他们会在神所展开的国度中执政。当耶稣再回来地上的时候，但以理和以斯帖会跟他一起来。

因此，我们不该只把圣经当作历史来读，圣经是引言，介绍我们认识将来会见到的那些人，我们会有永恒的时间来认识这些伟大的圣徒，也要和至高者的圣徒一同作王，和坐在宝座上的人子一同作王。所有对神忠心的人，神将再度在地上使用他们，让他们在基督的国度中，与他一同治理万民。

31. 以斯拉记和尼希米记

† 引言

研读神的百姓——以色列的历史时，会发现神对他们犯罪的惩罚是一步步加强的。每一次的惩罚都比前一次严重一些。刚开始，神派非利士人等邻国来攻击以色列人，所以第一个惩罚是财产的损失。但他们不听，所以下一个惩罚更严重了：旱灾、饥荒还有缺粮。可惜他们还是不听，神就差来疾病，让他们失去健康。但是最大的惩罚是失去应许之地，并且被掳到别的国家去。他们当初被神带出埃及，进入应许之地，但神也曾应许说，他们若继续犯罪，必被赶出应许之地。

两次被掳

以色列人被掳两次，第一次是北方十支派被掳，当时叫以色列国。公元前721年，亚述人来征服他们，把他们掳到亚述。第二次被掳的是南方二支派，当时叫犹大国，以两支派中较大的那个支派命名。这次被掳发生在公元前586年，巴比伦征服他们，把他们掳去。以斯拉记和尼希米记所讲的，就是第二次被掳的事。

分三批被掳

巴比伦人征服犹大时，并没有像哈巴谷所预期的那样毁掉一切，他们的作风温和多了。巴比伦人把犹太人分成三批、在三个不同时期掳走，都是在尼布甲尼撒作巴比伦王的时候。

第一批人在公元前606年离开，包括皇室成员，巴比伦人以为只要掌权者离开，就会比较好掌控犹大国。但以理就在这批被掳的顶层精英里面，十几岁的时候，就跟皇室成员一同被掳到巴比伦，在被掳的人当中，成为一个重要人物。

可是留下来的人仍然设法挣脱巴比伦的掌控，所以公元前597年的时候，巴比伦人来掳走第二批犹太人，这次掳走所有的工匠和商人。巴比伦人希望掳走做生意的人之后，百姓的生活会陷入困境，这样就可以掌控他们了。在这批被掳的工匠当中，有个叫以西结的祭司，他跟但以理一样，在被掳的人当中，也是个重要人物。

然而，留下来的百姓还是不服从巴比伦，所以公元前587年的时候，巴比伦终于差来军队，将圣殿夷为平地，摧毁一切，耶路撒冷成了废墟，犹大地成了荒场，犹大支派和便雅悯支派被掳到巴比伦。

犹大被掳七十年，而先知耶利米的预言正是他们会被掳七十年。耶利米的话鼓舞了但以理，但以理便求告神实现他的应许。

分三批归回

被掳结束了，正如神的应许，不过犹太人分三批归回，正呼应他们当初分三批被掳。第一批有五万人，在公元前537年归回，当时的波斯王是古列，犹太人的领袖是所罗巴伯。所罗巴伯是大卫王的直系子孙，所以神的应许有部分实现了，因为他应许大卫的直系子孙不会断绝。马太福音第一章所记录的耶稣族谱，就有所罗巴伯的名字，所以耶稣说自己是弥赛亚，这是有根据的。

九十几年后，在公元前458年，第二批犹太人归回，当时的波斯王是亚达薛西。这次归回的人数只有一千八百人，由祭司以斯拉带领。这是首次有利未人归回，为要重建以色列百姓的敬拜架构。要说服利未人回来可不容易，以斯拉多方奔走，才找到一千八百人，愿意跟他一同千里迢迢，回来重建信仰生活。

接下来，大约过了十四年，公元前444年，尼希米带了几个工匠回来。他关心的是重建遭巴比伦摧毁的耶路撒冷城墙。没有城墙，城市就很容易遭到攻击。

所以在三批的归回中，犹太人重建社会生活，重建信仰生活，也重建民生生活。我们要知道，这有点像第二次出埃及，但是跟摩西时代第一次出埃及很不一样，这次，一切似乎是一点一滴慢慢重建。愿意花四个月时间、长途跋涉九百英里归回的人，显然少之又少。他们在巴比伦的日子，远比摩西时代他们的祖先在埃及的日子好多了。他们在巴比伦不是奴隶，可以做生意。犹太人一旦做起生意，要放下这一切是很难的。我听过一个故事，说有个犹太人在纽约市买了一间小店面，两边都是大卖场，他的小店被夹在中间。于是他一直在想，要取什么店名才好，绞尽脑汁之后，决定把这间小店叫作"入口"！

✝ 这两卷书是同一个作者？

以斯拉记和尼希米记分别以第二次归回和第三次归回命名，但这两卷书其实涵盖了前后三次的归回，以斯拉记讲头两次的归回，尼希米记讲第三次的归回。这些百姓不再被称作希伯来人或以色列人，如今都叫作犹太人，这是取自"犹大"一词，意指"赞美"。这可说有点象征意味，因为他们归回，就是打算作赞美神的人。

这两卷书给人的第一个印象是非常相似，架构一模一样，而且写作风格也很像历代志上下的作者。在希伯来圣经中，以斯拉记和尼希米记是订在一起的一卷书，后来则被称作"以斯拉记上下"，和历代志上下订在一起。有人认为这几卷书全是以斯拉写的，我觉得有道理。以斯拉是个很仔细的人，有能力记录历史，看样子，以斯拉记、尼希米记、历代志上下应该都是他写的。

✝ 这两卷书的架构

以斯拉记和尼希米记各都写成四部分，第二和第四部分的主题相同，重点放在重建国家和百姓悔改。

以斯拉记	尼希米记
第一批回归（1－2章） a,b 重建（3－6章） a,b,c 第二批归回（7－8章） a,b,c 认罪悔改（9－10章） a,b	第三批回归（1－2章） a,b 重建（3－7章） a,b,c 更新（8－10章） a,b,c 改革（11－13章） a,b

第一批归回由所罗巴伯带领，焦点虽放在圣殿的重建，但重建工作断断续续，后来还得靠先知哈该和撒迦利亚的激励，重建工作才顺利进行。第二批归回的焦点是百姓的悔改。第三批归回则促使城墙重建，百姓重新立约，再度悔改。每次百姓似乎都忘了前车之鉴，又犯下当年让他们失去土地的罪。

两卷书的架构更令人惊讶，每一卷书的第一部分都有两个单元，第二部分有三个单元，第四部分有两个单元（上列图表以a、b、c来表示）。这个架构很特别，经过仔细安排，出色而匀称，显然是同一个人写的，可能就是以斯拉。

另外这两卷书还有一个特别相像之处，就是第九章都记载以斯拉和尼希米为全国认罪的祷告。在这两卷书中，这两章特别重要。

✝ 以斯拉记大纲

第一批归回（1－2章）

古列王：下令重建圣殿（1章）

所罗巴伯带领众民"上耶路撒冷"（2章）

重建（3－6章）

约书亚：祭坛与圣殿根基（3章）
亚达薛西王：收到奏本（4章）
大利乌：收到奏本，然后降旨（5－6章）

第二批归回（7－8章）

以斯拉带领百姓"上耶路撒冷"（7章）
亚达薛西王：降旨（7章）
利未人"上耶路撒冷"（8章）

认罪悔改（9－10章）

私下代祷（9章）
公开认罪（10章）

历史背景

以斯拉记的历史背景如下。古列是当时的波斯王，他征服巴比伦，成了肥沃月弯东部的龙头老大，握有世界强权，但是他心地善良，对待被征服百姓的政策很有人性。有意思的是，早在以赛亚时代，神就说他所膏的仆人古列，会来释放他被掳的百姓。很多学者不相信以赛亚竟能预先知道古列的名字，坚称这是事后写的。但是神知道这个人的名字。根据考古资料，我们知道古列对所有被掳到巴比伦的人说，他们可以回到故土，重建信仰，惟一的条件是，必须向他们的神祷告，为古列祈福。所以我们在这当中看见神的作为，因为七十年满了。

第一批归回（1－2章）

以斯拉记记载，第一批犹太人由所罗巴伯带领归回，重建圣殿。接下来，第二批犹太人在以斯拉的带领下归回，百姓认罪悔改。两卷书中都有一件事令人难过，就是百姓归回后，很快就恢复恶行，真是糟糕！

罪恶使他们失去土地，使他们远离家乡七十年，可是他们一回来，就又开始漠视神的诫命了。人真是健忘啊。

前文已经指出，所罗巴伯是约雅斤的孙子，所以是大卫的直系子孙。虽然他是省长，不是王，但他被选作领袖，带领百姓归回，并且带了一位名叫约书亚的大祭司同行。

重建（3－6章）

约书亚

犹太人归回故土后，在约书亚的带领下，竖起一座祭坛，开始献祭。他们在被掳期间都无法献祭，因为没有圣殿也没有祭坛，所以他们回去的第一件事，就是立一座祭坛。巧的是，他们的先祖亚伯拉罕，每到一个地方搭棚，也是先立祭坛来敬拜。

亚达薛西

犹太人归回后开始献祭，但很快就遇到麻烦。这时亚达薛西取代古列作王，亚达薛西王接到撒玛利亚人的奏本，是一封告状信。犹太人归回之前，撒玛利亚人住在犹大地。撒玛利亚人是犹太人和外邦人通婚生下的后代。当时有少数犹太人逃过被掳的命运，后来就和外邦人通婚。因为撒玛利亚人是混种，所以和纯种犹太人的关系不好，主要原因是撒玛利亚人没有被掳。从那时起，犹太人和撒玛利亚人一直水火不容。这封信上说，犹太人重建圣殿只是借口，背后其实有阴谋，结果撒玛利亚人成功阻止了犹太人重建圣殿。但是他们犯了一个大错，因为亚达薛西是以斯帖的继子，所以他内心是同情犹太人的。

大利乌

后来另一个王大利乌一世，从巴比伦降旨，鼓励犹太人继续重建圣殿。当初把但以理扔进狮子坑的，就是这位大利乌王，他被迫吃足苦头才明白神的伟大。圣殿重建的过程十分缓慢，有时撒玛利亚人会来阻挡他们，有时他们做累了，就回去专心盖自己的住家。先知哈该问他们：

"神的殿仍然荒废，你们自己还住有天花板的房屋吗？"这些话刺激他们继续回去重建圣殿。但是要一直鼓舞他们的士气很困难，因为他们只是一小群人，在一块贫瘠的地上，尽可能地重建。

第二批归回（7－8章）

五十年以后，以斯拉带领第二批人归回。这次的问题出在法治，因此以斯拉奉命来整顿法治。此时，亚达薛西王又下旨，鼓励利未人归回。以斯拉想办法找到三十八个愿意跟他一起归回的利未人。以斯拉记到了这里，经文改用第一人称单数来叙述，是以斯拉在讲自己此时的经历。

认罪悔改（9－10章）

私下代祷

认罪悔改，是整个故事中最令人难过的部分。以斯拉私底下为百姓祷告，求神怜悯他们的行径，因为他看见百姓很快就恢复旧有的行径。以斯拉坚持百姓必须公开承认自己的罪行。他列了一张黑名单，列出所有走回头路、违背诫命的人，其中最普遍的罪行就是跟异族通婚。神禁止以色列人和异族通婚，新约圣经也禁止基督徒和外邦人结婚。有人说得好，如果你和魔鬼的子女结婚，你跟你的公公或岳父一定处不好！

公开认罪

以斯拉坚持拆散这样的婚姻，因为这种婚姻在神面前是不法的行为。新约圣经没叫我们拆散这样的婚姻，但以斯拉认为这件事很严重，所以异族的妻儿都被送走，好叫神的百姓纯纯正正，就是神的百姓。以斯拉甚至调查从巴比伦归回者的家谱，看谁不是真正的犹太人。

✝ 以斯拉这个人

以斯拉这个人很特别，他的名字意指"帮助"（尼希米的名字意指"安慰"），而这一小群被掳归回的以色列人，确实需要帮助和安慰。以斯拉是亚伦的直系子孙，是亚伦的儿子以利亚撒的直系子孙，也是非尼哈和祭司撒督的直系子孙，所以他来自正统的祭司家族。

以斯拉记告诉我们，以斯拉随身携带经文——可能是摩西五经（即创世记到申命记这五卷书）。圣经说，以斯拉是一个看重经文的人，他对经文做三件事：研读经文、活出经文，然后教导经文。相较之下，研读经文和教导经文很容易做到，但以斯拉领悟到言行一致非常重要。因为对经文委身，所以他有一颗柔软的心，会因为别人犯罪而伤心哭泣。犯罪被逮到的人，要哭很容易，可是为别人犯罪而哭泣，只有极少数灵命很深的人才做得到。

据传统的说法，有一个由一百二十个犹太人组成的会议，负责汇集旧约圣经的书卷，而以斯拉是会议主席。我们不确定是否真是如此。然而，以斯拉确实为接下来的四个世纪打下了基础，因为接下来四百年没有先知，只有神以前说过的话，这当然也包括以斯拉和尼希米的话。

很少人知道，根据圣经而来的会堂聚会形式，是以斯拉打下的基础。从此以后，会堂聚会的程序，直到今天都按照以斯拉的指示。可惜今天基督教聚会的程序和会堂相反。会堂聚会的程序是先讲道，再敬拜。先听神的话，再向神说话，用敬拜来回应神向你说的话。这样的敬拜更有意义，更有变化，因为有时候你会想要跳舞、唱歌，有时候则是严肃痛悔的心情。这样就不必想方设法帮助大家培养敬拜的情绪，而是让话语来预备人心。人心中若充满神的话，就会预备好来敬拜。你若去犹太会堂，就会看到他们先花上一个小时读经、解经，然后再用敬拜来回应。这样的聚会程序就是以斯拉当初设定的。他在市场中放一座木制讲台，站在上面向民众读经、解经，然后民众以敬拜回应。根据一份叫《十二使徒遗训》（*The Didache*）的文献，这也是初代教会聚会的程序。我以前在吉尔福牧会时，都是先讲道一小时，再敬拜半小时，效果很好。

† 尼希米记

这卷书的大纲

尼希米记的大纲和架构都和以斯拉记十分相似，显示是同一个人执笔。这卷书一样分成四部分，每部分各分成二、三、三、二个单元。

第三批归回（1－2章）

　　坏消息（1章）
　　暗中巡视（2章）

重建（3－7章）

　　竖立城墙（3章）
　　遭遇困难（4－6章）
　　外患
　　内忧
　　人口普查（7章）

更新（8－10章）

　　宣读律法（8章）
　　认罪（9章）
　　重新立约，定意顺服（10章）

改革（11－13章）

　　足够的住处（11－12章）
　　属灵的质量（13章）
　　和异族通婚
　　挪用公款
　　亵渎安息日
　　祭司怠职

第三批归回（1－2章）

耶路撒冷传来坏消息

　　尼希米还在巴比伦的时候，接到耶路撒冷传来的坏消息，因此展开第三批的归回。尼希米当时是亚达薛西王的酒政，我猜他大概是透过王后以斯帖才得到这份工作，因为亚达薛西是以斯帖的继子。这其实不是什么好差使，因为每次替王试酒有无被下毒，都是冒着生命的危险，也不知这会不会是人生最后一杯酒。不过这个工作责任重大，使他得到王的信任，而且可以在轻松的气氛下，和王无所不谈。尼希米接到消息说，因为耶路撒冷附近的居民很生气，不希望犹太人重建这城，竟然把好不容易重建的城墙又拆毁了。尼希米接到消息后，一脸愁容，王就问他有什么心事。尼希米解释自己为什么忧虑，心里也很害怕会因为面露愁容而受罚，王的反应却令他大感惊讶。亚达薛西王不但给他权柄，让他回去重建城墙，还写诏书，命令有建材的人要提供足够的建材，协助尼希米的重建工作。

夜间去检查城门

尼希米记第一部分的第二单元，讲到尼希米回到耶路撒冷后，有一天晚上，暗中去查看城墙毁坏的程度。这是个有智慧的领袖，他在采取行动之前，先计算好代价，而不是有勇无谋地往前冲。他是一个有信心的人，但是他在展开行动之前，会先掌握情况。

重建（3－7章）

竖立城墙

尼希米发现城墙和城门都需要修建，大部分的城墙已经全毁，其他部分的城墙也需要大修。今天去耶路撒冷的人，看见旧城的老旧城墙，就以为是旧约时代耶路撒冷的古城墙，其实这些城墙只有几百年的历史，是十字军东征之后，苏莱曼大帝（Sulamein the Magnificent）兴建的。耶路撒冷的古城在今天的城墙外，位于圣殿地区南边一块狭长的土地上。目前的圣殿地区，上面盖了奥玛清真寺（Mosque of Omar）和阿克萨清真寺（Mosque El Aqsa），面积大约十三亩，是位在山顶上的一座巨大石头平台。不过，考古学家挖出旧约时代的古城之后，找到了尼希米时代的城墙。

尼希米在重建工作上展现了伟大的领袖特质。他很聪明，吩咐家家户户百姓在自家外面筑一段城墙。此举大大奏效，整个城墙的重建在五十二天内完工，安上城门之后，耶路撒冷首度有了防御能力。

遭遇困难

但是这段期间他们也遇到很多困难：

外患。首先是遭到嘲笑，撒玛利亚人嘲笑他们的重建工作，说连狐狸都可以把墙推倒。当他们发现嘲笑起不了作用，就改用威胁，情况变得比较严重。他们甚至想用调虎离山计把尼希米引开，骗尼希米说想跟他作朋友，要找他出来谈判。但是尼希米明智地拒绝了，没有什么能把他带离工作岗位。

内忧。犹太人还有内部的困难。在城墙内，有人放高利贷，造成富人更富、穷人更穷，这主要是因为他们的财务交易方式违背摩西的律法。高利贷让百姓债台高筑。尼希米勇敢出来解决这个问题，力图拉近贫人和富人之间的差距。

城里没人住

除此之外，很少人愿意住在城里。他们怕受到攻击，宁愿住在乡间，比较容易躲藏。因此，尼希米不得不施加压力，叫百姓来城里住。他手上有一些名单，是被掳前的耶路撒冷居民的后代，他找到这些人，说服他们搬回家族以前居住的地方。他还举行人口普查，好知道谁住在哪里。总共有42,360个犹太人，7,337个仆婢，有意思的是，还有245个歌唱的男女。他列出歌者的名字，当然是因为想要恢复圣殿中对神的敬拜。

更新（8－10章）

以斯拉宣读律法

接下来换以斯拉登场，他从黎明到正午，在那座木制讲台上公开朗读律法。圣经说他不只朗读经文，还讲解经文的意思，好让众人可以明白。当时正值住棚节，是犹太人的收割节日，本该是欢乐的时刻——事实上，犹太拉比说，过住棚节的时候，不喜乐就是犯罪！

认罪

百姓感动到痛哭流涕，为自己和祖先得罪神而认罪。这件事恰可代表以斯拉和尼希米最大的差别。以斯拉认为此时大家应该痛哭流涕，尼希米却叫大家欢乐庆祝。以斯拉为神的话所揭发的罪行哭泣，但是尼希米把焦点放在重建城墙，说这是可喜可贺的时刻，叫百姓开心享受，做一顿丰盛的佳肴来大肆庆祝。哭有时，笑有时，有智慧的人知道什么时候该笑，什么时候该哭。

立约

认罪祷告完毕之后，以斯拉吩咐百姓重新和神立约。作领袖的利未人和祭司也都一起立约。第十章列出在约书上签名的人。

改革（11－13章）

到城里居住

城墙既已重建，尼希米的工作有一部分就是鼓励百姓搬进城里居住。第11和12章表扬了那些搬进城里居住的人。

纠正

和异族通婚

在最后一章中，尼希米努力完成任务。首先，他必须拆散嫁娶异族的婚姻，因为这样的婚姻玷污了国家。他也咒诅那些和异族通婚的人。我常说，以斯拉和尼希米不同的地方是，以斯拉拔自己的头发，但尼希米是拔别人的头发！那些犯罪的以色列人，尼希米真的拔了他们的头发。

挪用公款

尼希米还必须处理挪用公款的事。有一些管钱的人竟然公款私用。尼希米必须在金钱的事上维护公义和公平。

亵渎安息日

犹太人没有好好守安息日。从巴比伦归回的生意人，发现钱没那么好赚了，为了多招揽生意，连安息日都开门营生。于是尼希米坚持在安息日关上城门，让他们不能做生意。

祭司怠职

宗教的景况也好不到哪里去。祭司没有尽到在圣殿内的责任，尼希米必须纠正这件事。利未人和唱歌的人在圣殿事奉没有报酬，便回去种田谋生。

因此，以斯拉和尼希米不但必须重建一切，还必须纠正百姓。他们勇敢行使权柄，甚至毫不留情，为的是要扭转这个国家。

†尼希米这个人

一般说来，大多数人喜欢尼希米胜过以斯拉，原因很容易看出来。尼希米对人比较和善一点，更别说他很喜乐，也鼓励大家要喜乐。"主的喜乐是你们的力量"，这话是尼希米说的。我想以斯拉不会说这样的话，他忙着为百姓流泪。其实他们两人搭配得很好，百姓需要"帮助"，也需要"安慰"。

不过，尼希米有几个特质，让我非常佩服。我们会觉得自己可以了解这个人，在情绪的表达上，他比以斯拉坦白多了。他比较多谈到自己，常用第一人称的自述，讲自己的事。从这些自述中，可以看出他有四个特质。

看重祷告

如果说以斯拉是重视圣经的人，那么尼希米就是重视祷告的人。尼希米最大的特质就是先祷告再采取行动，我们看到他有很长的祷告，也有很短的祷告，有众人面前的祷告，也有私底下的祷告。重点不在祷告的长度，而在祷告的深度。这个人很自然地把一切都告诉神，他是个祷告的人。他求神惩罚那些参与恶行的人，也大胆求神记念他，为他的好行为赏赐他。

实际

尼希米做事很有条理。有些人只想天上的事，却不切实际，但尼希米不是这种人。他不介意亲自动手。他可以把事情安排得井井有条，研究怎样重建城门和城墙，并且评估百姓的需要。他不喜欢胡思乱想，而是个很实际的人。既看重祷告又看重实际，这不是很棒吗？

情感

尼希米是个情感丰富的人，他有很深的情感，有时很悲伤，有时很喜乐。他鼓励人要以神为乐，要喜乐，要拥有喜乐的力量，但他也会生气，气到拔别人的头发，真是一个性情中人！

人际关系

尼希米非常懂得人际关系。我认为，他做的那些事，以斯拉是不可能做到的，因为尼希米擅长与人应对，对人的管理很有一套，能够激励人卖力完成任务。尼希米能够提高士气，让疲惫的人振作起来，像这样的人都很有个人魅力。有意思的是，他每次讲到工作都是说"我们"。有一次，他不肯吃专门为省长准备的食物，因为他要跟大家同甘共苦。他会私下去检查城墙，但是讲到修建工作时，他会说："'我们'在修筑城墙"。他把功劳归给大家，说："我们接下这工作，我们专心工作，我们在五十二天内完工"，他没有说："这是"'我'的成果"。圣经说，他们都知道"这工作完成是出乎我们的神"。

尼希米的个性很平衡，重祷告也重实际，有喜乐也有悲伤，有强势也有温柔，对神、对百姓都善解人意，是我们可以效法的好榜样。

✝ 神和他的百姓

神

我们读圣经历史时，很容易有个疑问：为什么要研读那么久以前的历史？时间相隔两千英里、空间相隔两千五百年的古老历史，跟我们有什么关系呢？

第一，这些事件很有意思，这些人物很有启发性。圣经真实描绘人性，绝不单调乏味。但重点是，这是神和他百姓的故事，神和一个民族、一个国家立约，如今又和我们立新约。尼希米常说"我的神"，我们可以看出他是一位守约的神。

神应许他的百姓两件事——百姓顺服，他就赐福；百姓悖逆，他就咒诅。这位守约的神会赐福，也会咒诅，他容许百姓被掳，就是在持守他对他们的应许。

神让百姓被掳

利未记26章44节，神应许说，百姓若是胡作非为，他就会把他们赶出应许之地，神果然说到做到。很少人明白为什么要被掳七十年？历代志下最后告诉我们原因。

神有一条律法明言，土地跟人一样也需要休息，所以神命令百姓每逢第七年都要休耕，什么东西都不要种，让土地好好休息。但是五百年来，土地一直没有休息的机会，所以这块土地错过了七十年的休息（每七年休息一次，五百年间应该休息七十年）。历代志下的最后，神说："既然你们不让土地休息，我就来让土地休息。这块土地错过了七十年的休息，所以你们要离开七十年。"

神说到做到，他应许要赏赐义人，惩罚恶人，有赏有罚，因为他立约要这么做，这适用在他百姓的身上，也适用在其他人身上。保罗写信给基督徒说："人人都要站在基督审判台前，按各人的行为接受审判"，不管那行为是好是坏。

神带领他们脱离被掳生活

正如神应许说要惩罚他们，他也乐意赐福给他们（见耶29:10）。经过一段时间后，神带领百姓归回，有如第二次出埃及，但这次不必过红海，后面也没有追兵。

神在暗中动工

我注意到，在以斯拉记和尼希米记这两卷书中，神都在暗中动工。

这两卷书中没有预言，没有神迹，却可以看见神暗暗地行神迹。

在他百姓当中的领袖身上动工。 我们看见神从他的百姓当中兴起一些人来完成他的工作。所罗巴伯成了犹太人的领袖，以斯拉和尼希米也各自有任务，各自在适当的时机兴起。

在他百姓之外的领袖身上动工。 神不只在他的百姓身上动工，也在不认识他的人身上动工，像古列、亚达薛西、大利乌这些王。有的王同情神百姓的遭遇，有的王就没有这个心，比如尼布甲尼撒，至少他刚开始并不同情犹太人。

神的百姓

神在暗中动工，保护他的百姓，但他也期待百姓尽到本分，带来改变。他已经证明了自己是守约的神，但百姓照神的要求，也该守约作圣洁的子民。可是，大多数的百姓没有做到。我们从这两卷书可以学到一个功课，就是人很容易走回头路，犯从前犯的罪。犹太人惟一没再犯的罪是拜偶像。他们直到今天仍然心有余悸，没有再回头去拜偶像，以后也不会。

丘吉尔写过一部讲二次世界大战的历史巨作，一共六册。我读过这套书，十分精彩，但是第六册的书名很有意思。第六册讲到二次世界大战的尾声，标题是"胜利和悲剧"（Triumph and Tragedy），副标则是："伟大的民主政治得胜，如今又可以回到当初让他们付出惨重代价的愚行"。这位二战的伟大领袖下了这样的一个结论：人会恢复自己过去的愚行。

只有一些人可以回家

虽然有机会归回故土，两百万个犹太人当中却只有五万人（占2.5%）真的归回。主要的原因是，他们在巴比伦的生活富裕舒适，但犹大的生活艰苦不安定。归回的路途艰困遥远，长达九百英里，而且回去以后的生活也很艰苦。

归回的人很快又开始犯罪

前文已经指出，犹太人虽然因犯罪而被掳，归回后却仍然陷入罪中。他们没有好好敬畏神，很快就恢复被掳到巴比伦之前的行径，触犯神的律法。这可以从他们和外邦人通婚看出来，也可以从他们对同胞的剥削看出来。

难怪在这两卷书的第9章，以斯拉和尼希米都为眼前的景况苦恼，他们必须重建百姓，好拯救他们，脱离自己所犯的罪。

结果

后来，神整整沉默四百年，不向他们说话，长达四个世纪之久，没有行神迹，也没有给他们信息。无怪乎以斯拉、尼希米与先知哈该、撒迦利亚，都很关心重建的事。

但以理有一段奇妙的预言，跟以斯拉记和尼希米记特别有关，他说："你当知道，当明白从出令重新建造耶路撒冷，直到有受膏君的时候，必有七个七和六十二个七……过了六十二个七，那受膏者必被剪除，一无所有。"我们先前研读但以理书时已经看见，六十二个七或是四百九十年之后，正好接到耶稣出来事奉，不管是从古列颁的诏令算起，还是从亚达薛西颁的诏令算起，都是一样。

所以从被掳开始直到耶稣降临，有一个直接的预言。我相信神向但以理显明这件事，是要叫我们知道，即使以色列百姓归回后又立刻犯罪，却不会全部沉沦。神知道该怎么办，他一点也不觉得意外，他早已计划好要怎么扭转情况。他会差来一位救主，救他们脱离自己的罪，耶稣正是为此而来。

32. 历代志上下

✝ 引言

想把圣经从头到尾读一遍的人，很容易卡在两个地方，一个是利未记，一个是历代志。利未记难读是因为没有故事，所描述的宗教仪式又似乎和现代生活不相干。历代志难读则是因为头九章都在讲族谱，而且那些名字大多很难发音。除此之外，前面才刚读完列王纪，现在又在历代志中读到许多相同的故事，实在令人不解，很多人因此决定历代志不值得一读。所以我们研读历代志之前，要先问一个问题：为什么历代志上下的内容，好像跟列王纪上下相同？

要回答这个问题，第一条线索是，希伯来原文圣经中的书卷顺序，不同于英文圣经。希伯来原文圣经中，历代志和列王纪所涵盖的时期虽然大致相同，但两者的关系并不像我们所想的那么密切，稍后会再详述。第18页的图表，清楚列出希伯来旧约圣经和英文旧约圣经各书卷的顺序。

首先，我们看到书卷的分组方式不同，希伯来圣经的书卷分成三组：律法书、先知书、圣卷。耶稣复活之后，在前往以马忤斯路上，向两个门徒说话。根据路加的记载，耶稣为他们讲解律法书、先知书、圣卷，并且解释这些经文跟他的关系。毕竟，这是耶稣的圣经（路24：27、44）。

所以，在希伯来圣经中，头五卷书是律法书（又称作妥拉或摩西五经），我们称之为创世记、出埃及记、利未记、民数记、申命记。但是希伯来圣经以书卷的头几个字为该书卷命名，所以创世记叫作"起初"（In the beginning），出埃及记叫作"他们的名字记在下面"（These are the names），利未记叫作"他呼召"（And He called），民数记叫作"在旷野"（In the wilderness），申命记叫作"这些话"（These are the words）。

接下来，希伯来圣经列出所谓的先知书，分成两类，第一类是约书亚记、士师记、撒母耳记、列王纪。在旧约希伯来文圣经中，撒母耳记和列王纪各只有一卷，主要原因是希伯来文只写子音，不写母音，所以篇幅只有一半。当这些书卷先译成希腊文、再译成英文之后，字数增加了，因为加上母音，所以字数加倍，于是分成上下两卷。

但在旧约希伯来圣经中，撒母耳记上下和列王纪上下，并不是归类为历史书，而是归类为先知书，因为这是从先知的角度来看历史。撒母耳是早期主要的先知，列王时代也有众多先知。很多历史书都是由先知书写和诠释，好叫百姓看见神的作为。较后期的先知书则归为第二个次群体，正如英文圣经所使用的这种分类方式。

"圣卷"包含其他类别的书卷，有诗篇（这个卷名意指赞美）、约伯记、箴言。路得记不列入先知书，而是归类为圣卷，但英文圣经不这样分。雅歌、传道书、耶利米哀歌、以斯拉记、以斯帖记、但以理书，也都属于圣卷。特别令人感到意外的是，但以理书不列入先知书，尽管他也传讲别国的事。

从第18页的图表可以看出，旧约希伯来圣经的最后一卷书是历代志，但卷名叫"历代记事"，所以历代志被看待的方式显然不同于列王纪；一卷是先知书，另一卷则否。

这样的顺序比英文圣经的顺序好多了，英文的旧约圣经以"咒诅"一词结束（玛拉基书结尾），但希伯来旧约圣经以"上去"一词结束，

"我们上去耶路撒冷"（希伯来文是aliya）。

英文的旧约圣经，分类大不相同，把创世记、出埃及记、利未记、民数记、申命记视为历史书，又把约书亚记和士师记加进这一类，好像是历史故事的延续一样。另外还加上路得记，视之为历史的一部分。再来依序是撒母耳记、列王纪、历代志，所以我们才很容易以为历代志只是在重复讲列王纪的事。

这样分类的后果就是基督徒对历代志上下很不熟悉。只有两节经文是常引用的，第一节是历代志下7章14节："这称为我名下的子民，若是自卑、祷告、寻求我的面，转离他们的恶行，我必从天上垂听，赦免他们的罪，医治他们的地。"有一出音乐剧的剧名叫《若我的子民》(*If My People*)，就是根据这节经文来的，却断章取义，把"我必医治他们的地"这句话应用在英国或美国，但这节经文所讲的土地，当然是指以色列地，根本不适用其他土地。

另外一节常被引用的经文，是在约沙法作犹大王的时候，有三个国家联合来犯。这三个国家向约沙法宣战，但约沙法向神祷告，先知对他说："你会打赢这场仗。"不过，神吩咐约沙法，差遣诗班走在军队前面，于是诗班一面唱诗赞美神，一面带领军队行进，结果敌军四散溃逃。这样的事只发生过一次，后来的基督徒却单单根据这个事件，发起在街头唱诗、为城市赶鬼的做法。大家对这两句经文的引用都是断章取义，可悲的是，除了这两节经文之外，大家对历代志一无所知。

✝ 重复

当然，圣经里不只有历代志和列王纪这两卷书叙述同一个时期的事，像创世记第一章和第二章就把创世经过讲了两遍，一遍是从神的角度来讲，另一遍是从人的角度来讲。新约圣经有四卷书都讲耶稣，内容虽然看起来一样，叙述的角度却不同，因为每一卷福音书都分别为某一类人而写。

历代志和列王纪的写作提醒我们，所有的历史都是从某个角度写的。你在写历史的时候,不可能不透露出自己关心的议题,因为在所有发生的事件中,你一定会挑选你有兴趣或认为重要的事件来写,并且找出其中的因果关系,然后评价你所记录的事件。

所以,史学家的第一步是挑选,第二步是找出关联和评估,然后从道德的角度判断哪些事应该记录下来。就连笑看英国历史的《英史大事小编》这本书,都对所有的事件下了道德判断,评论这件事到底是好还是不好。同样,你会发现列王纪里的道德判断和历代志很不一样。

† 比较撒母耳记、列王纪、历代志

旧约希伯来圣经中,撒母耳记和列王纪只有两卷书(我们用的旧约圣经版本中,则是四卷书),而且只涵盖五百年的历史。但我们读历代志时,会发现这卷书所记录的时间,起始得较早,结束得较晚。历代志往前谈到人类的始祖亚当,撒母耳记和列王纪结束在被掳期间,但历代志还记录了七十年后的归回,结尾讲到"让我们上耶路撒冷"。由此可见,两位作者的任务截然不同,也用了不同的方式达成任务。

撒母耳记 / 列王纪	历代志
五百年	起始点更早,结束点更晚
事件发生后不久就写成	事件发生后很久才写成
政治历史	宗教历史
先知观点	祭司观点
北国的王和南国的王	南国的王
人的过犯	神的信实
王的恶行	王的德行
负面	正面
道德与义	信仰与仪式
先知	祭司

写列王纪的时候，必须向百姓解释为什么他们会被掳，但是写历代志的时候，百姓已经知错，他们这时需要的是鼓励，然后被遣回故土，重建城墙和圣殿。列王纪是事后不久写的，历代志则是事后很久才写的。列王纪大多记录政治历史，历代志则着重宗教历史。所以，列王纪是从先知的角度来写，历代志则是从祭司的角度来写。列王纪讲到北国和南国的王，历代志虽然讲的也是同一个时期，却完全没有提到北国的王，作者对北国毫无兴趣，这是列王纪和历代志很大的差异。列王纪强调王的过失导致祸害，但历代志强调神的信实。因此，历代志对王的过犯只是轻描淡写，比较强调王的德行，对诸王有比较正面的看法。

　　历代志的作者并不是想篡改历史，他只是多挑王的善行来写。重点是道德，关键词是"公义"。列王纪回答了诸王是否秉公行义的问题，但历代志比较关心仪式、圣殿、献祭，强调的是属灵的事而不是道德的事。所以列王纪是先知写的，历代志是祭司写的，两者的观点大不相同。

　　显然，想找出历代志的重点，最好看看有哪些事是历代志省略掉，却是撒母耳记和列王纪中有记载的。速览这几卷书的内容，就可以找到线索。在撒母耳记里，扫罗占了大约六分之一的篇幅，大卫的生平占了三分之二的篇幅。在列王纪上，所罗门的生平占了大约一半的篇幅，分裂的王国也占了大约一半的篇幅。为什么会这样？历代志的作者到底省略了哪些事不提？

✝ 省略不提的部分

1. 历代志没有提到撒母耳选王的事。
2. 历代志几乎没有提到扫罗，只记载扫罗的死亡，但这也只是为了带出大卫，扫罗生平其他的事都没有记载。作者希望读者看见诸王的优点，所以扫罗作王的事大多没有提到。
3. 大卫的事，提到很多，但也有些事略过不提。大卫和扫罗之间的恩怨，不提。大卫在希伯仑作王七年，又娶了许多嫔妃，不提。押沙龙的叛变，没提到。大卫和拔示巴这整件事，是大卫统治的转折点，也只字未提。

挑选内容很重要。历代志作者挑了正面的故事，省略一切负面的事。所以，少了拔示巴这件事，大卫王的形象大好，所罗门也一样。历代志完全不提所罗门娶了许多嫔妃，将众多偶像引进宫中，也不提他得罪了神，并未除去邱坛，甚至还建造异教神庙。

历代志一直把焦点放在正面的事上。王国分裂后，历代志不提北国诸王，只讲南国诸王，并且用了许多篇幅谈南国的好王，比如年幼的约西亚王和希西家王，至于坏王则几乎完全不提。

除非历代志的作者有偏见，否则他就是刻意挑选这些事件来编纂。有几件他关心的事贯穿整卷书，这些事跟扫罗作王没什么关系，却跟大卫、所罗门和犹大的几位王息息相关。

✝ 历代志的大纲

历代志上：最好的王

1—9章：从亚当到扫罗
　　　　以色列第一个王
10—29章：大卫和约柜
　　　　以色列最好的王

历代志下：敬虔的诸王

1—9章：所罗门与圣殿
　　　　以色列最后一个王
10—36章：从耶罗波安到西底家
　　　　南国犹大几个好王
　　　　南国犹大国最后一个王
　　　　王位和圣殿

✝ 包含的部分

第一，历代志作者只关心大卫的直系子孙，北国的王都不是大卫的直系子孙，所以不提。历代志主要是大卫直系子孙作王的历史，不讲别的，所以没有记载扫罗的事，因为他是便雅悯支派，不是大卫的直系子孙。历代志特别记载了一个人，但列王纪很少提到这个人，就是所罗巴伯。他是大卫的直系子孙，从被掳的巴比伦归回，以色列百姓对弥赛亚的盼望都寄托在他身上，因为所罗巴伯是惟一归回的大卫直系子孙。所以历代志作者用了半章的篇幅，记载所罗巴伯的族谱，用很正面的形象来描绘大卫的直系子孙。

† 宗教焦点

历代志特别关心王对约柜和圣殿的态度，把重点放在以色列民如何对待约柜和存放约柜的圣殿，也就是神与他百姓同在的居所。所以我们读到大卫怎样把约柜运回耶路撒冷，怎样渴望建造圣殿，为建造圣殿做了许多准备，搜集建材，画设计图，安排敬拜仪式、诗班、诗班长。历代志对这些都有详细的记载，但在列王纪和撒母耳记中，这些事几乎都省略不提。

除此之外，专讲所罗门的九章中，有六章几乎都只讲所罗门怎么建造那座神不准他父亲大卫盖的圣殿。历代志的作者记录了所罗门献殿时的祷告，记录主的荣耀如何降临。也只有历代志记载了以色列人从地下凿石，用作盖圣殿的建材。

所以从这样的焦点可以看出，这是从祭司的角度来看历史。先知会把重点放在王的恶行导致灾祸临到这地，但是祭司喜欢记录圣殿怎样建造、诗班和敬拜仪式怎样安排。祭司眼中的大卫是敬拜的带领者，是诗篇的作者，是个渴望建造圣殿的人。所以，历代志描绘大卫和所罗门的角度和列王纪很不一样。

所罗门之后，王国分裂，历代志的作者只对南国有兴趣，因为圣殿位于南国，神的祭司都在那里，大卫的直系子孙也在那里。他挑出八个王来记载，其中有五个是好王，这正符合他的挑选原则，所以南国的十二个坏王他都省略不提。前文已经指出，他把焦点都放在大卫和所罗门身上，现在很快来看一下另外六个王。

✝ 六个王

亚撒

历代志作者挑了亚撒，这个王除掉犹大和便雅悯的偶像，把母后赶出王宫，因为她在自己的房间里偷偷拜偶像。亚撒王和神立约，又在圣殿中添金加银，所以在祭司眼中是个好王。

约沙法

再来是约沙法，亚撒的儿子，他差利未人到犹大各城各乡去教导神的律法，后来又打败亚扪和摩押。前文提过，他差遣诗班上战场，走在军队前面，而他也促成百姓重新仰望神、更信靠神。

约兰

历代志的作者提到一个坏王，就是约兰，但提到他是因为对整个故事有关键的影响。约兰犯了一个大错，就是娶了亚哈的女儿亚他利雅。亚他利雅的父母都膜拜外邦神，她嫁到南国犹大以后，想篡位为王，几乎杀光了王的儿子，但有个名叫耶何耶大的祭司，偷偷带走了年纪最小的王子约阿施，将王子藏匿六年，等到时机成熟，才领他出来作王。大卫的直系血脉再一次由祭司保存了下来。

约阿施

约阿施的品格也是好坏参半，他鼓励百姓奉献金钱修殿，藉此整修了圣殿。但是他杀了敬虔的撒迦利亚，也就是耶何耶大的儿子，完全不顾耶何耶大当年有恩于他。

希西家

希西家重启圣殿，加以整修，百姓喜乐地庆祝逾越节。他的改革在列王纪中只提到几句，历代志却用了三章来描述。他改革敬拜，重建圣殿在百姓心目中的地位。

约西亚

历代志也用很多篇幅来记载幼年登基的约西亚。约西亚在圣殿进行春季大扫除时,找到了律法书,于是恢复了以色列人原本应该遵守的圣殿仪式和庆典。他在百姓膜拜外邦神的这段时期,想要改革全国。

以上这些王都反对拜偶像,所以在祭司眼中是好王。有意思的是,虽然犹太人被掳前盛行拜偶像,但是被掳归回后,整个国家再也没有回头去拜偶像,直到今日。想了解历代志,一定要注意一件事:这卷书结束在波斯王古列征服了巴比伦人,把犹太人送回故乡重建圣殿。所以读历代志的人,也包括那些被掳归回的人。他们从没看过犹太人的圣殿,也没受过大卫直系子孙的统治,因此,作者要告诉他们三件事,我用三个都是R开头的英文字来代表——根系(roots)、君尊(royalty)、信仰(religion)。所以,历代志有一个清楚的目的,作者是在讲道,不只是在教导历史。

被掳归回之民

他们的身份	有根系的民族
他们的地位	有君尊的民族
他们存在的目的	有信仰的民族

† 身份

被掳归回的百姓需要知道自己是什么人。他们的根系可以追溯到亚当,因为他们的历史从头到尾由神掌管。他们属于神,神从全人类中特别拣选他们,拣选亚伯拉罕,保留这个民族。所以他们不只是某块土地上的居民而已,这个民族的身份跟神的目的紧密相连,因此他们的族谱才会那么长。

† 领袖

第二,他们需要知道自己是有君尊的民族,有自己的王。历代志的作者要他们重新思想这个王，重建以色列国，他是在对他们说："你们不只是一群人，你们是有君尊的祭司，是有君尊的子民。你们有一个王，王的血脉仍然存留，你们要再度成为一个国家。"所以每当百姓忍不住又掉进奴隶心态时，这卷书可以带给他们很大的启发。

† 目的

作者要传达的第三件事，就是他们这个民族存在的目的。他们之所以重要，是因为他们是神所拣选的百姓，敬拜神是这个民族最重要的一件事。所以他们归回后，第一件事就是重建圣殿，恢复摩西时代的敬拜模式。

前文已经指出，归回的人当中超过十分之一是祭司，比例远超过全部百姓中的祭司比例。他们决心将以色列重建成为有信仰的国家，所以重建圣殿是第一要务。"犹太人"一词的意思正是"赞美神"，他们渴望让这个名字名符其实。

所以，历代志是一篇讲章，讲给归回的余民听，鼓励他们在困境中坚忍下去。这并不是令人兴奋的事，因为他们必须吃苦才能生存。这群余民的生活十分穷困，圣殿的重建工作缓慢，需要两位先知（哈该和撒迦利亚）督促才能继续做下去。但历代志的作者必须把真理灌输到他们心中，让他们明白神必须在这个民族的生活中居首位。

以色列今天之所以能够存在，主要是因为以色列人想要有自己的家，可以在那里安居乐业，虽然我觉得很可悲，但我不得不说，他们回到以色列并不是为了恢复神百姓的身份。

我曾经在以色列总理的官邸跟总理会面，那四十五分钟我永远忘不了。最后，他对我说："我怀疑神的存在，我不相信有神。"

我回答："但是神过去在这块地上行了很多神迹。"

他说："我不相信那些神迹是真的。"

我听了很难过，他们应该以神百姓的身份归回才对，圣殿应该是他们归回的焦点和盼望的焦点。他们回到了自己的土地，却没有回到他们的神面前。

† 基督徒的应用

基督

历代志有几个主题，可以在基督身上一一看见。

根系

马太福音以基督的族谱开场，路加福音的族谱则追溯到亚当，读者必须相信基督确实有这些祖先。基督过去是犹太人，现在仍是犹太人，他不是一个没有根的人，直接空降进入历史，而是奉差遣而来，实现一个民族的期望。

君尊

而且，基督是降生为王的后代，所以可以宣称他是大卫的子孙。的确，他有双重资格可以继承王位，经由父亲，他在律法上有权继承王位，经由母亲，他在血缘上有权继承王位，因为父母两人的族谱都可追溯至大卫。虽然耶稣尚未公开作王，但他就是在大卫宝座上永远作王的那位。

信仰

基督也成就了以色列在信仰上的盼望，因为他自己成为我们的圣殿。约翰福音一开始就告诉我们："道成了肉身，住在我们中间。"耶稣指着自己的身体说："你们拆掉这圣殿，我会在三天内建造起来。"耶稣视自己为敬拜的焦点，圣殿的象征在他身上成全。犹太人的许多仪式都会因他而废，因为这些仪式原本的目的就是为了指出基督。

基督徒

根系

使徒保罗曾经解释说，基督徒被"接枝"到神百姓的根上，所以我们虽然是外邦人，却可以说自己有犹太人的根，他们的族谱就是我们的族谱。因此，我们读历代志上第1至9章时，就是在读自己的族谱，因为我们现在是亚伯拉罕的子孙了。这些根系比我们自己的族谱还重要。血缘上的族谱在我们断气以后就没有了，但是犹太人的族谱现在成了我们的族谱，我们在基督里继承了亚伯拉罕的福分。

君尊

彼得前书提醒我们，如今我们是尊贵的子民，是有君尊的祭司。我们是王子、是公主，走在路上都应该有王子或公主的风范，因为我们将来要与基督一同作王。启示录告诉我们，神已从各国各族各方各民救赎百姓，要那些蒙救赎的人在地上作王。所以，我们可以像古代的犹太人一样，活得尊贵，清楚知道自己的身份和目的。

信仰

除此之外，我们也成了圣殿。保罗说："岂不知你们的身子就是圣灵的殿吗？"我们的生活状态必须反映出这一点才行。

被掳归回的以色列百姓需要接受教导，学会这三件事，我们也需要紧紧抓住这三件事。惟一的差别是，我们今天仍然是被掳的，还没有回到故乡，仍是寄居外地的人。我住在英国，但我的归属地不在英国。我们是天上的国民，这一点可能会让周遭的人对我们不满，毕竟耶稣曾对门徒说："他们恨我，所以也会恨你们。"

因此，我们会觉得跟不信主的亲友不容易相处，因为我们现在已经属于一个新的家庭了。我们必须记住，我们怎样对待自己的身体，就是怎样对待神的殿，很多人信主以后戒烟就是这个原因。圣经并没有禁止人抽烟，我常说，抽烟不会让你下地狱，只会让你闻起来像是刚刚去过地狱！但很多人信主以后醒悟到抽烟其实是在破坏神的殿，不但弄得又臭又脏，还会缩短这座殿的使用年限。所以，历代志并不是枯燥冗长的历史纪录，重复讲一些已经讲过的事。历代志的信息是要让我们对未来有盼望，知道我们活着的目的，并且了解我们真正的身份是居住在异乡的神的百姓。这卷书很重要，含有很重要的信息，不只讲给当时的人听，也要给今天的人听。

33. 哈该书

†引言

我们所用的旧约圣经版本，哈该书是最后三卷小先知书的头一卷。在这三位先知之后，神沉默了四百多年，所以有四个世纪之久，犹太人只能对子女说："神有一天会再对我们说话"。直到施洗约翰出现，才终于再听到神说话。

这几卷小先知书都很短，因为这些先知传道的时间很短。哈该只传讲了三个月就结束事奉。在旧约圣经中，只有俄巴底亚书比哈该书短。撒迦利亚只传道两年，和哈该的时间略为重叠。两人发的预言都很短，相较之下，以赛亚和耶利米的传道时间长达四、五十年，所以他们写的书卷就长多了。

哈该和撒迦利亚都被称作"被掳后的先知"，因为他们是在百姓被掳归回之后传讲信息。被掳之前的预言，都在警告灾祸即将来临；被掳之后的心情则大不相同，都在鼓励和安慰，因为百姓必须重建这个受损的国家。

哈该和撒迦利亚有许多共同点：

1. 他们在同一时期传道。两人都仔细记录预言的日期,之前的先知很少这么做。这两人传讲预言时,通常会清楚指出年月日。哈该有五段预言,每段预言都有确切的日期,所以从中可以看出,每段预言间隔多久。撒迦利亚也是一样。两个人事奉的时间重叠一个月,当时是公元前520年。
2. 他们都在同一地点传道,就是犹大地,百姓在那里重建耶路撒冷城。
3. 他们都针对相同的情况传讲。了解当时的历史背景,可以帮助我们了解他们的信息。

† 历史背景

波斯王古列在公元前538年征服巴比伦。古列王心地善良,允许所有被掳到巴比伦的人返回祖国,条件是回去以后要兴建神庙,各人向自己的神为古列祈福。这次只有五万个犹太人决定归回,其他犹太人大多生在巴比伦,已经在当地经商有成,所以决定留下来。巴比伦位于贸易大道上,所以许多犹太人做生意致富。耶路撒冷可没有这种优势,犹太人若是回去,前途恐怕十分黯淡。

犹太人由两个人带领归回:一个是大卫王的直系子孙所罗巴伯(这个名字意指"巴比伦的种子"),一个是大祭司约书亚。所罗巴伯生在被掳时期,没见过应许之地,但他是惟一存留下来的大卫子孙,是最后一个王约雅斤的孙子。神应许绝不会断了大卫的子孙坐在以色列的王位上,因此所罗巴伯必须归回,这个应许才能实现。约书亚的名字意指"神拯救"或"神是我们的救主",是"耶稣"这名字的希伯来文。他是先知易多的后代,重建了祭司制度。这其实不算太难,因为归回的人当中,每十五个就有两个是祭司,所以有很多祭司人选。这些人归回,主要是为了信仰,因为他们早就知道回来不会变得有钱,反而要过苦日子,那块地已经七十年没有耕种,那座城也已经没有城墙保护。

一回到故土,所罗巴伯和约书亚关切的第一件事,就是重新筑一座祭坛，第二件事是在祭坛周围盖一座圣殿，重建神百姓的身份。他们和先祖亚伯拉罕相似，因为他们归回的路线正是亚伯拉罕当年进入应许之地的路线。亚伯拉罕的家乡吾珥就在从巴比伦流出的那条河附近，所以他们在重演亚伯拉罕的故事——离开家园、亲友、营生，去一个从未去过的国家。亚伯拉罕进入应许之地后，第一件事就是搭棚和筑祭坛，向神献上感恩的祭，感谢神让他平安抵达。犹太人归回后也是一样，先找石头筑一座祭坛，感谢神带领他们回来。

他们牺牲很大，不容低估。这群人离开了亲友和砖造的房子，抛下富足的生活，回来过贫困的生活，放下厚利的生意，回来耕种已经休耕七十年的土地。但是他们怀抱着历代志所描述的梦想，要重建王国，要有自己的王，要在神应许他们先祖的这块地上，作神的百姓。

可惜，重建圣殿的工作艰巨，人力太少，而且缺乏资源。于是他们决定盖一座规模比所罗门的圣殿小多了的圣殿。即便如此，这仍然超出他们的能力。他们遭到撒玛利亚人的阻挡，当大利乌王继古列之后作王，他们又失去了古列的资助，大利乌删除了古列资助犹太人重建圣殿的预算，把钱拿去打仗。

所以，理想败给了现实。看见工程这样艰巨，犹太人心灰意冷，才重建两年就停工了，之后整整十四年没有再为圣殿添一砖一瓦，只打了地基、筑了矮墙而已。他们连养活自己都有困难，哪里还有办法负担圣殿的重建？现在他们一心只想着怎么糊口。

后来，经济变得更加萧条，粮食短缺又昂贵，通货膨胀严重，旱灾和疾病影响了作物的收成。他们没有积蓄，在巴比伦存的钱，全都用来买了食物和衣服。一切都事与愿违。他们当初带着重建国家的盼望回来，现在却发现连糊口都有问题。

他们免不了要问："为什么？"他们自己下了结论：回来是对的，可是回来的时机不对。他们后悔没有在巴比伦多待一段时间、多存一点钱，等到有足够的财力跟人力再回来。亚伯拉罕光有帐棚和祭坛可能就满足了，但他们想要重建。如今他们已经归回十八年，却拿不出什么重建的成果。

哈该就是在这种令人沮丧的情况下传道。他跟那些人一同归回，很可能是个祭司，但这点我们不能确定。圣经上没提到他的父亲，所以他大概不是来自显赫家族。他的预言是用散文体书写，这有重要的含义，因为神通常用散文体来表达他的想法，用诗体来表达他的感受。哈该书没有谈到神的感受，仿佛神已经受够了，不再有感觉了。

另外需要注意哈该书怎样描述神的话。圣经说，神的话临到哈该的方式，和其他先知不同，神不是直接告诉哈该什么，而是让哈该自己领悟。所以这些话是哈该的洞见，而不是他看见的启示。神让哈该看出哪里错了，在短短的三十八节经文中，哈该有二十六次用这句话来开场："耶和华如此说"。

†哈该书的大纲

百姓灰心丧志（1:1 – 11）

> 你们的居所舒适奢华
> 我的居所荒凉简陋

百姓奋发作工（1:12 – 15）

> 敬畏耶和华
> 听从耶和华

百姓受到挫折（2:1 – 9）

> 先前的圣殿——极其荣耀
> 后来的圣殿——更加荣耀

百姓并不洁净（2:10 – 19）

> 洁净之物不能洁净污秽之物
> 污秽之物却能玷污洁净之物

所罗巴伯得着主的印记（2：20－23）

列国的宝座要倾覆
所罗巴伯的子孙必定作王

哈该在短短五天内，传讲神的话二十六次。他替神向百姓提出很多问题，为的是要让百姓想清楚。来看看他这些信息的主题。

✝ 百姓灰心丧志（1：1－11）

人之所以会沮丧，主要是因为想法错误，只要改变想法，感觉就会改变。基督徒并不喜欢用脑子思考，这实在很奇怪。我讲完道之后，最常听到的反应是："你让我们不得不去思考一些事"，语气略带责备，好像觉得他们来教会并不是为了用脑！传道人和先知有时候需要让大家思考，刺激他们反复思量，并且发问。

众人不明白自己遭遇的这些灾祸是神降下的，还以为是自己评估错误，才陷入如此困境。哈该说，他们想错了，误以为此刻不宜重建圣殿，是因为没有足够的体力和财力。但哈该说，作物收成减少和通货快速膨胀，都是因为他们停止重建圣殿的缘故。一旦他们不把神和神的殿摆在第一位，事情就开始不顺利，但他们没注意到这点。因此，众人完全把因果关系弄反了。

哈该解决这个问题的方法，是质问他们，叫他们拿自家的房子和圣殿比一比。他们的房屋用木头搭建天花板，但当时的木料十分稀少（因为树木早已被巴比伦人砍光），必须从黎巴嫩等地进口香柏木。所以家里用木材搭建天花板是不必要的奢侈，应该使用来源充足的石材才对。哈该的这个信息很简单："拿你们的家跟神的家比一比，就可以看出你的优先级是什么。"

✝ 百姓奋发作工（1：12－15）

百姓反应热烈，决定回去重建圣殿。被掳这件事是很大的教训，已然教导他们要听从先知的话了，于是他们又着手重建，只花了三个半星期，就安排好工人，搜集到更多建材。

✝ 百姓受到挫折（2：1－9）

第二篇信息是在开始重建之后二十七天讲的，这时士气低落，主因是一些长辈的批评。这些耆老拿所罗门的圣殿来比较，说："这哪叫圣殿？你们应该看看我们从前那座圣殿。"这种批评实在要命，让那些作工的人深受打击。

现在

哈该从主领受话语，鼓励他们继续重建，叫他们别因为重建的圣殿规模小就感到沮丧，宁可小，也不要什么都没有。神不在乎自己圣殿的大小，他只想要有一个地方可以跟他的百姓同住。

在这段预言中，神赐给他们命令和应许。他的命令有两重："要刚强"（三次），"不要惧怕"（一次）。他的应许是："我和你们同在；我的灵住在你们中间。"

未来

但哈该也把焦点放在未来。他预言，神将震动天地和万国。神在此印证他掌管自然界和历史。

接着出现一句很难懂的话："万国所羡慕的必来到。"希伯来原文在这里的用词很难翻译，但我想这句话不太可能指弥赛亚。"羡慕"一词在旧约圣经中通常译作"珍宝"，人渴望得到的珍宝（见代下32：27，36：10；但11：18、43）。这句话是一个应许，应许未来会有更多的金银送来，协助恢复圣殿原有的样貌，意谓神震动万国，他们就会送珍宝过来。这件事果然成就，因为这个预言之后不久，就有许多的金银从波斯送来，要协助重建圣殿（拉6：4）。如果把这句话想成是指着弥赛亚说的，就想太多了。

神又说要使这殿充满他的荣耀，而且这殿后来的荣耀必大过先前的荣耀。这显然不是指神的荣耀会变得更大，否则就表示他先前充满所罗门圣殿的荣耀比较黯淡。这里是指圣殿本身的堂皇气派，跟神应许万国要送来的财富有关。除此之外，神也应许这座圣殿将有极大的平安与和谐。

✝ 百姓并不洁净（2：10－19）

两个月后，又出现一个危机。都十二月了，却还没有下雨。哈该先前说过，旱灾和饥荒都是因为停止重建圣殿而导致。可是他们重新开始建殿都两个月了，十月该下的雨到十二月都还没下，看来，今年的作物又要歉收了。这时，哈该面临一个神学上的难题——神并未应许要立刻回应，但百姓期待神会立刻回应。于是哈该问神，问题出在哪里？神就叫他去问百姓几个问题。哈该三次叫百姓仔细想一想。

哈该首先问百姓："如果把脏盘子和干净的盘子放在一起，是干净的盘子会让脏盘子变干净，还是脏盘子会让干净的盘子变脏？"祭司回答说，脏盘子会让干净的盘子变脏。

接着哈该又问："如果把神的圣物和污秽的东西放在一起，这会让污秽的东西变成神圣吗？"

答案是不会。

哈该解释说，神一直没有让雨降下来，是因为他们在建造圣殿时，玷污了圣殿。污秽的人建造洁净的圣殿，使得圣殿在神眼中成为污秽。他们以为自己既然在建造圣殿，就算是敬虔的人，但是在神眼中，他们是在玷污圣殿，因为他们的生命并不洁净。

哈该没有明说他们犯了什么罪，但从他们的反应可以看出，他们晓得哈该在讲什么。众人改过自新之后，隔天就下雨了。神给他们的话是"从今日起，我必赐福给你们"，因为他们明白了神的意思。

✝ 所罗巴伯得着主的印记（2：20－23）

接下来的信息是给所罗巴伯的，内容很简单："你是神的指环印"。指环印只有王室成员可以配戴，因此神的意思是王室血脉要从所罗巴伯开始恢复。他是大卫的直系子孙，但是他不能作王，因为现在是波斯人大利乌作王。不过，所罗巴伯可以作犹大的省长。

所罗巴伯还得到一个应许，神说："将来有一天，我必震动天地，我必倾覆列国的宝座，除灭列邦的势力，我必设立以色列的宝座，你的子孙必要作王。"神应许所罗巴伯，他必震动波斯、埃及、叙利亚、希腊、罗马，他必使用所罗巴伯的后代来重建以色列国。这些事将在"那日"发生，这可能和撒迦利亚书第12至14章对耶路撒冷的预言有关。

† 基督徒的应用

基督

这个应许从未在所罗巴伯身上实现，但是从耶稣的家谱可以看出这个应许如何应验。在我们蒙救赎的历史上，所罗巴伯的地位出人意外地重要。神实现了他给所罗巴伯的应许，把他纳入耶稣父母双方的家谱。透过父亲（或应该称作继父）约瑟，耶稣法律上的谱系可以追溯到大卫（马太福音）；透过母亲马利亚，耶稣肉身的谱系也可以追溯到大卫（路加福音）。所以从父母双方的家谱来看，耶稣都是大卫的直系子孙，而所罗巴伯是这两条谱系的交叉点。

基督徒

哈该的核心信息是——按优先级行事很重要。耶稣一再教导这一点，在马太福音第6章，耶稣告诉那些听讲的人，只要先求神的国和神的义，像吃穿这类的事，神会解决。福利最好的国家，就在天上，因为耶稣说，我们若把神摆在第一位，其他一切都会水到渠成。神没有应许要给我们奢侈品，但是他应许要供应我们一切所需。我们常常把生计摆在生活的第一位，剩下的才给神，但这不符合神的法则，哈该的信息明白告诉我们这一点。

还有一方面更重要：神关心的不是我们为他做什么，而是我们服事的时候是否洁净。所以耶稣在登山宝训里说，我们向神献礼物的时候，如果想起跟某个弟兄有过节，必须先去跟这个弟兄和好，再来向神献礼物，这正是哈该的信息。污秽的人会把干净的东西弄脏。把优先级理清楚，让神居首位，神就会悦纳你为他做的事，赐福给你，看顾你。

这个信息其实很简单，但还是需要讲出来。人生的重点不在于谋生计，而在于活得对，为神而活。

34. 撒迦利亚书

✝ 引言

撒迦利亚书和哈该书有许多相似之处，撒迦利亚书第8章里面有许多话，都是哈该有可能说的话。这一点也不令人意外，因为哈该和撒迦利亚事奉的时间重叠一个月，哈该讲完后，换撒迦利亚继续讲下去。有一件事我们一定要先了解，如果说哈该书是小先知书中最容易懂的，那么撒迦利亚书就是最难懂的。这两位先知有三个主要的差异：

1. 撒迦利亚的年代比哈该晚，继哈该之后传了更久的道。这有点像接力赛跑，哈该把棒子交给撒迦利亚，让他继续跑，但是撒迦利亚跑得更远。
2. 撒迦利亚书的篇幅比哈该书长很多，在我们所用的圣经版本中，撒迦利亚书有十四章，不像哈该书只有两章。
3. 撒迦利亚看的是遥远的未来，哈该讲的是眼前的情况和问题。撒迦利亚似乎可以看到末日，把一些针对不久将来的预言，和一些针对遥远未来的预言混在一起，让我们读得一头雾水，不晓得他是指哪段时期。

除此之外，撒迦利亚书里面的诗比哈该书还多，有几个地方的风格明显不同，亦即所谓的"天启文学"。天启性的预言会用许多视觉形式来传达，充满象征和奇怪的图像，常出现动物和天使，而这些天使会向人解释这些图像。这让人想到启示录、但以理书后半部，和以西结书的几段经文。天启性的预言为什么有这种奇怪的形式呢？原因很简单，因为遥远的未来是很难想象的。要想象近期内的事很容易，因为跟现在的趋势很接近，但遥远未来的事就难懂多了，毕竟，你要怎么跟一千年前的人形容现代的生活呢？你跟他们形容电视，听起来一定很奇怪，完全听不懂。想要清楚描述遥远未来的事，就只能用图像或象征来表达，然后解释这些象征的含义。

所以撒迦利亚书的预言很不一样。哈该的信息很容易懂，他叫百姓赶快完成圣殿，神就会赐福给他们。这话很容易懂，哪需要解释？但是撒迦利亚书就不一样了。

✝ 撒迦利亚

撒迦利亚这个名字意指"神记得"，在旧约圣经十分常见，有二十九个人都叫撒迦利亚。撒迦利亚原本是祭司，所以他既是祭司，也是先知。这其实没什么好意外的，因为这批从巴比伦归回的人当中，每十五个就有两个是祭司。这是一次宗教性的归回，他们归回，纯粹是为了在耶路撒冷重建神的名，而不是为了这块土地更肥沃，也不是为了这里的生意更好做，因为巴比伦的日子更好过。这批人归回是为了宗教信仰，所以当中有很多祭司。

撒迦利亚书特别指出两件大事在未来的发展。第一件，祭司将取代先知，成为犹太人的属灵领袖，接下来的四百年不会有先知，只有祭司。所以撒迦利亚身兼祭司和先知，正代表这个重大的转变。他预言将来有一天，没有人想要自称是先知。

第二件大事是祭司将取代王，成为以色列的领袖。撒迦利亚用金银打造一顶冠冕，不是放在所罗巴伯头上，而是放在祭司约书亚头上。这是以色列史上头一次，祭司和王的角色要合而为一。在旧约圣经中，这样的事之前只在创世记发生过一次。当时有一个叫作麦基洗德的人，是耶路撒冷王，也是祭司，但这是早在以色列成为一个国家之前发生的事。我们从新约圣经得知，耶稣就出自这谱系，是麦基洗德的等次，不是以利的等次。耶稣具有祭司、君王、先知三种身份。而撒迦利亚把祭司、君王、先知这三种领袖身份结合起来，祭司取代先知，也取代王。到了耶稣来到世上的时候，只剩下祭司这种领袖。施洗约翰是神沉默四百年后第一个出现的先知，但当时的领袖是两位大祭司，亚那和该亚法。所以撒迦利亚书很重要，指出了这个转变。

在以色列历史上，由不同领袖带领的时期，很容易区分。从亚伯拉罕到耶稣这两千年的以色列历史，可以清楚分成四个时期，每个时期五百年。第一个五百年，从公元前2000年到1500年，由族长领导——亚伯拉罕、以撒、雅各、约瑟。第二个五百年，公元前1500年到1000年，由先知领导——从摩西到撒母耳。第三个五百年，公元前1000年到500年，由王领导。但是从公元前500年到耶稣降临，则由祭司领导。神让他们经历各种领袖，然而每一种领袖都不足以胜任。以色列真正需要的领袖，必须集合这些角色于一身——当然，耶稣就是这样的人物。

✝ 本书大纲

眼前的问题（1－8章）
（仔细记录了日期，全是散文体）
责备与悖逆（1章）
鼓励与加冕（1－6章）
      四名骑士站在番石榴树中间
      四角与四名匠人
      手持准绳的人
      约书亚的洁净
      金灯台与两棵橄榄树
      飞行的书卷

　　　　　量器中的妇人
　　　　　四辆马车
禁食与飨宴（7—8章）

未来的预言（9－14章）

（没有记录日期，有些是诗体）
以色列国（9—11章）
　　　　　战败的仇敌
　　　　　和平的君王
　　　　　全能的神
　　　　　聚集的百姓
　　　　　荒芜的邻国
　　　　　无用的牧人
世界各国（12—14章）
　　　　　联军入侵
　　　　　悲恸的居民
　　　　　假先知被逐
　　　　　人口减少
　　　　　联军进犯
　　　　　万国敬拜耶和华

　　这卷书分成两部分。撒迦利亚从神领受的话语以图像呈现，所以他就传达这些图像。不过，第1至8章全都与眼前的情况有关，所以他跟哈该一样，记录了这三段预言的日期。

　　第一段预言，他没有记录是哪一天，但是提到年份和月份。第二段是三个月之后，第三段则是两年之后。我们不清楚哈该为什么停止发预言，也不清楚神为什么另外差人来传道，也许哈该死了或病了，无法继续传道，总之，撒迦利亚在哈该事奉结束前一个月开始传道。

† 眼前的问题（1－8章）

责备与悖逆

撒迦利亚传讲这段信息时，百姓仍在重建圣殿。虽然尚未完工，至少他们先前已经听了哈该的话。被掳后的先知有一个特点，就是他们传道的时候，百姓都听进去，也遵照他们的吩咐去做，我相信这多少是因为他们离乡背井七十年的缘故。撒迦利亚刚开始的信息一针见血，提醒百姓，当初他们的祖先就是因为不听先知的话，才会被掳。这个提醒来得正是时候。

这段信息很简单。他们的祖先不但知道自己做错，先知也说他们做错，所以没有借口推诿。撒迦利亚说："所以，你们不可重蹈覆辙，如果你们不听从哈该的话，也会遭殃。"

鼓励与加冕

接下来，撒迦利亚停了三个月没有传道，三个月后再出来事奉时，使用了很不寻常的做法。他给了众人八个图像，都是他在夜间领受的异象。异象和异梦的差别是，醒着时领受的是异象，睡觉时梦见的是异梦。撒迦利亚这些异象是在晚上领受的，圣经说，神一直叫他起来，给他异象。虽然是晚上给的，但神这次给的是异象，而不是异梦。

这八个异象似乎没什么关联，但都是在讲圣殿的重建，尤其是头两个图像。我们看这些隐藏含义的图像，有一句话出现了四次："你们就会知道万军之耶和华，差遣我到你们这里来。"撒迦利亚这话的意思是，测试先知真假的方法，就是看他发的预言有没有应验。摩西有一条律法如此规定：如果先知说的话没有应验，就是假先知，要用石头把他打死。这应该会让人在预言未来的时候，三思而后行。还好我们现在不受摩西律法的约束，但是今天还是有假先知，所以发预言的人务必要接受查验。如果他说的话没有应验，就该受责备，因为他误导众人，而且滥用神的名。

四名骑士站在番石榴树中间（1：7－17）

有两匹红马、一匹黄马、一匹白马，每匹马上面都有骑士。天使说，这些骑士是神的记者，也就是神的使者，在遍地巡行，然后向神汇报地上的情况。换作是今天，他们应该会骑摩托车吧。他们报告各地都太平。古列王征服巴比伦之后，情况确实如此，因为他是一个爱好和平的人，他作王期间，全地太平。撒迦利亚告诉百姓，要把握这个太平时代，重建耶路撒冷城，完成圣殿的重建工作。果不其然，不久之后，他们就遭到埃及人、叙利亚人、希腊人、罗马人侵略。神又说，他恼怒列国掳掠、虐待他的百姓。先前，神恼怒他的百姓七十年；如今，他恼怒那些虐待他百姓的人。不过目前会先有一段太平岁月，神不会让战争临到任何国家。

四角与四名匠人（1：18－21）

撒迦利亚一定有耕种的经验，因为有很多图像都与农业有关。他看见四个匠人在给牛去角。在天启性的预言中，角通常象征强盛的军队。角是一种具侵略性的武器，因此，撒迦利亚现在看见地的四极有四个匠人在给牛去角——神在除掉侵略者的角。巴比伦再也不是威胁；不久以后，那些曾经威吓犹大的国家，神也要除掉他们的角，不过这里没有清楚指出是哪些国家。犹大人此时可以全力投入圣殿的重建，不必担心受到攻击。

手持准绳的人（2：1－13）

焦点移到耶路撒冷城，撒迦利亚看见有个人在测量城墙。撒迦利亚发现，这座城以后会太小，而且最后会发展到城墙外的地区。这件事耶利米曾经预言过，真是不可思议。我有几幅不同时期的耶路撒冷地图，刚开始，是小小的大卫城，后来不断扩建，而耶利米准确地预言耶路撒冷城会往哪个方向扩建、郊区会落在哪里。城市快速扩张的时候，当然就会出现一个问题——怎么防御呢？一旦建了城墙，墙内的空间就会愈来愈拥挤。拿准绳的人说："这城不够容纳所有想来住的人。"接下来，神给了一个很美的应许，他说："我自己就是那座城墙，这城扩建的时候，你们不需要城墙，我会守护你们。"

这个异象可说是为了鼓励从巴比伦归回的犹太人，尤其是那些认为耶路撒冷不安全而不愿意搬回来的人。

这一段还有两个对外邦国家的预言：

1. **攻击以色列的，将来必要面对神**。这段有一句很美的话，神说："谁敢碰我的子民，就是碰我眼中的瞳仁。"瞳仁是眼球里的虹膜，在眼球中间，看起来就像中间有梗的苹果。瞳仁是全身最敏感的部位，一有沙子进去，眼皮就会立刻阖起来。耶稣曾说："你们做在我这弟兄中一个最小的身上，就是做在我身上"，指出的是相同的原则。神的百姓就是他最敏感的部位。

2. **很多外邦人会加入以色列**（见12—14章）。历史已经证明，以色列的神确实存在，犹太人的历史就是证据。敢攻击以色列的人，迟早要受报应，但有许多来自各国的外邦人，如今加入了以色列，被接枝到以色列人的橄榄树上。神审判伤害以色列的列国，但也让列国的人加入以色列，由此可见，以色列的神，是世人的神。

约书亚的洁净（3：1－10）

下一个异象讲到约书亚换了衣服。撒迦利亚在异象中看见他们的领袖所罗巴伯和祭司约书亚。现在怎样呢？首先，撒但出现了。有意思的是，魔鬼在旧约圣经中很少出现。创世记第3章，它在伊甸园出现；历代志最后，它引诱大卫数点以色列人数；另外，它也在约伯记出现过。当然有很多事都是它在背后作祟，但是耶稣来了之后，它愈加明目张胆起来。不过在这里，它出现了。

每次有重大的事情要发生，魔鬼就会想办法阻挠。它想杀光埃及的犹太男婴，不让摩西顺利长大，如此一来以色列人就永远出不了埃及。

它在耶稣降生的时候，杀光伯利恒的婴儿，为的是不想让婴孩耶稣长大去拯救神的百姓。这一回，魔鬼则是对百姓说，约书亚不能带领他们，因为他是个污秽的人，沾染了犹大过去的罪。撒迦利亚看见约书亚穿着污秽的衣服站立，发现魔鬼讲得没错。魔鬼在天上似乎是扮演原告律师的角色，约伯记讲到它在天上，在神的面前控告地上的人。

撒迦利亚在异象中听见，约书亚像是火中抽出的一根柴，像烧了一半的木柴。所以他们脱下约书亚身上污秽的衣服，为他换上洁净的衣服，包上洁净的头巾。这是很美的画面，因为撒迦利亚看见，约书亚虽然先前和百姓一同犯了罪，如今在神眼中却成为洁净，可以担任祭司，不过他必须一直保持洁净才行。神应许说，他怎样施恩给这个犹太人，将来有一天，也要怎样施恩给全以色列。神说，他会在一天之内，除掉这地的罪孽。神可以洁净一个人，让他成为祭司。神也应许说，当那日，各人都要邀请邻舍来坐在葡萄树和无花果树下。这些话预表耶稣找到拿但业的那一刻，告诉拿但业说，他看见拿但业在无花果树下面。

金灯台与两棵橄榄树（4：1－14）

接下来，神叫醒撒迦利亚，给他看圣殿中的一个金灯台。撒迦利亚还看见灯台上方有一个容器，下端接了一条管子通到灯台上，他发现这个容器盛满了油，不需要有人为灯台添油，因为油会不断流进灯台。这象征所罗巴伯是承受圣灵浇灌的人。圣经常用油来象征神的圣灵，所以圣灵临到人身上时，常用"用油膏抹"一词来形容。1952年，英国女王加冕的时候，就是用油来膏抹。所以，所罗巴伯是神用油膏抹的人，"受膏者"一词的希伯来文是"弥赛亚"——神的受膏者（希腊文即"基督"）。

接下来的这句经文常常被引用："万军之耶和华说：不是倚靠势力，不是倚靠才能，乃是倚靠我的灵方能成事。"从上下文来看，这句话的意思是不倚靠军事上的势力，也不倚靠政治上的能力。换句话说，大卫的直系子孙不能倚靠军队或政权来完成使命，而要单单倚靠神的灵。可惜教会往往误解这句话，结果造成十字军东征这样的可怕悲剧。

你不能靠军事或政治力量来建立神的国，只能靠圣灵。有一件很不寻常的事，证明这股能力已经给了所罗巴伯。圣殿建到殿顶的时候，工人会举行一个安放殿顶石的仪式，殿顶石是整个建造过程最后一块垒上去的石头，置于山墙顶上，连结山墙两侧建好的屋顶。圣经说，所罗巴伯亲手举起这块殿顶石，安放妥当。殿顶石通常很重，但先知的预言说，他自己一人就举起这石块放好，没有人帮忙，也没有用绳索或滑轮。经上说："你就知道，是万军之耶和华差遣先知到你们这里来的。"当年参孙把非利士人的城门扛走，现在同一位圣灵赐能力给所罗巴伯，让他把这大石块举起来，安放在殿顶。小小一幅景象，却令人振奋。

接下来，撒迦利亚在异象中看见两棵橄榄树。这两棵树指的是所罗巴伯和约书亚，两人要一起作犹太人的领袖；灯台表示圣灵会临到他们两人身上。虽然所罗巴伯不是王，但他对以色列的未来是必要的。我觉得可能是这样的：既然波斯不允许犹太人立王，犹太人便决定拥戴祭司为王，认为波斯人不可能反对一个祭司，毕竟他不是真正的王，这样就可以避免波斯帝国的不满。不管事实是否如此，圣殿将在他们有生之年完工，然后他们就会知道，是全能的上主把撒迦利亚差来他们这里。他们不必因为这圣殿比不上所罗门的圣殿，就藐视这日子。

飞行的书卷（5：1－4）

这书卷的面积是十米乘以五米，在空中到处飞行，上面写着"凡偷窃和起假誓的必受咒诅"。这书卷会飞到每户人家上方，如果哪户人家偷窃或说谎，书卷就会在那户人家上方盘旋，然后书卷上的咒诅会掉下来，房屋就会被摧毁。撒迦利亚要说的重点很简单，就是神会咒诅那些偷窃和说谎的人。

量器中的妇人（5：5－11）

撒迦利亚在异象中看见一个像妓女的妇人，坐在一个容量三十五升的量器中。另外有两个女人飞过来，翅膀如同鹳鸟的翅膀，用鸟嘴衔起那女人坐着的量器，飞往东方。这是代表神把罪挪到巴比伦（编按：第11节中的"示拿"即巴比伦所在地的古名），神的意思是说："我从前把罪人带去巴比伦，现在我们要把你们的罪带去巴比伦，因为罪恶属于那里。"在圣经中，巴比伦往往代表罪恶之地。

四辆马车（6：1－8）

最后一幅图像是四辆马车，分别由红马、黑马、白马、有斑点的灰马拖着。这四辆马车走遍全地，要去执行神的旨意。他们已经在北方的巴比伦完成任务，所以其中一辆马车在休息，另外三辆马车要去世界各地执行神的旨意。神掌控全世界的历史，他可以迅速差遣仆人到任何地方去。

这时，有三个智者从巴比伦来到这里，他们是商人，带来许多金银要献给圣殿。但是神吩咐撒迦利亚，取部分金银制成王冠，在圣殿内为祭司约书亚举行加冕仪式，"然后你们就会知道……"这句话又出现了。这是重要的一刻。我前面说过，以色列过去从未将祭司和王结合，耶路撒冷倒是这样做过，但那是远在以色列人占领耶路撒冷之前，在麦基洗德的时代。如今，祭司和王的身份再度结合，但有一个条件："如果我的民顺服"。神说他要再给他们一个王，但这次不是大卫的直系子孙。约书亚中选，因为他是祭司，如此一来，波斯就不会对他们立王感到不满。这是鼓励他们再度成为以色列国的好方法，而不是弥赛亚应许的应验。

禁食和过节

两年后，有两个人从北方的伯特利来见撒迦利亚（这表示犹太人在两年内已经向外扩展，重建耶路撒冷以外的城镇）。这两人是伯特利一群人的代表，前来寻求信仰上的指引。他们来找祭司，却找到一个先知。他们的问题关系到两件事：禁食和过节，因为这是他们在宗教生活上遵守奉行的两件事。他们首先要问先知的，是定期的禁食。他们一年两次，在五月和七月，都会禁食，记念耶路撒冷被毁，为失去这城而举哀。他们想知道，这样的禁食还要持续多久？毕竟他们已经重新得回耶路撒冷了。

撒迦利亚的回答很有意思。他说，禁食其实是自我中心的做法。他们禁食是因为自怜，懊恼自己犯了罪。撒迦利亚引用以赛亚书第58章的经文，告诉他们神所喜悦的禁食是什么。他们必须禁止不诚实的事，禁止凶恶的事，应该慷慨、慈悲，帮助无依无靠和有需要的人。神想要的禁食，重点不是不吃饭，而是不犯罪。这话也适用于今天还在守大斋期却不离弃罪行的人。除此之外，撒迦利亚也说，从前他们之所以会被掳，就是因为变得自私和贪婪，既不慷慨，也不慈悲。

至于过节的问题，他们在被掳期间依然守着某几个节庆，但其实这些日子比较像是节日，而不像圣日。这些节庆分别在四月、五月、七月、十月。所以，被掳期间，每年有两次禁食和四个节日。但撒迦利亚说，他们过节都太自我中心了，只是聚在一起，开心地大吃大喝，庆祝的焦点不在神身上。他们应该把节庆变成圣日，而不只是节日，应该感谢赞美神带领他们归回故土。"不要只是过节放假而已，庆祝的焦点应该是神一直对你们信实，如今你们回到圣山，街上再度熙来攘往，男男女女、老老少少。你们要欢喜，因为神会带领更多人回来，重新居住在这块地上。这才应该是你们守节期的方式。"

撒迦利亚还吩咐他们要准备好，因为他们认识神，所以将来会有更多的人来找犹太人。他的意思是，时候将到，会有人来拉住犹太人的衣襟，请他们说说神是谁。

† 未来的预言（9－14章）

这卷书的后半部比较复杂，因为撒迦利亚不再讲眼前的情况，而是看向遥远的未来。他接下来讲的事随时可能发生，而且没有按照顺序，好像拼图一样，每一片的形状和大小都不同，不知道怎么拼凑，如果没有盒盖上的图片，真不知道该从何拼起。这让我想到希伯来书开头说："神在古时藉着众先知，多次多方地晓谕列祖，如今在这末世，藉着他儿子晓谕我们。"耶稣就是拼图盒盖上的图片，透过他，我们可以开始拼凑所有的片段，也知道拼完后是什么样子。所以启示录才会一再引述撒迦利亚书，因为可以把这些片段拼出一幅景象，呈现出遥远的未来，也就是"末日"，历史进入倒数的时刻。所以我们比当年的犹太人占优势，因为他们读撒迦利亚书时，还看不出拼凑出来之后的样子。

撒迦利亚书到了后半部，风格和内容有很大的改变，头一次出现了诗。后半部完全没提到目前的情况，没提到圣殿，也没提到约书亚或所罗巴伯，没有异象，连对神的称呼都改了，前半部用"万军之耶和华"，后半部只称呼他为"耶和华"。后半部的感觉完全不一样，以至于有些学者说，后半部一定是别人写的。这些学者的想法实在古板，其实后半部不太一样是因为神用不同的方式启示撒迦利亚。这些信息没有标示日期，所以我们不知道神是什么时候给撒迦利亚的，也许是好几年后。

至于撒迦利亚书后半部的内容，圣经称这些话为"默示"，这个词在希伯来原文中，意指"沉重"或"重担"，但圣经通常译作"默示"，我觉得表达不出原意。这是个重担，如果神曾经给过你一个重担，你就会了解我的意思。有些话在你心中像个重担，非得讲出来才会松一口气，一旦讲出来担子就轻了，就知道重担被挪走了。

本书后半部有两个沉重的信息，一个在第9至11章，另一个在第12至14章，两个信息很不一样。

以色列国（9 — 11章）

第9至11章的焦点放在以色列民，这里没说这些事什么时候会发生，甚至没说是不是按照顺序发生。有意思的是，这里也提到以法莲，这是十支派的统称，表示神没有遗忘他们，即便他们被掳到亚述之后一直没有归回。这里有六个未来的图像，但彼此之间的关联不太清楚。

战败的仇敌（9：1 — 8）

第一个图像是以色列的敌人会被打败，这里特别提到叙利亚、推罗、西顿和非利士人。凡敌挡耶路撒冷的人，神都要对付他们。神不会容许耶路撒冷从地图上消失，这是他的城，写着他的名字。我敢说，即使纽约、北京、华府、新德里等大城市都从地图上消失了，耶路撒冷依然存在，这块地上永远都会有犹太人居住。神甚至说，非利士人会来这里和他们同住。今天的巴勒斯坦人自称是非利士人的后代，所以这个应许很有意思，将来有一天，不会再有人来压迫神的百姓。这只是众多拼图片中的一块，我们不知道什么时候会应验，但是神必然实现他的应许，即使要等候千百年。

和平的君王（9：9－10）

第二个图像是一位和平君王骑着驴驹进入耶路撒冷。我们知道这是怎么一回事，因为耶稣当年正是这样做。可悲的是，耶稣应验这预言的时候，犹太人没特别注意到这是只驴子，只以为耶稣骑驴是因为找不到马可骑，完全错过了这个有象征意义的信息。耶稣骑驴进耶路撒冷时，百姓挥着棕树枝，把衣服铺在地上，大喊着："和散那！和散那！"有些人以为这句话是属天的招呼语，其实不是，和散那的意思是："现在就拯救我们！"这是长年受压迫的百姓心中的呐喊，他们以为政治独立就要来临，甚至叫耶稣"大卫的子孙"，期待耶稣来释放他们得自由。

但耶稣不是来为他们战斗的，如果他是来为自由而战，就会骑马来，而他第二次来的时候才会骑马。所以百姓看见耶稣进耶路撒冷城门以后，向左转，而不是向右转的时候，都非常震惊。耶稣不是右转去罗马军队所在的安东尼堡，而是手拿鞭子，左转进入圣殿，把犹太人赶出神的殿。难怪几天以后，百姓喊着说："钉死耶稣，我们要选择自由斗士！"讽刺的是，他们挑选的自由斗士，有个非常奇特的名字——"耶稣巴拉巴"，意指"耶稣，父之子"。所以那天有两个人的名字叫"耶稣，父之子"。彼拉多问他们："你们要释放哪一个父之子耶稣？是不愿意为你们战斗的那个，还是愿意为你们战斗的那个？"百姓选了那名斗士。但撒迦利亚说，将来有一天，那位和平君王会来审判，他会带来公义与和平，他的权柄必从这海管到那海。

全能的神（9：11－10：7）

这景象是神现身为以色列争战，不同于前一幅描绘和平的图像。在这幅图像中，神要为他的羊群而来，要作他们的好牧人，不像之前的那些坏牧人。这幅图像中还有一段很美的描述，说神所救赎的百姓必像他冠冕上的宝石那样发出光辉。

下一个默示的焦点放在希腊。等到几百年以后，邪恶的安提阿古四世，带领希腊人来征服这块土地。他在耶路撒冷的圣殿内竖立宙斯的雕像，杀猪献在祭坛上，又把许多妓女引进圣殿。那是最糟的时代，持续了三年半，也就是四十二个月或一千两百六十天，正是新约圣经预言敌基督要停留的时间。在安提阿古四世统治期间，犹太人受了许多苦，正是基督徒未来要在敌基督手下受的苦。有意思的是，这第三个图像预言了希腊的兴起，现在我们可以明白这图像的含义了，只是不知道当初犹太人怎么诠释。

聚集的百姓（10：8 － 12）

下一个图像是把分散各地的民聚集起来，把犹太人从世界各地带回自己的土地。今天的以色列人，是从八十几个国家回来的，所以他们带回八十几个国家的音乐和舞蹈。这是人潮返乡的景象，圣经甚至说，到时候会容纳不下这么多人，从埃及到亚述要筑一条大道（参赛19：23）。

荒芜的邻国（11：1 － 3）

下一个图像很难懂，犹大邻国的树都倾倒毁坏，黎巴嫩的香柏树倒了，巴珊的橡树倒了，连约旦的丛林也倒了。今天约旦的丛林大多不见了，黎巴嫩的香柏树只剩下一些，巴珊的橡树也早已消失。不清楚神为什么要给我们看这个图像。

无用的牧人（11：4 － 17）

下一个图像描绘无用的牧人，更是难懂。这个信息用了真人演出的比喻来传达，撒迦利亚扮成牧羊人的工头，开除三个没有好好照顾羊群的牧羊人。这三人把三十块银钱的工价丢回去给撒迦利亚。圣经说："击打牧人，羊就分散"。这又是其中一小块拼图图片，读福音书时才会知道这一片要放在哪里。犹大把三十块银钱丢回圣殿，因为他是个坏牧人，即使他原本是个传道人，又能医治病人。当耶稣说，击打牧人，羊就分散，他是在讲自己，因为他在客西马尼园被捕时，门徒都四散逃走。

牧羊人的杖被折断了，第一根杖叫"荣美"，折断这杖表示神要废弃他与万民立的约。第二根杖叫"联索",折断这杖表示神要废弃犹大与以色列弟兄的情谊。

世界各国（12 — 14 章）

第二系列的图像讲的是全世界,让我们看见全球未来的景况,而耶路撒冷是这一切的中心。耶路撒冷的名字在这三章出现二十一次,仿佛耶路撒冷会成为全球未来的焦点。联合国总部应该搬到那里才对。在这幅图像中,锡安是全球政府的中心。

有个词在这三章经常出现,"那日"出现十八次,而"日"这个字另外又单独出现两次,但这个词在这卷书前面并未出现。新约圣经也常用这个词,尤其耶稣常讲到。这里的"日"不是指二十四小时的一天,希伯来文的"日"可以指二十四小时,也可以指整个时代。英文也有这种用法,如果我说:"马车的日子已经结束了,牵引机的日子已经来临。"我不是指某个二十四小时的日子,而是指某个时代。将来,主的日子会来到,世人会看见那是主的日子,人类骄傲和贪婪的日子将结束,神圣洁的日子将来到。

第13章只有一小段是诗,有意思的是,"那日"没有出现在诗中。我再重申一遍,预言中的事件不是按照顺序,第12章3节和第14章2节,可能是指同一件事。

联军入侵（12：1 — 9）

第一个图像是各国联军攻打耶路撒冷,每个国家都发兵到中东。这件事还没发生,却是拼图中的一片。耶路撒冷将来会受到各国联军攻击,今天各国带给以色列的麻烦还会持续下去。在我们的有生之年,也许会看见各国联军攻击犹太人。以色列在联合国的朋友所剩无几,就连主要的友邦美国,如今也渐渐转而敌挡以色列。

悲恸的居民（12：10 — 14）

下一个图像是悲恸的居民。将来有一天,耶路撒冷的百姓会悲恸到极点,根本不想跟巴勒斯坦人或任何人签订和平协议,反而会向神呼求。神的回答就是差来"他们所扎的那位"——耶稣基督。你能想象犹太人到时候的心情吗？突然间他们顿悟到，原来耶稣就是弥赛亚，但他们却杀了他。他们会痛哭流涕，像是自己的长子遭人杀害一样。

撒迦利亚是第一个说出犹太百姓将看见"他们所扎的那位"。其实启示录第一章引用了这句话，说耶稣再来时，连刺他的人也要看见他。犹太人只需要知道拿撒勒人耶稣仍然活着，就会信主，大数的扫罗正是因此而信主，今天的犹太人也是。

对犹太人来说，回顾那虚掷的两千年会很痛苦，因为他们本来可以带领世界，却从一个国家被赶到另外一个国家，正如申命记所预言的一样。难怪他们会痛哭。

假先知被逐（13：1 － 6）

撒迦利亚在异象中清楚看见假先知。他们大大危害耶路撒冷，而这样的人将被逐出耶路撒冷，偶像崇拜和假神也要被逐出。这段经文说，会有一个泉源洗净一切罪恶和污秽，又说，锡安的罪恶要被洗净，而假先知必蒙羞愧，承认自己不是先知。这些伤痕累累的先知，原先备受尊崇，如今却说自己是打架受的伤！经文生动描述了假教师的羞耻。

人口减少（13：7 － 9）

下一个图像是人口减少。这段经文显然不是按照顺序来描述，因为讲到耶路撒冷的人口会减少到三分之一，但在下一章中（14：2），却说人口会减少到二分之一！这似乎是在回应前面说的：击打牧人，羊就分散。我不确定这里是在讲未来还是过去，要等将来发生了才会知道。但显然剩下的三分之一人口，将是一群被神炼净的余民。

联军进犯（14：1 － 15）

第14章又提到耶路撒冷受各国联军攻击，不清楚这和第12章1－8节的攻击，是不是同一件事，但我相信，这一定是未来要发生的事。神会召集这支大军，但他也会为犹太人争战。这显然跟耶稣再来有密切的关联，可能也和哈米吉多顿之战有关，因为这里有一句话说："他的脚必站在橄榄山上。"神没有脚，但耶稣有脚，所有的犹太人都把这句话诠释成弥赛亚的降临。

撒迦利亚说，接下来山会崩裂，使那地区的地表产生巨变，虽然难以想象，但我想这应该是实际会发生的事。耶路撒冷位在群山围绕的凹陷处，周围有八座山，是很奇特的几何景象——圆顶清真寺（Dome of the Rock）的东边面对橄榄山，东北边面对斯科普斯山（Mount Scopus），南边面对定罪山（Mount of Condemnation）。圣经说，到那日，当他的脚站在橄榄山上，那些山会摇动倒下，最后只剩耶路撒冷高高耸立。

这些片片段段的图像，委实难以想象，但整幅图的主要重点是，围困耶路撒冷的各国联军将被击溃。来攻击耶路撒冷的各国联军会大败："眼睛必在眶中干瘪，舌头必在口中溃烂，他们必在慌乱中互相残杀"。难怪神的百姓到时候会说："耶和华是我们的神。"

万国敬拜耶和华（14：16－21）

最后还有一个图像，列国看到耶路撒冷有神的名字在其中，而众人在庆祝犹太节日"住棚节"。可惜基督徒不庆祝这个节日。我们庆祝跟逾越节相关的复活节、跟五旬节相关的圣灵降临节，但住棚节呢？这是犹太人最大的节日，在每年的九月底到十月初庆祝。这是欢庆收割的节日，犹太人住在小小的露天帐棚里，可以看见天空的星星，记念神当年怎样带领先人走过旷野。这是一个长达八天的节庆，最后一天是成亲的日子，人民要"跟律法成亲"。他们会搭起婚礼用的顶篷，拉比拿着摩西律法的书卷，站在顶篷下面。众人在旁边跳舞，再次跟摩西的律法成亲一年。隔天早上，他们从创世记1章1节开始读起，每天读一段，直到年底读完申命记最后一节经文，到时候，又重新跟律法成亲一次。可惜的是，他们找错新郎了，因为住棚节的第八天，要吃的是弥赛亚的婚宴，是羔羊的婚宴。

这提醒我们，整本圣经是个爱情故事，讲述父亲怎样为他的儿子找新娘，而结局是两人成婚，从此过着幸福快乐的日子。好的爱情故事都以婚礼收场，圣经也不例外！住棚节第八天是婚礼，启示录说，这是羔羊的婚宴。耶稣就是在住棚节期间降生，从路加福音可以看出来，他是在九月底或十月初降生，是犹太历的第七个月，也就是住棚节那个月。约翰福音第一章说，"道成肉身，住在我们中间"。约翰福音第7章，耶稣的弟弟讥问他要不要去庆祝住棚节，因为犹太人期待弥赛亚在那个节日降临，而他们不信耶稣是弥赛亚，就藉此取笑他，但耶稣回答说："我的时候还没有到。"

所以，有一件事我很确定，我知道耶稣再来会是哪一个月，我不知道是哪一年，但他一定会准时回来，就在住棚节的时候。很多犹太人根据撒迦利亚书第14章，相信弥赛亚会在住棚节时降临。从此以后，各国每年都会庆祝这个节日，差派代表到耶路撒冷。圣经说，各国若不这样做，国内就不会降雨。住棚节已经成了犹太人的焦点，也是现在愈来愈多基督徒盼望的焦点，等待弥赛亚来统治全地。

✝ 基督徒看预言的实现

看了这些拼图片之后，现在我们必须把整幅图拼起来。请务必记住，先知看见的这些事，跟实际发生的时间没有关联，看起来很接近的事件，实际上也许相隔几百年甚或几千年。显而易见，这里描述的许多事件，指的是耶稣基督两次的降临。

第一次降临

耶稣生在住棚节期间。他最后一次到耶路撒冷，是骑着驴来的。他被出卖，卖了三十块银钱。他受审的时候，门徒逃之夭夭，福音书作者引用了这节经文："击打牧人，羊就分散"。

第二次降临

这和启示录有密切的关联。圣经说，耶稣的脚会站在橄榄山上，而有力的证据指出，他会在住棚节的时候再来。启示录提醒我们，耶稣再来时，犹太全国将要看他们所刺的那位。

尚未应验的预言

撒迦利亚书和旧约其他先知书都有尚未应验的预言。对于这些尚未应验的预言，下列图表指出三种不同的解释。

有条件的

有些人说，预言是否应验，要看以色列是否顺服，关键在于"是否"一词。他们认为，因为以色列悖逆，所以这些预言已经失效，永不可能应验，也因此根本没有必要读这些预言，反正跟今天毫不相干。

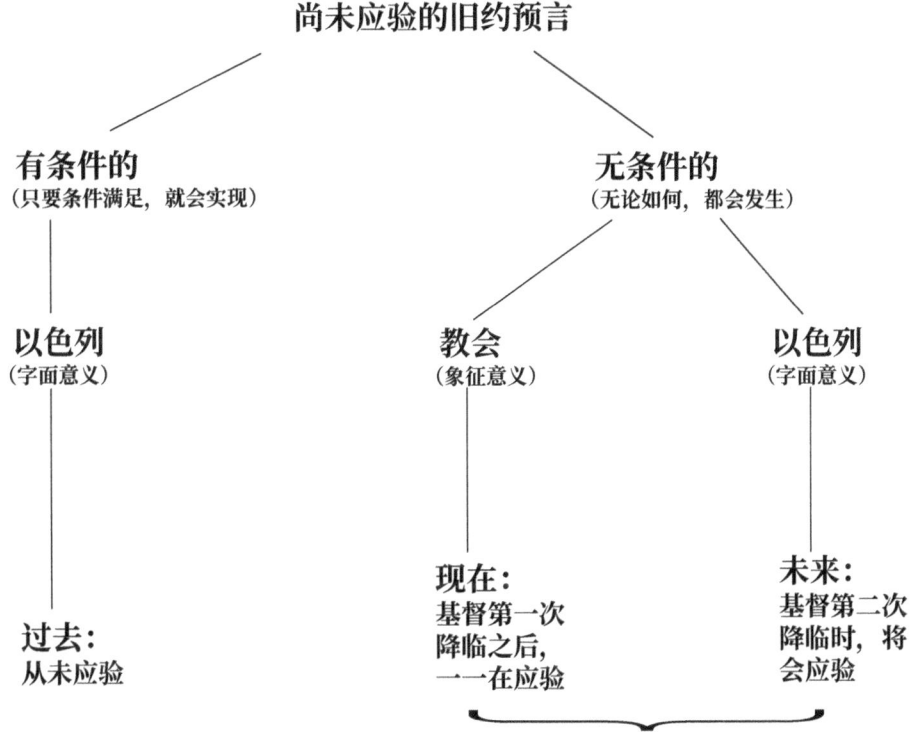

无条件的

有些人认为这些预言会应验在教会上，从属灵的角度应验——当年的预言说以色列会得胜，而教会既是新以色列，也在得胜的事上有份，如今也是得胜的。这个看法有一个问题——只把祝福归给教会，却没有把咒诅归给教会,逻辑显然不通。应该是祝福和咒诅都归给教会,否则这看法就不适用。

还有些人期待这些预言在未来应验。罗马书第11章谈到,基督第二次降临之前,犹太人会复兴。这个看法认为,大患难时期的存活者,会在千禧年的国度庆祝住棚节,那时,耶稣要在耶路撒冷统治各国。过了这段时期,会有新耶路撒冷,还有十二支派和十二使徒。

我的看法是,这些尚未应验的预言,最后都会按字面的意思应验。也许现在还看不出来会怎么应验,但我们已经掌握足够的信息,可以清楚知道基本的几件事。我们很确定,神对全世界有他的旨意,而他的旨意必要成就。耶稣会回来作王,我们会和他一同作王。犹太人虽然没有回应神,但撒迦利亚书的结局并不悲伤,反而充满希望,知道将来有一天,神必会实现他所应许的一切。

35. 玛拉基书

† 引言

玛拉基书的背景和哈该书及撒迦利亚书很像。这卷书是在犹太人从巴比伦归回后一百年写的。当时的情况不好，耶路撒冷仍然荒凉，农地大多贫瘠，久未耕种，收成很差，蝗灾严重，粮食短缺，生活艰苦又危险。圣殿在公元前520年已完成重建，但比起所罗门的圣殿，实在小得可怜，所以难以振奋人心。虽然尼希米已经修复了城墙，但百姓仍然喜欢住在城外的乡间，有人来袭时比较容易找到藏身之处。他们不曾建造王宫，因为没有王，不过他们的省长所罗巴伯是大卫的王室血脉。如今的犹大，只剩一个小山城，四周环绕一些村落，跟大卫王当年的盛世根本不能比。百姓非常失望，理想破灭，甚至万念俱灰，开始怀疑回到犹大来到底值不值得，他们说："我们已经回来一百年了，我们要建造的国家在哪里？"

惟一的好消息是，他们在被掳期间学到了教训，知道不可拜偶像，所以他们再也没有去拜别神，也没有企图改变信仰。话虽如此，他们的信仰却变成徒具形式。百姓会去圣殿，但大多是为了遵循传统，只有形式，没有实质的含义，也不再是优先要事。他们只想知道花多少时间在宗教活动上就算够，花多少金钱在宗教的事上就算够，不必再多给。不仅如此，连祭司也跟百姓一样，不在乎有多少人来参加仪式，只要做出样子，能够糊口就好。他们举行仪式的态度漫不经心，只是在敷衍神而已。

宗教生活抱持这种态度，道德生活当然也会受到影响。当人开始质疑何必费工夫敬拜神，没多久也就不想费工夫活出敬虔的生命了。简单说，如果上一代的人问："何必敬拜神？"下一代的人就会问："何必作好人？"

比如说，他们虽然知道，在安息日做生意不对，却把超市盖在城门外，这样安息日就可以营业了。消费主义至上，严重影响到家庭生活。先是质疑："何必忠于神？"很快就会质疑："何必忠于妻子？"尤其妻子人老珠黄了，更会觉得，何不换个年轻貌美的嫩妻呢？

再者，犹太人从巴比伦归回后，国内的女人不多，男人就娶外邦女子为妻。他们不但离婚再娶，还违背神的律法娶外邦女子。当时在耶路撒冷城中，有许多妻子遭丈夫遗弃，因为没有社会福利制度，孤儿寡妇和遭到遗弃的妻子，日子特别难过。

他们没有政府可以怪罪，但有神可以怪罪，他们一直在怪罪神。他们说："神不管我们死活，我们也不用理他。"听起来好像理直气壮。"神不爱我们了，所以我们也不爱他。我们不相信神爱我们，看看我们的遭遇就知道了。我们得照顾自己。他遗弃了我们，我们最好自求多福。"

他们对神的批评有两方面，第一："神没有给好人奖赏"，第二："神没有给坏人惩罚，所以我们何必理会神呢？"

这是玛拉基当时必须处理的情况。他的预言都是散文，不是诗，这表示神对他的百姓已经没有感觉了，以至于接下来四百年，神都没再跟他们说话！这卷书是神最后的话语，语气冷淡，没有感情。

† 本卷书的特点

玛拉基书有五大特点：

1. 神在这卷书中说的话，多过其他小先知书。在五十五节经文中，有四十七节是神亲口说的话（占85%）。

2. 这卷先知书的作者不知是谁。多数人都以为"玛拉基"是作者的名字，其实这根本不是一个名字。玛拉基只是"使者"的意思，旧约圣经其他地方都没把这个字当名字使用，但常用这个字来指"使者"。所以是一个不具名的使者，把神最后的话语传给以色列百姓。犹太人怀疑这卷书的作者可能是以斯拉，但没有证据可以证实这一点。

3. 玛拉基很特别，因为他会和百姓对话。他传讲预言之后，显然遭到百姓的强烈质疑，因为他记述了这些质疑。他传讲的内容让听众很不高兴，因为他的信息基本上在说："是你们先这样做的！不是神先不理你们，是你们先不理神。如果你们不再理会神，他也不会再理你们。"新约圣经的罗马书，使徒保罗解释说，是人放弃神，神才会放弃人。所以玛拉基书是先知和百姓针锋相对的辩论，先知有十二次说："你们还说……；你们又说……"，表示他们一直在打断他的信息。

4. 这卷书都是散文，没有诗，因为神的感觉枯干了，被他的百姓弄得筋疲力尽，所以接下来四百年完全不再向他们说话。由此可以看出神的心情。换作是你，不会觉得受够了吗？神让他们被掳，又带他们回来，现在他们却不想理会神。

5. 第五个特点，玛拉基书是神最后的话语。也许基督徒这样安排旧约书卷的顺序还是有些道理的（希伯来圣经的最后一卷书是历代志）。玛拉基书是神给以色列人的最后话语，最后两个字是"咒诅"。直到今天，犹太人每次在会堂朗读玛拉基书，都不会结束在这节经文："免得他在遍地施行咒诅"。他们会再读一遍第五节，这样就不用结束在"咒诅"二字，他们不愿意用"咒诅"来结束神的话语。

† 玛拉基书的大纲

过去的拯救（1：1－5）

  雅各——以色列——被爱——存留
  以扫——以东——遭恨——灭亡

现今的罪恶（1：6－3：15）

  祭司（1：6－2：9）
    廉价的祭物
    哗众取宠的讲道
  百姓（2：10－3：15）
    和异族通婚
    随便离婚
    提出质疑
    未缴纳十一奉献
    毁谤神

未来的审判（3：16－4：6）

  对的选择
    公义——在日头中得医治
    罪恶——在烈火中焚烧
  最后一次机会
    摩西——颁下律法——要记住
    以利亚——先锋——要认识

† 过去的拯救（1：1－5）

  想了解玛拉基书的头几节经文，必须回到一千五百年前。玛拉基宣布说，神爱雅各，恨以扫（这对双胞胎一向感情不睦）。神爱雅各，恨以扫，这句话听起来似乎有点奇怪。请务必明白，圣经中的"爱"和

"恨"，意思不同于我们今天所说的爱和恨。爱一个人，是指去照顾他，为他最大的利益着想；而圣经所谓的恨一个人，是指不照顾他，不为他的利益着想。所以耶稣说："你们若不恨父母，就不配跟从我。"他的意思不是叫你要怨恨父母，而是叫你要关心耶稣胜过关心你的父母。

而且神不只是在讲过去的雅各和以扫，也是在讲玛拉基时代的以色列和以东两国。他提醒以色列人，过去一百年来，他的一切作为都对以色列有利，而且他惩罚了以东。巴比伦人来掳走犹太人时，住在约旦河东岸山上的以扫后代以东人，都幸灾乐祸，而且趁虚而入，高呼："万岁！以色列人完蛋了！"他们加入毁灭的行列，抓住犹太婴孩的脚跟，把他们的头摔在耶路撒冷的城墙上。

从那天起，以东有很长的时间，都活在神的审判之下。神带领阿拉伯人来攻击他们，把他们赶出所住的佩特拉城。他们不得不迁居到种不出作物的南地沙漠。

所以在玛拉基书中，神告诉以色列，他这样对待以东是因为以东人过去恶待犹太人，"我爱你们，我没有看顾他们"。玛拉基要百姓想一想，他们得以幸存，比以东人好多了，所以该向神感恩。这是个清楚的教训，当我们抱怨神的时候，应该想想他怎样对待别人，再想想他怎样对待我们，然后心存感恩。

我们务要明白，玛拉基的信息建立在对神的一个认知上。他看神有三个角色，正如旧约圣经的看法，但不读旧约圣经的人，很容易忘记这三个角色。我们读新约圣经时，总认为神是慈爱的天父，但旧约圣经呈现神的三个角色，都很重要——他是我们过去的创造者、现在的王、未来的审判者。我们必须记住这个架构，才能真正认识神。

✝ 现今的罪恶（1：6－3：15）

祭司（1：6－2：9）

玛拉基首先批评祭司。祭司应该把神当作父亲和主人，应该尊敬神，他们却藐视神。今天基督徒在教会的崇拜中，常跟神装熟，把神当作好哥儿们，不懂得敬畏神、尊敬神。玛拉基在这里指责祭司羞辱了神，破坏了神的名声，而百姓再度质疑说："哪有？"玛拉基在回答中指出两件事。

廉价的祭物

首先，百姓献上的是廉价的祭物，没有按照摩西律法的规定，献上最好的羔羊，反而献上最差的牲畜——把瞎的、瘸的牲畜献给神。玛拉基指出，他们没有把最好的祭物献给神，他们献给神的，比送给波斯省长的还不如。"你们把剩下的献给神，却把最好的献给别人！"

第二，他对他们说，神的名在外邦中被尊为大，在他们当中却非如此，外邦人还比他们敬畏神。这些话真是一针见血。

哗众取宠的讲道

接下来，他谴责祭司专挑大家喜欢听的话讲，而非教导律法。祭司本该敬畏神，不该讨好人。这又是教会传道人要面对的一个关键试探和压力，就是容易讲众人喜欢听的话，以免得罪人，否则下次他们就不会再请你来讲道了。

玛拉基提醒祭司，神在摩西时代与利未人立约，说祭司不用工作，只要好好教导百姓敬畏主，百姓会以奉献支持他们的生活。可是如今，祭司并未教导百姓敬畏主。神要祭司以身作则，让百姓看见如何活出敬虔的生命，而不是光听祭司嘴巴讲什么叫敬虔。祭司必须言行一致，同时用话语和生命来传道。所以玛拉基说，他们已经受到咒诅，而且还会有更严重的咒诅临到，若不改邪归正，他们当中会有很多人的儿女死亡，祭司的职分也会终结。

百姓（2：10 — 3：15）

接下来，玛拉基把焦点放到百姓身上。从五件事可以看出他们的信心和行为都在走下坡。

和异族通婚

年轻人纷纷和外邦人通婚。以色列成为一个国家之后,神就一直严禁以色列人和外邦人通婚。今天的教会也有这种情形,你若是和魔鬼的儿女结婚,一定会惹到岳父!更别说还会痛苦一辈子。

随便离婚

第二个问题是随便离婚。有些人还连续重婚。"同时重婚"是指同时有很多妻子,"连续重婚"则可以想有几个妻子就有几个妻子,只要一次只有一个妻子就行了。这种情形连在今日的教会也变得很普遍。但这让神很伤心,因为每一个婚姻都是神所看重的,不管是公证结婚或是在教会结婚都一样。因此,每一个婚姻都受神的律法约束。根据耶稣的教导,离婚又再婚,在神的律法下等同于犯奸淫,不过今天的传道人大多不敢讲这种话。玛拉基处理了这个情况,我们也必须处理这个情况,但在今天的教会中,这大概是最不受欢迎的话。神说:"我恨恶离婚。"

提出质疑

神指控百姓违约,他们反问说:"我们哪里违约了?"神回答说,他们和外邦人通婚,就是违约。

他们自以为清白,不喜欢这个传道人的指控。我发现,人通常不介意笼统的指控,但如果具体指出罪行,就会踩到他们的痛处。玛拉基解释道,神为此感到厌烦。他等于是在说:"你们问:'发生了这种事,怎么可能相信神是慈爱的?'你们竟敢问这种问题!你们问:'神的公义在哪里?'你们竟敢问这种问题!审判必会临到,但不是马上临到,因为神对我们有无比的耐心。绝对不要指控神不公平,也不要说他不关心不幸的事。"

仿佛这样说还不够重似的,玛拉基又讲了一件令百姓震惊的事。他说,神来惩罚恶人时,会先从圣殿开始。以色列人呼求神来惩罚恶人,但是神若真的来了,会先从他们开始惩罚!第一个对象就是祭司,然后是百姓。

玛拉基列出百姓不敬畏神的种种罪行：行邪术、犯奸淫、起假誓、亏负工人工价（也就是久欠工资不给）、欺压寡妇孤儿、屈枉寄居的外地人。这些话他讲得直接了当。

说完这番话，他的语气突然改变，仿佛神从内心有感而发一般。他解释说，百姓还没有灭亡，是因为神的怜悯。犹大虽然一直对神不忠，但神仍然对他们信实。神说："你们要转向我，我就转向你们。"这话是真的，我们若离开神，神就会离开我们；但我们若转向神，他就会转向我们！神和他的儿女之间，是一种双向的、动态的关系，他随时在回应他的儿女。神随时在与我们相会，随时在回应我们，也随时反映出我们对他的态度。有些人以为神坐在高高的天上，遥不可及，不断发号施令，把我们当傀儡操弄，但圣经所描述的神不是这样的。圣经说，神随时在回应我们，当我们改变心意，他就改变心意，当我们悔改，他就改变心意，当我们转向他，他就转向我们。我们和神之间是一种活的互动关系。

未缴纳十一奉献

接下来，玛拉基说他们偷窃神的东西，百姓再度质疑，反问："哪有？我们没偷过神的东西。"玛拉基一针见血地回答说："你们没缴纳十一奉献和一般奉献。"

玛拉基开门见山指出他们的罪行，他们却反驳。玛拉基说他们没有缴纳十一奉献和一般奉献，所以要受到咒诅，因为律法规定要十一奉献。摩西律法说，缴纳奉献就会蒙神赐福，否则会受咒诅直到三四代。

基督徒当然不受这条律法约束，我讲道从不讲十一奉献！我只讲"奉献"，因为新约圣经说，我们奉献要出于感恩，若不是甘心乐意的奉献，神不要！但旧约时代的百姓必须缴纳十一奉献。今天若是传讲十一奉献，总会带来一些问题。我和妻子曾在一间教会听过一位年轻传道人讲十一奉献。很多传道人讲十一奉献时，都强调赐福，而不谈咒诅，这名传道人至少两种都说了，但他的信息很吓人。他告诉会众，如果不缴纳十一奉献，他们的孙辈和曾孙辈就会受苦；违背十一奉献律法的人，会受到咒诅，神会惩罚他们直到三四代。

所以讲道结束收奉献的时候，收到历年来最高的奉献金额，这结果当然不意外。但我事后跟那间教会的牧师说，这种教导很过分，因为这让人因为害怕而奉献。神所喜悦的是甘心乐意的奉献，而我们应该按照恩典的新约来奉献。对有些人来说，只奉献十分之一还太少，但对有些人来说，十分之一已太多，所以我们需要更有弹性。

不过玛拉基可以正正当当地告诉百姓，他们因为没有缴纳十一奉献，已经受到咒诅。如果他们想再度蒙福，就要把所有的十一奉献送进神的仓库，这样神就会打开天上的窗，倾福给他们，甚至无处可容。从这个应许的前后文来看，他是指神会用云和雨来结束干旱。

毁谤神

玛拉基继续谴责百姓，指责他们毁谤神，百姓再度反问他：我们哪里毁谤神了？玛拉基指责他们抹黑"事奉神"这件事，说事奉神没有用、不值得，因为恶人反倒凡事顺利。这样讲，等于说神不是主，说神不知道自己在做什么。

玛拉基的这些话有没有发挥作用呢？玛拉基的事奉有没有像哈该和撒迦利亚那样有果效呢？百姓有回应吗？有些人有，他们听到这些信息，讨论一番之后，就认罪悔改，负起责任，改过自新。那些反应热切的人，神把他们的名字记在册上。

✝ 未来的审判（3：16 — 4：6）

玛拉基在最后一段预言中，勾勒了神的百姓会区分开来，将来有一天，以色列要分成两半，先知说那一天是"主的日子"。其他先知书也提到主的日子，比如撒迦利亚书、阿摩司书、约珥书。那是算账和审判的日子，到了那天，人只会分成两种——事奉神的人和不事奉神的人。

这段经文对义人有很美好的描述。我以前住在诺森伯兰郡的一个农场，常在清晨四点钟起床，去挤九十头母牛的奶。冬天我们会把牛牵进室内，连着几个月的时间都喂它们吃干草，等春天来到，我们会选一天，放它们出去。你若了解乡间生活，就知道牛第一次被放出去时有什么反应。就连老牛都会像小羊那样雀跃三尺。这些又重又肥的母牛，会在田间高兴地跳跃。玛拉基说，到那日，当神将最后的救赎带给他的百姓，属他的人也会像这样雀跃三尺。

但是，被神弃绝的人，到那日，"必像收割后被烧尽的碎秸"。以前英国的法令容许用火烧碎秸，烧完后只剩下灰烬。玛拉基说，到时候义人会像小牛在艳阳下的青翠田间跳跃，但是不回应神的人，则会像碎秸的灰烬。这里有三个重点必须注意：

1. 以色列民会存留下来。玛拉基代表神对他们说："我不会改变，不会食言。"所以我们可以确定，以色列会永远存在。
2. 但很清楚的是，以色列民中有些人会沉沦。显然不是每个犹太人都会得救，但这不表示犹太人不需要听福音。
3. 在以色列之外，还有一些人会得救。玛拉基说，会有一些外邦人被算在义人当中，所以这暗示了接下来在新约圣经中发生的事。

✝ 结语（4：4－6）

最后三节经文的重点放在旧约圣经的两个伟大人物——摩西和以利亚。这是神最后一次恳劝旧约时代的以色列民，讲完这段话后，神沉默了四百年之久，然后才开始新约时代。

神要他的百姓记住摩西，并且回到律法，因为神是他们伟大的王。接着玛拉基说，神会再给百姓一次机会，再为他们差来一位先知，这位先知就像以利亚那样，会来挑战他们。以利亚是第一个挑战以色列拜偶像和淫乱罪行的主要先知，摩西则是带领以色列出埃及、将神的约和律法颁给他们的先知。

所以，旧约圣经最后一句话是："他们若不听从以利亚，这地就会受咒诅。"他们在主的日子来到之前，还有一次机会——还有一位先知要来为主预备道路。他们等这个机会等了四百年，这段期间先后被波斯人、埃及人、叙利亚人、希腊人、罗马人占领统治，然后这个机会终于来了。突然有个穿着打扮像以利亚的人出现，跟以利亚一样，吃蝗虫野蜜。全国百姓蜂拥而至，来听这人传讲信息，正是玛拉基所预言的信息。这人呼召大家回归智慧，回归家庭。但他只是先锋，来为主耶稣预备道路。

新约圣经说百姓激辩施洗约翰到底是不是以利亚。耶稣有两次说，以利亚来了，就是我的表哥约翰（太11:7-14，17:9-13）。所以，我们的圣经译本把玛拉基书和马太福音放在一起。马太福音说以利亚来了，以施洗约翰的身份而来。施洗约翰的穿着和饮食都刻意和以利亚一样，这显明了神的下一步行动。耶稣事奉两年半后，有一个转折点，他带门徒到黑门山脚，问他们："大家说我是谁？"他们回答说："有人说你是耶利米或某人再世。"耶稣问他们："那你们说我是谁？"彼得悟出真相，就说："你从以前就存在了，对吗？但不是住在地上，是住在天上。你是基督，是永生神的儿子。"后来耶稣叫彼得、雅各、约翰跟他一起上山，上了山后，摩西和以利亚现身和耶稣说话。这是玛拉基的预言，全都应验了。

✝ 基督徒的应用

1. 哥林多前书第10章告诉我们，旧约圣经的例子都是为了给基督徒应用而写。以色列国的情况，也大有可能发生在我们身上。冷漠、不信、淫乱、无情，也都可能让基督徒吃到苦头。

2. 我们必须让新约圣经来诠释旧约圣经。我们不再受安息日和十一奉献等律法约束，而是受基督的律法约束，他的律法在离婚再婚以及其他许多事上，比摩西的律法还严格。

3. 另一方面，我们千万不可怠慢神的恩典。很多基督徒已对神失去敬畏之心，我们若是这样做，就表示没有完全明白基督的福音。

4. 我们必须记住，审判从神的家开始。新约圣经作者对审判的说法，跟玛拉基一样：神来施行审判时，会先审判他的百姓，然后再审判其他人。届时连教会里的人都会区分开来。我们千万不要安于逸乐，自以为过去曾经决志，现在就很稳当。如果我们不想如同玛拉基时代的百姓一样面对神的审判，就"应当更加殷勤，使所蒙的恩召和拣选坚定不移"，坚守神的道。

作者介绍

大卫·鲍森牧师
Rev. David Pawson

大卫·鲍森牧师，生于1930年，他的家族世代以务农与传道为本。先祖约翰·鲍森是英国卫理宗创始者约翰·卫斯理（John Wesley）的追随者，父亲西塞尔·鲍森亦是当地卫理公会的副会长。大卫·鲍森的童年在英格兰北部度过，幼年想成为一位农夫，但当他在杜伦大学取得农学学士学位后，上帝呼召他成为全职的传道人，于是他进入剑桥大学卫斯理学院攻读神学硕士。研读神学时，他一度受到自由派学者的影响，对圣经权威有所怀疑，也险些失去对神的信心。

后来在担任皇家空军军牧期间，他有系统地从圣经第一卷讲解到最后一卷，他的讲道不是查考圣经就是主题式查经，而且都是以详细查看圣经上下文作为依据，为牧养的官兵灵性生命带来莫大的影响力，令他和他们都大感惊喜，于他更是印证了圣经确实出于神的默示。从那以后，他重拾信心，相信圣经无谬误、绝对真确。

鲍森牧师笃信圣经是带有权柄的上帝话语，当教会传统与圣经教导相抵触时，主张回归并遵循圣经的教导；他不避讳提出异于其他基督徒的观点，并非为特立独行，只为捍卫圣经真理。他以浅显易懂的语言解释经文的意义和背景脉络，"新旧约圣经纵览"（*Unlocking the Bible*）即为多年讲道的成果，并以影带、录音带和印刷品的形式畅销全世界。他不但到世界各国演讲，也透过基督教电视频道GOOD TV供千万观众收看，几乎在全世界每个国家都可看到他的讲道。

鲍森牧师牧养过多间教会，其中包括乔福市的米尔米德中心（Millmead Centre in Guildford），这间教会后来成为英国最大的浸信会教会，也是众教会领导人效法的典范。1979年之后，大卫·鲍森牧师开始从事全球巡回释经讲道，经常应邀到全英各地和许多国家演讲，包括欧洲、澳洲、新西兰、南非、荷兰、以色列、东南亚和美国等。

大卫·鲍森牧师生前与妻子伊妮德（Enid）住在英格兰南部汉普郡的贝辛斯托克（Basingstoke）。

2020年5月21日，大卫·鲍森牧师离世，享年90岁。

www.ingramcontent.com/pod-product-compliance
Lightning Source LLC
Chambersburg PA
CBHW081341080526
44588CB00016B/2348